AF371419

SUSAN M. SCHNEIDER

La Ciencia
de las Consecuencias

ABA España
Colección Clásicos

UCA | Universidad de Cádiz
Cátedra Externa
ABA España

SUSAN M. SCHNEIDER

La Ciencia de las Consecuencias

Edición
Juan José Macías Morón
Javier Virués Ortega

© 2023 ABA España, todos los derechos reservados.

Queda terminantemente prohibida la reimpresión, reproducción o difusión de cualquier parte de esta obra y por cualquier medio incluyendo sistemas de reproducción electrónicos, mecánicos o de otro tipo, ahora conocidos o inventados en el futuro, incluidos fotocopiado y grabación, o cualquier sistema de almacenamiento o recuperación de información, sin permiso por escrito de ABA España. Queda terminantemente prohibida la difusión de cualquier parte de esta obra a través de redes sociales de internet y de sistemas de difusión de contenidos incluyendo, sin afán de exhaustividad, Dropbox, Facebook, Facebook Groups, Google Drive, Mega, Sci-Hub, Scribd, Z-Library, entre otros. Consultas relativas a permisos deben dirigirse a ABA España en master@aba-elearning.com ABA España Publicaciones y ABA España Clásicos son marcas derivadas propiedad de ABA España. El uso de marcas comerciales se hace sin afán de infringir ninguna norma. Imagen de cubierta reproducida con licencia, Envato Elements Pty. Lmt., https://elements.envato.com/license-terms

La ciencia de las consecuencias es la edición en español de *The Science of Consequences* de Susan Schneider, Library of Congress Catalog Card Number: BF319.5.R4S358, Copyright © 2012 Prometheus Books, 59 John Glenn Drive, Amherst, Nueva York 14228, EEUU.

Diseño de cubierta y maquetación: Javier Virués Ortega
Edición: Juan José Macías Morón, Javier Virués Ortega
Traducción: Juan José Macías Morón, Javier Virués Ortega

Cita de esta obra (APA, 7ª ed.)
Schneider, S. (2023). *La ciencia de las consecuencias* (J.J. Macías Morón y J. Virués Ortega, eds.). ABA España. https://doi.org/10.26741/978-84-09-49818-5 (Original publicado en 2012)

ABA España es una organización dedicada a la difusión, enseñanza e investigación del análisis aplicado de conducta en el mundo de habla hispana con iniciativas educativas, editoriales, tecnológicas y científicas, visítanos en aba-elearning.com

ISBN-13 978-84-09-49818-5 (Edición en rústica)
https://doi.org/10.26741/978-84-09-49818-5
Año de publicación: 2023

A mi madre y en memoria de mi padre

NOTA DE LOS EDITORES

Se ha respetado la numeración de las notas de capítulo de la autora. En estas se han actualizado los enlaces a fuentes de internet donde ha sido necesario. Las escasas notas de editor se añaden a pie de página. Caso de existir, se mencionan las ediciones en español citadas por la autora. Se han adaptado algunas referencias culturales tales como el uso de nombres en escenarios y ejemplos. Los comentarios metalingüísticos se han adaptado al contexto hispanohablante. Para mayor claridad, se ha añadido el nombre científico de numerosas especies. Las ilustraciones se han vectorizado. Agradecemos a la autora y a Rowman & Littlefield su gentil apoyo a esta edición. La *Cátedra Externa ABA España de la Universidad de Cádiz* ha prestado apoyo financiero y logístico a esta edición.

CONTENIDO

PREFACIO A LA EDICIÓN EN ESPAÑOL

Me emociona mucho ver esta traducción al español de *The Science of Consequences*, diez años después de la publicación de la versión original en inglés. El análisis de conducta ya tenía entonces una fuerte presencia histórica en el mundo hispanohablante, tendencia que ha seguido in crescendo desde la publicación de la edición original de este libro, como lo muestran los numerosos programas de formación y certificación profesional impartidos en español ahora existentes.

Escribí este libro con el objetivo de transmitir la amplitud y el valor completo de este campo científico a una audiencia amplia. Comienza con los principios básicos del aprendizaje que son su fundamento y su importante papel en el sistema genética-ambiente. Continúa con un intento personal de transmitir la inmensa gama de aplicaciones que han ayudado a tantas personas, y en algunos casos, incluso han cambiado el mundo. Encontrarás ejemplos fascinantes.

Desde la publicación del libro, por supuesto, han seguido apareciendo avances científicos y aplicaciones profesionales nuevas y mejoradas. El manejo de contingencias para la adicción (Capítulo 15) ha seguido acumulando apoyo científico siendo cada vez más ampliamente utilizado. Las intervenciones basadas en la evidencia para personas en el espectro del autismo se han extendido internacionalmente. El uso de *Positive Behavior Support* en el ámbito escolar, un enfoque basado en el análisis de conducta, ha crecido enormemente en EEUU y se está expandiendo a otras partes del mundo. Los programas de seguridad en el lugar de trabajo basados en el análisis de conducta también tienen alcance global, por citar solo algunos ejemplos (podría mencionar muchos más).

Las gamificación para la salud, el ejercicio físico, la sostenibilidad y la educación ha crecido de manera impresionante en los últimos años, y el análisis de conducta es parte integral de este ámbito de aplicación interdisciplinario. Se deben celebrar numerosos avances en economía conductual, neurociencia conductual, epigenética de la conducta y muchos otros campos interdisciplinarios que involucran al análisis de conducta, así como en el propio análisis de conducta, en sus sectores experimental, aplicado y clínico.

La llamada a la comprensión y colaboración interdisciplinarias en *La Ciencia de las Consecuencias* es más importante que nunca, en mi opinión, y el cambio climático es un gran ejemplo de esta necesidad. Desde la publicación del libro, me he enfocado en esta área; esta crisis existencial ya ha causado mucho sufrimiento e innumerables pérdidas. El análisis de conducta tiene mucho que aportar a las soluciones, como lo ha hecho en tantas otras áreas. ¡Que estos avances y otros que aún no podemos ni imaginar continúen! Parafraseando el cierre de este libro: "Sigamos aprendiendo, sigamos intentándolo".

*

Estoy muy agradecida a los doctores Javier Virués Ortega y Juan José Macías Morón por todo su arduo trabajo de edición y traducción, y al apoyo de ABA España por hacer posible esta edición.

El alcance del análisis de conducta tiene una larga y distinguida historia. Me ilusiona pensar que con este libro haya podido construir modestamente sobre los logros de pioneros tales como mis amigos B. F. Skinner, Paul Chance, Scott Geller, Karen Pryor y muchos, muchos otros.

SUSAN M. SCHNEIDER

7 de julio de 2023

PREFACIO

Cada día nuestras acciones tienen consecuencias, grandes y pequeñas. Una tarea terminada, una sonrisa, un ascenso. Las consecuencias motivan; los recién nacidos se esfuerzan por oír la voz de sus madres. Los niños pequeños se afanan en encender y apagar las luces persiguiendo una encantadora sensación de control. Nos espera un caleidoscopio de consecuencias.

A pesar de su deslumbrante diversidad, y para el asombro de los primeros investigadores, las consecuencias parecen seguir un conjunto común de principios científicos. Por ello, consecuencias muy diferentes parecen compartir algunos efectos similares sobre el cerebro. Hace tiempo que conocemos los llamados "centros del placer", por ejemplo.

Desde simples premios hasta relaciones mucho más complejas, la ciencia de las consecuencias se ha expandido y florecido durante el último siglo, convirtiéndose en una parte integral de la psicología, la biología, la medicina, la educación, la economía y muchos otros campos[1]. Adoptando un enfoque de "sistemas interactivos", este libro describe esta ciencia, su papel en el ámbito más amplio de los sistemas genética-ambiente, y sus numerosas aplicaciones.

Las consecuencias moldean nuestras elecciones, y nuestras elecciones nos moldean a nosotros y a nuestras sociedades (incluso los antiguos griegos ya lo entendían así). *La ciencia de las consecuencias* cuenta la historia de cómo algo tan aparentemente sencillo puede ayudar a dar sentido a tantas cosas.

Parte 1 CONSECUENCIAS: ¿CÓMO FUNCIONA *DE VERDAD* EL SISTEMA GENÉTICA AMBIENTE?

Imagine *no* poder aprender de las consecuencias. Una diminuta criatura primordial, por ejemplo, podría tener una reacción refleja alejándola de la luz. Llévela a una zona iluminada hacia su comida y observe cómo se activa su reacción automática, alejándola y dejándola morir de hambre en medio de la abundancia. ¿Podría ayudar un poco más de flexibilidad en la conducta?

Una vez que se desarrolló la capacidad de la naturaleza para capitalizar el éxito, se mantuvo. Desde seres humanos a aves y abejas, incluso los platelmintos y las moscas de la fruta, todos aprendemos de las consecuencias. ¿Qué consecuencias? Algunas se aprenden por las malas, mientras que otras se enseñan o surgen de forma natural.

Esta primera parte del libro explora las complejidades del panorama biológico; más complejo de lo que cabría imaginar. Veremos que la naturaleza y el aprendizaje (sistema genética-ambiente) operan siempre *conjuntamente*, interactuando a todos los niveles, desde las bases nucleotídicas de nuestro ADN, hasta los diversos ambientes culturales creados por el ser humano. Gracias a la biología molecular, por ejemplo, sabemos que las consecuencias activan y desactivan genes de forma continua. Gracias a los avances en neurociencia, ahora podemos ver cómo el aprendizaje por consecuencias amplía y reconfigura el cerebro. Desde las últimas aplicaciones neurocientíficas hasta el apasionante campo de la epigenética, las consecuencias siempre están ahí.

Parte 2   ¿UNA CIENCIA DE LAS CONSECUENCIAS?

A veces obtienes lo que deseas rápida y fácilmente; si miras por la ventana, ves una vista; si parpadeas, humedeces los ojos. No obstante, lo habitual es tener que "trabajar" o esperar para alcanzar una consecuencia deseada; por ejemplo, puede que tengas que comprobar varias veces si has recibido un correo electrónico que aguardas con impaciencia. Como señaló B. F. Skinner, las consecuencias se producen de acuerdo a algún tipo de programa. Diferentes programas han demostrado tener efectos diferentes; efectos lo bastante intensos como para influir sobre cuánto trabajamos y con qué frecuencia. Bajo ciertos programas es posible generar *más conducta* bajo la influencia de *menos incentivos*. Cambiar un programa puede modificar el efecto de una droga, incluso el valor mismo de una consecuencia.

Los programas nos afectan cada día (aunque no nos demos cuenta) y también las señales que nos indican qué consecuencias están disponibles. Del mismo modo, cuando decidimos lo que "queremos" hacer, estamos eligiendo entre consecuencias, inmediatas y diferidas, positivas y negativas. Pensemos en la forma en que los procrastinadores hacen malabarismos con consecuencias conflictivas, algo que muchos de nosotros podemos aseverar por experiencia propia. La ciencia que se aplica a la elección y a la toma de decisiones se apoya en el análisis de los programas bajo los cuales se producen las consecuencias de nuestra conducta.

Lo mismo ocurre con el lenguaje. Si pides un café en una cafetería, *voilà*, te lo servirán. La comunicación trae consigo muchos premios, y desde el balbuceo del bebé al canto de los pájaros, las consecuencias de la comunicación tienen una importancia asombrosa. El lenguaje nos permite crear reglas y éstas, a su vez, crean y destruyen consecuencias (p.ej., "mira a cada lado antes de cruzar el paso de cebra"). Y naturalmente, seguimos las reglas (o las rompemos) por las consecuencias vinculadas a una u otra pauta de acción. Las consecuencias asoman incluso en nuestros pensamientos más íntimos, como veremos. Están en todas partes.

Parte 3 LA FORJA DEL DESTINO

Dado que las consecuencias de la conducta son ubicuas, sus aplicaciones también lo son, desde el hogar hasta el hospital, desde el aula hasta el comité de dirección. Pocos de nosotros damos o recibimos suficientes elogios, según los investigadores. Sin embargo, algo tan sencillo puede fortalecer una relación de pareja, rescatar a un empleado en apuros o aumentar la autoestima de un niño. Y eso es sólo el principio, la ciencia de las consecuencias enriquece la vida de mascotas y animales de zoológico, combate los prejuicios, libera a los adictos de sus conductas adictivas y nos puede ayudar a superar una depresión con sus depauperadas consecuencias (p.ej., "no tengo nada por lo que vivir"). Saber lo que nos impulsa nos coloca en el asiento del conductor; nos ayuda a tomar el control de nuestra vida y nuestro destino.

Esperemos que ése sea el caso de muchos de nuestros mayores retos sociales, en los que *consecuencias a corto plazo* entran en conflicto con *consecuencias a largo plazo*. En un mundo de gratificación instantánea que nos tienta a ignorar el coste posterior de la acción que hoy tomamos, quizá podamos utilizar lo que sabemos sobre la ciencia de las consecuencias a fin de tomar mejores decisiones. En última instancia, tendremos que vivir con las consecuencias.

Parte I

CONSECUENCIAS: ¿CÓMO FUNCIONA *DE VERDAD* EL SISTEMA GENÉTICA-AMBIENTE?

Capítulo 1

LA UBICUIDAD DE LAS CONSECUENCIAS

"Un chimpancé de edad avanzada, que fue observado en su medio natural por el Dr. A. Kortlandt del Laboratorio Zoológico de Ámsterdam, tenía la costumbre de ir a un lugar desde el que podía ver la puesta de sol. Iba todas las tardes y se quedaba hasta que el sol se ponía y los tonos del ocaso desaparecían del cielo. Entonces se alejaba y buscaba su lugar para dormir".

— Sally Carrighar, *Home to the Wilderness*, 1973

Las consecuencias proporcionan la motivación que lleva a las mariposas a las flores y ha hecho al ser humano llegar a la luna. La búsqueda de la felicidad significa la búsqueda de consecuencias, grandes o pequeñas, puestas de sol incluidas.

Las consecuencias están en todas partes. Algunas son inmediatas, otras se vislumbran en el horizonte para ser anticipadas o evitadas. Las consecuencias pueden ser buenas, horribles, o de cualquier grado entre estos extremos. Funcionan para los tigres y para las tortugas, y también para nosotros. Resulta entonces irónico que las consecuencias y la ciencia que se centra en ellas sean pasadas por alto con tanta frecuencia.

Cada día nos afanamos en alcanzar objetivos, bienes e incentivos (es decir, consecuencias), ya sean inmediatas, se demoren horas, días, o incluso años. Muchas recompensas son obvias e inmediatas, otras son sutiles y fáciles de pasar por alto. Algunas tardan toda la vida en conseguirse. La mayoría son cotidianas, como el sueldo, ir al cine o la sonrisa en el rostro de un amigo. Pocas mantienen su valor inalterado, por el contrario, se transforman con el tiempo. Su diversidad parece infinita, yendo mucho más allá de los impulsos biológicos como la comida, la vivienda y el sexo. En este capítulo hablaremos de la diversidad de las consecuencias.

ORÍGENES Y DEFINICIONES

Como la mayoría de las cosas, las consecuencias empezaron de forma sencilla. No podemos saber qué animal aprendió primero de las consecuencias de su conducta, pero los gusanos planos o platelmintos (*Platyhelminthes*), como las diminutas planarias que habitan los estanques, son posibles candidatos. Ciertamente, tanto los invertebrados como los vertebrados son capaces de este tipo de aprendizaje, y las arcaicas planarias se consideran ancestros comunes de ambos linajes evolutivos. Presentes en el planeta desde hace más de 500 millones de años, son el grupo biológico más primitivo que posee características neuronales "superiores" como un cerebro en miniatura. Es por lo que sus capacidades se han investigado ampliamente.

A pesar de que parecen pequeñas cerillas que han adquirido la habilidad de nadar, las planarias pueden aprender el acceso a ciertas consecuencias. En un estudio, algunas planarias tenían que pasar por un "ojo eléctrico" para apagar una luz intensa y desagradable, lo que constituía una poderosa recompensa. A otras planarias de un grupo similar se les dieron los mismos intervalos de luz encendida y luz apagada, pero los intervalos eran independientes de lo que las planarias hicieran. Sólo las planarias cuya conducta era recompensada con el cese de la luz aumentaron drásticamente sus intercepciones del ojo eléctrico, demostrando así que se trataba de un verdadero aprendizaje por consecuencias y no sólo de un efecto de la propia alternancia entre luz y oscuridad. Estos platelmintos pueden incluso aprender a actuar sólo cuando hay una señal presente que indica que la recompensa está disponible. Si la señal se retira, indicando que la conducta no será recompensada, desaparece la conducta[1].

Esta investigación ilustra qué es un reforzador. Por definición, los reforzadores dependen de las conductas y las mantienen. Si una conducta se pone en marcha y se mantiene debido a una consecuencia, esa consecuencia es un reforzador. Si la conducta disminuye debido a una consecuencia, hablamos de castigo[2].

Las cosas que parecen recompensas a veces no lo son: lo que importa es lo que realmente ocurre, no la intención. Tu tío Pedro solía pensar que tirarte de la barbilla era una recompensa. Incorrecto. Del mismo modo, las reprimendas en clase a veces funcionan como reforzadores debido a la atención que conllevan (tanto de los compañeros como del profesor)[3]. Si una "recompensa" no tiene ningún efecto sobre una conducta, entonces no es un reforzador: lo que importa es lo que ocurre. En este libro utilizaré indistintamente los términos recompensa y reforzador.

Las planarias son animales muy simples, por ello, las consecuencias que son efectivas para ellas son limitadas. Los invertebrados más complejos, como el pulpo, muestran un aprendizaje más sofisticado, influenciado por una mayor diversidad de reforzadores. Sin embargo, la gama más amplia de consecuencias efectivas ha sido principalmente explorada en los vertebrados, siendo ciertamente muy amplia.

PALOMAS BAILARINAS Y MONTAÑA RUSA PARA PECES: CONSECUENCIAS EN VARIAS ESPECIES

Nos encantan nuestras mascotas cuando se comportan como nosotros, por ejemplo, los perros que disfrutan viendo la tele cuando sus amos ponen su programa favorito. Puede que sea más difícil imaginar que una paloma común haga algo parecido, pero de niño, el escritor y amante de los animales Gerald Durrell crio a una paloma a la que le encantaba la música y se acurrucaba cerca del altavoz de un antiguo tocadiscos. Es más, el pájaro interpretaba bailes distintivos al ritmo de marchas y valses[4].

Posteriormente, los científicos descubrieron que las palomas no sólo distinguen entre distintos tipos de música, sino que también clasifican las melodías desconocidas del mismo modo que las personas, llegando incluso a diferenciar distintos estilos de música clásica[5]. Varias especies pueden "trabajar" a fin de oír música como recompensa. Se ha demostrado que el gorrión de Java (*Lonchura oryzivora*) prefiere a Bach frente al compositor atonal Arnold Schoenberg (1874-1951), al igual que la mayoría de nosotros (incluso las ratas opinan lo mismo)[6].

Se han observado patos, como el eíder común (*Somateria mollissima*), deslizándose por los rápidos de un río para volver a subir y repetir la diversión. Las nutrias se deslizan por los bancos de lodo y los estorninos por los tejados nevados. El naturalista Edwin Way Teale observó en una ocasión a seis vencejos en una corriente natural de viento, bajando en picado y repitiendo el paseo una y otra vez. No se alimentaban, sino que "se divertían con el viento"[7]. Estos episodios nos permiten mirar a los animales desde una perspectiva diferente.

Incluso las criaturas de sangre fría participan en estos actos. En una ocasión me deleité observando a dos peces globo en la pecera de un aeropuerto. Se turnaban deliberadamente para nadar hacia una fuerte corriente que les hacía girar empujándoles hacia abajo, como en una montaña rusa. Otros peces no parecían disfrutar con esto y evitaban la zona. Tal vez la forma de caja de los aireadores alteraba la hidrodinámica de los peces, o tal vez se trataba de jóvenes bien alimentados y con tiempo libre.

¿Qué tienen en común estos inusuales reforzadores en los animales con las recompensas humanas? Mucho. El amor humano por las montañas rusas responde a reforzadores que probablemente sean similares a los de los pájaros y los peces en estos ejemplos. Del mismo modo, en lo que respecta a la armonía musical frente a la disonancia, los principios básicos de la audición son similares en la mayoría de los vertebrados, aunque las frecuencias audibles varíen. Al carecer de oídos, las planarias no pueden disfrutar de este reforzador.

LAS CONSECUENCIAS SENSORIALES

Todas las criaturas tienen sistemas sensoriales de algún tipo, incluso las planarias, que les aportan posibilidades gratificantes.

Como bien saben los publicistas, en el mundo industrializado de estimulación constante en el que vivimos, la pura información sensorial es uno de los reforzadores más extendidos. Los expertos en marketing compiten entre ellos por mantener nuestra atención con la presentación de imágenes, sonidos y acciones gratificantes. Ya en el siglo XIX, los primeros caleidoscopios batieron récords de ventas por su novedosa presentación de colores y patrones de luz en combinaciones complejas, variables e imprevisibles (como un salvapantallas de ordenador) y que reforzaban a muchos niveles. Incluso los bebés de tres meses giran la cabeza para ver patrones complejos, algo que no hacen ante patrones simples[8].

Los humanos no son los únicos que aprecian estas características: en el laboratorio, ratones y polluelos se esfuerzan por ver patrones más complejos[9]. Por ejemplo, los polluelos que acababan de salir del cascarón el día anterior ya encontraban más gratificante mirar a un diseño de rayas y semicírculos que a un panel de color gris homogéneo[10].

El nivel de estimulación óptimo varía. A veces, los niveles altos son gratificantes y emocionalmente energéticos, otras veces resultan estresantes. Tras un periodo de estimulación muy alta, incluso los que buscan emociones fuertes pueden preferir un entorno sencillo y tranquilo. El "aburrimiento" indica una falta de reforzadores, no una falta de estimulación.

Cualquier pequeño reforzador, como la vista al otro lado de una ventana, puede ser una fuente en un desierto de tedio. Pero incluso cuando hacemos algo que nos gusta, ya sea ver las Olimpiadas o plantar petunias, el cambio acaba siendo bienvenido. Aristóteles* señaló que "no podemos ser moldeados en un solo hábito, porque cada deseo sólo puede operar durante breves períodos y debe ceder el paso a otros"[11].

* *N. del E.:* En *Ética a Nicómaco* Aristóteles trató la importancia de no ceder ante los deseos.

LA SAL DE LA VIDA:
LA DIVERSIDAD COMO CONSECUENCIA

La diversidad suele ser un reforzador, como confirma la investigación empírica, y no sólo para los humanos. Las mascotas y los animales de zoológico también se aburren. Los monos se esforzarán por tener la oportunidad de ver a otros monos, un tren de juguete, o incluso la actividad cotidiana de las personas en una habitación. Estas consecuencias apetitivas serán eficaces durante largos periodos[12]. Así que a los monos les gusta observarnos tanto como a nosotros nos gusta observarlos a ellos, y mucho. Gracias al atractivo de la conducta de los animales, zoos y acuarios gozan de gran afluencia de público, y millones de personas tienen mascotas por idéntico motivo.

La variabilidad es una parte importante de lo que es gratificante, en la conducta animal y en otros muchos contextos. Los deportes son de por sí muy variables; también lo son las tramas de las películas (solo las buenas). Sí, releemos nuestros libros favoritos, pero rara vez lo hacemos inmediatamente después de terminarlos, y pocos elegirían ver *Titanic* todo el día y toda la noche, aunque sea un clásico. Algunos reforzadores pueden soportar la repetición, como cuando un niño escucha la misma canción durante horas (¡volviendo locos a los demás!). Pero, con el tiempo los niños aprenden a racionar esa canción, eligiendo la variedad en su lugar.

Los profesores hacen bien en tener esto en cuenta. La monotonía en la entonación de la voz puede ser el mejor indicador para una mala evaluación de la enseñanza[13]. En relación con esto, una vez tuve un alumno excelente que sacaba sobresalientes en todos sus exámenes, pero estaba cansado de ver comentarios del tipo "Genial" y "Buen trabajo". Se inventó una lista de alternativas como "Publícalo" y "¡Toma-ya!".

El deseo de variedad puede ser sutil. Puede que no nos demos cuenta de por qué un determinado escritor nos aburre a pesar de su interesante contenido, quizá la longitud de las frases o el ritmos monótonos de su prosa podrían explicarlo. Como señaló el famoso instructor de escritura Gary Provost, "el oído debe tener diversidad o la mente se irá a comer"[14]. También en la música, la mayoría de los compositores de éxito de todos los géneros encuentran formas de variar sus melodías, armonías y ritmos para mantener el interés. Por si fuera poco, los reproductores de música ofrecen una función de "reproducción aleatoria" que presenta las canciones en orden aleatorio, diferente cada vez.

El principio se aplica incluso a las tareas domésticas comunes. James Peterson, autor de bestsellers y cocinero expone lo siguiente: "Rara vez preparo platos siguiendo una receta exacta porque nunca me gusta cocinar lo mismo dos veces; necesito inventar sobre la marcha, o me aburro"[15]. Después de comer lo mismo tres días seguidos, incluso las ratas prefieren nuevos alimentos y variar a nuevos sabores.

LA CONSECUENCIA CREATIVA

¿Qué podría ser más intrigante que descubrir que la variabilidad no sólo es reforzante, sino que es en sí misma una característica reforzable de nuestra conducta? La creatividad no es un juego de suma cero, en el que cada uno tiene una cantidad limitada. Por el contrario, es un "nutriente" que florece con el estímulo: si lo alimentas, crecerá. Y no se limita a las personas.

En 1969, la entonces entrenadora de delfines Karen Pryor y sus compañeros sabían mejor que nadie lo ingeniosos y versátiles que son los delfines. Decidieron ver hasta dónde llegaría la creatividad de los delfines recompensando únicamente conductas que nunca habían visto hacer a dos delfines en particular. Los delfines superaron el reto, realizando movimientos y acrobacias extravagantes que nunca habrían tenido ocasión de hacer en su hábitat[16]. Si los delfines pueden hacerlo, ¿qué no podrán hacer los niños? Durante el mismo periodo, los científicos premiaron a unos cuantos niños pequeños por sus construcciones de bloques que diferían de los diseños anteriores, y la creatividad de los jóvenes despegó. A dos de los tres niños se les ocurrieron cuatro veces más diseños nuevos cuando fueron elogiados por hacerlo, en comparación con un período de línea base sin recompensas particulares[17].

El programa de investigación durante varias décadas del psicólogo experimental Allen Neuringer ha logrado establecer el efecto de forma concluyente durante varias décadas. Sus palomas ordinarias picoteaban dos botones salientes llamados llaves. Una unidad reforzada eran ocho picotazos de llaves que podían ser cualquier combinación tanto de izquierdas como de derechas. Para conseguir granos deliciosos, las palomas debían producir secuencias de ocho que fueran consistentemente diferentes de sus últimas cincuenta secuencias. Y no lograban esta hazaña memorizando. En su lugar, se comportaban como generadores de números aleatorios, lo que constituía una solución eficiente[18]. ¿Pueden las personas hacer lo mismo? Primero hay que superar las ideas erróneas sobre lo que significa "aleatorio" desde el punto de vista matemático. Neuringer recompensó a los participantes por producir lo que creían que eran secuencias aleatorias de dígitos, luego clasificó las secuencias según una serie de criterios estadísticos y descubrió que sus voluntarios lo hacían bastante mal. Descubrió, por ejemplo, que tendemos a alternar dígitos con más frecuencia de lo que ocurre en una serie aleatoria real. Pero con la práctica y la retroalimentación, las personas, al igual que las palomas, fueron capaces de generar de forma fiable secuencias de apariencia aleatoria, una habilidad que solía considerarse extremadamente difícil[19].

Puede que no tengamos que actuar dando variedad a nuestra conducta, sino todo lo contrario, pero si recibimos reforzamiento (o castigo) regularmente por conductas variables tales como explorar o mostrar curiosidad, ¿qué crees que ocurrirá? Al igual que con los diseños de bloques de construcción de los niños, nuestra creatividad puede dispararse o desplomarse. Muchas empresas de la lista *Fortune 500* son muy conscientes de ello, y las normativas de innovación de Google son un ejemplo muy conocido.

LAS VENTAJAS DE LA VARIEDAD

Algunas consecuencias de la exploración, tanto positivas como negativas, están presentes de forma natural. Una de ellas es la variedad. Hemos visto cómo incluso pequeños cambios de paisaje pueden ser estimulantes. Ir en un vehículo en movimiento es reforzante para los que tienen buena vista. Los perros se divierten con la diversidad de olores que pueden oler en un breve paseo. Por otro lado, la familiaridad es reforzante en otras circunstancias, y explorar puede significar dejar no sólo lo que es familiar, sino también seguro. Los ratones silvestres no exploran a plena luz del día, sino por la noche, cuando corren menos riesgos; si los lugares donde buscan alimento les fallan, deben buscar otros nuevos. Probablemente descubrieron sus fuentes existentes a través de la exploración, por lo que hay una historia de reforzamiento previo que les ayuda.

El principio se aplica más ampliamente, por supuesto. ¿Cuándo nos desafiamos a nosotros mismos con lo nuevo en lugar de quedarnos con lo viejo? A la mayoría de nosotros nos gusta una especie de equilibrio entre ambas cosas, del mismo modo que la estimulación óptima. Aun así, si hemos tenido buena suerte (es decir, nos han reforzado) viendo películas de determinados directores o leyendo libros de determinados autores, es probable que nos quedemos con ellos. Los desconocidos, con su novedad y sus valores de recompensa más cuestionables, tienen más dificultades para competir por nuestra atención.

Los reforzadores como las películas o los libros, ofrecen variedad. Y lo que es mejor, un "reforzador generalizado", como el dinero, puede intercambiarse por un reforzador cualquiera dentro de un conjunto muy amplio. Los sistemas de puntos aprovechan el poder de estas opciones de recompensas. En un colegio de Michigan, las opciones de recompensa incluían tiempo de diversión con el director por 75 puntos y tiempo libre en el laboratorio de informática por 100 puntos[20]. Los investigadores que estudian a las personas, a menudo tienen que ofrecer recompensas variadas para mantener a sus participantes motivados. Una solución habitual es ofrecer décimos de lotería para tener la oportunidad de ganar premios, como cheques regalo o pizzas. ¿Y los animales? Las orcas de un "Mundo Marino" nunca sabían qué reforzadores vendrían a continuación: caricias y arañazos, atención social, juguetes, etc. El resultado fue que "los espectáculos pueden desarrollarse casi por completo sin los reforzadores estándar de los peces; los animales reciben su comida al final del día"[21].

Los animales con diversidad en sus vidas son más sanos y felices, al igual que las personas. Los estimulantes ambientales, como los juguetes, son más variados, y los que producen movimientos imprevisibles suelen ser especialmente valiosos y duraderos. Un gran éxito en un zoo fue una resistente bolsa de columpio, apenas naturalista, pero que un rinoceronte frotó y golpeó durante horas[22] (véase el capítulo 13 para más ejemplos).

EL LADO POSITIVO DE LOS PROBLEMAS

A los monos les gusta tanto resolver rompecabezas mecánicos y otros "educativos" que a veces lo hacen sin ninguna recompensa adicional[23]. La actividad en sí misma es intrínsecamente reforzante. Karen Pryor informó acerca de esto, a través de un reto para una marsopa (*Phocoenidae*) de dientes rugosos: tenía que aprender a elegir, entre varias opciones, la que igualaba una muestra. En la sesión en la que la marsopa hizo un progreso notable por primera vez, siguió trabajando incluso cuando ya no comía el pescado que había ganado, como si disfrutara de algo del aprendizaje en sí mismo, al igual que nosotros[24]. Por supuesto, la aprobación social del entrenador sin duda ayudó. En esta línea, he aquí una anécdota del biopsicólogo Donald Hebb: un chimpancé que trabajaba en problemas de categorización exigentes acaparó sus rodajas de plátano hasta que Hebb se quedó sin ellas. Pero el chimpancé siguió trabajando y, tras resolver los problemas, ¡le dio a Hebb las rodajas de plátano![25]

La resolución de problemas también puede ser reforzante para las personas, ya sea para localizar una fuga de agua, organizar una fiesta o resolver un crucigrama. William Least Heat-Moon señaló en su libro *Carreteras azules* que resolver un laberinto no es divertido si no hay callejones sin salida[26]. En una escala más amplia, los científicos son exploradores que encuentran y resuelven diferentes tipos de rompecabezas: "Mis reforzadores eran el descubrimiento de uniformidades, la ordenación de datos confusos, la resolución de rompecabezas", decía B. F. Skinner[27]. Y del Premio Nobel Linus Pauling: "La satisfacción de la propia curiosidad es una de las mayores fuentes de felicidad en la vida"[28]. Así pues, establecer una base para la curiosidad ayuda a promover la felicidad al crear nuevas recompensas.

TOMA DE CONTROL

A veces, tanto la diversidad como la estimulación sensorial quedan relegadas a un segundo plano. Las ratas presionan una palanca incluso cuando no obtienen nada más que el movimiento y el silencioso clic de un microinterruptor, algo así como los bebés que agitan repetidamente un sonajero para obtener el mismo sonido[29]. Es cierto que cuanto más móviles sean estos objetos y más sonido produzcan, mayor será la conducta. Pero el simple valor de recompensa de un cambio de estimulación puede aumentar mucho si se tiene control.

Desde la cuna hasta el globo terráqueo, nos gusta salirnos con la nuestra. Como cualquier padre puede corroborar, una vez que los niños pequeños descubren ese fascinante dispositivo, el interruptor de la luz, todo el mundo lo sabe. De hecho, mucho antes de tener la edad suficiente para llegar tan alto, a los bebés también les encanta este juego. En una ocasión, Skinner encendía y apagaba una lámpara cada vez que su hija pequeña movía el brazo, y al poco tiempo ya estaba dirigiendo una sinfonía[30]. En investigaciones con humanos más formales, se ha confirmado el poder de tener poder. ¿En el fondo, todos somos fanáticos del control?

Si nosotros lo somos, los animales también. En uno de mis ejemplos favoritos, se dice que los monos disfrutan haciendo que las plantas de mimosa, sensibles al tacto, se plieguen. ¿Cómo lo sabemos? Se desviven por tocar las mimosas y luego se quedan observándolas. (También lo hacen los niños. Y yo también, por cierto[31]). Y considera que los ratones ciervos nocturnos en un laboratorio, apagan las luces si pueden. "Sin embargo, si la luz se apaga automáticamente cada media hora, los ratones la vuelven a encender. Aunque los ratones tienen aversión a la luz brillante, tener el control sobre la iluminación es lo suficientemente gratificante como para anularla." Hablando de "psicología inversa". Si les dan interruptores a ambos lados de la jaula para encender y apagar la luz, los ratones correrán de un lado a otro para hacerlo muchas veces al día[32]. ¿Te recuerda a los niños pequeños?

Con hallazgos como éste, no es de extrañar que las investigaciones demuestren que los animales, al igual que las personas, suelen preferir la libre elección a la no elección. En un estudio, este fue el caso de las palomas incluso después de que se les proporcionara una gran cantidad de reforzadores adicionales cuando las aves eligieron la opción de no elección (una única tecla en la que responder) en lugar de la de libre elección (dos teclas), aunque si la situación de ausencia de libertad producía más comida optaban por esta. Las aves volvieron a la opción de libre elección cuando la oportunidad de recompensa volvió a ser la misma para ambas opciones[33].

Así que a muchos de nosotros nos encanta tener opciones y estar al mando. No es de extrañar, teniendo en cuenta estos resultados y nuestras propias experiencias, que numerosas encuestas muestren que la satisfacción laboral está relacionada con el grado de control que disfrutamos en nuestro trabajo. Esta libertad se cita con frecuencia como una de las razones para elegir una carrera académica. Entre los beneficios, un conocido estudio sobre funcionarios del gobierno británico encontró una fuerte relación entre el control del trabajo y la salud[34]. Tener un control, aunque sea mínimo, es tan poderoso que los huéspedes de residencias de mayores con plantas a su cargo (que no son un elemento que cambie la vida) mostraron importantes beneficios psicológicos y de salud en comparación con un grupo similar con plantas cuidadas por empleados [35].

Los animales también se benefician de tener el control. Un oso negro enjaulado que estaba psicológicamente alterado, paseándose de un lado a otro de forma estereotipada, no mejoró cuando se le introdujo un comedero que dispensaba comida de forma imprevisible. Imagínate en una habitación con poco que hacer. ¿Qué le ayudaría? En la naturaleza salvaje, los osos pasan gran parte de su tiempo buscando comida, y controlan cuándo y dónde. La dirección del zoo probó a esconder la comida del oso en el recinto, para que éste pudiera elegir cuándo buscarla. El éxito fue rotundo, y el oso mucho más feliz [36]. Incluso este pequeño nivel de control marcó la diferencia.

Los profesores consideran que uno de sus propios reforzadores es "empoderar" a sus alumnos -literalmente, darles poder sobre una consecuencia, desde ser capaces de resolver problemas matemáticos hasta entender una lengua extranjera. Es un inmenso placer para los profesores cuando se les enciende la bombilla a sus alumnos, y eso suele ser evidente tanto si los alumnos son humanos como animales. Según Karen Pryor, cuando se les refuerza de este modo, los caballos brincan, los perros ladran con entusiasmo y los elefantes "corren en círculos cantando"[37]. Parte del reforzamiento se debe a la obtención del control: "¡Puedo hacerlo yo mismo!" "Puedo resolver el problema", "Puedo hacer que aparezca la recompensa", "Tengo el control". Y la conducta del profesor se ve igualmente reforzada por el logro.

El "juego del parpadeo" ilustra el agradable proceso de dar a un compañero animal los placeres del control. Pruébelo con un pájaro: espere a que parpadee y, a continuación, cierre inmediatamente sus propios ojos, manteniéndolos durante más tiempo del habitual antes de volver a abrirlos. Refuerce cada parpadeo de este modo y, en breve, observará un notable aumento del ritmo de parpadeo del pájaro, a menudo en cinco minutos. A los animales de orientación visual, como los pájaros, les encanta este juego, hasta el punto de que mi periquito, Goldie, lo iniciaba cerrando los ojos durante un periodo de tiempo inusualmente largo cuando yo estaba cerca, y luego repetía el largo parpadeo hasta que yo me daba cuenta y respondía parpadeando a su vez[38]. Tardé cinco días, en lugar de cinco minutos, en conseguir que mi rata mascota, Clover, llegara al mismo nivel, pero, como la mayoría de los mamíferos, las ratas dependen más de otros sentidos. Además, no parpadean visiblemente con mucha frecuencia (tienen una membrana nictitante difícil de ver). Además, para muchos mamíferos, incluidos los perros y los gatos, el contacto visual directo puede ser una señal de agresividad. Sin embargo, si puedes mirar con cariño a los ojos de tu mascota, deberías poder disfrutar de este juego. Incluso he jugado con éxito con algunos animales en la naturaleza, y sospecho que también funcionaría con los bebés. La sensación de comunicación es poderosa.

*

Tener el control es genial, pero, aun así, no siempre es lo mejor. Puede parecer contradictorio, pero los estudios demuestran que tener demasiadas opciones puede ser contraproducente. Después de todo, ¿qué pasa si elegimos la opción equivocada? Y pensemos en todo el esfuerzo adicional que requiere una decisión acertada. Un estudio reciente demostró que cuantas más opciones tiene un plan de pensiones opcional, menor es la participación de los empleados[39]. A veces preferimos limitarnos o elegir que otros elijan por nosotros, al hacerlo renunciamos al control*.

* *N. del E.:* Para una elaboración conductual del concepto de libertad, véase Morf, M. E. (1998). Sartre, Skinner, and the compatibilist freedom, *Behavior and Philosophy*, 29-43.

Pero el "poder corrompe" porque es una consecuencia poderosa que conlleva otras consecuencias poderosas (lo que lo convierte en otro "reforzador generalizado"). No es de extrañar que, al igual que las demás consecuencias analizadas en este capítulo, sea eficaz en tantas especies del reino animal. ¿Cómo se convirtieron las consecuencias en una fuerza tan determinante? En el próximo capítulo estudiaremos sus orígenes.

CONSECUENCIAS Y EVOLUCIÓN, ¿CAUSAS CON EFECTO RETROACTIVO?

Las avispas cazagrillos Chlorion aerarium llevan los grillos que han atrapado a sus agujeros y los disponen listos para ser arrastrados por él, luego bajan para una inspección final de la cámara subterránea. En un experimento, [el entomólogo Jean-Henri] Fabre apartó el grillo unos centímetros cuando el propietario estaba en el agujero realizando su usual comprobación. La avispa salió, vio que el grillo estaba en el lugar equivocado y lo volvió a colocar en el umbral. Esto significaba, por supuesto, que debía haber otra inspección final antes de arrastrarlo. Durante esta segunda inspección final, Fabre volvió a apartar el grillo un par de centímetros. La avispa emergió, volvió a recolocar su grillo y bajó para echar un tercer "último" vistazo. Fabre volvió a apartar el grillo y el ciclo continuó indefinidamente. Tenemos aquí el comienzo de un perpetuum mobile, siempre que ambas partes puedan mantenerlo... Lo que sucedió a continuación ilustra el cuidado que hemos de observar antes de generalizar, Fabre se encontró con avispas de la misma especie que actuaban de forma diferente. Estas aprendieron a cambiar de táctica. Se planteó el mismo juego con varias de ellas, y todas cayeron en él, pero sólo en tres ocasiones. Cuando Fabre, investigador perseverante, retiró el grillo por cuarta vez, se acercaron como de costumbre y lo recolocaron debidamente, pero esta vez se omitió el último vistazo; procedieron a bajar el grillo directamente. Habían aprendido".

— John Crompton, *The Hunting Wasp*, 1955

En el capítulo vimos que incluso los primitivos gusanos planos, como la planaria, pueden aprender de las consecuencias. También pueden hacerlo las liebres de mar (*Aplysia*), las cucarachas y las diminutas moscas de la fruta. Gran parte de lo que hacen los invertebrados como éstos entra en la categoría de "instinto"[1], pero las consecuencias desempeñan un papel más importante en sus vidas de lo que se suele pensar. Aun así, hay un gran salto de la planaria a las consecuencias que envuelven la existencia humana, ¿cómo ha evolucionado la acción de las consecuencias sobre nuestra conducta?

La genética y la neurociencia proporcionan algunas pistas útiles que examinaremos en los próximos capítulos. A falta de viajes en el tiempo, ¿qué otras pistas hay sobre el desarrollo del aprendizaje a partir de las consecuencias? Por desgracia, la conducta no se fosiliza, así que tendremos que elucubrar.

LA DANZA DE LOS GLOBOS

Una mañana, poco después de terminar la Segunda Guerra Mundial, el entomólogo Edward Kessel observó unos puntos blancos que aparentemente flotaban en el aire a unos cuatro metros de altura. Tomó una escalera y una red para mariposas y encontró pequeñas moscas macho con ojos saltones que portaban "globos" redondos y sedosos tan grandes como su propio cuerpo. Mientras revoloteaban, cada mosca se aferraba a un insecto presa muerto, aún más pequeño que pendía unido al globo[2]. Las moscas pertenecían a una de las cientos de especies de moscas empídidas (*Empididae*). ¿Por qué bailaban? Podemos adivinarlo.

A lo largo de los años, los científicos han descubierto una aparente progresión de los rituales de cortejo en la familia de las empídidas, que ilustra los cambios a lo largo del tiempo a medida que se ramifican nuevas especies. Algunos machos se limitan a atrapar a sus víctimas y luego las exhiben en una danza colectiva. Las hembras eligen a un macho y se nutren durante el apareamiento. En otras especies, los machos envuelven sus regalos en seda. Lo que Kessel observó es una etapa más avanzada, en la que el envoltorio no comestible había superado considerablemente en tamaño al preciado regalo alimenticio. Finalmente, con el paso del tiempo, algunas moscas acabaron por dejar de fabricar los globos y, en su lugar, atrapan trozos de hojas flotantes o pétalos de flores, bailando con ellos por encima del agua para atraer al sexo opuesto. Estos rituales de cortejo son lo más parecido a fósiles conductuales que podemos encontrar.

Los movimientos de danza en este caso son "instintos" no aprendidos. El aprendizaje por consecuencias no se fosiliza, pero observar cómo funciona en criaturas como éstas puede decirnos algo sobre su desarrollo evolutivo. Mientras tanto, fijémonos en los instintos; no son tan fijos y mecánicos como solemos pensar. Y las consecuencias pueden afectarles de muchas maneras inesperadas.

INSTINTOS FLEXIBLES

Las investigaciones de Gilbert Gottlieb son un conocido ejemplo de la flexibilidad de los instintos. Gottlieb, pionero en la investigación sobre genética y ambiente, estudió ánades reales (*Anas platyrhynchos*). En especies "precoces" como ésta, los pollos nacen con plena movilidad y la madre pronto les conduce a un lugar seguro lejos del nido. La "impronta" basada en el sonido parece ser más importante para estos patitos que la impronta visual. La llamada de impronta de la madre ("Quédate cerca de mí") es característica de todos los ánades reales, y sus patitos muestran preferencia por la llamada de la madre frente a la de otras especies sin mediar proceso de aprendizaje alguno. Pero, ¿cómo adquieren esta preferencia?

Gottlieb sabía que los embriones de los patitos que están en el huevo empiezan a piar entre ellos aproximadamente un día antes de salir del cascarón. Estas piadas no suenan como la llamada de impronta de la madre, por lo que se suponía que no estaban relacionadas. Gottlieb decidió comprobarlo. Descubrió que cuando los embriones no escuchaban estas piadas previamente a la eclosión, las aves recién nacidas no mostraban la preferencia normal por la llamada de impronta del ánade real. Gottlieb pudo demostrar que tanto el ritmo como el tono de las piadas debían escucharse antes de la eclosión: sólo entonces los patitos elegirían la llamada materna correcta[3]. El desarrollo de la preferencia propia de la especie dependía de la presencia de *huevos parlantes*.

¿Juegan algún papel las consecuencias en este drama? Sí. Se sabe desde hace más de medio siglo que tanto los objetos de impronta naturales como los artificiales pueden ser consecuencias efectivas que los pollitos se afanan por ver. En un estudio clásico, el más eficaz de los dos estímulos de impronta era también el reforzador más eficaz. Resulta especialmente interesante el hecho de que los objetos de impronta fueran recompensas eficaces no sólo por seguir el objeto (la conducta natural relevante), sino por una diversidad de otras conductas no relacionadas, como picotear sobre una tecla[4].

Cuando los investigadores se dieron cuenta de las posibilidades, rastrearon la flexibilidad de este y otros instintos. Gottlieb, por ejemplo, descubrió que los patitos de ánade real que se limitaban a escuchar durante horas la llamada de impronta de las *gallinas* domésticas poco antes y después de la eclosión llegaban a preferirla a la de su propia especie, a pesar de que seguían escuchando sus propias piadas antes de la eclosión. El sistema genético-ambiental que normalmente produce la preferencia por la impronta de la propia especie no podía manejar esta cantidad de inusitada estimulación. Imagínese a esos patitos en la naturaleza siguiendo a una gallina en lugar de a su madre.

Un ejemplo particularmente poderoso proviene de la investigación con codornices de Virginia (*Colinus virginianus*), una especie muy común (aunque en declive) en Norteamérica. Este ave grazna su nombre cada primavera. Al igual que los patitos, las crías de codorniz son precoces: pueden caminar a los pocos minutos de nacer, para escapar mejor de zorros y halcones. Y al igual que los patitos, les atrae la llamada de sus progenitores, lo que incluye a la del padre del grupo familiar de la codorniz.

Intrigado por el poder de las consecuencias, uno de mis colegas separó individualmente a los polluelos recién nacidos de sus compañeros, haciéndoles emitir su llamada de separación ("¡Me he perdido! ¡Ven a buscarme!"). Cada vez que un polluelo aislado llamaba, mi colega reproducía como consecuencia inmediata una llamada de impronta muy diferente, la de la codorniz japonesa (*Coturnix japonica*), una especie estrechamente relacionada. Después de sólo cinco minutos (normalmente unas treinta consecuencias), cada pollito aislado era devuelto a su hogar. Otros polluelos de codorniz de Virginia fueron aislados durante cinco minutos mientras escuchaban el mismo número de llamadas de impronta de la codorniz japonesa, pero sin depender estas de lo que hacían, es decir, sin que sus llamadas diciendo "estoy perdido" fueran seguidas inmediatamente por la voz de la codorniz japonesa. Estos pollos de codorniz, que *no escucharon la llamada japonesa como consecuencia*, conservaron una fuerte preferencia por la llamada de su propia especie cuando se les examinó al día siguiente. En cambio, los pollos que escucharon la llamada de la codorniz japonesa *sólo como consecuencia* se volvieron indiferentes (en promedio) a la llamada de su especie, es decir, fueron suficientes cinco minutos para que perdieran su preferencia natural por la llamada de su especie[5].

PÁJAROS CANTORES

Hay muchos otros ejemplos de interacciones entre instintos y consecuencias. Para los jóvenes pájaros cantores en un laboratorio, el canto modelo del que aprenden puede convertirse en un reforzador por el que se esforzarán por escuchar[6]. Durante el desarrollo de su canto, las consecuencias también pueden ser decisivas de otras maneras.

Una especie bien estudiada es el tordo cabecipardo (*Molothrus ater*), que solía seguir al bisonte y ahora, por falta de su pareja ecológica, suele quedarse cerca del ganado. En su nicho original, ¿cómo hacía para incubar los huevos y criar a los polluelos hasta la edad adulta? Los rebaños itinerantes de bisontes no permanecían en un lugar el tiempo suficiente. Las vacas desarrollaron una estrategia inusual conocida como parasitismo de cría, en la que las hembras ponen sus huevos en los nidos de otras especies y los dejan allí sin más.

Eso significa que las crías crecen oyendo a los tordos cabecipardos como una especie más entre otras tantas aves cantoras. Desarrollan su canto normal mediante una combinación de instintos y otros factores, entre los que se encuentran las consecuencias. Cuando los machos jóvenes cantan una canción que les gusta a las hembras, éstas les dan un golpe de ala, una especie de aplauso en el mundo de los cabecipardos. Los machos toman nota y construyen sus canciones en consecuencia[7]. Las consecuencias también pueden ayudar a moldear el canto de algunos pinzones, según se ha descubierto recientemente: cuando se emite un sonido desagradable sólo cuando comienza una parte concreta de su canto, los pinzones aprenden a evitar esa consecuencia modificando esa parte (y sólo esa parte) de su melodía[8].

La construcción de nidos es otro ejemplo de las interacciones instinto-consecuencia. Los machos del tejedor común (*Ploceus cucullatus*), por ejemplo, tardan meses en aprender a construir un nido lo suficientemente sólido como para atraer a una hembra. Sus modestos intentos iniciales pueden desmoronarse poco después de su creación[9].

El abanico de relaciones también es evidente en la búsqueda de alimentos. Los expertos en conducta animal Eytan Avital y Eva Jablonka han mostrado que las arañas no necesitan aprender a tejer sus telas, aunque en otras facetas de su vida son capaces de aprender de las consecuencias. Por otra parte, las crías de erizo parecen aprender basándose en sus propias experiencias sobre lo que es fácil de conseguir y lo que es sabroso, y a consecuencia de ello desarrollan estilos de búsqueda de comida y preferencias alimentarias idiosincrásicas. Los polluelos de perdiz picotean donde su madre les señala y son recompensados por ello con porciones de comida. Sorprendentemente, al principio muchos de ellos no aciertan, ya que picotear en un punto determinado también se aprende a través del éxito y el fracaso (consecuencias) de sucesivos intentos[10]. Sin embargo, una vez que estos polluelos alcanzan una porción de comida, *no tienen* que aprender a que les guste el sabor.

BICHOS QUE APRENDEN

Si los platelmintos pueden hacerlo, está claro que la capacidad básica de aprender de las consecuencias no requiere de un gran cerebro. Las mariposas disponen de un sistema nervioso gigante comparado con el de algunas planarias. Aun así, puede resultar sorprendente descubrir que las mariposas también pueden aprender de las consecuencias. No es una habilidad que se nos ocurra cuando las vemos revolotear alegremente de flor en flor en un prado soleado.

¿Revolotear sobre las flores tiene consecuencias? La mariposa cola de golondrina azul (*Battus philenor*) es especialmente atractiva: los machos lucen un glorioso azul iridiscente, mientras que ambos sexos lucen un brillante patrón de color naranja y azul en la parte inferior de las alas. En un estudio, Martha

Weiss y sus estudiantes soltaron a estas mariposas en un campo de flores amarillas y magenta. A veces, sólo las flores amarillas tenían néctar, a veces sólo las magentas (Weiss y compañía lo pasaron bien organizando el experimento). Las mariposas aprendieron rápidamente qué color indicaba la consecuencia que querían[11]. Aunque las consecuencias fueron efectivas, estos insectos muestran una preferencia no aprendida por el color amarillo desde el principio. Como en el caso de los polluelos de codorniz, los instintos, las consecuencias y el aprendizaje coexisten a lo largo de un espectro de relaciones.

Más tarde, Weiss observó como las avispas observadas en la naturaleza cazaban con facilidad orugas hespéridas (género *Hesperiidae*) cuando estas se escondían en refugios que construyen en las hojas. Cuando observó a avispas "de laboratorio" (que carecían de experiencia con las hespéridas) parecían desconcertadas al ver sus refugios. ¿Podría tratarse de una conducta aprendida? De hecho, la investigación demostró que sólo las avispas que veían una oruga en su refugio y la consumían aprendían a internarse en los refugios y atrapar las orugas. No bastaba con ver los refugios o los jugosos bichos por separado[12]. Las avispas debían aprender que los refugios indicaban que era la hora de la merienda.

¿Y qué hay del aprendizaje de conductas arbitrarias (en lugar de conductas naturales) en los insectos? En aras de la ciencia, muchas ratas, ratones e incluso cangrejos han presionado muchas palancas. Puede parecer caprichoso, pero una abeja hembra sin aguijón realizó también esta hazaña. En primer lugar, aprendió a pulsar cualquiera de las dos pequeñas palancas para obtener néctar, y lo hizo de forma fiable. A continuación, se le presentaba una luz en cualquiera de los dos lados, siendo sólo la palanca del lado iluminado la que ofrecía el resultado deseado. Tras seis horas de entrenamiento, el pequeño insecto pulsó la palanca correcta 107 veces, cometiendo sólo 33 errores[13]. No está mal, y es un paso adelante en nuestra comprensión del aprendizaje a partir de las consecuencias. Más adelante, los investigadores se basaron en estos primeros estudios para descubrir capacidades de aprendizaje ciertamente impresionantes en abejas melíferas (sin utilizar palancas; véase el capítulo 10).

Sin embargo, cuando se trata de técnicas inteligentes, el método de Björn Brembs se lleva la palma. La diminuta mosca de la fruta *Drosophila melanogaster* es uno de los organismos mejor estudiados, por ejemplo, fue el primer insecto cuyo genoma fue secuenciado. El neurocientífico Brembs conecta las moscas adultas a un sofisticado simulador de vuelo. Al batir sus alas, la mosca no se mueve y, sin embargo, puede "volar": mediante la magia de los ordenadores, el par de giro de las moscas produce un campo visual apropiado que las moscas pueden ver. Ajustando su giro, las moscas aprendieron a evitar un rayo de calor[14].

¿QUÉ FUE PRIMERO?

Los invertebrados tienen tanto instintos como aprendizaje, ¿cuál se desarrolló antes? A primera vista, los instintos pueden parecer la opción obvia, porque son menos flexibles y parecen más sencillos de desarrollar y operar. ¿Es posible que el aprendizaje se desarrollase antes?

Cuando demorarse supone un riesgo, aprender parece un lujo. Es mejor optar por un método no aprendido si se puede, como la impronta. Pero la impronta y otros "instintos" siguen dependiendo de los aportes del entorno, como hemos visto: el trabajo de Gottlieb con pollos de ánade real demostró que oír el piar de los huevos puede ser esencial para el desarrollo de este "instinto". Y el trabajo de mi colega con polluelos de codorniz demostró lo flexibles que pueden ser estos instintos en respuesta a las consecuencias: sólo hicieron falta cinco minutos para eliminar la preferencia normal de los polluelos por la llamada de impronta de su propia especie.

Empiece por esas consecuencias y considere su flexibilidad. Existe un ajuste natural entre trepar a un árbol y comer su jugosa fruta. Del mismo modo, las ratas madre trotan de forma natural para recuperar a sus cachorros cuando se extravían. ¿Funcionaría la posibilidad de reunirse con un cachorro separado como recompensa por una conducta arbitraria como la de presionar una palanca?

En primer lugar, las ratas madre embarazadas de un estudio aprendieron a pulsar una palanca para recibir *Froot Loops* (cereales en forma de anillos coloreados con sabor a fruta de la marca Kellogg). Después de que las ratas dieran a luz, pasaron veinticuatro horas con sus crías. A continuación, se retiraron las crías durante veinticuatro horas. Finalmente, la prueba: ¿trabajarían las madres afanosamente presionando la palanca para conseguir acceder a sus crías? Sí, si realmente podían coger a sus crías, y no sólo verlas a través de una barrera. Este método de recompensa también funcionó con las ratas hembra, dadas las hormonas que circulan de forma natural en su organismo después de tener crías, lo que ilustra la participación de múltiples componentes del sistema[15] (en otro estudio, cinco abnegadas madres presionaron una palanca varios *cientos* de veces en un plazo de tres horas, recibiendo una cría, no toda la camada, como recompensa cada vez que alcanzaban el criterio de respuesta[16]).

Fuera del laboratorio, muchos mamíferos y aves pueden aprender conductas arbitrarias para obtener las consecuencias que desean. Multitud de observaciones casuales demuestran cómo tanto las elegantes golondrinas, como los gorriones comunes y otras aves aprenden a accionar células fotoeléctricas para abrir puertas automáticas de tiendas y otros establecimientos para buscar comida o anidar en su interior. Algunas vuelan en la trayectoria del invisible haz de luz, otras se sientan cerca del dispositivo y se inclinan para activarlo.Pero estos son vertebrados, ¿son los invertebrados capaces de producir conductas arbitrarias a cambio de recompensas? Las planarias que aprendieron a interceptar una célula fotoeléctrica son un ejemplo. Las abejas sin aguijón accionan palancas, como hemos visto. En el simulador de vuelo de la mosca de la fruta, evitar el calor funcionaba incluso cuando el patrón de vuelo requerido era arbitrario, es decir, cuando difería del patrón "natural" de vuelo de estos dípteros. Volar en círculos para escapar del calor no funcionaría en la naturaleza, sin embargo, las moscas no tuvieron problema alguno para aprender esta maniobra.

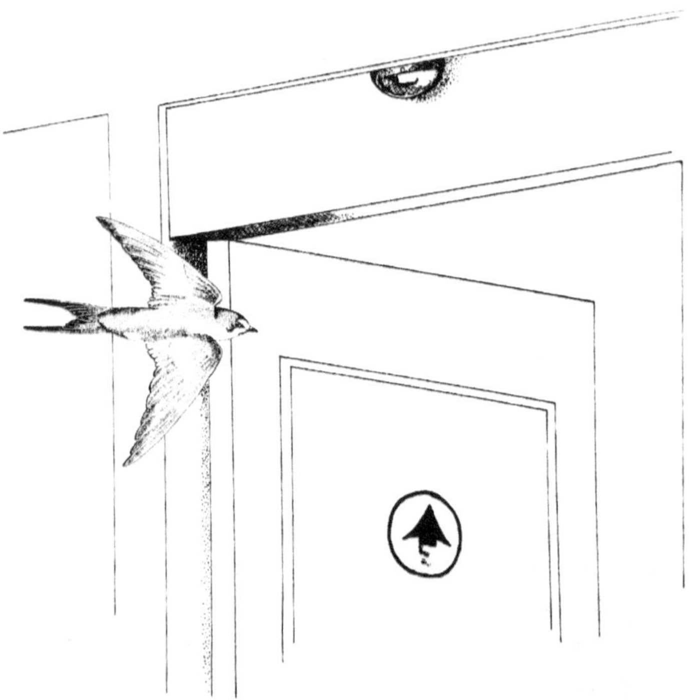

Un paso más allá: como hemos visto, los estímulos de impronta pueden recompensar conductas arbitrarias, y el proceso natural de impronta puede ser desviado y superado por las consecuencias. La impronta es flexible. Así que parece intuitivo que este tipo de instintos puedan ramificarse más con el tiempo llegando a convertirse en conductas aprendidas totalmente flexibles. Eva Jablonka y sus colegas han sugerido que también se produce el efecto contrario: las conductas aprendidas pueden convertirse en instintos con el tiempo. Parece tratarse de una cuestión de lo que es adaptativo, de tal suerte que una determinada tendencia se favorece en el curso de la selección natural.

¿Cómo son posibles estos interacciones entre instinto y aprendizaje? A mediados del siglo XX, el genetista pionero Conrad Waddington demostró cómo el balance entre instinto y aprendizaje puede oscilar de un lado a otro, según lo que resulte más "rentable". Waddington crio gusanos de mosca de la fruta con un alimento de alto contenido en sal, lo que acabo con la vida de algunos de ellos. Las moscas jóvenes que sobrevivieron fueron capaces de responder produciendo ciertas estructuras de un mayor tamaño del habitual en su tracto intestinal para eliminar la sal. Después de criar estas moscas adaptadas al alto contenido salino durante varias generaciones, las crio con comida con contenido salino normal durante varias generaciones. Algunos miembros de esta línea mostraban ahora el mismo cambio estructural incluso sin ninguna exposición alguna a la sal: la *asimilación* se había producido[17].

Parece casi mágico, pero por supuesto hay una explicación lógica. Evidentemente, la capacidad de producir la estructura que eliminaba la sal ya estaba presente en algunos individuos. Un ambiente suficientemente salado simplemente desencadenó la activación de los genes y otros factores necesarios en estos afortunados individuos. Se esperaba que sus descendientes fueran más propensos a producir la estructura *sin* necesidad del estímulo de la sal, como así fue. En realidad, la diferencia no es tan grande, sino que es más bien una cuestión de lo que *señala* la creación del tracto intestinal mejorado, puesto que la capacidad ya estaba ahí (véase el capítulo 3). Como demostraron los experimentos de Waddington, la selección basada en la primera capacidad (producir la estructura sólo cuando la sal la desencadena) significa que la aparición de la segunda también es más probable (producir la estructura en ausencia del alto contenido en sal).

Se trata de una diferencia anatómica, no conductual, pero se aplican los mismos principios. Las investigaciones de Gottlieb con el ánade real demostraron que oír el piar de los embriones antes de la eclosión era esencial para desarrollar la preferencia normal por la llamada de impronta del ánade real. Oír estos sonidos modifica el cerebro (véase el capítulo 4). El piar en cierta forma es parte del sistema biológico tanto como los genes.

Aunque nunca sabremos con seguridad qué fue primero, si el instinto o el aprendizaje, sabemos mucho más sobre las interacciones entre estos diferentes procesos de conducta. Y eso ha ayudado a los científicos a entender mejor el curso de la evolución.

LA EVOLUCIÓN DE LAS CONSECUENCIAS

Los científicos saben desde hace años que la evolución es conservadora, que reconfigura lo que ya existe. Todo es potencialmente un grano para el molino. Como consecuencia de ello, muchos rasgos evolucionaron originalmente confines no relacionados con su función inicial (el término técnico es *exaptaciones*). Un ejemplo clásico es la transformación de parte de la mandíbula de los reptiles en los huesos del oído medio de los mamíferos. Resulta que los huesos de la mandíbula estaban en el lugar adecuado y podían asumir la nueva función, aunque no muy bien al principio, la selección natural se encargó de ir mejorando el rasgo.

Una analogía similar para el desarrollo del aprendizaje por consecuencias nos la puede dará la evolución de las plumas. A primera vista, las plumas pueden parecer restringidas al vuelo, no obstante, sus funciones son múltiples. De hecho, la mayoría de las plumas de las aves no tienen nada que ver con el vuelo. Ofrecen control de la temperatura y protección contra los elementos. Hallazgos paleontológicos muestran que las plumas evolucionaron primero a partir de las escamas de los dinosaurios terrestres, no de los voladores como los pterosaurios. Una vez que las escamas estaban presentes, la selección natural podía seguir trabajando en ellas. Las plumas de las extremidades anteriores crecieron y se ramificaron, lo que permitió no sólo una mejor protección térmica, sino también el planeo y, finalmente, el vuelo.

Podemos suponer que, en tiempos primitivos, sólo unas pocas consecuencias pudieron ser efectivas inicialmente, siendo la capacidad de aprender de ellas muy restringida. Pero con pequeñas modificaciones y adiciones, las consecuencias también tomaron vuelo. Al igual que las plumas, las consecuencias alcanzaron una mayor diversidad, motivando a su vez conductas de mayor variedad. Presumiblemente, se produjo una transición crítica cuando las consecuencias se hicieron efectivas para conductas distintas de las que normalmente las producían. Mamá rata, ¿perdiste a tu bebé? Si está cerca ve y llévatelo a casa. Pero si eso no funciona, aprende a presionar una palanca para recuperarlos... Diferentes conductas, idéntica función. A medida que la lista de conductas y recompensas efectivas se alargaba, animales tales como los perros podían disfrutar atrapando un *frisbee* en lugar de la cena. Los centros de placer y dolor generalizados se desarrollaron en el sistema nervioso y se convirtieron en lugares muy concurridos. Finalmente, como vimos en el capítulo 1, la propia variabilidad se convirtió en una característica susceptible de reforzamiento.

Incluso las planarias pueden aprender las señales para saber cuándo hay consecuencias. A esto hay que añadir la capacidad de tolerar demoras para que las consecuencias que no son inmediatas puedan seguir siendo efectivas. A esto añadimos la generalización, o capacidad de responder de forma similar a acontecimientos que son parecidos, algo que pueden hacer los insectos. Añadamos también la capacidad de formar categorías concretas, como "bayas", que no es tan diferente de la generalización, y otras abstractas que siguen teniendo algo en común, como "rojo", y luego categorías arbitrarias vinculadas sólo por consecuencias comunes (algunos insectos pueden manejar categorías tanto abstractas como concretas). Añadamos la capacidad de ponderar las elecciones, de modo que las consecuencias más importantes cuenten más y las consecuencias más tardías cuenten menos. Dejemos que las consecuencias afecten a los gestos y las vocalizaciones. En este punto, las habilidades de alto nivel, como la comunicación y la cultura, no sólo son posibles, sino probables.

Y todo comenzó con esos pequeños gusanos planos.

PICOS DE PÁJAROS MARCAN EL CAMINO: LAS CONSECUENCIAS GUÍAN LA EVOLUCIÓN

No hay muchas aves que puedan eclipsar a cincuenta espátulas rosadas y a un elenco de miles de aves costeras, pelícanos, gaviotas, charranes, garzas e incluso un halcón peregrino que pasaba por allí. Había pasado una hora remando por los lodazales de los Everglades en Florida, apenas navegables con la marea baja incluso para mi kayak. Ahora, metiéndome en el agua a distancia, esperando contra toda probabilidad, estaba examinando todas las espátulas con mis prismáticos cuando noté un pájaro rosa claramente diferente en el fondo. Supe inmediatamente que se trataba de uno de los santos griales de la observación de aves en Florida: un flamenco del Caribe adulto (*Phoenicopterus ruber*). Otros flamencos más jóvenes y pálidos buscaban comida por la zona. Estuve observando durante una hora, pellizcándome. De cerca, pude incluso distinguir detalles de ese pico único en forma de bumerán.

El pico del flamenco es un ejemplo clásico de conducta que guía la evolución. Los pequeños e irresistibles crustáceos de las bahías salobres reforzaron el tanteo de los predecesores del flamenco, a pesar de sus picos originalmente torpes. Si se les da el tiempo suficiente en este nicho gratificante, se producen cambios estructurales de base genética en el pico.

Los pinzones de Darwin son otro ejemplo famoso. En las Galápagos, la única especie primigenia de pinzones que se asentó en estas islas lejanas tenía todo tipo de oportunidades de alimentación, e "irradió" en más de una docena de especies diferentes que a menudo se especializaron en hábitats y tipos de alimentación específicos. La búsqueda de semillas grandes, por ejemplo, creó una presión de selección sobre el tamaño del pico a fin de romper la cáscara de semillas gruesas. De esta suerte, aves con picos mayores mejoran sus probabilidades de supervivencia y reproducción. Para los pinzones que perseguían insectos, se seleccionaron picos más finos y sensibles. La "especiación simpátrica" (separación de especies sin aislamiento geográfico) es menos común que la especiación dependiente de la geografía, pero bajo las circunstancias adecuadas, puede ocurrir y ocurre, y claramente ocurrió en las Galápagos[18]. Si las aves de pico pequeño tenían más probabilidades de aparearse que las de pico grande, quizá simplemente por pasar más tiempo en hábitats diferentes, el escenario estaba listo para que la selección natural operase.

Las tornas cambiaron en estos casos: una vez que la capacidad de aprender de las consecuencias había evolucionado, se convirtió en un importante *motor* de la evolución. Los diferentes estilos de búsqueda de recompensas alimenticias en diferentes hábitats ayudaron a crear picos diferentes. La conducta siguió a las consecuencias y el cambio genético siguió a la conducta, algo que incluso Darwin sabía que era posible. No es diferente, en esencia, de la forma en que el desarrollo de las antiguas bacterias creadoras de oxígeno trajo a nuestro planeta un tipo de atmósfera totalmente nuevo. La vida moderna no podría haberse desarrollado de otro modo. Las consecuencias también abrieron nuevas perspectivas a medida que avanzaba la evolución.

El principio es omnipresente y sigue funcionando en la actualidad. En el noroeste del Pacífico (así como en otros lugares), se ha sugerido recientemente que las orcas con diferentes hábitos de alimentación son especies separadas. Los grupos de orcas "trashumantes" se desplazan en busca de mamíferos marinos como los leones marinos, mientras que los grupos "residentes" permanecen más cerca de la costa y persiguen bancos de peces. Las orcas "de alta mar" son como las residentes, pero viven mucho más lejos de la costa. Todas se comportan de forma diferente, y los tres tipos (trashumantes, residentes y de alta mar) se evitan mutuamente: los análisis genéticos muestran que estos grupos de cetáceos no se han cruzado durante muchas generaciones, aunque todavía podrían hacerlo. Sus aletas dorsales también son diferentes[19]. ¿Qué cambio se produjo primero? Tal vez la conducta ayudó de nuevo a abrir el camino hacia el cambio genético definitivo[20].

Algunas especies van un paso más allá. No se limitan a elegir un nicho por las consecuencias que se encuentran en él, sino que *construyen* el nicho. Una vez en él, los mismos procesos producen la adaptación a ese nicho. Los castores son un ejemplo clásico de constructores de nichos ocupados, pero hay ejemplos más próximos a nuestra experiencia diaria.

Cuando se domesticó el ganado, la leche se convirtió en un alimento básico, pero la capacidad de digerir la lactosa de la leche se pierde normalmente después de la primera infancia. ¿Qué hacer si la leche es lo único que hay en tu sociedad de pastores? O si vives en el norte, te pones una capa de ropa en invierno y necesitas una dosis extra de vitamina D que el sol ya no proporciona, ¿pero la leche sí? Con la suficiente variabilidad en la regulación de los genes (sólo se necesita un cambio particular) y con la suficiente presión de selección, no es de extrañar que estos clanes hayan desarrollado una mayor tolerancia a la lactosa. Pero las conductas y sus consecuencias fueron lo primero proporcionando la presión de selección crítica[21].

LA CAUSA QUE SIGUE AL EFECTO

Si el cambio genético impulsado por la conducta parece inesperado, es sólo una consecuencia de la forma inusual en que funcionan la selección natural y las consecuencias del análisis de conducta: el seleccionismo. No es un proceso sencillo, como el de las fichas de dominó. Si se derriba una ficha de dominó, caerá la siguiente, y así sucesivamente: A causa B, que causa C, en ese orden. El principio subyacente del seleccionismo, sin embargo, es diferente: el éxito se reproduce; el fracaso, no.

La fuerza de la selección es, pues, una causa que funciona hacia atrás, en cierto sentido. Supongamos que usted quiere aprender a lanzar un tiro libre en baloncesto. Sus intentos iniciales pueden ser más o menos precisos pero carentes de fuerza, por lo que sus lanzamientos se quedan cortos. Como consecuencia, los intentos débiles desaparecen, mientras que los contundentes se ven recompensados con el éxito, o al menos con balones que se acercan más a la canasta (ni siquiera los profesionales meten todos los tiros libres). La próxima vez que lances unos cuantos tiros a canasta, habrás adquirido cierta destreza. Los lanzamientos fuertes permanecen, los débiles han sido eliminados. Las variaciones fueron lo primero, la selección lo segundo, seguido por el efecto en tu repertorio de lanzamientos a canasta en evolución.

Darwin observó que los seres vivos no sólo se copiaban una vez, sino que producían crías adicionales que se diferenciaban entre sí. Los recursos limitados del medio natural impedían que toda la prole sobreviviera y se reprodujera; la "selección natural" se encargaba de que los menos aptos (o simplemente desafortunados) perdieran la carrera. Un petirrojo ciego sale del cascarón y luego, como consecuencia de su defecto, perece. Como en el aprendizaje de las consecuencias, las variaciones son lo primero, la selección lo segundo. En tercer lugar, está el efecto sobre el acervo genético del petirrojo: los genes que contribuyen a causar defectos son eliminados. Los genes que contribuyen a la aptitud, o al menos son neutrales, se mantienen.

El aprendizaje a partir de las consecuencias se desarrolló porque demostró que ayudaba a los organismos a adaptarse a la lucha diaria por la vida: las conductas que tienen éxito (que producen reforzamiento) se repiten, las conductas que fracasan desaparecen. Las consecuencias modifican las conductas a lo largo de los días y los años, al igual que alteran especies a través de siglos y milenios. A su vez, fueron seleccionadas las consecuencias mismas. Las lesiones duelen *porque* los animales que no evitaron las lesiones no sobrevivieron. El dolor, por desgracia, era necesario para la supervivencia. También lo era el placer.

Lleva esto un paso más allá. La comida sabe bien *porque* los animales a los que les gustaba comer sobrevivieron. Nosotros mismos no tenemos que aprender a apreciar el azúcar o las grasas (más aún en estos días de abundancia para las naciones de alta renta). Aquellos de nuestros antepasados que las encontraban gratificantes tenían más posibilidades de sobrevivir. La conexión con las simples recompensas de los gusanos planos es evidente.

B. F. Skinner fue uno de los primeros en señalar los paralelismos entre la ciencia que fundó, el análisis de conducta, y la selección natural[22]. Al igual que en la evolución, hay selección positiva y negativa. La selección positiva aumenta las frecuencias de las variantes genéticas ventajosas, ya que los reforzadores refuerzan las conductas que las producen. La selección negativa elimina lo que causa daño, del mismo modo que las consecuencias negativas disminuyen la conducta.

Es fácil predecir qué fichas de dominó caerán. ¿Pero qué hay de la predicción de lo que será un reforzador o una característica adaptativa? Esto no es tan sencillo. Sin embargo, con un conocimiento suficiente, se pueden hacer predicciones razonablemente precisas. Si a su cónyuge le gusta el jazz vintage (tiene una historia de reforzamiento), puede elegir bien las entradas para el espectáculo de su cumpleaños. Del mismo modo, si una polilla vive en los troncos de los pinos, es probable que tenga éxito un nuevo camuflaje que se mezcle con los colores y texturas de los pinos, un efecto que se ha demostrado experimentalmente tanto en la naturaleza como en el laboratorio[23]. Los métodos de investigación nos permiten evaluar dónde está realmente la presión de selección y qué es lo que realmente refuerza. Ahí es donde entra en juego la ciencia (de lo contrario, sería demasiado fácil especular, un mero juego de salón).

Con estos métodos, los investigadores han podido documentar los beneficios del aprendizaje a partir de las consecuencias, así como el camuflaje de las polillas. Las colonias de abejorros que aprenden más rápido, por ejemplo, recogen mucho más néctar que las colonias similares[24]. Quizá un logro modesto para una abeja, pero un paso en la dirección que condujo al desarrollo de nuestras propias habilidades.

*

El antropólogo Loren Eiseley llamó a la evolución "el inmenso viaje". Desde las mariposas hasta los pollos de ánade o los primitivos clanes humanos con tolerancia a la lactosa, las consecuencias han guiado la evolución, moldeando picos de pájaros, impulsando la especialización, con conductas cada vez más sofisticadas. Una vez que los seres vivos pudieron aprender de las consecuencias, la vida no volvió a ser la misma. Un destacado teórico ha afirmado recientemente que la evolución del aprendizaje a partir de las consecuencias puede haber causado la explosión cámbrica, el aumento relativamente repentino de la diversidad de especies animales de la que habla Stephen Jay Gould en *La vida maravillosa*[25].

Las asombrosas consecuencias han demostrado ser lo bastante poderosas como para dirigir el cambio a nivel evolutivo, siendo capaces también de activar genes directamente en el curso de nuestras propias vidas.

Capítulo 3

GENES Y CONSECUENCIAS

"Compartimos la mitad de nuestros genes con un plátano".

— Lord Robert May, expresidente de
British Royal Society, en *New Scientist*

Nos preguntamos, ¿cómo es posible que compartamos tanto material genético con el árbol del plátano? ¿Qué podríamos tener en común? Las células. El metabolismo. Una estructura ordenada. La reproducción. Incluso el sexo (aunque bastante diferente). Más de lo que la mayoría de nosotros hubiera imaginado.

Una proteína llamada histona H4 forma parte de nuestros cromosomas, al igual que en la mayoría de las especies. La secuencia de la H4 en las plantas de guisante sólo difiere de la de los mamíferos en dos cambios de sus 102 aminoácidos[1]. El gen que codifica la H4 es obviamente muy similar en todas las especies. Nuestro genoma tiene incluso genes en común con criaturas unicelulares como la levadura. Según el director del *Proyecto del genoma humano*, Eric Lander: "Si hubiera un defecto en la forma en que se produce la división celular de la levadura, su gen funcionaría perfectamente en la levadura y, en realidad, hacemos ese experimento todo el tiempo. Podemos hacer terapia génica para curar una levadura enferma utilizando un gen humano"[2]. Piensa en ello la próxima vez que te comas un bocadillo.

En comparación con las plantas y levaduras, resulta comprensible nuestro estrecho parentesco con un mamífero semejante, el ratón doméstico común: más del 99% de todos los genes del ser humano tienen un homólogo en el ratón, y viceversa. De hecho, según señaló el genetista Sean Carroll, el 96% de todos los genes del ser humano se encuentran exactamente en el mismo orden relativo en los cromosomas del ser humano que en los del ratón[3]. Aprender de las consecuencias es algo que también tenemos en común.

Dado que el aprendizaje a partir de las consecuencias implica a muchos genes, así como a muchos otros factores, sólo estamos empezando a comprender su base genética particular. Un buen punto de partida es examinar lo que sabemos sobre los genes, los genomas y el sistema más amplio del que forman parte.

CONOCE TU GENOMA

Puede que compartamos muchos genes con especies sencillas, pero en el caso de seres complejos como nosotros, cabría esperar que la naturaleza haya hecho todo lo posible por dotarnos, dado el tamaño de nuestro genoma, ¿verdad? Antes se pensaba que los humanos tenían hasta 100.000 genes, y hasta que se concluyó el *Proyecto del genoma humano*, las estimaciones se situaban entre 30.000 y 40.000. Ahora sabemos que sólo tenemos unos 21.000 genes[4], no mucho más que un nematodo, un diminuto gusano primitivo, y muchos menos que algunas salamandras, saltamontes o incluso, aunque no lo crean, amebas unicelulares[5]. ¿Quién lo hubiera imaginado? Resulta que lo que importa es lo que se hace con los materiales básicos, no el número de genes. En efecto, como en muchas otras especies, la mayor parte de nuestro ADN (ácido desoxirribonucleico) parece no tener ninguna función y no se expresa nunca. Según las estimaciones actuales, menos del 2% de nuestro ADN humano codifica realmente proteínas. Otra pequeña parte es reguladora.

Como un padre de familia frugal, la naturaleza ha hecho maravillas con los materiales y las herramientas que tenía a mano, jugando, en efecto, como con las exaptaciones ilustradas por los huesos del oído de los mamíferos que mencionamos en el capítulo 2. Los biólogos evolutivos del desarrollo han identificado los genes "evo-devo[*]" que regulan la construcción de diferentes partes del cuerpo activando y desactivando los genes codificadores de proteínas, por ejemplo, los *homeobox*[**]. Esto hace que estos genes sean una fuente fundamental de manipulación. Al igual que el gen que codifica la histona H4, los homeobox son muy similares en la mayoría de las formas de vida. El gen *Pax-6* determina la ubicación de los ojos no sólo en los vertebrados (incluidos nosotros), sino también en las moscas de la fruta e incluso en los platelmintos. Teniendo en cuenta lo diferentes que son los ojos de los insectos y de los platelmintos de los nuestros, es algo asombroso. El gen *distal-less* ayuda a controlar la formación de apéndices que van desde los cientos de "pies" de los erizos de mar hasta las piernas humanas, las alas de las mariposas y las aletas de los peces. Cuando los

* *N. del E.:* Palabra compuesta de los términos *evolution* y *development*.

** *N. del E.:* Los homeobox son genes que codifican un dominio proteico que regula la expresión de otro gen implicado en el desarrollo (morfogénesis) del organismo.

interruptores genéticos funcionan mal, a las moscas de la fruta *Drosophila* mutantes les salen patas de la cabeza[6].

Las proteínas que intervienen en la construcción del cuerpo, al igual que la mayoría de las proteínas, suelen cumplir múltiples funciones. Como señaló el genetista Michel Morange: "Cuando se aislaron y caracterizaron en la *Drosophila* los primeros genes que afectan a la memoria, causó sorpresa (y también decepción) ver que las proteínas codificadas por estos genes ya eran bien conocidas por su papel en el metabolismo. Lo que hace que un proceso sea específico no es la naturaleza de sus componentes moleculares (y, por tanto, los genes que codifican estos componentes), sino la forma en que se utilizan y se ensamblan en vías moleculares concretas y estructuras específicas"[7]. Esto significa que los genes que codifican esas proteínas fueron regulados de diferentes maneras, en diferentes lugares, dependiendo de estos diferentes usos. El mantenimiento de la tolerancia a la lactosa seleccionada en primitivos clanes humanos del último capítulo es un buen ejemplo. Todo es cuestión de retoques.

ENCENDIÉNDOSE

Los genes evo-devo no son la única forma de activar y desactivar los genes codificantes. Todo tipo de factores externos pueden servir como desencadenantes, incluyendo la vista, el sonido, el tacto, la dieta y la conducta. Este tipo de cambio genético se ha demostrado en todo tipo de genes, desde los nematodos (pequeños gusanos redondos) hasta los canarios y las personas[8]. Por ejemplo, el simple hecho de mirar cambia la actividad genética en la corteza visual de muchos mamíferos poco después de nacer[9].

Es posible ir un paso más allá y cambiar nuestros propios genes. Si aceptas una apuesta (más vale que sea alta) y te pones cerca de una montaña de residuos nucleares sin protección durante solo unos segundos, la radiactividad podría hacer mutar tus genes. También puedes alterar directamente tus genes a través de productos químicos, o mediante la infección por virus que usen la encima transcriptasa inversa para insertar sus genomas en el tuyo (una de las grandes sorpresas es la frecuencia con la que esto ha sucedido: más de 100.000 virus han introducido sus códigos genéticos en lo que ahora es nuestro genoma humano[10]).

Pero para la mayoría de nosotros, los factores externos, como las consecuencias, sólo afectan a nuestros genes activándolos o desactivándolos, y eso ya es mucho. Los genes codifican las proteínas, los componentes básicos de nuestro cuerpo, pero no las *fabrican* si no reciben instrucciones. Cuando hacemos ejercicio, por ejemplo, lo hacemos por las consecuencias: para sentirnos mejor, para perder peso, para evitar los regaños de nuestra pareja o simplemente para desplazarnos de un punto a otro. En dos horas, la expresión de los genes cambia en los músculos afectados, regulando su metabolismo[11]. En efecto, podemos activar estos genes a voluntad. Otro factor con consecuencias es el estrés. Si se inicia una pelea familiar o se suspende un examen importante, el aumento del estrés puede desactivar la actividad genética del sistema inmunitario, lo que provoca una mayor susceptibilidad a resfriados e infecciones[12].

LA GENÉTICA DE LAS CONSECUENCIAS

¿Cómo podemos determinar los genes que intervienen en el aprendizaje por consecuencias? Debemos de separar miles de componentes que interactúan entre sí.

Los "genes tempranos inmediatos" pueden expresarse apenas unos minutos después de la estimulación adecuada (incluidas las experiencias externas, como comportarnos para obtener unas determinadas consecuencias). Un gen temprano inmediato llamado *c-fos* está activo en el cerebro. Cuando las neuronas se disparan, *c-fos* se expresa, por lo que seguir la actividad de este gen constituye una forma de rastrear la actividad neuronal.

En un primer estudio, algunos polluelos recién nacidos aprendieron a picotear claras de huevo batidas (comprensiblemente, su alimento favorito). Las claras de huevo estaban esparcidas por un suelo de guijarros y, al principio, los pollos desperdiciaban su decidida iniciativa picoteando los guijarros o, picoteando, pero sin llegar a las claras de huevo. Como se mencionó en el último capítulo, la precisión se aprende a través de las consecuencias de éxito y fracaso. Un grupo experimental tuvo una sesión con sólo guijarros, y una segunda sesión con guijarros más comida y mucho aprendizaje. Un segundo grupo experimental tuvo dos sesiones con guijarros más comida. Al final de la segunda sesión, estos pollos ya eran unos maestros del picoteo, así que no hubo mucho aprendizaje. Un grupo de control se quedó sólo con los guijarros, mientras que un segundo grupo de control se quedó "en casa" sin hacer nada.

El objetivo era el cerebro anterior, el equivalente de los pollitos a nuestra corteza cerebral. ¿Qué ocurrió con la actividad de *c-fos,* y del gen relacionado, *c-jun*? Los pollitos con guijarros más comida que acababan de empezar a aprender mostraron el mayor aumento de las dos formas de ARN mensajero (ácido ribonucleico) producidas por estos dos genes, seguido de un aumento menor en el grupo de pollos "sabios". Los dos grupos de control no mostraron prácticamente ninguna actividad genética[13].

En un seguimiento, otro estudio comparó la activación del gen *c-fos* en el córtex motor de tres grupos de ratas hembra: un grupo "acrobático" que aprendió a sortear una pista de obstáculos para obtener una recompensa, otro grupo que hizo el mismo nivel de ejercicio físico, pero no tuvo que aprender, y un grupo de control inactivo. El gen de la corteza motora se activó *sólo* con la tarea que requería aprendizaje por consecuencias, no siendo suficiente el mero ejercicio[14]. Estos estudios ayudan a esclarecer el papel de los genes como parte de procesos neurales (véase el capítulo 4).

El aprendizaje por consecuencias requiere de memoria, percepción y otros procesos. En relación con otro gen, el *dCREB2*, Tim Tully y sus colegas sometieron a las moscas de la fruta a una descarga eléctrica en presencia de una señal de olor. En un sencillo laberinto, los insectos debían entonces elegir entre ese olor y un nuevo olor no emparejado, con consecuencias diferentes. Los insectos aprendieron rápidamente y con alta precisión, eligiendo el nuevo olor. Dependiendo de cómo se realizara exactamente el entrenamiento, el aprendizaje seguía produciéndose, pero no se retenía cuando se disminuía artificialmente la actividad normal de *dCREB2*[15] (curiosamente, los *CREB* de los mamíferos son similares al *dCREB2*). Más recientemente, en ratas que presionaban una palanca para obtener agua, los genes llamados *BDNF* y *Arc* estaban activos en la corteza prefrontal mientras se producía el aprendizaje inicial y los cambios cerebrales asociados. Estos genes eran menos activos durante el simple mantenimiento de la conducta[16].

Avanzando por este largo camino de investigación, al igual que los físicos se divierten nombrando quarks (por ejemplo, *charm*), los biólogos pueden volverse comediantes (el gen *del erizo sónico*). Un gen llamado *Klingon* puede estar directamente implicado en los cambios que subyacen al aprendizaje por consecuencias, y se han sugerido muchos otros genes. Como fan de Star Trek, estoy encantada (¡ojalá tengamos pronto un gen *Picard*!).

INTERACCIONES POR TODAS PARTES

Una cosa que sí sabemos es que todo el sistema se agita: genes, procesos celulares, hormonas y neurotransmisores, factores ambientales de todo tipo, todo el sistema. Uno de los principales malentendidos sobre la falsa polémica que contrapone naturaleza y ambiente (*nature vs. nurture*) ha sido asumir que se pueden separar las contribuciones genéticas y ambientales en un determinado efecto conductual o fisiológico. Por el contrario, se trata siempre de "naturaleza *y* ambiente", es decir, genes y ambiente trabajan juntos. Hoy en día, los propios genetistas nos lo aseguran.

Si se mantienen constantes otros factores, por ejemplo, una diferencia en un solo gen parece responsable de la diferencia en el color de los ojos de las moscas de la fruta[17]. Pero no se puede considerar que ese gen codifique el *color de los ojos*, que es la consecuencia de muchos genes y factores ambientales que actúan conjuntamente. De hecho, tener ojos de distinto color (una afección común en los gatos y rara pero regular en las personas) puede estar causada por anomalías genéticas o no genéticas (incluso ambientales), como infecciones o exposición al hierro. En un caso de síndrome de Horner, se consideró que las dificultades asociadas al nacimiento de un bebé de 4,5 kilos habían causado la afección[18].

Del mismo modo, las enfermedades "genéticas", incluso las pocas que pueden atribuirse a un solo gen, tampoco están claras. Si te quedas con el genotipo problemático, contraes la enfermedad, ¿verdad? No, no siempre. En cambio, puedes tener suerte con otros factores genéticos o ambientales que compensen el problema. Las personas con la misma mutación de anemia falciforme, por ejemplo, pueden tener niveles muy diferentes de la enfermedad. En los hombres, a veces el único síntoma aparente es la esterilidad. Y lo que es más sorprendente, se puede contraer una de estas enfermedades, aunque *no* se tenga el genotipo problemático (la enfermedad de Huntington, por ejemplo)[19]. En un sistema tan complejo, suele haber múltiples vías para llegar al mismo efecto.

La cosa se pone aún más interesante. Cada uno de nosotros tiene dos copias de un gen, una de cada padre. Para la mayoría de las personas, una copia de la versión normal número 3 del gen *APOE* más una copia de la versión 4 equivale a un riesgo elevado de enfermedad coronaria (en igualdad de condiciones). Sustituya la versión 4 por la versión 2 y el riesgo será menor. Sin embargo, para las personas con colesterol alto, es tener la versión 2 la que induce el mayor riesgo[20]. Por lo tanto, los efectos de un cambio de un solo gen como éste pueden variar mucho, dependiendo de lo que esté ocurriendo en el sistema como un todo. Por eso, los estudios de desactivación génica pueden tener efectos inesperados. Sorprendentemente, cuando se elimina un gen "crítico", no ocurre nada[21]. El sistema tiene rutas alternativas para lograr lo que sea necesario.

El mensaje de que se trata de "un sistema" de carácter holístico fue puesto de manifiesto hace años por el equipo de investigación de Mark Cierpial y Richard McCarty. La cepa genética de ratas "espontáneamente hipertensas" produce animales que presentan las características de la hipertensión humana (presión arterial alta). Parece sencillo, ¿verdad? Pero la hipertensión sólo se desarrolla cuando las ratas jóvenes son criadas por madres de la misma cepa. Si son criadas por madres normales, no la manifiestan, y tampoco lo hacen las crías normales criadas por madres espontáneamente hipertensas[22]. Tanto los genes como el ambiente son esenciales. Es un sistema.

He aquí otro ejemplo. El biopsicólogo Stephen Suomi realizó una serie de estudios centrados en el neurotransmisor serotonina, que interviene en el aprendizaje por consecuencias, las emociones y mucho más (incluida la digestión intestinal). Los neurotransmisores son las sustancias químicas que transmiten las señales cerebrales a través de las sinapsis, los espacios entre las neuronas; son fundamentales en la función cerebral. En algunos casos, la forma corta del gen transportador de serotonina puede ser problemática.

Suomi descubrió que ser criado por otros jóvenes no es mejor para los monos rhesus de lo que podría serlo para niños. Pero resulta que a estos monos les iba especialmente mal si tenían la versión corta del gen de la serotonina: en igualdad de condiciones, los monos con la forma corta del gen eran más propensos a ser impulsivos y agresivos y a beber más alcohol (lo que indica que el alcohol funcionaba como una recompensa más eficaz). ¿Acaso la forma corta del gen es siempre problemática? Sin embargo, cuando los jóvenes con la versión corta y larga del gen eran criados por madres de acogida, los primeros solían tener un progreso más favorable: bebían menos, eran menos impulsivos y alcanzaban puestos más elevados en la jerarquía de dominancia[23]. El proceso no es simple ni sencillo. Al igual que en el caso del gen *APOE*, los efectos de un genotipo pueden variar considerablemente en función de otros factores. Estamos hablando de sistemas complejos, llenos de factores que interactúan.

LO QUE SE HEREDA Y LO QUE NO SE HEREDA

Una fuente de confusión sobre estas complejidades del sistema gen-ambiente es un término científico llamado *heredabilidad*. Este término *no* significa lo que parece.

Considere la posibilidad de variar genéticamente las semillas criadas en un ambiente controlado que es idéntico para todas ellas. Cualquier diferencia en la altura de estas plantas debe ser causada por diferencias genéticas, porque todo lo demás es idéntico. La heredabilidad de la altura es del 100% en este caso, porque toda la variación de la altura se debe a la variación de los genes.

Ahora consideremos las semillas de la misma planta, todos los clones con *genes idénticos*, criados en ambientes que no son idénticos. Cualquier diferencia de altura debe deberse ahora a la variación ambiental y a otras variaciones no genéticas, por lo que la heredabilidad es 0. Para el mismo rasgo en la misma especie, la heredabilidad puede ser 0, o 100 por ciento, o cualquier valor intermedio. Depende de las circunstancias (las cifras de heredabilidad sólo se aplican a poblaciones concretas en circunstancias concretas y *nunca* a individuos[24]).

Además, en todos estos grupos, las plantas necesitan obviamente tierra, agua y luz solar para crecer. Tampoco crecen muy alto sin genes. La heredabilidad parece referirse al grado en que un rasgo como la altura está determinado por los genes. No es así.

Consideremos ahora el caso de plantas clonadas criadas en ambientes diferentes. Si resulta que acaban teniendo la misma altura, ¿podemos concluir que los genes controlan la altura? Está claro que no. De nuevo, las plantas necesitan obviamente tierra, agua y luz solar para crecer. *Todos los* factores genéticos y ambientales contribuyen a la altura, e interactúan de forma compleja. Cualquier jardinero podría decírselo.

La cosa mejora. Nuestro número de dedos de las manos y de los pies resulta tener una heredabilidad muy baja: la mayor parte de la variación se debe a accidentes, no a diferencias en los genes, por eso. Sin embargo, el uso de pendientes en países occidentales durante la década de los 50 tenía una *alta heredabilidad*: entonces sólo las mujeres los llevaban, lo que explica la conexión genética. No es que los genes y las proteínas que codifican tengan nada que ver con los pendientes directamente, por supuesto[25].

Los famosos (podríamos decir infames) estudios sobre gemelos también se han malinterpretado con frecuencia. Supongamos que dos gemelos idénticos criados por separado aman a los hombres llamados Bill, el punk rock y el ciclismo de montaña. Pues bien, los genes codifican proteínas, no la afición a *The Clash*. ¿Qué explica, entonces, estos rasgos compartidos? David S. Moore recoge las principales explicaciones en su libro *The Dependent Gene*. Entre ellas está el hecho de haber crecido en la misma época y compartir la raza, el sexo, la edad y (normalmente) la clase social, el nivel educativo y la apariencia[26]. Bajo estas circunstancias, la probabilidad estadística de compartir gustos y preferencias es alta, incluso entre personas que no tienen ninguna relación.

Además, las diferencias tienden a pasarse por alto en la confusión causada por las coincidencias. De hecho, tal y como reveló David Shenk en su libro *El genio que todos llevamos dentro**, dos documentales sobre las sorprendentes similitudes entre gemelos idénticos criados por separado tuvieron que ser cancelados porque, al examinarlos más de cerca, los gemelos presentaban sorpren-

---

* *N. del E.:* existe una edición en español de Ariel.

dentes *diferencias*[27]. Algunos gemelos idénticos criados por separado ni siquiera parecian parientes. En un caso, por ejemplo, uno de los gemelos era bajito y delgado, y el otro sustancialmente más alto y regordete.

Se podría esperar que los animales clonados fueran más "idénticos", pero aquí también se manifiestan los efectos de todos los demás factores. Incluso los pequeños nematodos genéticamente idénticos criados "idénticamente" nunca son idénticos[28] (y estamos hablando de 1.000 células, que es todo lo que tiene este animal). Los clones de ratones y gatos han variado en muchos aspectos, tanto en los patrones de color como en la conducta[29]. Por ejemplo, incluso cuando se les alimenta con la misma dieta, sólo algunos ratones clonados tienen sobrepeso.

Al igual que los gemelos y los clones, las personas del mismo grupo genético pueden seguir caminos diferentes. Los indios Pima forman un grupo relacionado genéticamente que inadvertidamente condujo un experimento natural: Los miembros de EEUU adoptaron un nuevo estilo de vida menos saludable que sus parientes del otro lado de la frontera, en México. Los niveles de obesidad y diabetes en el grupo estadounidense fueron mucho mayores, a pesar de compartir genes[30].

EPIGENÉTICA: LA NUEVA OLA

Hablando de obesidad y diabetes, acabamos de empezar a investigar a fondo lo que puede ser una parte sorprendentemente importante del sistema naturaleza-ambiente: la epigenética (etimológicamente viene a significar más o menos, "asociado a la genética"). La epigenética afecta a estos dos problemas tanto médicos como conductuales.

Todas las células llevan el mismo genoma, así que ¿cómo saben las células de la piel cómo especializarse? ¿Y cómo se dividen para producir más células de la piel y no otros tipos de células? Lo hacen a través de la expresión de algunos genes y no de otros, es decir, a través de los patrones de activación génica. Ya hemos visto cómo los acontecimientos ambientales y la conducta pueden activar o desactivar genes. Esta nueva ciencia nos habla de los mecanismos epigenéticos celulares que influyen en qué genes tienen más probabilidades de estar activos. El número de estudios sobre epigenética se ha disparado desde el cambio de milenio, todo un giro para un área oscura que al principio parecía ciencia ficción.

Un paramecio es un bicho unicelular que se desplaza agitando sus hileras de cilios, pequeños motores de propulsión parecidos a pestañas que cubren su cuerpo. Estos cilios están alineados como el pelo de un gato, con una dirección preferida. En 1965, dos investigadores cortaron algunos de estos cilios y los reinsertaron girados en la dirección contraria. Los investigadores se sorprendieron, no solo de que el injerto medrase, si no de ver este cambio no genético heredado a través de múltiples generaciones[31]. ¡Vaya!

Aunque esa extraña forma de epigenética no se aplica a los seres humanos, la mayoría de las otras sí. Algunos ejemplos son los mecanismos que implican a las histonas, como la histona H4 mencionada al principio de este capítulo. También está la metilación del ADN, en la que un grupo metilo (CH_3) se une a la citosina o a la adenina, dos de las cuatro bases nucleotídicas que constituyen el código genético. El código en sí no se altera, pero cuantos más grupos grupos metilo se adhieran a un gen, menos probable será que se exprese. La metilación del ADN es, por tanto, una de las formas epigenéticas de influir en los genes que realmente producen proteínas.

En un estudio reciente, se examinaron los patrones de metilación del ADN y la epigenética de las histonas en ochenta pares de gemelos idénticos. Los gemelos jóvenes tenían patrones casi idénticos. Pero cuanto más mayores eran los gemelos, más diferencias se encontraban, sobre todo teniendo en cuenta los diferentes historiales médicos o experiencias vitales. Las diferencias en estos patrones epigenéticos eran, de media, cuatro veces mayores en los gemelos de más edad[32]. Los patrones epigenéticos podían cambiar, y de hecho lo hacían a lo largo de la vida de estos gemelos.

Las causas del cambio pueden incluir, por ejemplo, la dieta. Las abejas melíferas reina bebé no son genéticamente diferentes de las obreras; estas diferencias se desarrollan al recibir una "jalea real especial" que modifica sus patrones epigenéticos[33]. A consecuencia de ello, son sustancialmente más grandes que las obreras y, por supuesto, se comportan de forma diferente. No se trata de un extraño fenómeno que afecte solo a los insectos. Los científicos dieron alimentos ricos en vitaminas del grupo B (y, por tanto, en grupos metilo) a hembras preñadas de una determinada cepa de ratones. Los patrones de metilación del ADN cambiaron *en las crías,* y esos patrones modificados causaron diferencias en el riesgo de obesidad y diabetes, y también de cáncer. Los ratones jóvenes tenían incluso el pelaje de diferente color[34].

¿Podría ocurrirnos algo así? Parece que sí. Un ejemplo muy conocido tiene su origen en el trágico *invierno del hambre holandés* de la Segunda Guerra Mundial, en el que miles de personas murieron de hambre. Las mujeres embarazadas que sobrevivieron a la prueba habían estado desnutridas durante meses. Sus hijos nacieron más pequeños y con mayor riesgo de obesidad y diabetes, y se demostró que los interruptores epigenéticos estaban implicados[35]. Hay indicios de que la tercera generación también podría verse afectada. En la actualidad están bien documentados más de 100 casos de transmisión epigenética transgeneracional en diversas especies, entre las que se incluyen mamíferos, no sólo bichos y criaturas unicelulares[36].

Algunos aspectos de la epigenética siguen siendo controvertidos; otros están bien establecidos. La implicación de la epigenética en el cáncer pertenece a esta última categoría, y desde hace casi tiempo se dispone de un fármaco epigenético humano para la leucemia. Pero la flexibilidad de los interruptores epigenéticos sigue siendo cuestionada, junto con algunos de los vínculos con la conducta. Es un área de investigación candente que debemos seguir de cerca.

Suponiendo que los resultados se mantengan, ¿qué lugar ocupan las consecuencias? Para empezar, en el caso de la obesidad y la diabetes, las consecuencias influyen en nuestras preferencias alimentarias. Y más adelante veremos que las personas con mayor riesgo epigenético de padecer obesidad podrían utilizar métodos mediados por consecuencias para hacer frente a la amenaza del sobrepeso (véase el capítulo 12).

Las consecuencias también pueden afectar a la epigenética de forma más directa porque el estrés lo hace, y las consecuencias también forman parte de la dinámica del estrés. Tania Roth, David Sweatt y sus colegas indujeron estrés en ratas madres de acogida: los animales fueron depositados en un lugar desconocido con una cama insuficiente y se les entrego inmediatamente bebés desconocidos. ¿Qué harían? Los bebés se llevaron la peor parte, pues se les dejó caer, se les pisó o se les "manipuló bruscamente" mucho más que a las ratas criadas por madres no estresadas, y se les lamió mucho menos (aunque el lamido es normalmente reforzante para las madres[37]). Las crías mostraron cambios consistentes en su metilación del ADN y en sus patrones de conducta: por ejemplo, eran menos propensas a explorar y tenían respuestas más fuertes al estrés[38].

Pero no todo está perdido: Michael Meaney y sus colegas descubrieron que este tipo de patrones de metilación del ADN (y de conducta) podían revertirse cuando las crías de rata desfavorecidas recibían más lamidas y aseo por parte de las hembras adultas (independientemente de la relación genética, al igual que en el estudio de Roth y Sweatt)[39]. Es demasiado pronto para estar seguros, pero algunas pruebas sugieren que factores similares pueden operar en las personas. Las implicaciones serían enormes.

*

Meaney y sus colegas también descubrieron que el enriquecimiento en etapas posteriores de la vida puede ser otra forma de compensar las desventajas del estrés temprano[40]. Este hallazgo subraya un punto clave: lo que importa, en última instancia, es la flexibilidad. Dado que los genes son sólo una parte de un sistema extenso y complejo, aunque ya hemos visto ejemplos de su sorprendente modificabilidad, hay mucho más por venir.

En el próximo capítulo, trataré la flexibilidad neurofisiológica que juega con toda esta flexibilidad genética/epigenética/ambiente, y el papel que juegan las consecuencias para aprovecharla al máximo.

Capítulo 4

NEUROCIENCIAS Y CONDUCTA

"No puedo expresarlo con palabras. Estoy usando mi cerebro, lo he pensado y ya está. Me dije: 'Subiré el cursor a la parte superior derecha'. Y subió, y ahora puedo moverlo por toda la pantalla. Me da una gran sensación de autonomía".

— Matthew Nagle
Paciente tetrapléjico, primer receptor del implante
BrainGate Neural Interface System, que permite
controlar un ordenador y un brazo robótico
mentalmente.

La realidad supera la ficción. El "control con el pensamiento" se demostró inicialmente con ratas y monos con implantes similares[1]. Este capítulo describe una aparente "imposibilidad" tras otra. A pesar de toda la genética, la epigenética y otros factores del sistema genética-ambiente[*], es la flexibilidad del cerebro la que más directamente hace posible la inmensa flexibilidad de nuestra conducta.

Pero esta vía es de doble sentido: si las consecuencias pueden afectar a los genes, no debería sorprendernos que estas a su vez cambien el cerebro. La estimulación de ambientes que requieren ricos aprendizajes puede, de hecho, ampliar el cerebro, haciendo crecer más neuronas y sinapsis, lo que favorece un aprendizaje mayor y más rápido. Esto puede sonar a ciencia ficción, pero es tan real y poderoso como controlar un ordenador con tus pensamientos.

* *N. del E.: nature-nurture system*, en inglés, en el original.

ENRIQUECIMIENTO AMBIENTAL Y CEREBRO

Cada cerebro humano tiene hasta 100.000 millones de neuronas, y cada neurona hasta 10.000 conexiones con otras neuronas. Nuestro cerebro contiene más conexiones que estrellas hay en el universo, algo absolutamente alucinante.

¿Cómo podemos aprovechar al máximo nuestro potencial? La estimulación adicional y las oportunidades de aprendizaje que conlleva el "enriquecimiento" son una opción lógica. Hace tiempo que se sabe que los ambientes enriquecidos de todo tipo ofrecen beneficios tanto neurofisiológicos como conductuales. A consecuencia de ello, se han investigado mucho.

Este campo de investigación comenzó de forma bastante modesta. Al igual que yo y otros investigadores de laboratorio, Donald Hebb, el primer biopsicólogo, tenía una rata como mascota, que naturalmente vivía en un ambiente estimulante (para los estándares de las ratas de laboratorio). Hebb decidió ver cómo se desenvolvía en un laberinto, observando que la rata "doméstica" ganaba por goleada a las de laboratorio[2]. El resto es historia.

Entre este amplio conjunto de investigaciones, una de mis propias contribuciones aporta algo de fantasía. En este caso unos pollos de codorniz recorrieron un laberinto; diríamos que no fue el típico estudio de enriquecimiento. Al final del laberinto había varias recompensas, como un ambiente cálido, o un altavoz que reproducía la llamada típica de impronta de la especie y un grupo de polluelos que piaban. Un estudiante y yo creamos un patio de recreo interactivo en algunas de las cajas de los polluelos, con juguetes tales como tubos de cartón por los que pasearse, pelotas que rodar y bloques sobre los que saltar o esquivar. Otros pollos tuvieron que contentarse con comida y agua. Observamos que los pollitos "enriquecidos" eran mucho más activos en el laberinto y tenían el doble de posibilidades de llegar a la meta[3].

Manipulaciones breves en los primeros años de vida pueden tener efectos sorprendentes en varias especies. Por supuesto, a menudo se producen otros cambios cuyo efecto es acumulativo. Las crías manipuladas pueden ser tratadas de forma diferente por sus padres y compañeros de camada durante los días siguientes, lo que a su vez da lugar a nuevas diferencias. Es como aprender a tocar la guitarra con precisión cuando se es muy joven. Podrías llegar a ser un virtuoso con más facilidad que bajo otras circunstancias, y así sucesivamente. Para mis polluelos que discurrían por el laberinto, aprender jugando con juguetes también podría tener un impacto duradero. Imagínatelos en su hábitat natural, compitiendo con sus compañeros de laboratorio no enriquecidos.

La mayoría de los investigadores se han centrado en nuestros parientes evolutivos mamíferos, revelando una larga lista de beneficios del enriquecimiento: aprendizaje más rápido, mejor memoria, menos ansiedad y mejora del sistema inmunitario, y eso sólo para empezar[4]. Los datos más recientes demuestran que los ambientes enriquecidos pueden incluso corregir algunos de los efectos del daño cerebral, la privación temprana y la exposición al plomo[5] (el simple hecho de poder aprender un programa de reforzamiento, una forma mínima de enriquecimiento, puede revertir algunos de los efectos de la exposición al plomo; véase el capítulo 5). Muchos de estos beneficios parecen darse también en los humanos. Detrás de todo esto hay nuevas y más rápidas conexiones neuronales, aumentos en el volumen y el peso del cerebro, y mejoras en el tejido de sostén del sistema nervioso, integrado, entre otros tipos celulares, por *oligodendrocitos* (células de sostén que aíslan los nervios y que son casi tan largas como su nombre) que participan en la mielinización impulsando así la conducción bioeléctrica en los largos axones que se extienden desde los cuerpos de las neuronas como cables de conexión. Toda una serie de actividades eléctricas y químicas, y de cambios en las células cerebrales orquestan nuestras funciones más elevadas, y el enriquecimiento y el aprendizaje parecen influir en la mayoría de ellas.

Al igual que en el caso de la genética del aprendizaje por consecuencias, todos estos factores se entrelazan y los científicos se abren paso en esta exuberante selva poco a poco, tratando de tejer historias coherentes. De nuevo, como en el caso de la genética, diferenciar los cambios de enriquecimiento basados en el aprendizaje en lugar de en la simple actividad o en las sensaciones, o en los muchos otros acontecimientos simultáneos, ha requerido un esfuerzo prolongado. La neurocientífica Akaysha Tang, por ejemplo, mostró que un poco de novedad en la infancia podía afectar a la conducta más adelante. Durante sólo tres minutos al día a lo largo de sus tres primeras semanas, se llevó a unas crías de rata a un ambiente diferente; también recibieron un lametón extra de su madre al regresar (algo que sabemos por el último capítulo que puede mejorar en sí mismo el desarrollo de las crías). Las crías del grupo de control permanecieron con sus madres. Cada grupo fue criado de la misma manera. Meses más tarde, ambos grupos aprendieron igual de bien a elegir entre dos olores (por un cereal con sabor a fruta *Froot Loop* como recompensa). Después de una semana de finalizada la intervención, el grupo mínimamente enriquecido recordaba lo que había aprendido mucho mejor que el grupo de control[6].

¿Hubo también cambios en el cerebro? La *potenciación a largo plazo* es una especie de engrase de los cables neuronales, por así decirlo: cambios neuroquímicos que facilitan los disparos de las neuronas y las conexiones rápidas, parte de lo que hace posible el aprendizaje y la memoria. El estudio de Tang demostró una mayor potenciación a largo plazo en el hipocampo (uno de los centros cerebrales de aprendizaje y memoria), pero sólo en los enriquecidos. Estos cambios duraron todo un año. No está mal para tres minutos de novedad de vez en cuando.

NEURONAS Y CONEXIONES

Los cambios en la potenciación a largo plazo son sólo el principio de las bases biológicas implicadas. Pensemos en algo aparentemente sencillo, como caminar: los nervios se disparan y los músculos se contraen, mientras que el equilibrio, la dirección y el ritmo se mantienen a través de una acción visual y vestibular coordinada basada en el oído. El aprendizaje por consecuencias existe en múltiples niveles de esa iniciativa coordinada.

No dejan de producirse nuevos descubrimientos, incluso desviaciones de los paradigmas. Hasta hace poco, por ejemplo, la mayoría de los científicos pensaba que las neuronas sólo podían desarrollarse en la infancia. Luego, los investigadores descubrieron que nacían muchas neuronas nuevas en ratones y ratas *adultos*, especialmente cuando los animales se encontraban en ambientes enriquecidos. La circunvolución dentada del hipocampo era uno de estos lugares en los que se ha demostrado neurogénesis y, curiosamente, las personas también generan nuevas neuronas en esas regiones, y además a un ritmo elevado[7]. Esto es cierto incluso en las personas mayores (aunque no hay que alegrarse demasiado: muchas de nuestras neuronas perecen cada día).

A medida que la investigación cobraba impulso, aumentaba el número de especies con neurogénesis documentada en la edad adulta y la vejez. En los monos, las nuevas neuronas aparecieron no sólo en el hipocampo, sino también en el neocórtex, la capa externa del cerebro asociada a las funciones superiores. Y, de nuevo, estamos hablando de algo más que de unas pocas. En las ratas adultas el hipocampo crea miles de nuevas neuronas cada día. Cuanto más enriquecimiento, más neuronas[8]. Todavía hay incertidumbre sobre el papel exacto de la neurogénesis en el aprendizaje, pero al menos sabemos que existe.

Cuando se trata de la formación de nuevas sinapsis neuronales, no parece haber dudas. He aquí un ejemplo que demuestra por qué: ¿recuerdas las ratas "acrobáticas" del capítulo anterior? Los genes tempranos inmediatos *c-fos* y *c-jun* se activaron sólo tras el aprendizaje por consecuencias, no tras el mero ejercicio. Pues bien, además de esta activación de genes, se crearon muchas más sinapsis por neurona en la corteza motora del cerebro, pero sólo después del aprendizaje. Y hay muchos estudios de esta naturaleza. En un seguimiento realizado por algunos de los mismos investigadores, las ratas aprendieron la habilidad de desmenuzar delicias culinarias para roedores mientras corrían en la rueda. Se crearon sustancialmente más sinapsis nuevas de este modo que tras una fácil pulsación de palanca que requería una iniciativa similar pero poco aprendizaje[9]. Como dijo el pionero del enriquecimiento ambiental, William Greenough: "La conclusión más general que puede hacerse con seguridad es que el cerebro es un órgano extremadamente plástico [flexible], cuya estructura es exquisitamente sensible a la experiencia"[10].

Otro gran paso adelante nos lleva de vuelta a la ciencia ficción. Lo creamos o no, las neuronas individuales pueden por sí mismas "aprender" de las consecuencias, en cierto modo. En 1993, el equipo de investigación de Larry Stein tomó neuronas del hipocampo de una rata y las mantuvo "in vitro" en su laboratorio. Cuando se suministraban pequeñas cantidades del neurotransmisor dopamina justo después de que se disparara una neurona, ésta se disparaba más a menudo. Si se introducía una breve demora entre el disparo y la dosis de dopamina, la respuesta no era tan fuerte. Cuando no se administraba dopamina, la neurona se ralentizaba considerablemente[11]. De este modo, algunas de las principales características de la conducta que se refuerza también se dan en las neuronas individuales.

Sorprendentemente, los científicos pueden incluso monitorizar lo que ocurre con las neuronas individuales mientras un animal vive normalmente y aprende de las consecuencias. Sin embargo, cuando hay movimientos físicos de por medio, hay mucho ruido (interferencias extrañas) en el sistema. El neurocientífico Michael Platt y sus colegas minimizaron esta interferencia haciendo que sus monos rhesus miraran a la derecha o a la izquierda, usando zumo de naranja como recompensa.

Cuando mirar en una dirección daba más beneficios que en la otra, las neuronas correspondientes relacionadas con la recompensa se activaban más. Cuando las recompensas se retrasaban, la actividad de las neuronas se modulaba a la baja. Las neuronas se disparaban más rápido cuando la recompensa era consistentemente alta y más lentamente cuando era baja. La historia de la recompensa se conservaba así, por así decirlo[12]. Como señaló Platt, "la mayoría de nuestras elecciones se guían por las recompensas asociadas a diferentes acciones en nuestra experiencia pasada"[13].

Las neuronas se ralentizaban considerablemente cuando no llegaba una recompensa programada. Pero se mostraban especialmente activas ante las recompensas "sorpresa", lo que les causaba un pequeño sobresalto, luego se incorporaban y tomaban nota[14]. El premio inesperado resultaba de lo más agradable (¡nos sentimos identificados!).

QUÍMICOS GRATIFICANTES: LA DOPAMINA Y SUS PARIENTES

Las señales químicas del cerebro también son piezas del rompecabezas fisiológico. Los neurotransmisores, como la dopamina, transmiten señales cerebrales a través de las sinapsis. Por lo general, cumplen múltiples funciones, incluidas actividades completamente ajenas al aprendizaje y la memoria. El aprendizaje y la memoria, a su vez, implican un número desconcertante de neurotransmisores además de la dopamina: serotonina, endorfinas, glutamato, norepinefrina, GABA, AMPc, acetilcolina y péptidos de diversos tipos (y eso tampoco agota la lista)[15]. La dopamina ha sido la más investigada.

Varios medicamentos para la enfermedad de Parkinson imitan a la dopamina. A mediados de la década de 2000, algunos pacientes de Parkinson fueron noticia cuando desarrollaron adicciones al juego. En cada caso, estaban tomando uno de estos medicamentos que imitan la dopamina, y parecía haber una conexión. Este es un caso típico referido en la revista *Neurology*: "Este programador informático de 41 años, casado, declaró no haber jugado nunca en su vida... Al mes de alcanzar una dosis [particular] describió estar 'consumido' por la necesidad de apostar en Internet, perdiendo 5.000 dólares en pocos meses". Después de dejar de tomar la droga, perdió su deseo de apostar, describiendo el cambio como "un interruptor que se ha apagado"[16]. Historias similares abarcaban toda la gama de edades, géneros y antecedentes. En todos los casos, la reducción de la dosis o la eliminación total del fármaco puso fin al problema. En algunos de estos casos de Parkinson, había otras conductas que resultaban también incentivadas, como ir de compras, comer, beber y tener relaciones sexuales, conductas que también aumentaron más allá de su nivel normal.

Otras drogas que incitan la actividad de la dopamina pueden ser poderosas recompensas. No es sorprendente que estas drogas incluyan sustancias ilegales como la cocaína, pero también están en la lista fármacos como las anfetaminas y la variante anfetamínica metilfenidato (Ritalin y sus afines, prescritos frecuentemente para el trastorno por déficit de atención e hiperactividad)[17]. Incluso nuestras amigas las diminutas planarias pueden verse reforzadas por una dosis de metanfetamina[18] (sus neuronas funcionan fundamentalmente igual que las nuestras).

¿Cómo pueden los investigadores determinar lo que ocurre? Uno de los métodos consiste en proporcionar una sustancia química que se sabe que afecta a los receptores de neurotransmisores en las sinapsis. Los distintos receptores se especializan en diferentes neurotransmisores, y pueden ser estimulados o apagados de la misma manera a través de las maravillas de la química. Si se administran fármacos opuestos a la dopamina (*antagonistas*) que ralentizan su actividad, los animales dejan gradualmente de buscar recompensas que antes eran poderosas. Si los animales están empezando a aprender basándose en estas recompensas, no llegan a ninguna parte[19].

Debido a su efecto reductor de la dopamina, el fármaco baclofeno (nombre genérico) se probó como posible tratamiento para la adicción a la heroína. Parece que a las ratas les gustan los efectos de la heroína y "trabajan" por conseguirla. Sin embargo, con el baclofeno, la heroína perdió gran parte de su poder como consecuencia, y los animales dejaron de trabajar para conseguirla, o al menos se ralentizaron mucho[20]. El baclofeno se ha utilizado para ayudar a los alcohólicos a dejar de beber, y se está investigando su valor para el tratamiento de otras toxicomanías[21].

Sin embargo, en un sistema tan complejo, el papel de la dopamina sigue siendo incierto. Algunas investigaciones han descubierto que el "gusto" puede permanecer incluso bajo niveles bajos de dopamina. Es posible que, en cambio, la dopamina influya en la atención y sea la base del sistema de recompensas del cerebro[22]. La dopamina parece ser algo más que una simple "sustancia química del placer", al igual que ha sucedido con las áreas del cerebro que se habían considerado como simples "centros del placer".

CENTROS DE PLACER

Un diagrama de las partes del cerebro que integran el sistema de recompensa dopaminérgico (el sistema mesocorticolímbico) incluiría más de una docena de regiones. Las características del cerebro de los mamíferos con alguna evidencia de participación en el aprendizaje por consecuencias (no necesariamente estructuras dopaminérgicas) son demasiadas para enumerarlas. Algunas de las más investigadas son el núcleo accumbens, el hipocampo, el haz medial del cerebro anterior, la corteza prefrontal ventromedial, el área tegmental ventral y el área nigroestriada. Créame, podría añadir muchas más. Como resumieron los neurocientíficos Ann Kelley y Kent Berridge: "La conducta relacionada con la recompensa surge de la actividad dinámica de redes neuronales enteras más que de una sola estructura cerebral"[23].

Siendo así, ¿las tan diversas consecuencias que afectan a la conducta tienen acaso efectos neurales comunes? Dado que sus efectos conductuales son similares (como vimos en el capítulo 1), no sería sorprendente. Por ejemplo, en un estudio en el que se utilizaron imágenes de resonancia magnética funcional (IRMf), se escaneó a personas mientras jugaban a un juego de pelota por ordenador contra otros supuestos jugadores (en realidad, sólo era una programación informática). Cuando los "otros" superaban ostensiblemente al participante real, se activaba una de las regiones de dolor del cerebro, lo que coincidía con el informe de sentimientos de dolor. Un patrón de activación similar al observado ante dolor físico[24]. En el caso de los sentimientos positivos, la evidencia es mucho mayor, y se ha encontrado una actividad similar en los "centros del placer" para recompensas tan variadas como la música, el dinero y la contemplación de rostros atractivos[25].

El descubrimiento de los "centros del placer" es uno de los hallazgos más antiguos de la neurociencia de las consecuencias. Hace más de medio siglo, James Olds y Peter Milner observaron por casualidad que la estimulación eléctrica directa de una parte del cerebro podía ser gratificante. Por ejemplo, en un experimento unas ratas que podían desplazarse libremente volvían repetidamente a las zonas en las que recibían estimulación directamente a estas áreas. Cuando esta estimulación se proporcionaba como consecuencia de pulsar una palanca, la respuesta se disparaba[26]. El resto fue historia. Los peces de colores, las iguanas y los delfines funcionan por estimulación cerebral; también los animales recién nacidos y las personas. Incluso los invertebrados, como los caracoles, lo hacen[27].

El efecto puede ser aterradoramente poderoso: Las ratas se estimulaban "día y noche". Llegaban a morir de hambre, incluso con comida cerca, antes que dejar de accionar la palanca que producía la estimulación cerebral. Si se les daba la oportunidad de presionar una palanca para obtener estimulación cerebral y otra para mantener la temperatura de su caja experimental, dejaban que su temperatura corporal cayera hasta el punto de morir (lo que sólo se evitaba cuando el investigador intervenía)[28]. Parece una adicción, ¿no?

Pero no es un fenómeno simple o sencillo. De hecho, en un extraño giro, la estimulación de un "centro de placer" puede ser en realidad un castigo. En un experimento clásico, los investigadores registraron las veces que las ratas se administraban estimulación eléctrica en el cerebro. A continuación, se administró la misma estimulación cerebral durante la misma duración y a en los mismos momentos, independientemente de lo que hicieran las ratas (es decir, *no* como consecuencia). Lo creas o no, ahora las ratas trabajaban para *detener* la misma estimulación que antes le había costado experimentar[29].

La trama se complica. Si las ratas adictas a la estimulación del "centro del placer" son alejadas de la palanca (se les obliga a hacer una pausa), pueden detenerse, y evitan lo mismo por lo que estaban trabajando frenéticamente unos momentos antes. "Durante la observación preliminar, retiramos con la mano a las ratas autoestimuladas. Se esforzaron durante unos segundos y luego perdieron el interés. Si se las soltaba mientras luchaban, volvían a la palanca; si se las soltaba cuando habían dejado de luchar, no volvían a la palanca"[30]. Definitivamente, esto no es lo que ocurre normalmente cuando los animales trabajan para obtener otras recompensas.

¿Y las personas? Los investigadores han descubierto que los humanos con electrodos de estimulación en algunos de los "centros del placer" no informan necesariamente de mucho placer, y mucho menos de la euforia que cabría esperar[31]. ¿Podría el poder de una consecuencia ser independiente de su poder para darnos placer? Evidentemente sí. Estamos hablando de la diferencia entre "gustar" y "querer"[32].

En realidad, esto se ajusta razonablemente bien a nuestra experiencia cotidiana. Hacemos muchas cosas que nos motivan (hay consecuencias que nos impulsan), pero que no producen mucha sensación de placer. Estas consecuencias siguen siendo poderosas. Del mismo modo, lo más parecido a un consenso sobre el sistema dopaminérgico mesocorticolímbico es que es esencial para la eficacia motivadora de una consecuencia, pero no para la sensación de placer[33].

Independientemente de la complejidad de estas distinciones, está claro que existen múltiples "centros de placer" en el cerebro, independientemente de que siempre merezcan ese nombre (y, por desgracia, también "centros de dolor"). Las neuronas de varias regiones cerebrales diferentes (como el neocórtex, la amígdala y el hipocampo) confluyen en el neoestriado. Algunos investigadores creen que es aquí donde se establecen muchas de las conexiones entre la conducta, las consecuencias y las claves, con cambios de valores modulados por la fuerza de todas las demás señales y el peso de la experiencia pasada[34]. En este punto, nuestra historia de recompensas y fracasos podría quedar grabada a lo largo de nuestra vida como si fuéramos un ordenador.

SIN LÍMITES: NEUROPLASTICIDAD Y APLICACIONES EN LA VIDA REAL

Al servicio de esos sueños y objetivos, uno de los descubrimientos más emocionantes ha sido la inmensa modificabilidad del cerebro, otra "imposibilidad" hecha realidad. Como dijo el pionero neurocientífico Michael Merzenich al autor y psiquiatra Norman Doidge, "tenía razones para justificar mi creencia de que el cerebro no es plástico, y todas se desbarataron encima en una semana"[35].

Tomemos como ejemplo una serie clásica de estudios realizados por Merzenich y sus colegas. Los investigadores expusieron a tres grupos de monos de cara de búho adultos (*Cercopithecus hamlyni*) a idénticas grabaciones de sonido. Un grupo de "aprendizaje táctil" y otro de control los oyeron sólo como ruido de fondo. En ambos grupos *no hubo* expansión en el córtex auditivo; el área que se encarga del sonido. Los que aprendieron la tarea de aprendizaje táctil fueron recompensados por ello. En estos, casos sólo se amplió la parte de la corteza sensorial de su cerebro dedicada al *tacto*. En cambio, los monos que aprenden el sonido, al escuchar los mismos sonidos, fueron recompensados por aprender las diferencias entre ellos. El área de su córtex auditivo correspondiente a esas frecuencias se amplió[36]. Los efectos eran grandes, y la relación entre el aprendizaje por consecuencias y la expansión de la cobertura cerebral era tan directa que la demostración era de lo más elegante.

Aprender por consecuencias también cambia el cerebro de otras formas aparentemente "imposibles". El neurocientífico de Harvard Álvaro Pascual-Leone y sus colegas dividieron aleatoriamente a participantes humanos en dos grupos. Los miembros de uno de ellos llevaron los ojos vendados veinticuatro horas al día durante cinco días, mientras los miembros del grupo control mantuvieron su visión normal esos días. Todos los participantes fueron recompensados por aprender braille, una tarea difícil e intensa basada en el tacto. Utilizando dos medidas diferentes, Pascual-Leone demostró que, privados de cualquier cosa que ver, el córtex visual de los participantes vendados pasó gradualmente a manejar información táctil, ¡en sólo cinco días! Estos cambios eran demasiado rápidos, pensó, para que se explicaran por nuevas neuronas o incluso principalmente por nuevas sinapsis. En lugar de ello, las áreas existentes del cerebro cambiaron su función y empezaron a disparar en sincronía con otras regiones[37].

Si el córtex visual puede manejar estimulación táctil en personas con visión normal en las condiciones adecuadas, ¿qué pasa con las personas ciegas? Efectivamente, el córtex visual puede activarse cuando una persona ciega está dibujando[38]. Dado que constituye una parte bastante grande de nuestro cerebro, es de suponer que la presión por hacer uso del córtex visual en ausencia de la vista es significativa. La investigación con animales ha confirmado estos efectos. Por ejemplo, el córtex auditivo de los hurones puede pasar a ocuparse de la visión, un fenómeno que también se observa en algunas personas sordas[39].

Gracias a este tipo de flexibilidad, el poder de las consecuencias puede remodelar literalmente el cerebro tras una pérdida profunda. Aprender por consecuencias es la fuerza motriz de una nueva terapia eficaz para personas que han sufrido ictus y trastornos relacionados. Tras un ictus, un lado del cuerpo puede quedar paralizado. La terapia de movimiento inducido por restricción motiva el uso del miembro dañado atando o restringiendo el miembro *sano*. A continuación, grandes cantidades de reforzamiento positivo ayudan a moldear el uso de la extremidad discapacitada, a partir del leve movimiento que era posible en un principio.

En un estudio reciente, los investigadores trabajaron con dos grupos de víctimas de derrames cerebrales de mediana edad y de edad avanzada, cada uno de los cuales empezaba con discapacidades graves similares en los brazos (según una escala de valoración estándar). Además, cada persona podía mover ligeramente el brazo afectado, algo que no es posible para la mayoría de las víctimas de ictus. El grupo de control no mejoró en absoluto a lo largo de varios meses con la terapia estándar. Sin embargo, tras sólo dos semanas de entrenamiento intensivo, los pacientes que recibían la nueva terapia podían mover los brazos afectados con mucha más libertad y utilizarlos en actividades cotidianas del mundo real, como comer y vestirse. Estas habilidades mejoradas seguían manteniéndose dos años después[40].

Los investigadores han confirmado que, mientras se producen estos cambios, las partes no dañadas del cerebro sustituyen gradualmente a las zonas dañadas, y la corteza motora del cerebro que se había reducido vuelve a expandirse ("o lo usas, o lo pierdes"*). Incluso se ha demostrado que es posible que las células cerebrales lleguen a controlar un brazo o una pierna del *mismo* lado del cuerpo (lo que tradicionalmente consideraba otra "imposibilidad")[41].

Un importante ensayo clínico de esta terapia, con más de 200 pacientes, mostro resultados positivos que persistían al menos dos años[42]. Más recientemente, otro estudio investigó lo que ocurre cuando la terapia no se inicia hasta un año y medio después del ictus. Afortunadamente, los beneficios fueron comparables[43]. Otros estudios sugieren que la terapia puede aportar beneficios incluso muchos años después de un accidente cerebrovascular. No es de extrañar que la Asociación Americana de Accidentes Cerebrovasculares haya descrito esta terapia mediada por consecuencias como "revolucionaria".

Concluyamos con el logro que dio inicio a este capítulo. Utilizando matrices de minúsculos microhilos diseñados para encajar en el cerebro, un equipo de

---

* *N. del E.:* de la aliteración inglesa, *use it or loose it*.

investigación desarrolló el sistema de interfaz neuronal *BrainGate*, un sistema que le cambió la vida a Matthew Nagle. Este sistema se apoya en el principio de que una conducta, como mover un joystick, por ejemplo, produce un patrón de actividad consistente en partes relevantes del cerebro. Una cuidadosa selección y monitorización puede permitir una evaluación suficientemente buena, permitiendo una interfaz capaz de convertir el pensamiento (actividad bioeléctrica de partes de la corteza) en acción.

Todo empezó con unas ratas a las que se les implantó el dispositivo Brain-Gate y que, para sorpresa y satisfacción de todos, fueron capaces de sustituir la presión de palanca para obtener comida por el control a través del pensamiento[44]. Luego dos monos rhesus aprendieron a mover un joystick para controlar un cursor en una pantalla a cambio de zumo como recompensa. A medida que realizaban tareas cada vez más difíciles de seguimiento de un objetivo en la pantalla, mover el cursor en cualquier dirección se convirtió en algo natural. Mientras tanto, los investigadores estudiaban las señales registradas por el dispositivo BrainGate llegando a reconocer con precisión qué señales neurales debían de usarse para desencadenar acciones en la pantalla.

Llegó el gran día y se retiró el joystick. El ordenador estaba allí; el cursor estaba allí. Ahora los monos podían sacar jugo sólo "pensando" en mover el joystick. Ambos animales hicieron la transición con éxito, controlando el cursor y manejando el tracking simplemente con sus pensamientos. Su control acabó siendo casi tan rápido como el de los movimientos físicos (pronto aprendieron a no molestarse en mover los brazos)[45].

El paciente tetrapléjico Matthew Nagle sólo tardó cuatro días en aprender a hacer lo mismo. En el año que pudo utilizar BrainGate, Nagle pudo usar sus pensamientos para consultar su correo electrónico, cambiar el canal de televisión e incluso mover una prótesis y asir objetos[46]. Pensar suele tener consecuencias, pero no siempre son tan fáciles de ver.

La neuroplasticidad no es ilimitada, ni mucho menos. Pero hay mucho más de lo que solíamos pensar. Y su potencial puede liberarse gracias al poder de las consecuencias.

*

B. F. Skinner y otros señalaron hace tiempo que los neurocientíficos que estudiaban la conducta no llegarían lejos si no se asociaban con expertos que entendieran los principios conductuales fundamentales. La ciencia de las consecuencias se verá reforzada por los nuevos descubrimientos de la neurociencia, pero los principios de las consecuencias se mantienen inalterados. La relación es como la que existe entre la química y la física. El descubrimiento de la física cuántica no invalidó de repente los principios de la química orgánica o de la termodinámica establecidos desde hacía tiempo. Algunas campos de la química se vieron más favorecidas que otros, y será interesante ver cómo se ve afectada la psicología. Ciertamente, las neurociencias pueden ayudar a guiar la investigación conductual, del mismo modo que los principios conductuales ayudan a guiar la investigación neurocientífica. Aún estamos al principio de esta hermosa amistad.

Los capítulos de la primera parte ponen de manifiesto lo esencial que es un enfoque sistémico para comprender el sistema genética-ambiente: genes, historia pasada, conducta, factores ambientales de todo tipo, "centros del placer", neurotransmisores, potenciación a largo plazo, sinaptogénesis, neurogénesis, epigenética y otros factores biológicos, todo ello funcionando conjuntamente. Se han revelado nuevas vías de plasticidad neural, antes inimaginables. Las maravillosas implicaciones de esta flexibilidad resuenan a lo largo del resto de este libro.

Parte II

¿UNA CIENCIA DE LAS CONSECUENCIAS?

Capítulo 5

CONSECUENCIAS PROGRAMADAS: PRINCIPIOS SIMPLES CON EFECTOS INESPERADOS

"Laroche amaba las orquídeas, pero llegué a creer que amaba la dificultad y la fatalidad de cultivarlas casi tanto como las propias flores".

— Susan Orlean, *El ladrón de orquídeas*, 1998

Como veremos, la reacción de Laroche podría explicarse por el rasgo más omnipresente de las consecuencias: los principios que rigen su obtención. Experimentamos estos principios todos los días y, sin embargo, son casi desconocidos. Están ocultos a la vista.

Algunos principios son sencillos, otros parecen que deberían ser sencillos (pero no lo son), y otros que parecen complicados pueden tener efectos sencillos. Para empezar a abordar estos enigmas, recuerda de qué consecuencias estamos hablando. Las cosas causadas por lo que hacemos son a veces notorias, como cuando apuntamos mal un martillo al clavar un clavo. Las consecuencias menos obvias o retardadas son más difíciles de detectar. Pero todas las consecuencias *dependen de* una conducta. Por definición, tenemos cierto control sobre las consecuencias reales, un aspecto que forma parte del poder que estas ejercen sobre nosotros (recordemos a los niños pequeños encendiendo y apagando las luces en el capítulo 1); este es el simple fundamento de su complejo funcionamiento.

FALSAS CONSECUENCIAS

Pero nada de las consecuencias es realmente sencillo. Incluso detectar una consecuencia real puede ser sorprendentemente difícil. Las "falsas consecuencias" accidentales pueden engañarnos. Circula una anécdota sobre una persona que se estrelló contra un poste eléctrico justo antes de un apagón en la ciudad de Nueva York. La impresión de esa persona de haber causado semejante conmoción eléctrica fue intensa y verosímil.

En ese caso no se hizo ningún daño, pero otras falsas consecuencias (consecuencias casuales) pueden tener efectos diferentes. Un examen o una partida de póquer que culmina con éxito puede dar lugar a que creamos tener una "camisa de la suerte" que conservamos durante un tiempo mucho más prolongado del recomendable, llegando a sentirnos ansiosos si no la llevamos puesta llegado el momento. Puede que los deportistas profesionales no tengan más supersticiones de este tipo que el resto de nosotros, pero las suyas son más visibles y pueden sobredimensionarse. En su libro *Believing in Magic*, Stuart Vyse señala que la estrella del béisbol Wade Boggs comía pollo y realizaba un ritual de cinco horas antes de cada partido[1]. Se sabe que músicos y actores de renombre, incluso jugadores de ajedrez, han sucumbido a la superstición.

Para analizar cómo funcionan las falsas consecuencias, los psicólogos recurrieron a sus laboratorios. En un estudio, un payaso mecánico dispensaba canicas automáticamente, bien cada quince segundos, o bien cada treinta segundos, sin importar lo que sucediera. A los niños de tres a seis años que participaban en el estudio se les dijo que las canicas podían cambiarse por juguetes más adelante. La mayoría de los niños pronto desarrollaron conductas supersticiosas como tocar la cara del payaso para "hacer" que diera canicas[2]. Las investigaciones demuestran que los adultos comparten esta tendencia a tratar de obtener el control donde no pueden. En un estudio similar, una mujer que intentaba conseguir puntos acabó saltando y tocando el techo repetidamente[3]. No te rías, las coincidencias tienen un poder casi espeluznante, y la tendencia a la superstición es universal.

¿Y los animales? Un científico entrenó a una rata para que realizase una larga serie de conductas complejas que utilizar en una demostración en clase ante sus estudiantes. El científico reforzó una acción que ocurrió casi al mismo tiempo que la rata estornudaba, un comportamiento que estos animales parecen poder realizar a voluntad. La rata empezó a repetir la secuencia conducta-estornudo[4]. La rata repetía claramente esa secuencia, tanto que los estudiantes pensaron que era parte del "número" aprendido. "Supersticiones" similares nos sorprenden de vez en cuando en nuestros gatos y perros.

La investigación verifica que una sola "recompensa" aleatoria puede reforzar temporalmente cualquier conducta que la haya precedido[5]. Al fin y al cabo, es comprensible que repitamos lo que hemos hecho en caso de que estemos ante una consecuencia real que podamos volver a provocar. La tendencia a "seguir intentándolo" hace que ese acto se haga más probable si llega otra recompensa aleatoria, reforzando la superstición. Esta tendencia es de hecho muy intensa.

En las personas es influida considerablemente por el lenguaje. A otros niños pequeños a los que se les presentó también el payaso mecánico, se les dijo que cuando la nariz del payaso se pusiera roja, al presionarla, obtendrían canicas. Los niños de este grupo siguieron este consejo a pesar de que, de nuevo, las canicas rodaban sin importar lo que hicieran. El estudio continuó en sesiones cortas durante más de un mes, y muchos niños presionaron la nariz roja durante todo el tiempo, algunos golpeando con entusiasmo hasta una vez por segundo[6]. La mayoría de las presiones sobre la nariz del payaso no eran recompensadas con una canica, por supuesto, pero continuaban, al igual que esos rituales deportivos supersticiosos, continuaban incluso después de que los atletas tuviesen un mal día (más adelante veremos qué ocurre cuando las reglas verbales y las consecuencias se desconectan). Este ejemplo ilustra un principio contrario a la intuición que, en este caso, también se aplica a las consecuencias reales: *menos* consecuencias inducen *más* conductas.

CONSECUENCIAS PROGRAMADAS

A veces se produce una consecuencia cada vez que ocurre la conducta, mientras que, si la conducta no ocurre, la consecuencia no se da en absoluto. Cada vez que se gire para mirar por la ventana, verá una vista; si no se gira, no verá esa vista. Pero la mayoría de las veces no es tan sencillo. Puede que tenga que mirar una docena de veces antes de recibir un correo electrónico que está esperando. Si es uno importante, seguirá haciendo comprobaciones periódicas. Del mismo modo, la recepción de un salario generalmente requiere de numerosas respuestas (trabajo). Las consecuencias llegan bajo un programa, no cuando queremos.

Saber cómo funcionan estos programas es muy útil. Considere lo siguiente: para disuadir a nuestro perro Rantamplán de que deje de mendigar comida molestando a todos en la mesa, ¿es mejor dejar abruptamente de darle cualquier porción de comida, o quizá sería mejor el enfoque más benigno de dejar de recompensar su mendicidad gradualmente? Los estudios demuestran, lamentablemente, que el procedimiento más radical es el mejor, mientras que, las recompensas ocasionales por mendigar le enseñan que vale la pena seguir intentándolo una y otra vez hasta conseguir una porción de comida esporádica.

Los seres humanos también tendemos a persistir cuando hemos aprendido que nuestras iniciativas acabarán dando sus frutos. A veces esto es beneficioso, como cuando seguimos buscando trabajo o saliendo con alguien a pesar de una serie de decepciones. Pero también puede ser muy perjudicial. El juego es un excelente ejemplo del poder de las recompensas raras e impredecibles, una combinación que puede ser "adictiva".

Una vez que han aprendido que la recompensa llegará, los jugadores compulsivos no pueden dejar de jugar a las probabilidades y jugarse la vida. El lamento de un pescador nos recuerda este mismo principio: "Los pescadores siempre están sujetos a lo que podríamos llamar el síndrome de la lotería; la esperanza de que la siguiente vez que se tire la red sacarán el premio gordo"[7] (la ilusión persiste pese a que la sobrepesca ha esquilmado los caladeros de medio mundo).

Todos estos ejemplos vienen definidos por la cantidad de trabajo necesario para obtener un efecto deseado. El programa más sencillo basado en el trabajo es el de "razón fija", en el que la relación entre conductas y consecuencias es fija y constante. En el laboratorio, por ejemplo, las palomas picotean 170 veces por cada pequeña porción de comida que reciben. Esto no es tan exigente como pudiera parecer, ya que pueden dar 60 picotazos por minuto sin pestañear (subir la apuesta a *360 picotazos* por cada reforzador no funcionaría, se estaría pidiendo demasiado trabajo como para que el resultado merezca la pena). Pero si hacemos un pequeño cambio, requiriendo ahora que sean necesarios 360 picotazos *de media,* ¡qué diferencia! Los pájaros trabajan sin descanso, a veces tienen que picotear sustancialmente más de 360 veces, pero otras veces obtienen comida por menos de 100[8]. Los humanos se comportan de la misma manera, y este tipo de programa variable da mejores resultados que uno fijo. Cuando el siguiente intento puede traer el deseado éxito, es difícil parar.

Estos programas de "razón variable" (trabajo variable) son más comunes que los fijos en la vida cotidiana. ¿Recuerdas a Rantamplán, el perro mendicante? Leer el periódico también tiene su recompensa: no todos los artículos son interesantes, pero seguro que hay alguno bueno si hojeamos lo suficiente.

PROGRAMAS BASADOS EN EL TRABAJO Y EL PODER DE LA IMPREVISIBILIDAD

No es de extrañar que estos dos programas basados en el trabajo se den en el mundo laboral. El trabajo a destajo nos ofrece un ejemplo de programa de razón fija en acción. El psicólogo Jim Mazur trabajó una vez en una fábrica en la que se pagaban 10 dólares por cada 100 bisagras hechas con una máquina. Los trabajadores solían hacer 100, luego hacían una pausa bastante larga y después trabajaban de forma constante hasta hacer otras 100, siguiendo un patrón característico compuesto por periodos de trabajo separados por pausas[9]. La pausa al final de la razón tiene un sentido intuitivo: después de terminar cada razón hay que empezar de nuevo sabiendo que se necesitará una cierta cantidad de tiempo e iniciativa para terminar la siguiente razón (las consecuencias sociales más amplias merecen ser consideradas también: si un número suficiente de empleados trabaja a un ritmo demasiado rápido, se sabe que los jefes aumentan la razón requerida para todos). Un programa de razón variable para el trabajo a destajo puede considerarse menos justo, pero en según qué situaciones laborales puede ser el método preferido. Los vendedores que trabajan a comisión tienen una gran motivación: cuantas más personas contacten, mayor será la probabilidad de que se produzca una venta, tal vez el siguiente cliente... Se trata de un programa de razón variable porque a veces el tercer contacto supone una venta, mientras otras veces puede ser el trigésimo. Las pausas que veíamos en la razón fija desaparecen con esta mejora de la motivación. En el laboratorio y en la vida real, la mayoría de nosotros, humanos y animales, elegimos los programas variables en lugar de los fijos[10].

Este descubrimiento se ha aprovechado de muchas maneras. Por ejemplo, un niño discapacitado fue recompensado por hacer ejercicios de fisioterapia. El joven consideraba que el programa de razón variable era "un juego divertido", lo que permitió mejorar su aprendizaje gracias a la notable actividad que dicho programa requiere[11] (incluso superó al programa de "reforzamiento continuo", en el que se premiaba cada repetición de ejercicio). Otros investigadores descubrieron que los programas variables podían ser tan eficaces como los continuos para ayudar a personas con drogadicción a mantenerse alejados de las drogas[12].

Incluso cuando un programa variable produce menos recompensas que uno fijo, el sesgo hacia el variable a menudo persiste, y esto puede ser problemático. Dos palomas fueron entrenadas originalmente con un programa de razón variable muy gratificante. Cuando se les dio a elegir entre un programa variable y uno fijo, eligieron el variable incluso cuando el programa variable era menos gratificante (permitía acceder a un menor número de recompensas). Cuando empezaron a perder peso, el investigador se preocupó y los puso sólo ante un programa fijo. Pero cuando se reintrodujo el programa variable malo, los pájaros siguieron eligiendo la misma opción que les abocaba a la inanición, jugadores incorregibles[13]. Nuestras propias elecciones irracionales pueden reflejar las de estas aves. Veremos muchas veces cómo la historia se repite.

Estén a nuestro servicio o seamos esclavos de ellos, los programas son omnipresentes, especialmente los basados en el trabajo: hacer los deberes, cortar el césped, pagar las facturas... todos esas tediosas tareas en las que hay que hacer el trabajo para obtener la consecuencia (un ejemplo más agradable sería el de hacer amigos).

Pero si el trabajo es demasiado duro, recordemos el caso de las palomas que se negaron a picotear 360 veces por una recompensa, entonces lo dejaremos si podemos. Si nos vemos obligados a continuar, al igual que otros animales, mostraremos signos de estrés, como por ejemplo tomar un descanso poco habitual en medio de una carrera. Los estudiantes de doctorado tienen fama de empantanarse en la desesperación cuando están escribiendo la tesis (técnicamente, es un caso de *forzar la razón*), muchos nos sentiremos identificados.

CONSECUENCIAS A TIEMPO

Afortunadamente, no todas las consecuencias se basan en el trabajo. Supongamos que escuchas la radio mientras haces la compra. El hecho de esperar aumenta las posibilidades de oír una canción favorita, pero no lograremos reunir los artículos de nuestra cesta de la compra a menos que peinemos los pasillos del supermercado. Pero nada de lo que hagas hará más probable esa canción que estás esperando: el programa se basa en el tiempo, no en el trabajo. Otros ejemplos cotidianos basados en el tiempo son la comprobación de ese importante correo electrónico (variable), la aparición de una frase graciosa en un programa de televisión (variable), la espera la finalización del programa de la lavadora (fija), o la llegada de la hora de comer (depende).

Para los animales, es la diferencia entre la caza en emboscada y la persecución activa. Un gato montés agazapado cerca de un prado en el que se alimentan conejos acabará siendo recompensado con la oportunidad de abalanzarse y obtener alimento (variable). En este programa basado en el tiempo ("intervalo"), la mera espera dará lugar a la oportunidad de reforzamiento. Sin embargo, una musaraña de cola corta en busca de un bicho jugoso tiene que buscar repetidamente hasta que encuentre comida. Cuanto más activa sea la musaraña, más rápido encontrará su cena (programa basado en el trabajo). Una vez, en un paseando por los bosques de Virginia una de estas musarañas prácticamente me atropelló el pie, tan concentrada estaba en su caza.

Las consecuencias, ya sea de trabajo o de tiempo, fijas o variables, o continuas, todas ellas pueden controlar nuestra conducta. Si planea visitar un país lejano, por ejemplo, se encontrará con que poco a poco va haciendo más preparativos a medida que se acerca su día de salida. Sin embargo, si vuela en espera y puede partir en cualquier momento, no puede permitirse el lujo de retrasarlo. Del mismo modo, trabajar para obtener un título es claramente un trabajo basado en el número de créditos del curso que hay que acumular, aunque puede ser más complicado. Probablemente tengas un límite de tiempo para satisfacer los requisitos del título, por ejemplo, al igual que terminar un proyecto en un determinado plazo puede hacerte ganar una bonificación en el trabajo.

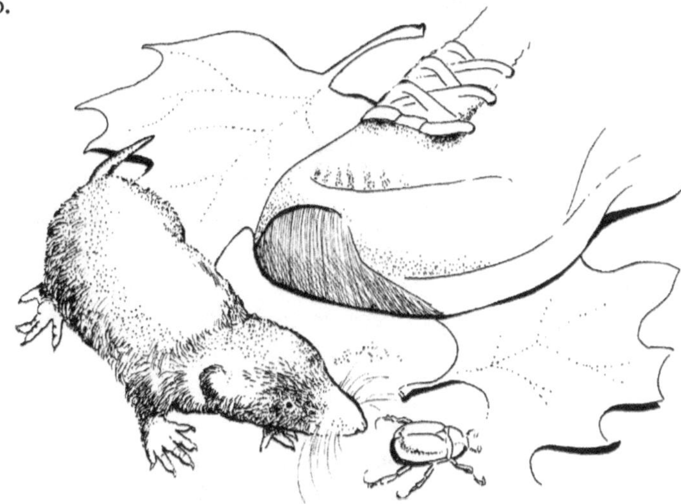

Un límite de tiempo acelera razonablemente la conducta. Es un programa de consecuencias en sí mismo, de hecho, de *espera limitada**. Es el mismo programa que encontramos si mantenemos la puerta de un ascensor abierta durante demasiado tiempo provocando un fuerte pitido. Aprendemos a soltar la puerta a tiempo para evitar esta molesta consecuencia.

En respuesta a cada tipo de programa, emergen distintos patrones de conducta como éste[14]. Entre los programas basados en el trabajo, una razón variable con la misma tasa media de reforzamiento que uno de razón fija producirá una conducta más rápida (en parte porque normalmente no hay pausa después de cada reforzador). Los programas basados en el tiempo también producen patrones distintivos. Y esto es sólo el principio. Los programas y sus patrones característicos pueden requerir, en última instancia, sofisticadas ecuaciones matemáticas para ser descritos[15]. Se han descubierto o inventado docenas de tipos. Como hemos visto, muchos programas se encuentran directamente en la naturaleza. Otros programas son "análogos de laboratorio" que emulan las complejidades de la vida real, tal y como práctica habitual en otras ciencias. Los patrones de conducta característicos no tienen por qué ser de alta velocidad. En un tipo de programa intrigante, se refuerza la conducta de *baja tasa de ocurrencia*[16]. La recompensa sólo está disponible después de que haya pasado un tiempo mínimo, como un programa de intervalos basado en el tiempo, pero no puedes intentar conseguir la recompensa durante el intervalo.

* *N. de. E.: limited hold*, en inglés, en el original.

Si no esperas lo suficiente, el intervalo se reinicia y tienes que esperar más aún (una especie de espera limitada invertida: pierdes la recompensa si *no* esperas lo suficiente). Por lo tanto, los jugadores expertos en este programa se convierten en expertos en esperar hasta el momento adecuado para intentar conseguir la recompensa. No se trata de un reto imaginario de laboratorio. Un buen ejemplo de la vida real solía ser el esperar a que drenase un carburador inundado antes de arrancar el motor. Si no esperabas lo suficiente, volvías a inundar el carburador y tenías que volver a empezar. Mi padre era un maestro en el arte perdido de arrancar uno de estos viejos motores a la primera. La llegada de la inyección de combustible hace que ahora utilice un nuevo ejemplo, el de pedir un favor. Muchos de nosotros estamos encantados de conceder favores, pero no muchos seguidos: se requiere un intervalo decente entre ellos. Algunos motores de búsqueda también exigen un intervalo mínimo entre búsquedas y se reinician si no se espera lo suficiente.

La mayoría de los animales pueden adaptarse a este tipo de programa, y algunos hacen lo mismo que los niños pequeños para hacer pasar el tiempo: utilizan tácticas de demora. Un investigador descubrió que, mientras esperaba, una paloma movía la cabeza frente a la tecla correcta antes de picotear. Los niños pequeños que participaron en un estudio sobre demora de la gratificación *sólo* obtuvieron buenos resultados si desarrollaban movimientos activos análogos a los de la paloma[17]. Aquí hay un parecido con la superstición: la táctica de la demora no es necesaria, pero va seguida de una "falsa consecuencia" si es lo suficientemente larga, por lo que es probable que se repita. Pasearse impacientemente por la habitación no es necesario, pero da sus frutos. Los niños mayores, al igual que los adultos, aprenden a cronometrar los intervalos de espera, por lo que no necesitan tácticas dilatorias. Si hay que esperar diez minutos, basta con mirar el reloj.

Como era de esperar, nuestras historias individuales influyen en nuestras reacciones, y eso puede ser especialmente claro durante una transición. Las personas acostumbradas a este tipo de programas de ritmo lento pueden tardar en adaptarse a los de ritmo más rápido[18].

PROGRESO Y PERSEVERANCIA

Como han señalado el investigador de la experiencia humana Anders Ericsson y sus colegas, uno de los factores más importantes que contribuyen a las habilidades de alto nivel es la perseverancia. Están entusiasmados con los descubrimientos de "la investigación sobre diferentes 'programas de reforzamiento'... y su relación con el mantenimiento de la motivación y el esfuerzo durante largos periodos de tiempo"[19]. La perseverancia puede moldearse utilizando el poder que ofrecen los programas. Como hemos visto, los programas variables son una forma natural de fomentar la perseverancia.

Además, la vida real es dinámica y los programas también. Cuando un niño de un año está aprendiendo a caminar, por ejemplo, inicialmente nos entusiasma cualquier intento precario de mantenerse en pie, luego un solo paso, después dos o tres; se trataría de un programa de razón basado en el trabajo, para ser técnicos. La razón que produce reforzamiento no se mantiene estable durante mucho tiempo: se alarga hasta que caminar se da por sentado. La misma idea se aplica a la lectura, desde los libros infantiles hasta *Guerra y paz*. En realidad, la adquisición de casi cualquier destreza podría calificarse como tal. Estos programas de "razón progresiva" funcionan bien para fomentar la perseverancia, siempre y cuando los requisitos no avancen demasiado rápido, o se fuerce la razón como ya hemos visto, lo que daría al traste con la conducta perseverante.

La perseverancia frente a tales fuentes de estrés se celebra justamente, pero todo el mundo acaba llegando a un punto de ruptura. Es una suerte. Los incondicionales que están acostumbrados a los programas variables pueden persistir *demasiado*, como cuando un aspirante a maratonista conocido mío tuvo que ser prácticamente hospitalizado después de su primer intento. Una de las virtudes del ser humano es la de superar barreras extremas para alcanzar las consecuencias que más deseamos. Esto a veces puede parecerse peligrosamente a la estupidez. La sabiduría, que a veces produce los años de experiencia, consiste en saber cuándo la consecuencia merece la pena.

La capacidad de manejar los diferentes tipos de programa parece que también requiere cierta madurez. Pero nos adaptamos rápidamente a la mayoría de ellos cuando la situación nos apremia. Los polluelos recién salidos del cascarón picotean muchas veces para ganarse una pequeña porción de comida si eso es lo que se requiere. Y muestran un patrón típico en un programa basado en el tiempo, con pocos picotazos al principio, hasta llegar a muchos al final de cada intervalo idéntico cuando la comida está disponible[20]. Los bebés de varias especies muestran estos patrones estándar, incluidos los humanos[21]. Al fin y al cabo, estos patrones suelen ser una forma eficaz de alcanzar la consecuencia deseada.

APROVECHAR AL MÁXIMO LOS PROGRAMAS

¿Cómo podemos ser ciegos a los programas que nos afectan cada día? De la misma manera que pasamos por alto las consecuencias cotidianas. Sin embargo, si entendemos cómo funcionan los programas, podemos afrontarlos de forma más inteligente: disfrutando del reforzador a cambio de menos esfuerzo, a la vez que nos preparamos para cualquier posible efecto negativo o hacemos lo posible por evitarlo. Es más fácil escapar de engancharse a una razón variable como la presente en los juegos de azar, por ejemplo, o lo contrario, motivarse para seguir trabajando y evitar forzar la razón en exceso. Algunas técnicas de afrontamiento se elaboraron mucho antes que los programas, del mismo modo que los agricultores utilizaban la cría selectiva antes de que los científicos descubrieran la selección natural y la teoría de la evolución. En el siglo XVIII, una antigua tradición iniciaba una larga velada teatral con un breve acto que atraía al público. Estos pequeños reforzadores pueden ayudarnos a superar el aburrido comienzo de cualquier gran proyecto.

Curiosamente, la sensación de victoria posterior suele ser fugaz, seguida de una decepción y una pausa. Eso no quiere decir que la consecuencia que hemos recibido no haya sido efectiva; está claro que no, ya que has conseguido terminar el proyecto (confirmaremos repetidamente que las emociones no siempre se alinean de la forma que esperaríamos). El humorista P. G. Wodehouse bromeaba que al terminar un gran trabajo a veces nos sentimos planos* (que no plenos),[22] y la investigación verifica el anticlímax como un efecto secundario típico cuando se requiere mucho trabajo o tiempo para cada recompensa. Las pausas de "flojera" en la fábrica de bisagras proporcionan una ilustración a pequeña escala. A mayor escala, un conocido observador de aves intentó durante más de quince años encontrar la rara y hermosa curruca de Connecticut sin éxito, cuando un buen día por fin vio al pájaro reportó: "Me sentí muy bien durante uno o dos minutos. Feliz, satisfecho, aliviado... Y de repente me sentí triste. Quiero decir (respiró profundamente) que ahora que he visto a la curruca de Connecticut, *¿qué demonios voy a hacer el resto de mi vida?*"[23]. Pero también podemos contrarrestar estos efectos del programa, por ejemplo, teniendo ya otro proyecto en marcha, otro objetivo por el que trabajar, otra consecuencia que nos mantenga motivados.

LA UBIQUIDAD DE LOS PROGRAMAS

Hay que estar atento a los programas, porque funcionan con sus efectos previsible incluso cuando no nos damos cuenta. A los niños de una escuela se les dio zumo de naranja durante un tiempo para suplementar su nutrición. Esta intervención se duplicó inadvertidamente como un programa de reforzamiento

* *N. del E.:* juego de palabras intraducible entre *fulfilled* y *filleted*.

de la asistencia a la escuela, la cual aumentó que durante este período[24]. Donde hay consecuencias, también hay programas. Los programas están *en todas partes*, incluso en nuestra propia mente. ¿Alguna vez te has enfrentado a un problema personal a las tres de la mañana? A veces darle vueltas sin cesar a un asunto puede suponer un alivio, puede ser difícil dejar de obsesionarse. Puede ser otro programa adictivo de recompensa variable que funciona insidiosa pero tenazmente.

Los programas tienen más poderes inesperados todavía. En un estudio clásico, las palomas debían picotear para obtener comida de acuerdo a dos programas diferentes. Después se les administró un sedante. El picoteo se ralentizó, como era de esperar, en uno de los programas, pero *aumentó* simultáneamente en el otro[25]. Así que los sedantes no son sólo "depresores", sino que pueden ser "estimulantes" en este sentido, dependiendo del programa de consecuencias que esté presente. No es de extrañar que las consecuencias sean fundamentales para nuestra comprensión de las relaciones genética-ambiente y mente-cuerpo.

Los programas pueden incluso *determinar* el valor mismo de una consecuencia. Paradójicamente, lo que es más fácil de conseguir puede llegar a ser menos valioso, como en el caso de los dientes de león coloridos presentes en todas partes como malas hierbas, frente a las aburridas pero rarísimas orquídeas fantasma blancas a las que nos referíamos al principio de este capítulo. Hay muchos ejemplos; basta con ver *Antiques Roadshow**, o recordar a los niños que aprenden a racionar sus canciones favoritas (véase el capítulo 1). Lamentablemente, este "efecto de rareza" infla el valor y puede hacer rentable la caza de plantas y animales raros hasta su extinción. Por otro lado, los grandes libros tienen un gran valor *porque* su recompensa requiere más reflexión y esfuerzo que el libro de bolsillo del supermercado.

Uno de mis ejemplos favoritos de esta paradoja me lleva a mi infancia. Me gustaba pescar, y me pasaba horas escudriñando mi caña de pescar esperando que picaran. Por eso me intrigaba una atracción de feria que consistía en pescar en un barril: pagabas por el derecho a pescar en pequeños barriles repletos de peces hambrientos. Eso garantizaba el éxito (y si no te devolvían el dinero). Bueno, eso puede ser genial para niños, pero la mayoría de adultos que pescan en un barril pronte se disgustarían: qué aburrido que piquen continuamente, y qué poco valor de recompensa tienen estos peces. Equivaldría a comprarlos en el mercado. La dificultad del éxito de la pesca en la naturaleza (un programa de reforzamiento escaso y variable) se corresponde con el legítimo orgullo del logro, premiando la paciencia y la habilidad, y haciéndolo más atractivo[26].

---

* *N. del E.:* programa televisivo sobre antigüedades emitido por PBS.

Resulta irónico que en el mundo occidental nos esforcemos por hacer fáciles las consecuencias deseadas, pero lo que es fácil puede llegar a no tener valor. Y este es un efecto ineludible del programa de consecuencias.

*

Las consecuencias son casi infinitamente variadas y también lo son los programas en los que se producen. ¿Con qué frecuencia se puede recurrir a las consecuencias? ¿En qué circunstancias? ¿Depende más de la cantidad o del tipo de conducta? ¿Y qué pasa con el programa? Quizá tenga que haber una señal, o una serie de conductas diferentes. Y el programa puede cambiar, quizá por acontecimientos que escapan a nuestro control, o quizá por lo que nosotros mismos hacemos. Estos cambios tienen en sí mismos efectos de reforzamiento, castigo y discriminación ("señalización"). Y siempre hay muchas otras consecuencias disponibles al mismo tiempo, que afectan a la conducta. Incluso hay programas de programas (en serio).

Todos ellos producen patrones de conducta predecibles, aunque veremos que esos patrones pueden depender de nuestras historias y de si sabemos lo que se requiere en cada momento. Los programas se aplican, no sólo a las recompensas, sino también a las consecuencias que *no* nos gustan, las cosas desagradables de la vida.

Capítulo 6

EL LADO OSCURO DE LAS CONSECUENCIAS

A veces desearíamos no sentir dolor, pero los que nacen con esa condición rara vez alcanzan la edad adulta. Pueden morderse los dedos sin darse cuenta. En el caso de un niño de 11 años se requirió la amputación de ambas piernas. El dolor es tan necesario como el placer.

— La autora

Todos los días nos enfrentamos a la otra cara de las consecuencias. Un niño sale corriendo a disfrutar de la primera nevada del invierno, sin abrigo. Seguir retozando es castigado por las gélidas temperaturas; volver rápidamente al interior es reforzante al permitir escapar del frío. Por definición, las consecuencias reforzantes nos hacen seguir adelante, mientras que las consecuencias negativas y de castigo nos frenan. Así, escapar de una consecuencia negativa es un reforzador, al igual que evitarla en primer lugar: ponerse un abrigo *antes* de aventurarse a salir.

Esto parece sencillo, ya que sugiere un continuo simple de consecuencias, desde las negativas hasta las neutras y las positivas. Evitar las consecuencias negativas podría parecer algo intermedio, pero ya sabemos que nunca es tan sencillo. De hecho, evitar algo que tememos puede ser una recompensa tan fuerte como una lluvia deslumbrante de reforzadores positivos. Supongamos que hemos decidido someternos a una peligrosa operación quirúrgica porque las consecuencias de *no* operarse podrían ser fatales. Los negativos no son mucho más grandes que eso. Te preparas con tesón, estudias la intervención, te despides de tus seres queridos y haces testamento. Justo antes de la intervención, decides pedir una segunda opinión y te aseguran que estarás bien sin la operación. ¡Sientes un regocijo espectacular! ¿Qué podría igualarlo?

Como dice William Least, autor de *Luna de calor*: "Nunca te sentirás mejor que cuando empiezas a sentirte bien después de haberte sentido mal"[1].

En el otro extremo del espectro, una sola experiencia negativa intensa podría inspirar acciones desesperadas contra una posible repetición de tal evento. Por ejemplo, algunas víctimas de delincuencia se mudan de ciudad pagando un altísimo precio personal. En otros casos, todo un conjunto de reforzadores positivos opuestos puede no contrarrestar uno solo negativo. El "lado oscuro" de las consecuencias es una fuerza a tener en cuenta.

Ninguno de nosotros puede escapar a esa fuerza: desde la muerte hasta los impuestos, desde los tornados hasta los atascos, las experiencias negativas grandes o pequeñas plagan nuestras vidas. Montaigne escribió: "Cada hora me arrastro entre una u otra cosa que me desagrada[2]", y quizá no sea sólo una exageración literaria. Incluso girar la cabeza cuando se está cansado es claramente molesto, o luchar con una bolsa de plástico para sándwiches que no se cierra. Una pausa de más de unos segundos en una conversación suele ser lo suficientemente desagradable como para que digamos casi cualquier cosa para llenar el vacío, según los investigadores (distintas culturas tienen diferentes "reglas" en este sentido[3]). Algunas personas llegan a ser capaces de tolerar la negatividad connatural a nuestras vidas. Pensemos en Cintia, que entra en casa con las suelas sucias después de haber jugado en el barro, mientras Sebas se afana en limpiar la resultante conmoción doméstica. ¿Por qué los más ordenados de la familia acaban haciendo la limpieza? Si *no se hace*, se vuelve locos, una consecuencia que merece la pena evitar.

Es un viento malvado que no suele soplar a favor de nadie. No obstante, muchas industrias se aprovechan de sutiles estímulos negativos para aumentar sus ventas. Casi todas las latas hoy día llevan "abrefácil"; utilizar un abrelatas debe ser lo suficientemente molesto como para crear demanda. Las compras a través de internet pueden incrementarse reduciendo el número de clics necesarios para llegar a la pasarela de pago (la demora de la acción final de compra puede disuadir a muchos que de otro modo hubieran finalizado la transacción).

TONOS DE GRIS

Luego está el trabajo real. Tanto niños como adultos hacemos todo lo posible por evitar hacer nuestras tareas. No obstante, lo que *llamamos* trabajo no siempre es negativo. Los huskies tiran de los trineos con tanta ilusión con la que Ronaldo mete goles. La mayoría de los trabajos tienen sus compensaciones. Ahí va una idea profunda: incluso las tareas sin atractivo aparente pueden transformarse en recompensas deseables. Por ejemplo, la inteligencia de Tom Sawyer hizo que sus amigos se pelearan por el privilegio de pintar la valla de su tía por él. Y un aspecto negativo puede convertirse en positivo en un abrir y cerrar de ojos. Las habladurías transforman a los amigos en enemigos, y la buena noticia de tu ascenso se puede hacer trizas si un rival consigue un ascenso mayor. ¿El vaso está medio vacío o medio lleno?

Para algunos, el lado oscuro toma el control y *siempre* está medio vacío. Estas personas pueden vivir con miedo, rodeadas de sombras negativas (pasadas, presentes y previstas) y sus vidas se convierten en una serie interminable de acciones de escape y evitación. También les ocurre a los animales; las mascotas maltratadas son un triste ejemplo. Cuando predominan incluso los aspectos negativos más suaves, como los collares de ahogo para perros y las reprimendas, en la enseñanza o en la vida cotidiana, el lado oscuro triunfa. En el capítulo 11, veremos las investigaciones que recomiendan una especie de "ratio mágica" de aproximadamente 5:1 entre aspectos positivos y negativos, útil en la vida de pareja y otras relaciones humanas.

Entonces, ¿los negativos son malos y los positivos buenos? No es tan sencillo (recordemos a los niños que se arrancan los dedos a mordiscos), puede ser difícil diferenciar lo positivo de lo negativo. Distinguir entre las acciones que nos conducen *hacia lo positivo* o nos *alejan de lo negativo* es sorprendentemente difícil. Las intenciones no cuentan, como pueden atestiguar las familias de los malos cocineros, al igual que los profesores que ofrecen puntos de "crédito extra". En lugar de considerarlos como una atractiva recompensa extra, algunos estudiantes cuentan con el crédito extra y se quejan si no logran obtenerlo[4]. ¿Trabajas con alegría para obtener un resultado positivo deseado o evitas temerosamente el aspecto negativo de perderlo? ¿Por qué no ambas cosas a la vez, o incluso simultáneamente? Ambos procesos proporcionan una motivación eficaz. Nadie se sorprendió cuando las investigaciones sugirieron que escapar de un golpe puede tener efectos neurofisiológicos gratificantes similares a los de recibir comida[5]. Y los programas de consecuencias funcionan de forma similar en ambos casos[6].

En mi caso, practicar senderismo me resulta intrínsecamente gratificante, como disfrutar de una puesta de sol o ver una película preferida. ¿Como pueden servir de recompensa? Puedo esperar a dar un paseo hasta que termine algún trabajo, para ayudar a mantenerme motivada. Pero a veces salgo a caminar cuando prefiero no hacerlo, porque necesito hacer la compra, por ejemplo. A veces voy de excursión tanto porque me gusta *como* por otros motivos. Voy de excursión porque es saludable (una regla a largo plazo). También puedo estar evadiendo el trabajo, aunque no siempre lo reconozco. Puede que ni siquiera sea siempre consciente de ello; una misma conducta puede tener muchas consecuencias y muchas causas. Mi hermano suele bromear conmigo de forma natural (le resulta gratificante), pero si sospecha que estoy estresada, puede hacerlo con más frecuencia porque quiere animarme. La misma consecuencia con el mismo efecto en la conducta puede darse en la misma situación por diferentes razones, diferentes consecuencias para el que *da*. Este es otro aspecto de la complejidad, una sutil coreografía de consecuencias mutuas.

Y todo es relativo. Si tienes que elegir una opción, ir a hacer la compra probablemente sea preferible a cavar zanjas; incluso estarías dispuesto a trabajar para obtener dicha oportunidad (lo que lo convierte técnicamente en un reforzador en ese contexto). Supongamos que dos jóvenes deben de hacer ciertas tareas domésticas antes de poder salir, ello significa que se encuentran bajo un programa de reforzamiento. Sin embargo, el programa de uno de ellos es mucho más fácil que el del otro, por ejemplo, pelar dos patatas en lugar de una docena. En tal caso, si ambos niños pasan a un mismo programa intermedio (p.ej., pelar seis patatas), ¿qué niño se quejará? Una mejora gratificante para uno (una reducción de sus tareas), es negativa para el otro. Es como cargar veinte kilos de ladrillos después de haberse acostumbrado a cargar treinta, o quince[7].

Los animales también responden a la relatividad del reforzamiento. De nuevo, no siempre es sencillo, y el contexto puede cambiar lo que parece una ecuación simple. Una leve descarga tuvo el efecto de anular las presiones de palanca de las ratas para obtener comida. Cuando otras ratas presionaban la palanca sólo para evitar una descarga (sin que hubiera comida de por medio), esa misma descargar era ignorada por los animales de laboratorio. ¡Sorprendente!

SENTIMIENTOS

Los sentimientos parecen una buena guía para los aspectos positivos y negativos, pero no son tan fiables como podríamos pensar. Tratar de conseguir un aspecto positivo a menudo conlleva una agradable anticipación, pero la tensión de la relación puede hacer que ese aspecto positivo sea demasiado difícil de conseguir: hay un límite en cuanto a las horas que la mayoría de nosotros estamos dispuestos a hacer cola para un concierto tan esperado o la oportunidad de comprar el último y emocionante *gatchet* tecnológico. Mientras tanto, curiosamente, trabajar para evitar una situación negativa puede resultar agradable. Por ejemplo, el hecho de tener un plazo de entrega hace que de repente se disponga de un reforzador para cumplirlo (por supuesto, las fechas límite suelen ir acompañadas de consecuencias negativas).

La procrastinación, una molestia cotidiana para muchos de nosotros, puede analizarse como una especie de danza entre estas fuerzas opuestas. A medida que se acerca una fecha límite, la presión negativa aumenta, pero simultáneamente también lo hace el alivio de terminar la tarea. Los procrastinadores crónicos lo saben bien, y algunos prosperan caminando por la cuerda floja bajo estos influjos pulsátiles de acción y evitación. Otros sufren, pero no consiguen la motivación suficiente para ponerse a trabajar (las consecuencias son insuficientes). Hay otros que temen tanto los plazos inminentes que terminan compulsivamente los proyectos mucho antes de su vencimiento. No es de extrañar que los sentimientos no se alineen de forma sencilla. Dos personas con la misma fecha de entrega pueden comportarse exactamente de la misma manera para obtener el consiguiente alivio, pero una de ellas puede vivirlo como un continuo manojo de nervios, mientras que la otra se emociona y hasta disfruta con el reto de cumplir el plazo.

El éxito también puede provocar emociones contrapuestas. Los que se ponen nerviosos pueden disfrutar de la hilaridad más sublime una vez el peligro es superado (véase el caso del anterior ejemplo de evitar la cirugía). En una de mis historias favoritas sobre animales, el fundador del club de senderismo *Sierra Club*, John Muir, esbozó con gran colorido las reacciones de su perro *Stickeen*. Con Stickeen como ansioso companero, Muir cruzó un glaciar desconocido, que resultó ser muy peligroso. A medida que se acercaba el crepúsculo, se vio obligado a pasar por una larga y profunda grieta de hielo atravesada únicamente por un puente de hielo (algo digno del *El señor de los anillos*). Muir, que se vio obligado a cruzar, no pudo ayudar a Stickeen. El perro mostró miedo a seguirle, pero finalmente hizo el intento tras una frenética persuasión. Cuando Stickeen logró atravesar el abismo, mostró un éxtasis de alivio. "Nunca, ni antes ni después he visto nada parecido a una revulsión tan apasionada desde las profundidades de la desesperación hasta una alegría exultante e incontrolable"[9]. Después de este drama, el perro se hizo inseparable de Muir; su presencia se convirtió en un reforzador muy poderoso. No importaba que él fuese el responsable de llevarle por tan expuestos derroteros.

Para acercarse a esta euforia, algunos abrazan deportes extremos como el paracaidismo -quizás esos mismos procrastinadores crónicos que se emocionan con la persecución. Qué contraste con los que evitan un aversivo a toda costa, como los que tienen fuertes fobias a las arañas. Pero la evitación es muy difícil de superar. Al fin y al cabo, una evitación exitosa significa no saber nunca si lo negativo sigue ahí o si es tan malo como se esperaba. Puede que incluso nos guste lo que evitamos. De hecho, se sabe que los aracnofóbicos reformados adoptan tarántulas como mascotas, ¿quizás como un recordatorio satisfactorio de su victoria sobre el miedo?

ELEGIR EL DOLOR

Escapar de lo negativo es una cosa. Pero, ¿por qué alguien elegiría libremente soportar el dolor? El castigo, por definición, se evita, después de todo, y el dolor tiende a ser un castigo eficaz.

Ciertamente no es esta una paradoja; elegir el dolor a corto plazo al servicio de una ganancia a largo plazo es bastante común: mejor una inyección ahora que una enfermedad grave más adelante, por ejemplo. Sopesar las consecuencias a lo largo del tiempo puede cambiar su valor y su función.

Podemos llegar a disfrutar de leves punzadas de hambre, por ejemplo, si controlamos cuándo acabar con ellas. Pero lo hacemos porque hemos aprendido que hacen que la comida sea más reforzante ("El hambre es la mejor salsa" dice Cervantes en El Quijote). De hecho, es posible que dejemos crecer deliberadamente las punzadas de hambre, por muy negativas que sean, para aumentar nuestro posterior placer gastronómico. Algunos de los antiguos romanos llevaron este principio al extremo, induciendo voluntariamente el vómito a mitad de una larga cena para poder seguir atiborrándose (aunque esta historia puede ser apócrifa).

Este principio puede llevarse a extremos aún mayores. Por ejemplo, los nuevos miembros de una banda callejera eligen someterse a recibir una paliza como rito iniciático. Las consecuencias de *no* pertenecer a la banda pueden ser graves, por lo que los adolescentes se someten "libremente" a esta prueba[10]. Todo es relativo, en efecto.

Afortunadamente, los aspectos negativos pueden transformarse de forma más positiva. Una de las estrategias es abrumarlos con aspectos positivos. Cantar mientras se trabaja ha sido popular durante milenios, y los que sufren dolor crónico dan fe del valor de las distracciones agradables. En un ejercicio de prestidigitación en el laboratorio, un ruido aversivo se convirtió en una opción gratificante cuando se endulzó con suficientes elementos positivos. Cuando los participantes disponían de dos mandos, evitaban el que producía el ruido hasta que éste se convertía en una señal que presentaba un programa de reforzamiento elevado[11]. Los reforzadores compensaban el ruido desagradable. Incluso las descargas eléctricas pueden funcionar como reforzador, aunque para que esto ocurra estas deben ser leves o las recompensas que señalan bastante intensas[12]. Sé que toleraré molestias como el consumo de cigarrillos de un amigo que no aceptaría en un conocido casual. Si el amigo es lo suficientemente cercano, las asociaciones agradables pueden incluso hacer que el olor a humo sea ligeramente gratificante en sí mismo. Si la relación termina mal, el mismo olor puede volverse aversivo (véase el capítulo 8).

Por otra parte, la estimulación negativa puede perder su efecto cuando nos acostumbramos a ella. Técnicamente, nos *habituamos*. La simple exposición repetida a un aversivo, incluso una descarga moderada, puede generar tolerancia[13]. Las personas con "síndrome de Diógenes" son capaces de acumular objetos o desperdicios a un nivel que resultaría aversivo para otros. Las garzas que se aprovechan de las presas fáciles de una piscifactoría dejan de reaccionar ante espantapájaros, una vez degradados a meros estímulos neutros de fondo. Por desgracia, la gente también se habitúa en un sentido real a la violencia y la pobreza que sufren los demás dejando de importarles, lo que a veces se denomina *anestesia psicológica*. Algunas cosas negativas deben de seguir siendo negativas.

El aburrimiento es un extraño tipo de estimulación negativa que no tiene reforzadores. Nos impulsa a mirar por la ventana, a encender la radio, a rememorar un recuerdo feliz, o incluso a quitarnos de encima una tarea largamente evitada. A falta de una alternativa más reforzante, hacer la tarea adquiere un valor de recompensa repentino, ya sea por escapar de la presión de hacerla o, más positivamente, por lo que se consigue al realizarla.

Está claro que el aburrimiento nos lleva a aprender, a sacar el máximo partido de las consecuencias disponibles por un trabajo que en sí podría no ser placentero. La variabilidad de su valor para nosotros es un testimonio de nuestra capacidad para encontrar recompensas contra viento y marea. Los que investigan el efecto del *nivel de adaptación* en psicología descubrieron que incluso las personas que pierden la vista o la movilidad suelen adaptarse bastante bien, encontrando un nuevo equilibrio con niveles de felicidad declarados que a veces se acercan a los que tenían antes[14]. Esto es reconfortante.

AGRESIÓN

Menos tranquilizador es que la reacción a los negativos pueda ir más allá de un simple lloriqueo. Una rata que recibe una descarga puede atacar a otra rata inocente, y el mismo resultado se ha encontrado en otras especies[15]. Un estudio descubrió cómo la historia puede mejorar las cosas: las ratas eran menos propensas a atacarse unas a otras después de recibir descargas leves, pero inevitables cuando habían tenido experiencia previa con choques inevitables[16]. Otras investigaciones demostraron que no sólo el dolor saca lo peor de los animales. Las transiciones a programas más pobres pueden tener los mismos efectos que los choques, por ejemplo. Las palomas que habían sido recompensadas con programas ricos (con alto nivel de reforzamiento) al picotear en una tecla, se volvieron violentas cuando los programas se redujeron (proporcionando un nivel de recompensa inferior) y se observaron más picotazos que no obtenían reforzamiento[17]. Los niveles de hormonas del estrés en las ratas aumentaron cuando se degradó el programa de reforzamiento[18] (del mismo modo, las palomas optan por escapar de los programas difíciles basados en una cantidad fija de trabajo durante el período conocido como pausa post-reforzamiento antes de volver nuevamente a responder[19]; han aprendido que no habrá recompensas disponibles durante ese tiempo). La finalización de un programa de reforzamiento ("extinción") también puede conllevar protestas o algo peor[20]. El fenómeno se conoce como "agresión inducida por la extinción".

Evidentemente, las personas comparten la misma susceptibilidad a la agresión cuando se produce una situación negativa. En un estudio de laboratorio, se pidió a estudiantes de secundaria que realizasen una tarea a cambio de dinero mientras eran molestados periódicamente por un tono fuerte. Podían escapar de él pulsando un botón o golpeando con fuerza un cojín. Cuando la extinción del programa ponía fin a las ganancias, pero el tono molesto continuaba, el cojín se convirtió en un saco de boxeo para la mayoría de los estudiantes, pese a que la simple pulsación del botón seguía disponible optaron en general por la respuesta agresiva[21]. La mayoría de nosotros podría sentirse identificado.

Es un poco más difícil de reconocernos en el siguiente hallazgo: dada una situación negativa, incluso una leve (p.ej., un periodo de extinción) oportunidad de mostrar agresión puede ser un reforzador tan poderoso que los animales trabajarán activamente para obtenerlo aun cuando no haya espectadores inocentes a mano. Por ejemplo, en un estudio se expuso a palomas a un programa fijo en el que obtenían comida al picotear una tecla. También podían picotear otra tecla alternativa para acceder brevemente a una paloma objetivo a la que picotear (la investigación se preparó para que el ave objetivo evitara los ataques escondiéndose detrás de una barrera). Las palomas que picoteaban la llave se esforzaban con frecuencia por tener la oportunidad de atacar durante ese desagradable periodo justo después de la entrega de comida, cuando quedaba un largo trecho hasta la siguiente presentación de alimento[22]. Es como si un jefe agredido llamara a un trabajador aleatorio para insultarlo. Afortunadamente, el objeto de la agresión no tiene por qué ser un compañero. Puede ser inocuo, como una barra de madera presta a recibir los mordiscos de una rata. ¿Quién no ha dado un portazo de rabia?

Se podría pensar que, con todo lo negativo que nos rodea, la gente vería la necesidad de ser menos exigente con los demás. Es más fácil decirlo que hacerlo. Desgraciadamente, repartir estimulación negativa puede ser tan reforzante como escapar de ella. En un círculo vicioso. Si me molestas, cuan natural resulta que yo te haga lo propio para que dejes de hacerlo. A veces funciona: es uno de esos programas adictivos de recompensa variable. Los hermanos son expertos en este juego. Cuando los padres regañan a su vez y los niños se callan, los padres acaban de ser recompensados inmediatamente. No es de extrañar que muchos de nosotros nos aporreemos unos a otros con reprimendas y críticas más fácilmente que con elogios (adiós a la regla mágica de 5:1 a favor de lo positivo).

HACER QUE LOS NEGATIVOS FUNCIONEN POSITIVAMENTE

A veces, el castigo *es* la mejor opción y no hay nada que hacer. Para una conducta que debe detenerse de inmediato, como la de un niño que corre en la calle, lo mejor es una consecuencia lo suficientemente fuerte como para hacer el trabajo de inmediato. Como en el caso del perro que pedía limosna en el capítulo anterior, los investigadores han comprobado que lo que puede en principio parecer más compasivo (utilizar primero negativas débiles) puede acabar siendo cruel. Si la conducta se repite, es posible que haya que pasar a un castigo más fuerte para detener la conducta que si se hubiera empezado con un castigo moderado[23]. Dicho esto, el progreso en nuestra comprensión normalmente trae consigo nuevas estrategias alternativas.

En cierto modo es una suerte que los aversivos rara vez funcionen como se pretende. La experta en entrenamiento de animales Karen Pryor cuenta la historia de un perro bóxer al que le encantaba tumbarse en un sofá prohibido cuando su dueño estaba fuera de casa. Cuando se instalaron trampas para ratones en el sofá, el perro arrastró una manta sobre las trampas, poniéndolas en marcha, y luego se relajó tranquilamente sobre el sofá prohibido[24]. Si hay una manera de evitar un aversivo, se encontrará.

También es una suerte porque los aversivos conllevan una serie de problemas y efectos secundarios desagradables, como la evitación y la agresividad de las que hemos tratado[25]. Uno de los más importantes es que los aversivos no enseñan lo que es deseable. Los enfoques alternativos implican el uso de reforzamiento positivo, que es mucho más divertido en general *y* mejor en otros aspectos también. Las alternativas se tratarán al final de este capítulo y en otros posteriores.

Mientras tanto, ¿cuál es la mejor manera de gestionar el castigo cuando *hay* que utilizarlo? Un programa que consiga proporcionar un castigo para cada ocurrencia del problema de conducta lo detendrá más rápidamente. En estas circunstancias, las únicas conductas que continúan son las fuertemente recompensadas de otras maneras. Los castigos intermitentes son naturalmente menos efectivos, aunque a menudo son todo lo que es posible. Al igual que en el caso de los positivos, los programas intermitentes variables deberían funcionar mejor que los fijos comparables: es más difícil seguir adelante si se sabe que la siguiente conducta errante puede traer un castigo.

Por la misma razón a la inversa, puede ser difícil dejar de usar aversivos una vez que se empieza. Incluso cuando no funcionan tan bien como se esperaba, de vez en cuando se tiene éxito, por lo que su uso puede reforzarse por sí mismo en un programa adictivo variable. El uso de aversivos también ofrece una oportunidad de control, que sabemos que es un poderoso reforzador (véase el capítulo 1).

La tentación de utilizar el castigo es, pues, comprensible, y también lo es la tentación de entregarse a la agresión cuando se ha sido castigado. ¿Cómo, entonces, podemos detener la agresión? La reacción instintiva de responder a la agresión con más agresión puede funcionar (castigo en acción), por lo que no es sorprendente que sea tan común. Irónicamente, la investigación con animales ha demostrado que los mismas descargas que provocan agresión pueden detenerla también si se aplican como consecuencia inmediata de la misma. Incluso las descargas de menor intensidad pueden funcionar[26]. No obstante, repetimos, suelen ser preferibles otros métodos (ver capítulos 11 y 13).

No hacer nada y esperar parece una salida fácil, pero también tiene consecuencias (¡todo tiene consecuencias! ¡No podemos escapar de ellas!) La agresión (u otras conductas no deseadas mantenidas por otras recompensas) continuará si miramos hacia otro lado. La ignorancia rara vez es una bendición. El enfoque basado en "ignorar" la conducta también es inadecuado para las conductas deseables: pueden desaparecer discretamente sin algún tipo de reforzamiento que las mantenga, como nuestra atención. ¿Qué pasaría si nunca se elogiara a un niño por compartir un juguete especialmente apreciado?

Afortunadamente, hay un montón de opciones. Hoy en día, ofrecer una alternativa reforzante positiva a cualquier conducta indeseable debería ser la norma y no la excepción. ¿Cómo podemos hacer frente a la agresividad? Un grupo de investigadores probó a recompensar el juego no agresivo en niños de primaria con cupones para una rifa. Las patadas y los golpes disminuyeron en gran medida[27] (lo ideal sería que reforzadores naturales del juego positivo relevasen a estos reforzadores programados). Del mismo modo, cuando la agresividad de un chimpancé macho dominante se convirtió en un problema durante las comidas, se optó por saturarle de atención y comida en una zona separada. La fricción cayó en picado, ya que los demás chimpancés pudieron comer en paz[28].

Los aversivos siguen teniendo un lugar en las "mejores prácticas". Entre los ejemplos más comunes se encuentran los suaves, como las reprimendas verbales o el "coste de respuesta" (p.ej., una multa o eliminación de un elemento positivo, como el dinero, es un elemento negativo). Las reprimendas pueden detener eficazmente una conducta y, sorprendentemente, las reprimendas suaves a veces funcionan mejor (véase el capítulo 14). El tiempo fuera de reforzamiento positivo (un aversivo suave), introducido formalmente por expertos analistas de conducta en la década de 1960[29], se ha convertido en la alternativa preferida a los azotes para muchos padres. Enviar a un escolar al pasillo (una forma de tiempo fuera) ha producido claras reducciones en agresividad. Pero, ¿por qué no utilizar el enfoque del reforzamiento positivo en lugar de ello de una estrategia basada en tiempo fuera? (o de forma paralela a esta). Otras estrategias que se tratan más adelante en el libro incluyen la alteración de las circunstancias problemáticas de diversas maneras, así como la provisión de reglas y razonamientos. El mejor enfoque de todos parece ser cambiar la motivación en primer lugar: el valor de las consecuencias de mantenimiento *y* las alternativas. Después, las consecuencias saludables y deseables son más gratificantes y están disponibles. El siguiente capítulo ayuda a poner las consecuencias en contexto.

*

Los aversivos pueden ser deprimentes, pero no hay que escapar de ellos necesariamente. Hemos visto cómo pueden salvarnos la vida. Debemos estar agradecidos por la dolorosa solución hallada por la evolución. Y no olvidemos que los aspectos positivos tienen un lado negativo, incluso cuando abundan los buenos sentimientos. Problemas de salud, tales como la obesidad y el tabaquismo, demuestran que a menudo elegimos el placer inmediato en detrimento del dolor diferido. Es una pena que los aversivos diferidos tengan muy escaso efecto sobre nuestra conducta. Otra virtud inesperada de la mayoría de los aversivos es la evidente visibilidad de su peligros. Los peligros de los positivos no sólo son más difíciles de ver, sino también de combatir[30]. ¿Cuál es realmente el "lado oscuro" de las consecuencias?

Capítulo 7

ELECCIONES
Y SEÑALES

"Dos caminos se bifurcaron en un bosque, y yo... tomé el camino menos transitado".

— Robert Frost, *El camino no tomado*, 1916

El poema de Frost capta la imaginación, y ¿qué estudiante de EEUU no se ha parado a reflexionar sobre su significado? Los profesores se centran por naturaleza en las consecuencias de las decisiones impopulares y menos transitadas, y las elecciones que hacemos que nos cambian la vida tienen un color especial.

Pero la verdad es que estamos inmersos en las elecciones, al igual que estamos inmersos en las consecuencias; de hecho, las elecciones existen *porque* estamos inmersos en las consecuencias. Cada vez que decidimos lo que "nos apetece" hacer, por ejemplo, en realidad estamos sopesando las consecuencias.

No pasamos más de dos minutos sin tomar una decisión. En el trabajo, ¿es el momento de repasar una hoja de *Excel*, preguntarle a un compañero o planificar el fin de semana? O tal vez simplemente morderse una uña. Tenemos opciones incluso cuando pensamos en nosotros mismos: puede ser divertido soñar despiertos, pero si tenemos un problema más inmediato que resolver, elegimos cambiar de marcha.

De vuelta a casa, ¿es mejor ponerse a ver los deportes o una comedia?*

* *N. del E.:* Para ampliar la búsqueda sobre el fenómeno de las opciones y la toma de decisiones, consultar las investigaciones del premio nobel de economía Daniel Kahneman, *Pensar rápido, pensar despacio*. Y el autor Gerd Gigerenzer, *Decisiones Instintivas*.

¿Y qué vamos a comer? Los grandes supermercados tienen ahora *40.000 artículos*,[1] que abruman a cualquier visitante. En el mundo desarrollado, en general, tenemos tantas opciones que algunos economistas y psicólogos afirman de hecho, que es un problema. Si es así, es algo de lo que no podemos escapar.

De todos modos, no nos falta ayuda tampoco: nuestros amigos, nuestros familiares y un gran número de libros nos aconsejan sobre cómo tomar mejores decisiones. Son todos los bestsellers de dietas, además de todos los manuales de autoayuda, maternidad/paternidad y consumo. Pero afrontar la elección significa también afrontar las consecuencias que conlleva.

EL JUEGO DE LAS PAREJAS

Como la elección es tan omnipresente e importante, que de hecho cientos de estudios han examinado su funcionamiento. Empecemos con algunas investigaciones en humanos. Un simple movimiento de cabeza, un guiño o un gruñido pueden recompensar a alguien por iniciar un tema de conversación, lo cual no es de sorprender. En un estudio se utilizaron gruñidos de apoyo como consecuencia, en el que se pidió a estudiantes universitarios que recordaran su infancia. Después de haber recordado libremente durante un rato, la mitad de ellos fueron recompensados de esta forma no invasiva por describir sus recuerdos familiares, y la otra mitad por recuerdos no familiares. Más del 80% de los alumnos modificaron sus comentarios como consecuencia al gruñido. Y, como veremos en otra parte del libro, la mayoría no se dieron cuenta de lo que estaba ocurriendo, es decir, no somos conscientes de estas sutiles consecuencias, aunque estén presentes (véase el capítulo 9)[2].

Ahora, vamos a suponer que estás sentado en una mesa de "mezcla" en una cafetería con dos desconocidos. Uno de ellos asiente, sonríe y afirma tus respuestas más que el otro. ¿Con quién crees que vas a hablar más? Parece bastante obvio. En un estudio, las personas acabaron pasando aproximadamente el doble de tiempo hablando con el compañero agradable que con el témpano de hielo. Además, también recibieron el doble de apoyos por parte del recompensado. Sus elecciones de conversación "igualaban" por tanto sus recompensas de conversación, con una proporción de 2:1 para cada una[3]. Esto resulta ser un resultado característico cuando hay un componente basado en el tiempo y cuando hay una serie de recompensas disponibles, no sólo una o dos.

Por ejemplo, supongamos que usted y su pareja están haciendo *zapping* por su televisor de pantalla grande de ochenta canales. Tu pareja quiere ver un programa sobre la naturaleza con brutales ataques de grandes felinos. Tú quieres ver el béisbol. Cambias de canal para intentar maximizar tu placer visual. Si el partido de béisbol es un poco lento (esto no suele pasar) pasarás mucho tiempo viendo leones saltando. Pero seguirás cambiando, y la cantidad de tiempo que pasas en cada canal debería (en teoría) acercarse a igualar el número de secuencias gratificantes. Del mismo modo, las personas multitareas pueden saltar hábilmente entre dos dispositivos electrónicos y una persona real en el espacio de un minuto.

La *ley de igualación* se derivó originalmente de la investigación con animales en el laboratorio, donde las condiciones pueden ser precisas. En su forma técnica completa, la ecuación se complica, abarcando una gran cantidad de factores y parámetros: el sesgo entre las opciones de conducta (un SO al que realmente le desagrada el béisbol), diferentes niveles de esfuerzo, como por ejemplo que alguien haya perdido antes el mando a distancia, así que hay que levantarse y cambiar de canal manualmente. Por tanto, existen diferentes tipos y valores de las consecuencias, retrasos en la programación, canales, señales, etc. [4]. Algunos de los modelos matemáticos actuales son de tan alta tecnología que emplean ecuaciones diferenciales para calcularlos [5]. Además, en la vida real, podemos estar francamente inundados de opciones, y mi propia investigación ha ayudado a demostrar que se igualan hasta cuatro opciones. Otros estudios han confirmado incluso más alternativas [6].

Luego está la necesidad de lidiar con los aspectos negativos. Una elección que conlleva una desventaja pierde algo de valor (el partido de béisbol tiene anuncios, el programa de naturaleza no), pero ¿cómo se combinan lo positivo y lo negativo? Resulta que a veces lo hacen de forma directa y otras no lo son tanto. Sólo somos conscientes de algunas consecuencias, y algunas, por supuesto, se retrasan bastante, lo que reduce su valor: por ejemplo, si quieres poder hablar del partido con tus amigos durante el fin de semana (véase el capítulo 12). Todo esto no es fácil de desentrañar. Lo importante es que incluso las formas más sencillas de igualar* parecen ofrecer una descripción decente de opciones comparables en la vida real.

La sorpresa no es tanto que las elecciones busquen las consecuencias de alguna manera. Es más, imagina lo descabelladas que serían las cosas si las consecuencias no hicieran su trabajo. Lo que nos abrió los ojos fue la forma matemáticamente consistente y elegante en que lo hicieron en tantas especies, las consecuencias y las conductas. Desde los animales domésticos, como las vacas y las gallinas, hasta las especies salvajes, como el pez sol (*Lepomis cyanellus*), las zarigüeyas de cola de cepillo (*Trichosurus vulpecula*),

---

* *N. del E.:* La ley de igualación sugiere que la tasa de respuesta es proporcional a la cantidad o duración del reforzamiento positivo administrado.

de la familia (*Phalangeridae*) y los coyotes (*canis latrans*), los animales han demostrado su capacidad de decisión y han "seguido el dinero", al igual que lo hacen las personas[7]. Las consecuencias han variado desde reforzadores sociales hasta la estimulación del "centro del placer" del cerebro, desde los dibujos animados hasta las drogas; también dinero, calor y (por supuesto) víveres de todo tipo [8]. Los escenarios han incluido pájaros salvajes buscando comida en su hábitat natural, estudiantes trabajando en problemas aritméticos e incluso conversaciones cotidianas entre personas, como hemos visto. Todos han producido patrones ordenados de elecciones repetidas, que se ajustan bien a la ecuación de la ley de igualación [9].

¿Pájaros en su hábitat natural? Un cuidadoso estudio investigó a las aves que buscan insectos y arañas en la naturaleza. La mayoría de estas aves denominadas "lavanderas" o (*Motacilla alba*) (por una buena razón) permanecían con una bandada principal que recorría una gran pradera con un suministro bastante constante de insectos. Pero algunas lavanderas tenían sus propios territorios en los que estos sabrosos insectos aparecían en la orilla de un río; cuanto más tiempo pasara entre las visitas, más comida se acumularía. Estas aves podían elegir entre alimentarse con la bandada principal o ir por su cuenta. El tiempo que pasaban en las dos zonas seguía la ley de igualación.

Algo así como la ley del emparejamiento es obedecida por los grupos: cuanto más rica sea la zona del reforzador, más individuos estarán allí de forma natural. Incluso se ha demostrado que los peces siguen una distribución de tipo igual a través de trozos de forrajeo de diferente valor[10]. Por supuesto, también hay que tener en cuenta otras consecuencias. Un innovador investigador demostró cómo la dominación social (el "orden de picoteo") y la formación de bandadas para protegerse afectaban a la igualación para conseguir comida por parte de los gorriones comunes[11]. (*Passer domesticus*). De hecho, los pájaros dominantes lo hacían mejor que los subordinados, lo cual no es de extrañar.

Un modelo informático reciente se centró en imitar el seleccionismo, "la causa que funciona hacia atrás" en la evolución y el aprendizaje por consecuencias (la variabilidad, luego las consecuencias y después el cambio resultante en el repertorio). Con la variabilidad natural de la conducta y la historia de las consecuencias incluidas, el modelo matemático reproducía los patrones típicos de conducta en la elección (igualar) y en los programas variables más simples basados en el trabajo[12].

¿QUÉ PUEDE HACER LA LEY DE IGUALACIÓN?

La ley de igualación puede *cuantificar* realmente el valor comparativo. Esto es útil en todo tipo de formas. Supongamos que usted, un ganadero, quiere averiguar en qué medida sus vacas prefieren la cebada más cara frente a otras opciones más baratas. Investigadores como la neozelandesa Mary Foster han utilizado la ley de igualación para descubrir exactamente en qué medida el ganado prefiere sus productos favoritos frente a alternativas como el heno picado, y el kiwi, y cómo se comparan estas selecciones culinarias entre sí. La escala de preferencia precisa resultante describía bien la mayoría de los conjuntos de datos individuales. Algunas vacas con gustos inconformistas tenían sus propias escalas. (Una vez comparado con uno de los estándares, un nuevo alimento podía ajustarse directamente a la escala: las pruebas confirmaron que su relación con los otros alimentos podía predecirse sobre esa base, una característica útil llamada transitividad*[13]. Estos resultados son valiosos para los ganaderos que tratan de equilibrar el coste, la nutrición y que grado era admisible para sus rebaños.

Otro estudio cuantificó el grado de aversión de las gallinas a los sonidos fuertes[14]. Los niveles de ruido de las granjas industriales pueden alcanzar los 100 decibelios, suficientes para causar daños auditivos en las personas. En uno de los estudios más inusuales sobre bienestar animal, los cerdos eligieron entre paja, ramas de abeto o turba como material de enraizamiento [15]. Teniendo en cuenta estos ejemplos, no debería sorprender que las preferencias por la comida de los perros se evalúen a veces con la misma precisión [16]. Al fin y al cabo, es un gran negocio.

De hecho, Wall Street no ha ignorado estas implicaciones: la igualación puede producirse cuando la gente compra en Internet, por ejemplo (*clic, clic*)[17]. También se ha demostrado que se aplica a los adictos a la heroína que se

---

* *N. del E.:* Siempre que un elemento se relaciona con otro y este último con un tercero, entonces el primero se relaciona con el tercero. Ejemplo: Si *a* es mayor que *b*, y *b* es mayor que *c*, entonces, *a* es mayor que *c*.

administran el fármaco terapéutico metadona[18]. La ley de la igualación puede funcionar incluso para los jugadores de *rugby* que organizan las jugadas: cuantas más yardas se ganen por pase en lugar de por carrera, más pases se intentarán. Sin embargo, un sesgo revelado en contra de los pases refleja el mayor riesgo de pérdidas de balón y la mayor variabilidad en las ganancias[19].

En el laboratorio, las personas suelen coincidir de la misma manera que los animales, pero no siempre[20]. Estas excepciones son ilustrativas: Con reforzadores débiles o conductas de poco esfuerzo, como pulsar el teclado, los participantes a veces dicen, en serio, ¿para qué molestarse en hacer un seguimiento de las recompensas tan detallado? Es como tener la televisión encendida por el mero hecho de tenerla. No estás prestando mucha atención, así que, aunque estés zapeando por los canales, no eliges cuidadosamente en función de lo que sería el valor de la recompensa común. Luego están las instrucciones y las reglas: irónicamente, pueden ayudarnos a ser aún más eficientes o, si se equivocan, despistarnos por completo (véase el capítulo 10). Ambos efectos influyeron en un estudio de emparejamiento en humanos en el que varios participantes decidieron que las compensaciones eran aproximadamente iguales para las distintas alternativas, aunque en realidad no fuera así. A partir de entonces, respondieron igual o aleatoriamente a cada elección, perdiendo como consecuencia de ello. Irónicamente, los animales obtuvieron resultados significativamente mejores, al igual que otros participantes que demostraron ser más sensibles a estas relaciones [21].

PARTIDOS GANADOS

La investigación básica sobre los programas de elección ha arrojado algunos resultados inesperados con aplicaciones prácticas para las personas. En varios de mis estudios, por ejemplo, descubrí que la elección reforzada se producía con más frecuencia incluso si se acababa de premiar una conducta diferente [22]. Si se intenta acabar con un mal hábito fomentando una alternativa mejor pero menos atractiva, este hallazgo puede ayudar a entender por qué el cambio rara vez se produce de la noche a la mañana. Una alumna que no atiende las tareas y que acaba de ser elogiada por su rapidez puede volver a charlar con un compañero diez minutos después. Considera las opciones y sus consecuencias (y consulta el capítulo 14).

Existen otras aplicaciones en humanos que están muy extendidas. En este caso, los niños trabajaban en un ordenador para poder dar una vuelta en una bicicleta estática o ver un vídeo. Un programa de reforzamiento se aplicaba a la bicicleta estática y otro al vídeo, y los niños podían cambiar de programa libremente. Las elecciones de los niños obedecían a la ley de igualación y estaban previsiblemente influenciadas por el precio de la participación, en este caso, la intensidad del trabajo en el ordenador en los dos programas. Cuando se cambiaron los programas para que el trabajo para ver el vídeo fuera más duro, la mayoría de los niños se pasaron a la bicicleta estática. Los niños más obesos se vieron menos influenciados por este cambio de programa y siguieron mostrando una fuerte preferencia por la actividad sedentaria [23].

Los conflictos en la edad preescolar también tienen una relación de tipo igual. Los niños agresivos de cuatro años resultaron tener éxito utilizando gritos y golpes en casa. En sus familias, estos métodos funcionaban para conseguir lo que querían, mientras que los métodos no agresivos tenían menos probabilidades de ser recompensados. Los niños con formas más adecuadas de enfrentarse a los problemas tenían familias en las que los métodos no agresivos tenían más probabilidades de funcionar [24].

En su exitoso libro *Un pequeño empujón*, Richard Thaler y Cass Sunstein afirman que todos somos "arquitectos de la elección", que valoran las consecuencias tanto para las demás personas como para nosotros mismos. Utilizan el ejemplo de las vitrinas de comida en las cafeterías que fomentan las elecciones saludables o no saludables mediante cambios en aspectos como el esfuerzo de la conducta ¿qué es más fácil de alcanzar? y la visibilidad. Alguien puede querer esa ensalada, pero si está en la última fila, su valor reforzante puede ser insuficiente para compensar el esfuerzo de conseguirla. Hay una razón por la que los fabricantes pagan por un mejor posicionamiento de sus productos en las tiendas de alimentación. Cuánto mejor sería, sugieren los autores, si la comprensión y la organización que sugiere el "arquitecto" acompañaran al trabajo [25].

En el capítulo anterior, se premiaba a los alumnos en el recreo por jugar de forma no agresiva. Esos niños tenían una opción. Para reducir una conducta problemática como la agresividad, no hay que centrarse siempre en ella; en su lugar, se puede ofrecer una alternativa saludable con un valor reforzante mayor. Eso es ser un arquitecto de la elección. Asimismo, dos investigadores analizaron el panorama general (el contexto) y descubrieron que el éxito en la pérdida de peso y la recuperación del alcoholismo estaba a veces relacionado con nuevos reforzamientos alternativos en la vida de las personas, como por ejemplo nuevos amigos [26].

Por tanto, el contexto importa mucho. Demorados e inmediatos, grandes y pequeños, siempre hay otras opciones, otras consecuencias. Y suele haber señales que las acompañan.

PERCIBIR LA SEÑAL

Cuando la misma acción puede suponer un castigo en un entorno y reforzamiento abundante en otro, ayuda a saber distinguir la diferencia. Las señales por las consecuencias nos permiten hacerlo. Estas claves nos permiten saber cuándo hay que parar y cuándo hay que seguir, literalmente, en el caso de los semáforos. Los vínculos con las consecuencias son claros. Los niños aprenden rápidamente que es mejor no decir palabrotas en presencia de sus padres o profesores. Con sus amigos, la cosa cambia, y aquí también hay vínculos claros. Cuando el jefe frunce el ceño, olvídate de pedir un aumento de sueldo. ¿Ves un coche de policía? Comprueba tu velocidad. Aprovechando las señales, algunas comisarías colocan coches con maniquíes dentro para optimizar a sus empleados de forma más eficiente.

Los animales también captan la idea; ¿recuerdas la abejita que presiona una palanca en el capítulo 2, cambiando de palanca en respuesta a una señal luminosa? Un famoso naturalista introdujo el sebo en los agujeros del tronco de un árbol. A los pájaros carpinteros (*Picidae*) locales les gustó tanto que aprendieron a volar cuando oían el martilleo [27]. Del mismo modo, un ruiseñor silvestre empezó a venir a por comida en respuesta a un silbido, incluso acercándose a su benefactor e imitando el silbido[28]. Las aves conocidas como sinsontes (*Mimus polyglottos*) imitan todo, así que no hay que darle demasiada importancia a esto. Recientemente se ha establecido que los sinsontes silvestres aprenden rápidamente a reconocer a personas concretas que son importantes para ellos [29]. Esto puede hacer que *los veamos* de otra manera.

Los perros leen nuestras señales (incluidos los olores) para saber cuándo estamos pensando en dar un paseo que podría incluirlos. Incluso, en muchas ocasiones lo saben antes que nosotros.

Las claves sutiles suponen un reto, pero la mayoría de nosotros llegamos a ser razonablemente buenos en la lectura de expresiones y emociones, sobre todo de las personas y animales que son importantes para nosotros. Al fin y al cabo, las consecuencias que conllevan son muy importantes. Estas habilidades tienen un valor incalculable para especies que son sociales como el ancestro del perro, el lobo (*Canis lupus*).

Las señales se cruzan o se pierden todo el tiempo, por supuesto, y hay toda una ciencia sobre cómo funcionan o no funcionan[30]. Para que sean efectivas, las señales tienen que ser percibidas y tienen que predecir las consecuencias de forma fiable. Parece sencillo, pero los especialistas en ergonomía pueden dar fe de que no es tan sencillo. Optimizar el diseño de los paneles de control de los aviones, por ejemplo, fue un gran reto durante muchos años. Incluso las señales cotidianas pueden ser contraintuitivas. Sentirse cansado puede ser la clave de la necesidad de hacer ejercicio, por extraño que parezca. La ciencia es una de las mejores formas de establecer predicciones fiables sobre las consecuencias y las claves. ¿Qué patrones meteorológicos generan huracanes? La ciencia nos lo ha dicho.

Empezamos a aprender señales cuando somos pequeños: los bebés de dos meses aprendieron con precisión a girar la cabeza hacia la derecha cuando se les mostraba un tablero de ajedrez y hacia la izquierda para un círculo[31]. La recompensa era una sonrisa y un elogio, y a veces un juguete. Muchos animales recién nacidos pueden aprender señales asociadas a consecuencias [32]. Incluso invertebrados primitivos como los gusanos (*planarias*) "esos diminutos gusanos planos" captan fácilmente las claves arbitrarias, como vimos en el capítulo 1. Las abejas (*Apis Mellifera*) pueden aprender cuál de los dos patrones indica la presencia de néctar[33].Las características más complejas no son un problema, al menos para los vertebrados: como también vimos en el capítulo 1, las palomas no sólo pueden diferenciar entre estilos musicales contrastados, sino que clasifican los fragmentos nuevos de la misma manera que las personas.

Las señales en la naturaleza también pueden ser sorprendentes. Algunas aves de las praderas y de la sabana han aprendido a buscar los incendios por la facilidad de encontrar presas disponibles que señalan los incendios, lo que explica las inesperadas imágenes de halcones (*Falco*) y aves papamoscas (*Ficedula hypoleuca*) volando *hacia el* humo y las llamas [34]. Mientras tanto, las gacelas de las sábanas dan una especie de brinco que no los conduce a ninguna parte, llamado salto de rebote, cuando ven a un león. Los leones aprenden a evitar perseguir a las gacelas de grandes saltos, que señalan de forma efectiva el gasto innecesario de esfuerzo que supondría[35].Consecuencias en acción. Cuanto más alto sea el salto, más apta estará la gacela y, por tanto, más reticente será el león a perseguirla.

A veces las señales son "absolutas", como el color perfecto de una mora madura. A veces son "relacionales", como la baya más grande, el pavo real más deslumbrante y la estrella más brillante para pedir un deseo.

VORÁGINE DE SEÑALES

De vuelta a la tierra, las señales también funcionan para las consecuencias negativas, como el mensaje de las gacelas para los leones. "No pierdan el tiempo". Ser capaz de predecir una consecuencia negativa significa mejorar las posibilidades de evitarla, lo que es sin lugar a dudas una habilidad útil para la supervivencia. Las hormigas, las abejas y los cangrejos pueden aprender señales tanto para las consecuencias aversivas como para las positivas [36].

Al igual que los ruiseñores (*Luscinia megarhynchos*), las gaviotas llegaron a ver con recelo a un ornitólogo investigador, ignorando a los demás, pero revolviéndose cuando veían a su villano favorito. El ornitólogo se disfrazó para intentar engañarlas, pero las gaviotas no tardaron en descubrirlo. Tuvo que ponerse un traje diferente cada día para poder seguir con sus observaciones[37]. Del mismo modo, las águilas pescadoras (*Pandion haliaetus*) anidadas no se inmutaron al ver al capitán de un barco amarrado en las cercanías, a menos que llevara botas. Entonces gritaban y se inquietaban mucho: las botas eran una señal de que la embarcación no tardaría en invadir su nido [38].

Un negativo puede *ser* una señal, como vimos en el capítulo 6. En un estudio de laboratorio con palomas, sin descargas, no había comida disponible. Las descargas señalaban que la comida estaba disponible para el picoteo de la llave en un programa de reforzamiento variable, por lo que la eliminación de la descarga resultó producir una *disminución* de la conducta[39]. Eso es como valorar a una niñera mala porque te llevaba a menudo a tu parque infantil favorito, uno para el que tus padres nunca tenían tiempo. Te ponías triste cuando la despedían (para desconcierto de tus padres). Lo más frecuente, por supuesto, es que una negativa señale otras negativas, como el ceño fruncido del jefe, que indica que se avecinan tiempos difíciles.

Las señales pueden deberse tanto por la *ausencia* como por la presencia de algo. Los pájaros monótonos pueden ser identificados en el campo por su propia falta de patrón ("sin anillas en el ala" puede confirmar una identificación). Y lo que es más importante, piense en las ratas que presionan una palanca para evitar una descarga leve. Cada vez que la presionan ganan un periodo de cinco segundos en el que no se producen descargas, y las ratas aprenden esta "señal de seguridad"[40]. De forma similar, las personas que se muerden las uñas de forma crónica se lavan las manos con frecuencia, lo que produce un periodo de seguridad en el que pueden entregarse a su hábito sin miedo a los gérmenes. El simple paso del tiempo es una señal.

Nuestra propia conducta también puede ser una señal. En el caso más sencillo, si nos estamos lavando las manos y alguien nos pregunta qué estamos haciendo, podemos decírselo. Las ratas también pueden hacerlo pulsando palancas, informando con precisión de conductas como lavarse la cara y caminar, incluso de la "conducta" de no moverse[41]. Suena poco probable, ¿no? Pulsar la palanca izquierda podría decir "me estaba lavando la cara"; una palanca central, "estaba caminando"; y una palanca derecha, "no me estaba moviendo". Ante una señal, los animales nos informan de lo que están haciendo y son recompensados si avisan con precisión. Las ratas son capaces de hacer acrobacias bastante impresionantes. A veces los humanos hacemos cosas automáticamente, nos damos cuenta de que las estamos haciendo y cambiamos nuestras acciones a consecuencia de ello. Por ejemplo, "Uy, estoy intentando dejar de morderme las uñas". Observar lo que hacemos es una conducta en sí misma, en la que también pueden influir las consecuencias (véase el capítulo 9).

Teniendo en cuenta estos resultados, no es de extrañar que las claves internas funcionen bien. Si siento que empieza a dolerme la barriga, cojo mi remedio favorito y evito lo peor. A veces se comprueba la actividad de nuevos fármacos de una forma intrigante que se basa en esas claves. Animales como las ratas (de nuevo) aprenden a pulsar la palanca izquierda cuando se les da un fármaco y la palanca derecha para otro. Luego se les da un fármaco diferente. ¿Presionarán más a menudo la izquierda o la derecha? Si predomina una opción, el nuevo fármaco tiene algo más en común con ese que con la alternativa[42]. Estudios como éste ayudan a los investigadores a evaluar los efectos probables del fármaco antes de probarlo en las personas.

LA IMPORTANCIA DE LA SEÑAL

Nunca pensé que apreciaría los enjambres y zumbidos de los mosquitos del Medio Oeste hasta que me mudé al sur de Florida. De repente fui víctima de los ataques furtivos de la versión silenciosa de este bicho. No recibí la advertencia antes.

A veces preferimos las señales negativas incluso cuando son inevitables. Supongo que queremos saber qué nos espera si se avecinan cosas malas. Los animales pueden compartir esta opinión: En un estudio de tipo ley de igualación, las ratas eligieron las descargas señalizadas (leves) incluso cuando eran varias veces más largas que las descargas no señalizadas[43]. Este tipo de resultados está ayudando a los investigadores clínicos a mejorar el tratamiento de los trastornos de ansiedad en humanos. Sin embargo, la elección entre señales y no señales no es sencilla: aparentemente parece contradictorio (pero no lo es en realidad), si las cosas negativas pueden *no* venir, resulta que a menudo *no queremos conocerlas* de antemano: el enfoque de "la ignorancia es una bendición". En otras palabras, si existe la posibilidad de salir indemnes, preferimos no tener noticia previa de que se avecinan cosas malas. Y también hay otros factores que interactúan con este fenómeno [44].

Esta misma contrariedad aparente se aplica cuando las señales funcionan de tales formas que parecen completamente contradictorias. En un estudio, un chimpancé pasó lentamente por 4.000 presiones de palanca para obtener un reforzador (grande). Un humano que lea un libro de 800 páginas bastante aburrido podría sentirse como el chimpancé, pero al menos los números de las páginas señalan el progreso, y terminar un capítulo es reforzante en sí mismo. Añadir unos cuantos marcadores de progreso de este tipo a la tarea del chimpancé supuso un enorme aumento de la velocidad[45]. Pero este método no es infalible. En el caso de las palomas con un programa fijo basado en el trabajo con 180 picotazos requeridos, las cuatro señales añadidas se convirtieron en recordatorios desalentadores de que aún quedaba mucho camino por recorrer, ¡y las aves disminuyeron su velocidad![46] ¿Cómo podemos predecir qué efecto se va a producir? Resulta que depende de factores como el programa concreto, el historial del individuo y la naturaleza de las señales.

Muchas tareas humanas son largas, y el uso de marcadores para dividirlas es rutinario. Esas subdivisiones más pequeñas y manejables suelen llevar reforzadores incorporados. Pero, de nuevo, hay una ciencia en ello. Una aplicación: Tanto los donantes como los voluntarios aprecian los gráficos de recaudación de fondos que muestran la proximidad para alcanzar el objetivo, pero sobre todo cuando se han realizado progresos significativos [47]. En relación con esto, en la "lista de condados", algunos observadores de aves tratan de encontrar tantas especies como puedan en cada uno de sus condados cercanos. En un sistema de California, las señales de progreso gratificantes consisten en cambios de color cuando se alcanza cada hito de veinticinco. Sin embargo, es tan fácil encontrar 100 especies que los cambios de color se racionan y no empiezan hasta después de ese punto, cuando se aprecian los verdaderos logros [48].

Cualquier trabajo que sea largo y tedioso puede beneficiarse de este tipo de análisis y aplicación. El descubridor de los principios básicos de las consecuencias, B. F. Skinner, los aplicaba con frecuencia a sí mismo. Para aumentar su motivación, llevaba la cuenta del tiempo que pasaba escribiendo cada día y mantenía una tabla [49]. Ver cómo se acumulaban las horas le ayudaba a seguir adelante incluso en proyectos largos.

Muchas conductas son en realidad cadenas de comportamiento: series de conductas, cada una de las cuales proporciona señales que conducen al siguiente paso. Las ratas pueden dominar cadenas impresionantemente largas: una estrella, llamada Barnabus, subió una escalera, empujó un puente hasta su posición y lo cruzó, subió una escalera, tiró de una cadena, movió un "coche" a través de otro puente, subió otra escalera, corrió a través de un tubo y luego descendió en un ascensor. Al final, recibía bolitas de comida, y luego esperaba la señal para volver a hacerlo todo de nuevo [50]. La mejor manera de enseñar este tipo de cadenas* largas es al revés, como en este caso. Se empieza por el final, luego el penúltimo "eslabón" y así gradualmente hasta el inicio de la cadena.

Utilizando este método, la finalización con éxito de una nueva conducta intermedia da la oportunidad de realizar conductas bien aprendidas que están más cerca del reforzamiento final. Por el camino, estas señales de "aproximación" a las consecuencias pueden convertirse en consecuencias efectivas en sí mismas. Cuando el mismo científico que enseñó a Barnabus enseñó el lenguaje de signos americano años después, descubrió que este enfoque de "encadenamiento hacia atrás" era la forma más rápida de enseñar el alfabeto.

Conocer las señales significa que podemos utilizarlas en nuestro beneficio de muchas maneras, incluso apagándolas. Las personas que hacen dieta evitan ver los anuncios de comida apetitosa, y los fumadores se alejan de los lugares donde se fuma. Como el correo electrónico sacrifica las señales no verbales que son tan importantes en la comunicación diaria, los emoticonos se han convertido en un estándar para ayudar a afinar el mensaje. Incluso las conversaciones cara a cara no están exentas; también se benefician de las claves no verbales. Por ejemplo, ella dice que quiere ir contigo, pero no te mira. Un investigador ha señalado que cuando las claves no verbales contradicen las palabras, nos creemos las claves [51]. Aprendemos a detectar qué señales son realmente buenos predictores de consecuencias. Esto es importante.

Las señales son tan poderosas que a menudo adquieren una vida oculta propia, como veremos en el próximo capítulo.

---

* *N. del E.:* El encadenamiento es un procedimiento para establecer secuencias de conducta en la que una respuesta es consecuencia de la anterior y estímulo discriminativo de la siguiente.

PAVLOV Y CONSECUENCIAS: LA SINERGIA ESENCIAL

En febrero de 1984 había regresado de un voluntariado internacional en Fiyi. Los Juegos Olímpicos se celebraban en agosto de aquel año y, como millones de personas, mi familia se sentó frente a la tele para ver la ceremonia de apertura. Los representantes de cada nación desfilaban con su bandera cuando apareció el pequeño contingente de mi país anfitrión, Fiyi. Experimenté una repentina oleada de alegría y nostalgia. Me exalté gritando "¡Fiyi!, ¡Fiyi!" (mi familia se lo tomó con calma). Incluso ahora, tantos años después, pensar en aquel episodio elicita en mi un vívido remanente de profunda emoción.

— La autora

Si sientes una "reacción visceral" como ésta, es probable que estés experimentando el proceso de aprendizaje descrito por Pavlov, el "condicionamiento clásico". Lejos de limitarse a los famosos perros que salivan, es tan omnipresente como las consecuencias. El condicionamiento clásico consiste en reflejos y reacciones similares que no tenemos que aprender. Este tipo de reacciones son numerosísimas. Las emociones y la tolerancia a las drogas están en la lista, así como los parpadeos, las sacudidas de rodilla y las respuestas de sobresalto. Algunas, como las respuestas inmunitarias, no fueron identificadas como respuestas condicionables hasta muchas décadas después de los estudios de Pavlov.

Al igual que el aprendizaje por consecuencias, el condicionamiento clásico parece mucho más sencillo de lo que es. No obstante, los fundamentos son, de hecho, bastante sencillos. Pavlov sabía que los perros babeaban cuando se les daba carne. Si se les daba una señal como una campana eléctrica poco antes de la carne (y no en otros momentos), la campana por sí sola llegaba a elicitar la salivación. El procedimiento resultó eficaz: tras oír la campana, los perros de Pavlov se disponían a abalanzarse sobre su comida. Al igual que el aprendizaje por consecuencias, esta capacidad se desarrolló en una etapa temprana de la historia de la vida. Aunque parezca mentira, las cucarachas también salivan y responden al condicionamiento clásico[1]. Los neurocientíficos han demostrado que, análogamente a la disparidad entre aprendizaje por consecuencias y condicionamiento clásico en términos de principios de conducta, las bases neurofisiológicas del aprendizaje por consecuencias y del condicionamiento clásico son también distintas[2]. Otra diferencia importante es que el condicionamiento clásico es resultado de una relación directa tipo causa-efecto (como en la caída de una fila de piezas de dominó), mientras que el aprendizaje por consecuencias es seleccionista ("la causa opera a la inversa", con la repetición de los éxitos y el abandono de los intentos fallidos.

Cuando enseño la asignatura de *Aprendizaje*, mis estudiantes experimentan directamente el condicionamiento clásico. Reparto vasos con polvo de limonada y cuando digo la palabra "Pavlov", todos nos llevamos el polvo a la lengua y salivamos, como los perros de Pavlov. Después de repetidos emparejamientos, hacemos un ensayo en blanco, sin emparejar, y escuchamos "Pavlov" sin que ello vaya seguido de polvo de limonada. La sensación de salivación elicitada constituye una experiencia única. Aunque sé lo que va a pasar, me encuentro con una sonrisa de asombro, al igual que mis estudiantes (prueba a hacerlo en casa).

Escuchar repetidamente "Pavlov" sin polvo de limonada hace que la palabra pierda su poder. Una vez, a uno de mis alumnos le empezó a molestar el sabor y no se sometió a este procedimiento de "extinción" al final de la sesión. Tres *meses* después, una de sus amigas preguntó por la clase y utilizó inocentemente la palabra "Pavlov" y, ¡bingo!, Una oleada de salivación demostró lo mucho que puede durar esta forma de aprendizaje[3].

La salivación fue la primera respuesta condicionada clásicamente que se estudió en profundidad; las respuestas inmunitarias se encuentran entre las más recientes. ¿Siguen realmente principios similares? En un experimento controlado, se administró a ratas alérgicas a la clara de huevo ese alérgeno mientras se reproducía un complejo estímulo de luz y sonido. Al final, el mero hecho de ver y oír esas luces y sonidos activó su sistema inmunitario[4]. En otro experimento, se hizo que los cobayas fueran alérgicas a una proteína que se encuentra en el ganado bovino, y luego se asoció un olor con la presencia de la proteína. La presentación del olor por sí sola produjo el mismo nivel de histaminas para combatir la alergia que la propia proteína alergénica[5]. El efecto se ha confirmado en personas; nuestras respuestas inmunitarias pueden verse reforzadas o suprimidas por este mecanismo. En un estudio, se emparejó un medicamento que aumenta el recuento de "células asesinas naturales" (células NK) de nuestro sistema inmunitario, un tipo de glóbulo blanco, con un sorbete. El emparejamiento de ambos hizo que el sorbete por sí solo aumentase las células NK de los participantes[6]. Este tipo de resultados están empezando a aplicarse clínicamente, por ejemplo, en la lucha contra las alergias.

REACCIONES COMPENSATORIAS Y TOLERANCIA A LOS MEDICAMENTOS

También ofrece aplicaciones clínicas una categoría especial de reacciones pavlovianas.

¿Te has dado cuenta de que mirar la comida parece darte hambre y, por tanto, hace que la comida sea una recompensa más poderosa? El condicionamiento clásico ayuda a explicar esta reacción. Cuando comes, tu nivel de azúcar en sangre aumenta. Los estudios demuestran que las señales de aproximación a la hora de comer pueden empezar a elicitar reacciones compensatorias, haciendo que suba su nivel de insulina y, a consecuencia de ello, el nivel de azúcar en sangre, lo que ayuda a nuestro cuerpo a mantenerse en una posición más equilibrada[7]. Dado que la visión de la comida también se asocia a la ingesta de alimentos, en algunas circunstancias el nivel de insulina también puede quedar condicionado clásicamente. Podríamos decir que mirar la comida cambia la química de nuestro cuerpo, y eso a su vez nos hace sentir hambre (esto no es un problema para los empleados de la tienda de comestibles, porque la asociación entre ver la comida y comerla desaparece con la exposición prolongada a los alimentos).

Las señales vinculadas a esta respuesta insulinogénica condicionada también pueden ser arbitrarias, como lo era el sonido de la campana para la salivación de los perros de Pavlov. Por ejemplo, en un experimento se presentó a algunas ratas un olor inusual (no alimentario) que se emparejó con la hora de la comida. Otras ratas también percibieron el olor, pero este no fue emparejado con comida. Más tarde, sólo para las ratas del grupo en que se emparejó el olor con la presencia de comida, se observó que el olor por sí solo era casi tan eficaz activando la síntesis de insulina endógena como la presencia real de comida[8]. Lo que se condiciona clásicamente, por tanto, puede ser a veces una respuesta que compensa el acontecimiento que se avecina, preparando al cuerpo de forma similar a como lo hace la salivación. Las reacciones compensatorias también pueden ser provocadas por drogas (legales o ilegales), y han demostrado ser de gran importancia.

Los pacientes que reciben quimioterapia a veces reciben sus inyecciones a la misma hora cada semana, en la misma habitación, incluso por la misma enfermera. Eso significa que se dan las condiciones ideales para que se den reacciones compensatorias condicionadas clásicamente que combaten el efecto de la droga, intentando (de nuevo) mantener la química corporal relativamente constante[9]. Cambiar la habitación, cambiar la hora y hacer que la inyección sea administrada por una persona diferente haría que el fármaco funcionara mejor, ya que la predictibilidad del contexto de administración puede deteriorar el funcionamiento del fármaco. La consecuencia de ello puede ser la tolerancia a la droga, lo que conduce a dosis cada vez más altas con más efectos secundarios. En última instancia, el fármaco puede resultar ineficaz. Cambiar de habitación y de horario puede ayudar a retrasar la aparición de la tolerancia. Se ha demostrado que la misma dosis de droga puede tener efectos diferentes sólo dependiendo de si la gente se inyecta a sí misma o es inyectada por otra persona, lo que constituyen evidentemente experiencias bastante diferentes[10].

Trágicamente, algunas muertes por sobredosis parecen ser consecuencia de este mismo mecanismo. Un consumidor de drogas que se encuentre en un contexto que le es familiar, tiene que tomar una dosis mayor para conseguir el subidón, ya que tiene que anular las reacciones compensatorias elicitadas por los estímulos del contexto que se hallan asociados clásicamente a la acción de drogarse (obsérvese el cambio correspondiente en el valor de recompensa de la droga). Si te apartas de tu rutina normal y tomas tu dosis habitual en un entorno suficientemente diferente, las reacciones compensatorias no se elicitan, y tu sistema puede sobrecargarse peligrosamente. La investigación con animales ha confirmado el efecto, y existe evidencia que sugiere que el mismo fenómeno se da en humanos[11].

En un caso, una persona pudo haber dado al traste con la vida de su propio padre involuntariamente. Este, que padecía cáncer de páncreas, estaba siendo atendido en su dormitorio en casa, el cual estaba poco iluminado generalmente. Tenía dolores y recibía cuatro inyecciones de morfina al día. El día de la muerte, su hijo descubrió a su padre en la sala de estar, muy iluminada, a la que por algún motivo había logrado desplazarse. Como era la hora de la inyección y su padre sentía dolor, el hijo le administró allí su dosis habitual de morfina. La reacción del padre fue excepcional causándole la muerte. Un médico diagnosticó inmediatamente una sobredosis de morfina[12]. Aunque la implicación del condicionamiento clásico no puede establecerse definitivamente en un caso como éste, tratar su probabilidad con un experto varios años después ayudó a aliviar la confusión y el sentimiento de culpa del hijo.

NO TODO ESTÁ EN TU CABEZA: EL EFECTO PLACEBO Y OTRAS SORPRESAS DEL BINOMIO MENTE-CUERPO

El efecto placebo solía considerarse algo inexplicable, casi mágico. Ahora, el mecanismo del condicionamiento clásico, que ha ayudado a explicar las sobredosis por drogas, también ayuda a explicar cómo una pastilla de azúcar puede hacer que una persona enferma se sienta mejor. ¡De verdad!

En un conocido estudio en el que se utilizó imagen por resonancia magnética funcional (IRMf), los participantes recibieron leves descargas eléctricas. Algunos de ellos recibieron una crema placebo para aliviar el dolor que crían era auténtica. Se produjo un efecto placebo, es decir, los participantes afirmaron percibir un menor nivel de dolor cuando usaban la crema. ¿Qué ocurría en sus cerebros? Los efectos de anticipación eran evidentes a medida que se acercaban las descargas, pero los "centros del dolor" estaban menos activos cuando se utilizaba la crema. La fuerza del efecto era paralela a la cantidad de alivio que afirmaban experimentar. Este resultado se ha verificado en otras manifestaciones del efecto placebo[13]. No es de extrañar, pues, que los placebos puedan convertirse en potentes reforzadores, ya que realmente ayudan a aliviar el dolor experimentado.

El fenómeno no se limita a las personas. Al igual que los animales pueden desarrollar tolerancia a los medicamentos, también pueden experimentar el efecto placebo. Por ejemplo, si se asocian estímulos del entorno en ratones de laboratorio, como luces de colores o suelos con diferentes patrones, con fármacos eficaces, y luego se presentan estas claves en ausencia de los fármacos, se ha demostrado que muestran signos de alivio del dolor tanto *neurológicos* como conductuales[14].

Esto no significa que el proceso sea idéntico en personas y animales. En el caso de las personas, el efecto placebo es en parte una función de las consecuencias pasadas, así como del condicionamiento clásico. Tomar lo que creemos es un medicamento, lleva a interpretar los eventos subsiguientes a la luz de nuestra experiencia pasada con remedios útiles (véase el capítulo

10). Hasta que estos efectos fueron ampliamente reconocidos, el término "psicosomático" tenía un matiz despectivo. Ahora, algunos expertos sanitarios han llegado a sugerir los placebos como un tratamiento en sí mismo. Las interacciones mente-cuerpo son reales, el condicionamiento clásico forma parte de ellas y supone una importante revolución. No está "todo en la cabeza", al menos no de la forma en que solíamos pensar.

El simple hecho de ver la parafernalia asociada al consumo de cocaína puede activar el cerebro y hacer que un adicto sienta placer o un deseo exacerbado por consumir[15]. Yendo un paso más allá, ahora sabemos que el mero hecho de *pensar* en algo puede tener efectos similares a experimentarlo realmente. No es de extrañar que soñar despierto sea entretenido o que el método de actuación basado en el sistema Stanislavski funcione para los intérpretes. Imaginar la cena puede provocar salivación (pruébalo cuando tengas hambre)[16]. ¿Tienes miedo a las alturas? Reflexionar sobre tu miedo puede ser doloroso[17]. Del mismo modo, evocar una araña puede hacerte temblar, o sonreír, si eres un amante de los bichos como mi hermano. Pensar puede elicitar movimientos involuntarios, cambios en el ritmo cardíaco y sudoración, así como activación de los centros del placer o el dolor. Darse cuenta horas más tarde de que se ha comido una cucaracha sin darse cuenta, y sólo entonces enfermar.

La cosa llega a ser bastante rara. Un científico anónimo observó en la prestigiosa revista *Nature* que cuando iba a visitar a su novia, su barba crecía más rápido. Como buen científico, tomó datos sistemáticos para verificar sus observaciones casuales. El efecto sólo se producía antes de los fines de semana en los que podía visitar a su novia, y no se trataba de un condicionamiento temporal, ya que no era todos los fines de semana[18]. Resulta que las hormonas que afectan al crecimiento de la barba están sujetas al condicionamiento clásico. El efecto se ha confirmado en ratas: cuando se emparejaba un determinado olor con la presencia de una rata en estro, el condicionamiento clásico hacía que el olor por sí solo llegara a desencadenar tanta secreción de testosterona como la presencia de la ansiosa hembra[19]. ¿Te parece romántico?

EMOCIONARSE

Para muchos de nosotros, el mero hecho de mirar un souvenir de unas vacaciones pasadas puede recuperar parte de la felicidad de aquella vivencia. No es de extrañar que se vendan "recuerdos" turísticos demasiado caros, cuyo valor es mayor del que sugieren las apariencias. Del mismo modo, desenterrar viejas fotos familiares puede ser gratificante por la reacción visceral que se deriva de sus asociaciones agradables, clásicamente condicionadas. B. F. Skinner describió su nostalgia cuando miró hacia la antigua ubicación de un viejo reloj familiar[20]. Ya no estaba allí, pero no tenía por qué; el contexto y sus recuerdos eran suficientes. Las emociones pueden ser consecuencias en sí mismas, y debido al condicionamiento clásico, ello significa que potencialmente cualquier cosa que haya sido emparejada suficientemente con una emoción fuerte podría funcionar como una recompensa.

Por supuesto, las consecuencias negativas también quedan asociadas. Podemos destruir o esconder las fotos de un excónyuge tras un divorcio especialmente doloroso; mirarlas duele. Por culpa de un profesor estricto, Skinner se preocupó toda su vida por escribir con mala ortografía[21]. Personalmente, me tomo la molestia de tapar las notas de las cosas que tengo que hacer en mi escritorio cuando estoy escribiendo; prefiero evitar que me recuerden todo el trabajo que me espera.

Descendiendo un poco más, todos hemos hecho alguna estupidez y hemos sufrido oleadas de humillación pública, que a menudo siguen siendo desagradables cuando se recuerdan años después. Si el jefe de tu antiguo trabajo de verano quedó decepcionado contigo, puede que sudes y experimentes emociones negativas si te encuentras con él. El admitir que "me equivoqué" suele ir acompañado de emociones desagradables, que pueden quedar condicionadas de forma clásica como consecuencia de ello. Esa puede ser una razón adicional por la que muchos de nosotros evitamos aceptar la culpa incluso cuando sabemos que deberíamos ser fuertes y asumirla.

El conocimiento de estas asociaciones es muy útil. Como profesora, evito la tinta roja cuando comento los trabajos de los alumnos para intentar minimizar los aspectos negativos asociados a ella. Una de mis amigas de la escuela de posgrado se aprovechó de las asociaciones emocionales de una forma especialmente inteligente. Cuando se cansaba, pero seguía necesitando estudiar, se ponía un vestido formal asociado a la excitación y a las emociones positivas. Mejor eso que recurrir a bebidas energéticas.

Las asociaciones emocionales pueden impulsar la empatía y, a veces, ponerla en marcha. A veces salgo de la habitación cuando se humilla a alguien en una serie de televisión. Sí, sé que el programa no es real, pero mis emociones sí lo son. Siendo niña, trataba a algunos animales de peluche como si tuvieran sentimientos, lo que es bastante común. El novelista Jonathan Franzen señaló que, siendo un niño egocéntrico recién despertado a las emociones de los demás, empezó a sentirse triste por los juegos de mesa a los que nunca jugaba. A veces los abría para que no se sintieran solos[22] (esta "falacia patética" adquirió un nombre sólo a mediados del siglo XIX, pero sin duda se remonta a milenios atrás).

La empatía, bien entendida, puede ser nuestra habilidad humana más importante. Así, nos beneficiamos de una amplia gama de experiencias, ya sean reales o imaginarias. La editora de *Best American Short Stories*, Katrina Kenison, al escuchar a su hijo decir que la lectura le había hecho llorar, escribió: "Así que pensé que ahora ha pasado por este rito de paso, el descubrimiento de que las palabras en una página impresa pueden dar lugar a una emoción tan intensa: que un *libro*, de entre todas las cosas, puede sacarte de tu pequeño y cómodo yo y llevarte al dolor de otra persona"[23].

De nuevo, la neurofisiología va en paralelo. Cuando los maridos recibían descargas mientras sus esposas miraban, los cerebros de las esposas registraban actividad de dolor en una IRMf, y sus calificaciones de lo doloroso de la experiencia se correlacionaban con sus respuestas cerebrales[24]. Del mismo modo, los matrimonios que veían las cintas de sus propias conversaciones experimentaban el mismo tipo de efectos fisiológicos que tenían en ese momento[25].

Hay algunas aplicaciones poco convencionales del condicionamiento clásico emocional. Andrew Zimmern, presentador del programa *Bizarre Foods* de Travel Channel, come termitas y tarántulas, y a la gente le encanta mirar[26]. ¿Por qué la emoción del delicioso asco genera en el espectador tal excitación? Tal vez sea como maravillarse ante los trapecistas que actúan sin red. Podemos ponernos en su lugar y disfrutar de la adrenalina en la seguridad de nuestros hogares.

En el capítulo 6 también se mencionó un peligro inesperado de este condicionamiento emocional. Con tanto horror de la vida real en la televisión, en nuestros periódicos y en Internet, nuestras respuestas emocionales normales, clásicamente condicionadas, pueden habituarse. Después de repetidas presentaciones, un ruido fuerte y repentino no elicita respuesta de sobresalto. Del mismo modo, aunque las imágenes de niños hambrientos pueden inspirar compasión de una manera que las estadísticas no pueden, demasiadas imágenes de este tipo empañan el efecto. Tenemos que encontrar la manera de mantener la compasión a pesar de todo, y aprender a sentirla incluso cuando miramos esas áridas estadísticas. Para ello habrá que comprender mejor cómo funcionan conjuntamente el condicionamiento clásico y las consecuencias (véase el capítulo 16).

VALOR, ANTICIPACIÓN Y CONSECUENCIAS APRENDIDAS

Las respuestas clásicamente condicionadas interactúan con las consecuencias de diversas maneras. Por ejemplo, cuando se levanta una brisa, el reflejo de parpadeo puede ser anulado por las consecuencias (por ejemplo, si te ofrecen un premio por no parpadear); se puede hacer siempre que no estemos ante un vendaval. El reflejo de abstinencia nos hace alejar las manos de estufas calientes. Pero si tu hijo de dos años tropieza y cae en una hoguera, las consecuencias superan tal reflejo, y sufrirás quemaduras por sacarlo.

Con frecuencia, los efectos pavlovianos se combinan con las consecuencias cambiando su valor. La aversión al sabor es un ejemplo desgraciadamente común: Si comes carne en mal estado, puedes evitar las hamburgueserías durante un tiempo. Los arrendajos azules jóvenes (*Cyanocitta cristata*) que han probado mariposas monarca venenosas (*Danaus plexippus*) han tenido arcadas después al ver una[27]. ¿Qué aspectos de un alimento se convierten en negativos a ser evitados? Las investigaciones sugieren que las proteínas y los productos lácteos son más propensos que los carbohidratos a inducir aversión al sabor. Así, por ejemplo, es más probable que el tocino de un bocadillo de jamón quede condicionado que el pan[28]. Afortunadamente, este efecto también es positivo. El miedo a los lugares cerrados, como las cuevas, podría superarse si tu mejor amigo te convence para que visitéis una juntos y os lo pasáis muy bien. Este cambio de asociación se utiliza a veces en el tratamiento de las fobias (véase el capítulo 15). Junto con la reducción del miedo viene una mejora en el valor de las consecuencias. Así, la próxima vez que tengas la oportunidad de visitar una cueva, puede que seas menos reacio.

Las características del entorno, las claves internas y las propias conductas pueden convertirse en señales elicitadoras condicionadas clásicamente, como la campana de Pavlov, existe una amplia gama de señales que pueden asociarse a consecuencias (véase el capítulo 7). Algunas señales se condicionan clásicamente con más facilidad que otras, pero hay más flexibilidad de la que a veces se piensa[29].

Incluso el contexto de fondo puede estar condicionado de forma clásica, como vimos con la tolerancia a las drogas. Después de un caso grave de intoxicación alimentaria, estar cerca del restaurante en el que ocurrió el incidente puede hacer que te sientas mareado. Del mismo modo, si te acabas de marear, la mera visión de un barco puede provocar cierto malestar. Numerosas investigaciones con animales verifican el efecto del contexto, y se aplica ampliamente a las respuestas clásicamente condicionadas[30]. En un estudio centrado en una respuesta inusual, un perro colocado repetidamente en una habitación a temperatura media antes de ser trasladados a una sala caliente mostró una disminución del metabolismo, simplemente elicitado por la sala de espera (no se necesita una campana). Cuando se invertía el orden de las salas, también se invertía el efecto sobre el metabolismo[31].

Al igual que el contexto, el tiempo es otro factor que se pasa por alto, pero que queda firmemente ligado a la conducta y a las consecuencias (ver capítulo 7), así como al condicionamiento clásico. Si se nos da una leve descarga cada cinco minutos, empezamos a ponernos tensos poco antes de que nos toque una, aunque estemos distraídos y no seamos conscientes de la hora (y los animales se ponen tensos de la misma manera[32]). Los lunes son diferentes a los viernes. El receso veraniego trae consigo una agradable anticipación primaveral[33].

Si te acostumbras a *no* disfrutar y celebrar lo que deberían ser grandes recompensas, corres el riesgo de perder algunos de estos beneficios de la anticipación. Ello podría constituir una gran pérdida: a veces, las repetidas alegrías de la anticipación empequeñecen las recompensas finales. Muchas personas consideran que la anticipación de una fiesta, como la Navidad, es más agradable que el propio día que se celebra (es el viaje, no el destino). La anticipación emocional puede ser la consecuencia más agradable del condicionamiento clásico en la vida cotidiana.

En la línea del capítulo anterior, las señales de las consecuencias a menudo se convierten en consecuencias en sí mismas. Hace más de medio siglo, basándose en una investigación original de Skinner, un científico dio agua a ratas sedientas. Antes de que bebieran, hacía sonar un timbre quedando este establecido como una señal de reforzamiento. Cada vez que las ratas lo oían, podían ir a beber agua. ¿Se convertiría el timbre en sí mismo en una recompensa? A continuación, el investigador puso a disposición de las ratas una palanca, y al pulsarla sonaba el consabido timbre. En esta fase del experimento no se proporcionó agua, ya que la idea era comprobar el valor de recompensa del timbre por sí solo. Las ratas presionaron la palanca muchas veces, sobre todo cuando el timbre sonaba en un programa de reforzamiento intermitente[34].

A veces, la señal que ayuda a prever una consecuencia también puede estar condicionada de forma clásica. Con frecuencia, ambos procesos de aprendizaje operan simultáneamente. Cuando se expone a pequeñas crías de rata a un olor no alimentario mientras maman, llegan a desarrollar preferencia hacia ese olor[35]. A veces, un ensayo es suficiente para crear una nueva recompensa de este modo: una "consecuencia aprendida"[36]. Esto contrasta con algo como el sabor del azúcar, que no tiene que ser aprendido para ser gratificante.

También en el caso de los seres humanos, las consecuencias aprendidas pueden bailar el vals de Pavlov. Supongamos que encuentras un billete de 100 dólares debajo de un arbusto y empiezas a pasar más tiempo junto a esa planta afortunada; su presencia se ha convertido en algo gratificante, aunque este anticipase la presencia de otras recompensas sólo una vez (un ensayo). ¿Dónde está el condicionamiento clásico? Al día siguiente del hallazgo, es probable que acercarse al arbusto aumente un poco el ritmo cardíaco y evoque recuerdos que eliciten sonrisa debido a las asociaciones emocionales que se han establecido. No obstante, cuando se crea una señal (por ejemplo, "¡hay dinero gratis aquí!"), ello se debe a la presencia de consecuencias que siguen a la conducta. De nuevo, ambos tipos de aprendizaje suelen funcionar conjuntamente.

Debemos ser especialmente conscientes del poder de las consecuencias aprendidas, ya que la mayoría de nuestras recompensas entran en esta categoría. La aprobación de un profesor, el éxito profesional, adquirir nuevas habilidades como la ebanistería o el dominio de un segundo idioma: todo ello está motivado por consecuencias que son principalmente aprendidas. El dinero, aprendido. Los chistes, aprendidos. Las multas de aparcamiento, aprendidas (no todas las consecuencias son positivas, por desgracia)[37].

APRENDER Y DESAPRENDER

Ya hemos visto que algunas consecuencias no aprendidas pueden invertir su valor si se emparejan con, por ejemplo, una intoxicación alimentaria o una descarga eléctrica. Las consecuencias aprendidas pueden parecer más fáciles de modificar, pero esto no es necesariamente así. Una consecuencia aprendida como el dinero puede ir emparejada con todo tipo de recompensas (un "reforzador generalizado"), lo que la hace especialmente poderosa y difícil de modificar. Sin embargo, el dinero confederado dejó de ser de curso legal durante la Guerra Civil Americana. Las recompensas sociales que nos damos unos a otros también tienden a estar asociadas a muchas otras recompensas (buenos momentos compartidos, éxitos, apoyo para superar los momentos difíciles). Aun así, una serie de desilusiones puede llevar a una pareja enamorada a un conflictivo divorcio.

Muchas consecuencias cotidianas combinan lo aprendido y lo no aprendido. Por ejemplo, si un amigo te recomienda una película y te encanta el diálogo y un personaje te recuerda a un ser querido de tu infancia, pero a la vez disfrutas de la acción, el colorido visual o la banda sonora, estaríamos ante una recompensa cuyas dimensiones gratificadoras incluyen tanto aspectos aprendidos como no aprendidos (ver el ejemplo de los caleidoscopios del capítulo 1).

Por tanto, no siempre es fácil calificar una consecuencia como aprendida o no aprendida. No sólo pueden contribuir a su valor múltiples factores, sino que pueden entrar en conflicto. El alcohol es un buen ejemplo al ser un fuerte positivo que incluye tanto dimensiones aprendidas como no aprendidas, siendo a la vez un fuerte negativo en el que también hay aspectos aprendidos y no aprendidos implicados. A veces, el valor del alcohol depende sobre todo del contexto en el que se encuentra. Por ejemplo, ¿estás con compañeros de copas o entre familiares que desaprueban la ingesta de alcohol? Entre los factores inesperados se encuentra la exposición prenatal (a niveles muy inferiores a los que producen el síndrome de alcoholismo fetal), que puede aumentar el valor reforzante del alcohol mucho más tarde, en igualdad de condiciones[38]. La publicidad contribuye (positivamente) al valor del alcohol como consecuencia, al igual que el último informe médico sobre nuestra salud hepática puede también influir (esta vez negativamente). Si se asocia con otros aspectos negativos lo bastante intensos, como la presencia de casos de alcoholismo en la familia, eso puede ser suficiente para disuadir a cualquiera de tomar una sola copa.

Las palabras de elogio parecen menos complicadas que el alcohol: está claro que son eficaces sobre todo como positivo con dimensiones aprendidas. No obstante, la calidad del tono de los elogios puede ofrecer algunas características reforzantes no aprendidas. "¡Lo estás haciendo genial!" o expresiones similares se generalizan hasta el punto de que los elogios de perfectos desconocidos pueden ser eficaces. Sin embargo, esto no es siempre necesariamente así. Aunque puede llevar mucho tiempo, el elogio de un jefe conflictivo acabará perdiendo su valor.

Palos y piedras pueden herirnos; las palabras pueden en cambio zaherirnos causando un daño no menor al primero. En un estudio se observó que palabras como "honesto" y "sol" podían funcionar como recompensas incluso presentadas de forma casual tras pulsar un botón, sin que los participantes fueran conscientes de su condición de consecuencias. Por el contrario, palabras con connotaciones negativas, como "perdido" o "enfermo", actuaban como castigos[39]. Se observó algo parecido en unos estudiantes universitarios que pensaban estar realizando una prueba de vigilancia en la que debían identificar un objetivo entre varias señales distractoras. Se utilizaron dos figuras de Pokémon como señales inicialmente neutras. Una figura se emparejó disimuladamente con palabras e imágenes positivas, y la otra con negativas. A continuación, los participantes valoraron las figuras, algo que no habían previsto hacer al comienzo del estudio. Los emparejamientos influyeron positiva o negativamente en sus valoraciones, como cabía esperar. Otra prueba demostró que los emparejamientos habían sido realmente discretos; los participantes no eran conscientes de la influencia de estos en sus valoraciones[40]. Podría consternarnos el hecho de que palabras neutras emparejadas disimuladamente con consecuencias positivas o negativas tenga un impacto en nuestras emociones. Al igual que los participantes del estudio, podríamos estar siendo influenciados sin darnos cuenta[41].

*

Por supuesto, lo más frecuente es que las asociaciones sean obvias, omnipresentes y eficaces. Cuando se vinculan imágenes desagradables con un rasgo humano, ese rasgo puede adquirir connotaciones emocionales desagradables. A tal fin, la propaganda de guerra exagera los rasgos negativos del enemigo, emparejándolos con imágenes impactantes como fotos de torturas. La conciencia desempeña un papel complejo ante estas asociaciones[42], aspecto que abordaremos en el próximo capítulo.

Capítulo 9

OBSERVAR Y ATENDER

En una serie de estudios clásicos los investigadores hicieron pasar a varias personas con trajes de gorila, o a mujeres atractivas cruzar por el medio de un partido de baloncesto grabado en vídeo. Sin previo aviso. Los participantes en la investigación se centraban en contar el número de pases realizados por uno de los equipos, pero es difícil no ver a un gorila, ¿verdad? Pues no. "Los observadores de nuestro estudio se sorprendieron repetidas veces cuando vieron la pantalla por segunda vez, algunos incluso impresionados dijeron: "¡¿Me he perdido eso?!".

— Daniel Simons y Christopher Chabris,
"Gorilas entre nosotros", *Perception*, 1999

A veces pido ayuda para encontrar algo en la tienda de ultramarinos cuando he estado literalmente delante del producto que quiero. Las consecuencias de la falta de atención pueden ser mucho más graves, como señalan Simons y Chabris: En un simulador de vuelo, la información de aterrizaje se proyectaba en el parabrisas. Algunos pilotos estaban tan concentrados en ella que no vieron un avión en la pista que estaba justo delante de ellos.

Nuestra atención es reclamada constantemente por un estruendo de competencia.

¿Qué determina lo que gana?

LAS MÚLTIPLES FUNCIONES DE LA ATENCIÓN

Un rugido repentino: mientras te encuentras de excursión en un denso bosque, un urogallo (*Tetrao urogallus*) despega en vuelo y al instante giras la cabeza para seguirlo. O estás trabajando en Internet cuando una ventana emergente centellea y te estimula de repente, para captar tu mirada y tu atención. Este reflejo de orientación no aprendido sigue los principios pavlovianos.

Sin embargo, lo más frecuente es que lo que gana nuestra atención se ajusta a las consecuencias que nos importan. Aprendemos a ignorar esas ventanas emergentes del ordenador que nos hacen perder el tiempo para centrarnos en lo que deberíamos hacer (la mayor parte del tiempo, al menos).

A pesar de su naturaleza insustancial, hay una razón por la que "prestamos" atención: cuanto menos gratificante es la actividad, más se tiene que esforzar la atención. No es raro que la atención se desvíe hacia una actividad que es más gratificante, como soñar despierto. Justo al final de un día de trabajo, este reto de autocontrol puede resultar bastante desalentador.

Los hallazgos de la neurofisiología respaldan nuestra sensación: a medida que una conducta se aprende bien, requiere menos atención. Por ejemplo, los estudios de resonancia magnética funcional por imágenes (IRMf) muestran una disminución del flujo sanguíneo y, por tanto, de la actividad, en las zonas cerebrales asociadas[1]. En la misma línea, las personas que escuchan música en lugar de sonidos monótonos de fondo activan su cerebro. Si se centran en diferentes aspectos de la música, sus patrones cerebrales cambian[2]. En efecto, los neurocientíficos están empezando a ser capaces de monitorizar la atención en el cerebro. En una investigación relacionada, el neurocientífico Michael Merzenich descubrió que oír sonidos no modificaba el córtex auditivo a menos que hubiera recompensas por prestarles atención (véase el capítulo 4). Cuando la atención obedece a las consecuencias, los efectos neurofisiológicos también lo hacen. Por último, los científicos cognitivos han demostrado que la atención ayuda a determinar lo que se recuerda, lo que también modifica el cerebro. Como concluye Merzenich, "estas elecciones quedan grabadas a fuego en nuestro yo material"[3].

Lo mejor es prestar atención a lo que nos interesa, obviamente.

Aprendemos a hacerlo ignorando lo que no es importante. Podemos concentrarnos en una sola conversación en una fiesta ruidosa, por ejemplo. Las personas fiesteras que realizan varias tareas pueden atender dos conversaciones entretenidas a la vez. Aunque todos tenemos límites, los expertos pueden hacer malabarismos con un número impresionante de demandas simultáneas. Sin embargo, la atención selectiva no siempre requiere un alto nivel de conciencia: En esa fiesta ruidosa, escuchar tu propio nombre en una conversación al otro lado de la sala puede ser una señal que recibes. Al fin y al cabo, has aprendido a responder a ello durante toda tu vida. Aun así, si estás completamente absorto en tu propia conversación, puede que te lo pierdas. Incluso puedes perderte un gorila, recuerda.

Del mismo modo, cuando conduzco hacia un lugar nuevo, sé que tengo que prestar atención hasta cierto punto, y suelo conservar algún recuerdo de la ruta.

Sin embargo, cuando alguien me lleva, rara vez lo recuerdo, a no ser que las consecuencias hagan que la atención extra merezca la pena.

Las diferencias en el nivel de atención se van matizando poco a poco, como ocurre con otras conductas. En una reunión, puede que no prestemos atención o que por ejemplo oigamos algo, pero por el contrario que no sigamos de cerca esa conversación, o en cambio puede que la escuchemos atentamente. En el otro extremo, podemos caer en una ensoñación plácida y, de repente, darnos cuenta de que todo se ha vuelto borroso. Cambiar la atención hace que nuestros ojos y nuestra mente vuelvan a centrarse.

Cuando centramos nuestra atención en los demás, se hace evidente otra función: la atención es una poderosa consecuencia en sí misma. La atención que buscan los adolescentes altera con frecuencia el peinado y su forma de vestir. La atención por una conducta temeraria puede conducir a la tragedia. La atención de un amante o de un profesor querido puede mover montañas y transformar vidas[4].

Entre los amigos, la atención es un reforzador generalizado, asociado a todo tipo de cosas buenas. Los amigos se recompensan con frecuencia simplemente siguiendo al otro con la mirada. El mensaje no requiere una sonrisa, un gesto o una palabra. El amigo ni siquiera tiene que ser humano. ¿Qué hace su perro para llamar su atención? ¿Qué hace *usted* para llamar la atención de su perro?

Algo tan poderoso como la atención tiene también su lado oscuro. Cometer un fallo delante de los demás puede hacer que su humillante atención sea insoportable. Los espectadores más considerados miran hacia otro lado o fingen no haber oído.

Incluso la atención que es aparentemente positiva puede tener consecuencias desconcertantes. Los primeros investigadores descubrieron que algunos jóvenes con problemas del desarrollo se frotaban los ojos o se golpeaban la cabeza contra el pupitre principalmente para llamar la atención. En estos niños, cuando se les prestó atención por conductas más saludables, la autolesión cesó (véase el capítulo 15).

Del mismo modo, una niña de cuatro años, aparentemente normal, que había estado enferma, siguió tosiendo incluso después de haberse recuperado.

Esto se prolongó durante varios meses, mientras se descartaban una a una, las explicaciones médicas y de otro tipo. Los investigadores acabaron demostrando que la atención que recibía de sus padres recompensaba la tos. Cuando los padres prestaron atención a otras conductas, la tos desapareció[5]. Este tipo de "análisis funcional" científico descifra cuándo una consecuencia es realmente influyente, respondiendo a las preguntas del "por qué"; (véase las diversas aplicaciones en la parte 3).

La atención tiene otra función como recompensa sorpresa para nosotros mismos. Una de las alegrías de la vida es el estado de conciencia conocido como "fluir": estar tan absorto en algo que se pierde la noción del tiempo. Fotocopiar suele ser una tarea aburrida, pero una vez logré "fluir" haciéndolo durante un trabajo de verano (no me pregunten cómo) y de hecho trabajé hasta tarde sin darme cuenta, algo que no suele ocurrir en ese tipo de trabajo. A menudo, el compromiso es una actividad intrínsecamente gratificante, y entonces incluso los grandes negativos pueden dejar de recibir atención. Un naturalista que se acercaba sigilosamente a un fascinante pájaro estaba tan concentrado que pisó un gran trozo de cristal roto sin darse cuenta, con los pies descalzos[6].

Aprendemos a prestar atención selectivamente a nuestros acontecimientos internos como a los externos. La atención también se utiliza plenamente en el *"mindfulness"*, cuando prestamos atención a nuestra atención, detectando imparcialmente nuestros pensamientos, emociones y estados corporales. Algunas tradiciones religiosas y filosóficas ofrecen un amplio entrenamiento para alcanzar un estado de *mindfulness* y las consecuencias positivas que conlleva este estado.

OBSERVACIONES NO TAN SIMPLES

Examinar científicamente algo intangible como la atención puede ser un verdadero reto, pero los investigadores han estado a la altura de esta tarea. A veces requieren de una conducta de "observación" para focalizar la atención. Por ejemplo, cuando estudian la percepción, hacen que los participantes pulsen un botón cerca de la pantalla para que los ejemplos aparezcan para su visualización. De este modo, los investigadores saben que los participantes han podido prestar más o menos atención. Aunque parezca mentira, se sabe que los participantes se duermen durante las sesiones de investigación. Con una conducta de observación específica, es más fácil ver qué factores influyen en la atención.

Esta técnica también funciona con los animales. También tienen capacidad de atención, por supuesto, y al igual que las personas, los animales no siempre prestan atención a lo que nosotros queremos que presten. Cualquiera que tenga una mascota lo sabe. En el capítulo 7, las ratas aprendieron a señalar cuál de los dos fármacos habían recibido, y luego categorizaron los nuevos fármacos en consecuencia, atendiendo e informando sobre sus señales internas porque fueron recompensadas por hacerlo.

En una línea de investigación especialmente fructífera, animales como las palomas podían picotear una "llave de observación" o una "llave de trabajo". Al picotear la llave de observación se producía una señal, por ejemplo, una luz de color. La señal indicaba qué programa de reforzamiento estaba en proceso en la "llave de trabajo" y, por tanto, si el programa era muy gratificante o si los pájaros tenían que picotear durante mucho tiempo para conseguir algo. La señal también podía indicar que no había recompensas posibles. En ningún caso la observación de la señal cambió realmente el programa en la llave de trabajo. ¿Por qué picotear la tecla de la señal? Como en la vida real, los programas de reforzamiento en la llave de trabajo pueden cambiar de forma impredecible, por lo que picotear la señal podría ahorrar un esfuerzo inútil. ¿Por qué motivo picotear la tecla de trabajo a menos que sea por algo rentable?

La gran sorpresa fue que, durante los periodos en los que no había recompensas disponibles, las palomas no picoteaban mucho la tecla de observación, aunque sus señales seguían proporcionando información útil[7]. Al fin y al cabo, observar era la mejor manera de aprender si picotear la tecla de trabajo merecía o no la pena. Y sólo observando durante los periodos en los que la señal era *negativa*: sin recompensas disponibles, digamos, o con un programa realmente pobre, podían captar cuándo la señal cambiaba a *positiva* (un programa rico).

Aunque no observar podría ser poco eficaz, el hecho es que las malas noticias no son divertidas, y una cantidad suficiente de ellas puede convertir la señal en un castigo aprendido. Esto puede provocar emociones condicionadas clásicamente. Las ratas, los monos y los peces tampoco observan bajo estas circunstancias[8]. La observación con frecuencia no se produce incluso cuando la elección es entre dos programas de recompensa, en lugar de entre algo y nada. Cuando un programa es sustancialmente más rico que el otro, sólo ese soporta mucho en la forma de observar[9]. (Todo es relativo).

Podríamos esperar que los humanos fuéramos más sabios y estuviéramos más dispuestos a aceptar las posibles decepciones de observar cuando nos conviene hacerlo. A veces lo hacemos. Pero el mensaje general es claro: a veces preferimos esconder la cabeza en la arena que arriesgarnos a que nos den una mala noticia. Este "efecto avestruz" es evidente en las investigaciones en humanos de laboratorio del tipo que acabamos de tratar[10], así como en escenarios de investigación más cercanos a la vida real. En un estudio clásico, los participantes escucharon una serie de mensajes de cinco minutos que estaban lo suficientemente enmascarados por las interferencias como para ser ininteligibles. Al pulsar un botón cinco veces, las interferencias desaparecían durante tres segundos. Los participantes conocían el orden de los temas. ¿Cuándo elegirían pulsar el botón y escuchar? La tasa de observación más alta era la de los fumadores que escuchaban un mensaje de que el tabaquismo no estaba relacionado con el cáncer de pulmón. Sus índices de observación fueron un 35% más bajos para un mensaje más preciso pero desalentador sobre la relación del tabaquismo con el cáncer. Los no fumadores pulsaron en un porcentaje intermedio para ambos mensajes[11].

En consecuencia, los economistas conductuales descubrieron que los inversores suecos revisaban sus fondos de pensiones con mayor frecuencia en los mercados bursátiles al alza que a la baja[12]. Lo mismo ocurría con los inversores de los grandes grupo de fondos *Vanguard*.

En un ejemplo harto reseñable, el explorador polar Richard Byrd, solo en el invierno antártico durante meses en 1934, no quería escuchar las posibles malas noticias sobre la bolsa a través de su enlace de radio con la base[13]. Tampoco podía hacer nada al respecto, pero, por supuesto, también perdió la oportunidad de recibir buenas noticias durante ese periodo difícil.

En su libro *Mistakes Were Made (but Not by Me)*, Carol Tavris y Elliot Aronson resaltaron lo extremo que puede ser el efecto avestruz: en todo EEUU, muchos fiscales no querían saber si habían ayudado a condenar a la persona equivocada, y se resistieron a las investigaciones de ADN que podrían haber exculpado al inocente. Tanto el trabajo como la imagen de los fiscales estaban en peligro; es muy aversivo descubrir que te has equivocado cuando hay tanto en juego. Como señalan Tavris y Aronson, varios estados no indemnizan a los condenados por error, ni siquiera después de varios años de cárcel. Algunos estados ni siquiera borran estas condenas del registro oficial, lo que hace mucho más difícil para los condenados de manera injusta tratar de seguir adelante con sus vidas ya destrozadas[14].

Afortunadamente, cuando las consecuencias son lo suficientemente fuertes, a menudo nos arriesgamos al dolor para comprobar las posibles malas noticias: nos hacemos valerosamente la prueba del cáncer y, con algo de preparación, llamamos a la consulta del médico para conocer los resultados. Sin embargo, incluso cuando está en juego nuestra propia vida, las consecuencias lo bastante demoradas e inciertas pueden no compensar nuestros temores inmediatos. Se calcula que cientos de miles de estadounidenses están infectados por el VIH sin saberlo y sin quererlo, a pesar de la existencia de una prueba barata[15]. De hecho, pueden ser portadores de la enfermedad durante años sin desarrollar ningún síntoma, pero pueden estar infectando a otros mientras tanto. Al igual que los fumadores de tabaco, están tirando los dados, sin querer abrir los ojos y conocer la verdad.

Los historiadores siguen debatiendo si Albert Speer, ministro de producción bélica de Hitler, conocía la "solución final" de Hitler para el pueblo judío. Sea como fuere, Speer dijo más tarde que "si no lo vi, fue porque no quise verlo", y sólo él, en los juicios de Núremberg, aceptó la responsabilidad de los crímenes de guerra del régimen nazi[16].

¿Y SI NO SOMOS CONSCIENTE DE LAS CONSECUENCIAS?

Conocer nuestra tendencia a no querer saber puede ayudarnos a combatirla. Pero incluso cuando queremos saber, en algunos casos podemos vernos influidos por las consecuencias sin que seamos conscientes de ello. Hemos visto cómo estudiantes que charlaban inocentemente con los investigadores no eran conscientes de que estaban siendo conducidos hacia temas familiares o no familiares por los gruñidos que los recompensaban (véase el capítulo 7). Otros investigadores que utilizan el mismo método clásico han confirmado estos hallazgos, al igual que diversas líneas de investigación bastante diferentes.

El psicólogo noruego Frode Svartdal, por ejemplo, hizo creer a sus participantes que tenían que reproducir el número de *clics* que habían escuchado con anterioridad (asunto nada fácil). En realidad, sólo se les recompensaba por responder dentro de una franja de tiempo determinada, ya fuera rápida o lenta. Sus tiempos de respuesta se ajustaban a las recompensas, pero no eran conscientes de esta relación, ya que afirmaban que era su forma de contar con precisión lo que hacía el truco[17]. Se dejaban influir por las consecuencias sin darse cuenta.

En uno de los seguimientos, Svartdal distrajo a sus participantes mientras intentaban realizar tanto una tarea fácil o una difícil. Asimismo, el reforzamiento dependía de la potencia de sus respuestas al pulsar el botón y no de la tarea, como se les había dicho previamente. Sólo en el caso de la tarea difícil, la potencia de sus respuestas seguía a las recompensas[18]. La atención a las reglas que son inexactas sobre la obtención de consecuencias puede, por tanto, interferir con nuestra sensibilidad a esas consecuencias (como veremos en el próximo capítulo). En un enfoque diferente, dos investigadores conectaron a voluntarios a un equipo de electromiografía que podía registrar pequeñas contracciones musculares en varias zonas del cuerpo. A los participantes se les pidió simplemente que se relajaran durante la sesión y se les dijo que ganarían dinero (no se especificó exactamente cómo). Una vez que los participantes se habían tranquilizado, los investigadores recompensaban las contracciones del pulgar, por lo demás imperceptibles, de una magnitud determinada. Cada moneda ganada se mostraba en la pantalla. Las contracciones musculares se produjeron con mayor frecuencia durante esta fase y disminuyeron cuando cesaron las recompensas. Mientras tanto, las contracciones musculares en otras magnitudes se mantuvieron constantes o disminuyeron. Reestablecer el requisito de la recompensa pronto restauró las contracciones deseadas del pulgar. Ningún participante supo decir qué había hecho para ganar dinero, sólo que se sintieron molestos cuando las recompensas cesaron[19].

EN AUTOMÁTICO

Podemos estar influidos por las consecuencias sin ser conscientes, pero ¿podemos *comportarnos* sin darnos cuenta? De forma asombrosa, la respuesta también es correcta. Montar en bicicleta requiere una intensa atención al principio y muchas consecuencias obvias (a veces bastante duras). Más tarde, se convierte en algo automático, tan bien aprendido que apenas requiere atención. Lo mismo ocurre con muchas actividades cotidianas, como cepillarse los dientes. En cambio, las conductas que sí requieren atención, como participar en una conversación seria, son "controladas". Aunque en medio, también hay niveles intermedios.

Algunas conductas que son inconscientes entran en una categoría completamente distinta. Sacar la mano de una llama de fuego de forma repentina y sin pensarlo corresponde al reflejo de retirada del capítulo 8, no aprendido, y mediado por la médula espinal y no por el cerebro. Parar para no saltarse un semáforo en rojo también parece un reflejo, pero por supuesto no lo es. Al igual que montar en bicicleta, se aprende a través de las consecuencias. Los conductores experimentados que llegan a un semáforo que acaba de ponerse en rojo pueden frenar sin interrumpir su atención en otro lugar. Los nuevos conductores tienen que aprender esta reacción automática de frenado, y los pedales de freno de muchos vehículos están preparados para garantizar que funcionen incluso cuando conduces el coche de tu hermano Antonio. Está tan bien aprendido este hábito que, si vas de copiloto en caso de emergencia, tu pie derecho puede salir disparado para frenar el coche, aunque no haya pedal de freno en tu lado. Para la mayoría de nosotros, la conducción se vuelve tan natural que pasamos al piloto automático y empezamos a soñar despiertos incluso mientras vamos por la autopista y adelantamos a los camiones. Es

bueno que no estemos tan realmente perdidos en el mundo como así lo parece. Las consecuencias y sus señales siguen afectando a estas conductas, y cambiamos la atención muy rápidamente cuando aparece un coche de policía o un conductor imprudente nos corta el paso.

B. F. Skinner sugirió que la lectura puede ser automática,[20] y sé que leo las vallas publicitarias a lo largo de la autopista de esta manera. Incluso cuando me doy cuenta de que lo estoy haciendo, puede ser necesario tomar partido de forma consciente para mirar otra cosa en su lugar. En este caso, la lectura no sólo es una conducta aprendida que realizo con frecuencia, sino que se ve recompensada con un programa de reforzamiento variable basado en el trabajo: de vez en cuando un cartel es divertido, atractivo o informativo. Es como apostar o leer el periódico: puede ser difícil parar porque la próxima tirada puede ser ganadora, el próximo artículo puede ser genial.

Skinner también observó que la improvisación en el piano tenía más éxito cuando encontraba el término medio entre las conductas controladas y las automáticas. Por tanto, se requería cierta conciencia, pero cuando la planificación era demasiado consciente al cambiar de acordes, se ralentizaban las cosas [21]. Del mismo modo, el teatro de improvisación o el *jazz* son una mezcla de lo controlado conscientemente y lo automático bien aprendido. Cuando funciona al unísono, el efecto es brillante.

Aprendemos a aprovechar las ventajas de la automaticidad. Los expertos en artes marciales se caen automáticamente para evitar hacerse daño, algo que requiere mucha práctica. Los kayakistas, como yo, practican el braceo con la pala en caso de que una ola rebelde amenace. En caso de vientos fuertes, mi maniobra automática de braceo (tan bien aprendida que no tengo que prestarle atención) es casi tan importante como mi chaleco salvavidas.

Algunas conductas pueden volverse automáticas sin necesidad de practicarlas. Estando en la cola del banco (que no suele avanzar), mientras reviso mentalmente los planes para esa misma tarde, cambiamos automáticamente nuestro peso cada vez que la incomodidad de estar de pie se va acumulando, aunque somos completamente inconscientes de que lo estamos haciendo.

Esta facilidad de atención tiene sus peligros. Los hábitos automáticos se pueden modificar, pero cambiarlos sería más sencillo si no estuvieran tan bien aprendidos. Puede ser necesaria un esfuerzo consciente sólo para darse cuenta de que están ocurriendo, como hacer cambios en las operaciones del banco. Cuando voy conduciendo, a veces me equivoco al girar la calle, porque es donde normalmente lo hago y mi atención desde luego, está en otra parte. No tenía previsto ir en piloto automático, pero la ruta frecuente estaba demasiado bien aprendida. Puede ser molesto. Y embarazoso: el presentador de noticias Ed Meyer, de Washington, DC, solía hablar en un programa matutino y luego se iba a continuar con sus tareas del día. Una vez, cuando al director de las noticias le asignaron su tarea más temprano de lo habitual, se dirigió automáticamente a su rutina diaria. Pero atascado en el tráfico, se dio cuenta de que no había hecho su emisión todavía [22]. ¡Vaya!

Y lo que es más grave, los exfumadores pueden seguir echando mano de un paquete sin pensar, incluso meses después de haberlo dejado. Las consecuencias pasadas durante años han hecho que la conducta sea automática, sobre todo en situaciones que la han señalado. Hace dos mil años, el filósofo griego Epicteto señaló:

Para convertir algo en un hábito, hazlo.

Para no convertir nada en un hábito, no lo hagas.

Para deshacer un hábito, haz otra cosa en su lugar [23].

Este sigue siendo un buen consejo (pero aún más sobre cómo llevarlo a cabo en la parte 3).

A priori, puede parecer que la mayor parte de lo que hacemos está controlado, simplemente porque es a lo que prestamos atención (y por tanto lo recordamos). En cambio, los psicólogos sociales que investigan nuestra vida cotidiana han descubierto que predominan las conductas automáticas, como los hábitos [24]. Lo mejor es ser conscientes de ellos.

APRENDER DE LOS DEMÁS

Estar al tanto de los demás y de las cosas útiles que hacen puede ahorrar una gran cantidad de doloroso aprendizaje individual. ¿Por qué reinventar la rueda? Esta forma de aprender de las consecuencias amplía la capacidad de aprender *sobre* las consecuencias. En la base de esto, se encuentra aprender a qué prestar atención.

Las moscas se reúnen sobre un cadáver no porque se observen unas a otras, sino porque todas siguen el olor. En cambio, los buitres se reúnen sobre ese mismo animal muerto porque se han observado mutuamente, dando vueltas en el cielo. Han aprendido que cuando un vecino se dirige hacia abajo, la recompensa probablemente está esperando en el suelo [25].

Es sorprendentemente fácil aprender observando a los demás. En el capítulo 2, las avispas aprendieron a buscar orugas escondidas en refugios de hojas, pero sólo después de haberse comido una oruga en un refugio que parcialmente estaba derribado. Entonces captaron la señal. De forma similar, cuando las palomas entrenadas perforaban una cubierta de papel para llegar al grano que había debajo, las aves que observaban eran capaces de perforar ellas mismas el papel y por tanto acceder a la comida. Las aves que observaban a los modelos comer sin tener que perforar el papel se desconcertaban cuando se les presentaba un recipiente cubierto[26]. Es una extensión directa del aprendizaje ordinario de señales. De hecho, a veces las acciones de los modelos simplemente hacen más evidente una característica. Los ratones domésticos más jóvenes siguen a sus madres en las zonas más bajas de tu cocina y ayudan a comer lo que ella encuentra, y eso les ayuda a aprender qué es bueno comer y dónde lo pueden encontrar [27]. Del mismo modo, cuando algunos monos se comen con fruición un nuevo tipo de fruta, otros han aprendido que puede merecer la pena probarla, ya que han sido recompensados por hacerlo en el pasado. Es como copiar a un amigo que se zampa un plato exótico en un buffet asiático.

Si pasar tiempo cerca de un padre o de otro modelo es realmente recompensado, todas estas cosas suceden de forma natural, al menos si las consecuencias relevantes son lo suficientemente poderosas. Cuando las codornices japonesas estaban bien alimentadas, por ejemplo, no observaban que un ave que actuaba como modelo obtuviera comida en otra cámara (por pisar un pedal o picotear). Más tarde, fueron puestas a prueba cuando tenían hambre, pero no mostraron ningún aprendizaje. Sin embargo, cuando los observadores estaban hambrientos, sí observaron al modelo de demostración y la comida, y más tarde se beneficiaron de esta experiencia [28]. Observar no es algo que ocurra sin más: como hemos visto antes en este capítulo, es una conducta que se ve afectada por las consecuencias.

El aprendizaje mediante la observación es algo habitual en la naturaleza. Los jóvenes ostreros (un tipo de ave costera), observan cómo sus padres seccionan el músculo de cierre de una ostra con el pico o, con una aproximación más directa, rompen estas duras conchas. Los jóvenes pueden quedarse durante meses, observando, intentando y, a menudo, fracasando. Otros padres ostreros se especializan en gusanos más fáciles de conseguir, y sus crías aprenden las técnicas más rápidamente y por tanto se independizan antes. Sin embargo, los ostreros no están atados de por vida a lo que aprenden de sus padres; pueden aprender por su cuenta u observando a otras aves. Algunas aves incluso abandonan este modo estoico de vida honesta y encuentran el éxito como piratas, robando comida a otras aves[29].

Los guepardos llevan el aprendizaje a través de la observación un paso más allá. Los cachorros observan a su madre capturando presas y comparten la recompensa. Cuando son mayores, la madre captura una gacela joven pero no la mata, sino que la suelta cerca de ellos. Si aún no pueden atraparla, ella les demuestra cómo hacerlo. El fracaso repetido y el éxito ocasional en estas cacerías de práctica hacen que los cachorros sean cada vez más independientes, en una progresión de moldeamiento que implica conductas instintivas, pero también basadas en las consecuencias[30].Esta observación puede ampliarse para establecer una cultura. En una isla se conservaron una colonia de macacos japoneses (*Macaca fuscata*) para que los zoólogos pudieran estudiarlos. Una hembra de un año, Imo, es famosa por haber empezado a lavar la arena de los boniatos que les echaban en la playa. Otros jóvenes que jugaban con Imo empezaron a hacer lo mismo, luego su madre, poco después las madres de sus amigos y finalmente los machos adultos. Varios años después, Imo descubrió cómo separar el trigo de la arena echando un puñado en agua dulce. La arena se hundía, mientras que el trigo se podía recoger. De nuevo, esta práctica se convirtió en una tradición, y ambas tradiciones se han seguido manteniendo durante décadas en este grupo[31].

Algunas de estas prácticas culturales incluyen el uso de utensilios. Esta tradición fue única en la búsqueda de alimentos entre algunos chimpancés, y se remonta 400 años atrás: abrir nueces utilizando una piedra como martillo[32]. Recientemente, tanto las hembras como los machos de los chimpancés han creado lanzas para cazar con éxito a los primates arborícolas nocturnos (*Galagidae*) o *bushbabies*[33]. Las culturas de los orangutanes ofrecen una amplia gama de usos de estas herramientas variadas, incluidas las hojas que sirven como guantes para manipular frutos con espinas[34]. En una manada de delfines mulares (*Tursiops truncatus*), las hembras (y ocasionalmente los machos) llevan esponjas sobre el morro cuando se alimentan por sondeo, quizá para protegerse. Parece que esta práctica se transmite de madre a hija a través de la observación[35].

Incluso las aves tienen culturas basadas en parte al aprendizaje a través de la observación. Otro ejemplo muy conocido es el de los famosos cuervos de Nueva Caledonia, que fabrican y utilizan herramientas y transmiten esta habilidad a lo largo de las generaciones (con la ayuda, al parecer, de un componente instintivo). Las parejas que se aparean suelen permanecer juntas de por vida, y los jóvenes permanecen con sus padres durante un año aproximadamente y a menudo más. Las familias suelen buscar comida juntas, y las aves jóvenes observan a sus padres fabricar herramientas y las utilizan para sacar larvas y otras cosas de las grietas. Las crías comen lo que sus padres han conseguido con las herramientas y prueban además a utilizar las herramientas desechadas. Sin embargo, incluso después de seis meses de entrenamiento, a menudo son incapaces de fabricar una herramienta con éxito. Los investigadores que observaron varios grupos familiares en su isla natal llegaron a la conclusión de que se necesita una combinación de observación y una larga serie de éxitos y fracasos individuales. Al año de edad, las crías usan hábilmente herramientas, aunque todavía están muy lejos de igualar la pericia de sus padres[36].

OBSERVACIÓN AVANZADA: LA IMITACIÓN

Aunque muchas de estas conductas basadas en la observación parecen imitaciones, la mayoría no lo son en realidad. Por ejemplo, los buitres que descienden al suelo no se imitan realmente: la similitud entre los descensos en vuelo no se produce por igualar, sino que es secundaria. Incluso en el caso de los monos japoneses, es difícil decir hasta qué punto se produjo una verdadera imitación, en lugar de otras formas de aprendizaje a través de la observación. Sólo los experimentos cuidadosos pueden descartar las explicaciones que son más alternativas.

Estos experimentos han demostrado que, aunque las personas son insuperables en la verdadera imitación, no somos los únicos que poseemos esta capacidad tan útil. Hace años que sabemos que los chimpancés son una de las especies que pueden aprender a imitar, por ejemplo. En un estudio reciente, dos chimpancés fueron recompensados al principio con elogios y comida, por imitar gestos, como dar palmadas en el suelo, conductas que ya realizaban ocasionalmente. No se les daba comida para que probaran nuevos gestos, aunque los investigadores tenían que volver a reponerlo periódicamente cuando los chimpancés se daban cuenta de que no había recompensas, y se ponían en huelga. Observadores independientes grabaron lo que hacían los chimpancés sin ver el modelo. Los chimpancés no lo imitaron todo, ni mucho menos, pero estaba claro que eran capaces de copiar al menos algunos aspectos de muchos de los movimientos[37].

No es de extrañar que los niños que son recompensados por imitar lo capten rápidamente. La psicóloga Claire Poulson y su equipo trabajaron a fondo con tres bebés de doce a catorce meses y sus madres. Al principio, las madres se limitaban a modelar acciones como aplaudir, o a emitir un simple sonido como "ooh". Se pidió a los bebés que "imitaran esto". Los investigadores registraron si los bebés imitaban, pero cuando no había consecuencias por hacerlo, se producía muy poca imitación. Después, las madres les elogiaban y les daban una pequeña golosina, y la imitación aumentaba constantemente hasta que era fiable. Por último, las pruebas críticas: nuevos movimientos y sonidos, y ningún elogio, alternando con pruebas estándar con recompensa. ¿Imitaban los bebés? Efectivamente, lo hicieron. Habían aprendido[38].

Como muchos adultos mayores, B. F. Skinner se deleitaba con este tipo de juegos con su nieta de tan solo cinco meses. Observó que cuando él levantaba la mano izquierda con los dedos extendidos, ella igualaba su gesto con la mano derecha, "reflejando" más que imitando realmente[39]. Los investigadores estudiaron la imitación y el reflejo en niños de dos y tres años, recompensando las imitaciones correctas de los gestos de entrenamiento a través de un programa de reforzamiento intermitente, de modo que no se reforzaban todas las imitaciones correctas. Esto significaba que los ensayos para aprender nuevos gestos eran más moderados. Aunque los niños de tres años lo hacían mejor en comparación con los de dos años. No obstante, ambos grupos cometían con frecuencia el error de reflejar en lugar de imitar los gestos realizados con una mano. Los niños también tendían a utilizar su mano dominante independientemente de la elección adecuada, y eran mejores en los gestos que suelen premiarse en los colegios y en los programas de televisión para niños, como tocarse las orejas [40].

Hay pruebas enigmáticas de que las "neuronas espejo" pueden activarse cuando copiamos una acción o vemos a otros copiando. Sin embargo, el grado de activación refleja la experiencia. Por ejemplo, los bailarines de ballet mostraron más actividad de las neuronas espejo al ver bailar ballet que artes marciales, mientras que los expertos en artes marciales mostraron el patrón opuesto. El resto de la gente, tenía poca actividad de las neuronas espejo para cualquiera de las dos actividades al no tener experiencia[41]. Una vez más, nuestro cerebro se ve moldeado por nuestras experiencias, incluidas las consecuencias, y, por supuesto, por muchos otros elementos de nuestros sistemas neuronales participan en la imitación, como en cualquier conducta.

La historia completa de las neuronas espejo aún está por determinar.

*

Para cerrar este capítulo, voy a contar mi historia de imitación favorita: La experta en "entrenamiento con *clicker*" Karen Pryor llevó el reforzamiento positivo a un zoológico con un orangután hembra aburrido. Uno de los cuidadores utilizó comida para entrenar a la orangutana a imitar. Se convirtió en algo tan divertido que el animal empezó espontáneamente a jugar a la imitación con los niños que pasaban por allí, con un gran éxito [42]. Las consecuencias para el orangután ya no incluían la comida, pero evidentemente sí la omnipresente recompensa, la atención.

Capítulo 10

PENSAR Y COMUNICAR

"A Viki Hayes, una chimpancé domesticada, se le dieron dos montones de fotos, una de humanos y otra de no humanos, y luego se le dio otro montón más de fotos invitándola a clasificarlas. Su desempeño fue perfecto, salvo por una curiosa excepción: colocó la foto de sí misma entre los humanos".

— Carl Sagan y Ann Druyan,
Sombras de antepasados olvidados, 1992

Es difícil no sentirse conmovido por la elección de Viki. De todos modos, tiene mucho sentido. Ella pasó la mayor parte de su tiempo con humanos; ¿por qué no debería estar en la misma categoría?

Las consecuencias son una base importante para la clasificación. Dos palomas aprendieron con éxito a picotear un triángulo rojo y no un círculo verde. Las pruebas de seguimiento demostraron que un pájaro aprendió basándose en la forma y el otro la categoría del color[1]. Afinando las consecuencias se pueden crear categorías estándar y no dejar las cosas al azar o a las historias idiosincrásicas. Cuando se les dijo que los objetos que parecían más raros eran juguetes, los alumnos de un estudio los agruparon basándose en la forma y no en la otra opción que parecía más obvia, el color. Habían aprendido que la forma distingue a los juguetes como los coches, mientras que el color suele ser una característica secundaria[2]. Utilizar la forma les permitía generalizar de forma correcta los nuevos ejemplos de coches de juguete, lo que agradaba mucho a sus padres. Es un proceso de aprendizaje:

cuando los niños pequeños generalizan en exceso la categoría "papá" al abuelo, o "perrito" al gato de la familia, los padres están ahí de nuevo para ayudar. La infrageneralización también ocurre. El conocido caso del "niño salvaje de Aveyron" *del siglo XIX, rescatado del abandono, donde aplicaba "libro" sólo al libro real con el que había sido enseñado. Una vez, su profesor le elogió por aplicar la palabra a otros libros y enseguida lo generalizó, señalando que un periódico y unas hojas de papel también eran "libros"[3].

Ojalá los buenos modales se pudieran generalizar de este mismo modo.

CATEGORÍAS GRANDES Y PEQUEÑAS

¿Cómo trazamos la línea entre la sobregeneralización y la infrageneralización? Nos detenemos ante semáforos rojos de diferentes tonalidades, pero no si están en verde. Leemos de forma diferente *Aes* mayúsculas, pero al descifrar una de aspecto extraño en un restaurante de lujo nos damos cuenta de lo fácil que suele ser generalizar.

La base de una categoría puede ser aprendida o no, artificial o natural, y bien definida o difusa. Los imitadores de animales venenosos se aprovechan de las dificultades de este ajuste que hacen. Como los animales que comen *mariposas monarca* (*Danaus plexippus*) enferman, las *mariposas virrey* (*Limenitis archippus*), sabrosas y de aspecto similar, no se las come nadie (véase el capítulo 2). Los colores y patrones artificiales similares tienen el mismo efecto.

Los resultados de esa categorización artificial pueden ser sorprendentes. En el capítulo 1, las palomas que habían aprendido a distinguir la música clásica del siglo XVIII y del XX clasificaron extractos de novelas del mismo modo en el que lo hacemos nosotros. Del mismo modo, las palomas aprendieron a distinguir entre cuadros de Picasso y Monet**, y volvieron a generalizar correctamente en los nuevos ejemplos ofrecidos[4]. Estos pájaros de aspecto tan estirados pueden distinguir categorías como coches, árboles, peces, incluso bajo el agua y la presencia o ausencia de una persona concreta en las fotos, por grande o pequeña que sea[5].

Un reto mayor: divida cuarenta diapositivas de árboles aleatoriamente en dos grupos de veinte. Se premiaba por elegir diapositivas en sólo una de estas "categorías" arbitrarias. Ahora invierta estos conjuntos. Al igual que

---

* *N. del E.:* Harlan Lane, *El niño salvaje de Aveyron* de Alianza.

** *N. del E.:* En otro estudio de los mismos autores se ha reportado que las palomas pueden elegir entre una buena o mala pintura. Watanabe S. (2010) Pigeons can discriminate between "good" and "bad" paintings by children. *Animal Cognition*, 13, 75-85.

las personas, las palomas llegan a tratar a los miembros de estos conjuntos recompensados de forma diferente tal y como si fueran equivalentes. De hecho, aprenden a ajustarse rápidamente después de una inversión, una habilidad que durante mucho tiempo se consideró superior a ellas[6]. En un momento dado, el aprendizaje de abstracciones como "elegir lo que es diferente" también se consideraba una habilidad de élite. Hoy en día, las palomas son una de las muchas especies capaces de hacerlo con éxito[7]. Incluso las abejas pueden manejar la abstracción de "igual" frente a "diferente" cuando se les recompensa por aprenderla[8].

En la naturaleza, los animales eligen cantos más fuertes o bayas más grandes y rojas, y aprenden fácilmente esas relaciones abstractas en las pruebas de laboratorio, por ejemplo "elegir más grande, en lugar de más pequeño"[9]. Un reto más difícil: Dawn es más alta que Cheryl, Cheryl es más alta que Nancy, por lo que Dawn debe ser más alta que Nancy. ¿El reconocimiento de esta relación se limita a los maestros de la lógica? Que los niños de cuatro años pudieran hacerlo fue la sorpresa inicial, sin ser maestros de la lógica. Después, los monos, los cuervos, las ratas, las palomas (por supuesto) e incluso los peces tuvieron éxito[10].

Dicha flexibilidad presagiaba los avances que condujeron a un lenguaje más sofisticado.

COMUNICACIÓN SENCILLA

Algunos animales clasifican, dominan las relaciones abstractas y aprenden observando (véase el capítulo 9). En comparación, la comunicación simple de otros es mucho más directa. La recompensa del intercambio de señales es tan grande que algunas especies han llegado a desarrollar sistemas que utilizan todos los medios imaginables, incluidas versiones animales del sonar y el radar.

Estos sistemas pueden ser sorprendentemente complejos incluso en los invertebrados. Los escarabajos de charnela *(Passalidae)* son mamás y papás devotos, que se comunican con sus crías utilizando diferentes sonidos con distintos significados[11]. Bastante impresionante para tratarse del sistema instintivo de un insecto.

Sin embargo, para aprovechar todo el potencial de la comunicación, las consecuencias admiten más flexibilidad de la que podrían ofrecer los instintos. Pero, ¿ofrece esta forma de aprendizaje suficiente flexibilidad para que un caballo pueda hacer aritmética? A principios del siglo XX, el caballo *Clever Hans* podía, al parecer, resolver problemas matemáticos de zanahorias y manzanas, respondiendo al mover su pezuña el número de veces necesario. Las respuestas incorrectas no eran recompensadas, por lo que el caballo estaba motivado para responder correctamente. Los científicos se mostraron escépticos, pero el caballo lo hacía bien incluso cuando otras personas le daban los problemas a Clever Hans y su entrenador no estaba a la vista.

¿La solución? Al investigar, el psicólogo Oskar Pfungst descubrió que Clever Hans obtenía la respuesta correcta sólo cuando el interrogador lo sabía: los interrogadores daban, sin sospecharlo, pequeñas claves, como inclinaciones de la cabeza, cuando el caballo alcanzaba el número correcto, y el caballo era lo suficientemente inteligente como para darse cuenta de esto. Pfungst trató de interpretar el papel del caballo y consiguió leer las sutiles claves de alrededor del 90% de sus interlocutores. Incluso los interrogadores que conocían el efecto Clever Hans daban estas señales de forma involuntaria, comunicándose de forma bastante eficaz a pesar de sus intenciones conscientes de no hacerlo[12].

Seamos conscientes o no, todos damos y recibimos constantemente claves no verbales: sonrisas y otras expresiones, gestos, mirada, postura. Cuando crecí en Chicago, aprendí a caminar por la calle con bastante seguridad para indicar que no sería un objetivo fácil para la delincuencia. Muchas de estas "reglas" de comunicación no tienen que enseñarse explícitamente porque las aprendemos a través de las consecuencias naturales. Por ejemplo, la atención es un reforzador habitual. Cuando los oyentes miran hacia otro lado, su falta de atención tiene el efecto contrario en los hablantes. Bueno, en la mayoría de los hablantes.

Los animales están naturalmente en sintonía con las señales no verbales, y nuestras mascotas pueden aprender a leernos tan bien que puede hasta llegar a darnos miedo. Así es como tu perro puede saber que estás a punto de salir a pasear, incluso antes que tú.

Nuestras mascotas pueden también en cierto modo hablar de una manera, ladrando o maullando en clave de recompensa, una capacidad compartida con muchos otros mamíferos y aves. También es sencillo emitir sonidos de diferentes maneras en respuesta a diferentes señales de consecuencias. Del mismo modo en el que lo hacen los adolescentes que dicen palabrotas con sus amigos, pero no con sus padres[13]. Modificar un sonido natural es más difícil, pero también es posible para un número sorprendente de especies, como los periquitos. Moldeados por la recompensa de la comida, tres pequeños periquitos aprendieron a emitir dos llamadas nuevas, no naturales, a dos claves diferentes[14]. Dada su capacidad para imitar palabras humanas, no es tan sorprendente. Más sorprendente fue una foca que fue claramente observada imitando a sus padres humanos[15]. Recordemos también el ejemplo del capítulo 2 sobre los pinzones que modifican sus cantos para evitar consecuencias aversivas.

La mayoría de los primates carecen de esa agilidad vocal. Los gibones (*Hylobatidae*) cantan a dúo, pero las consecuencias no parecen jugar un papel importante para ellos[16]. Sin embargo, los experimentos de campo han mostrado que los *monos vervet* (*Chlorocebus pygerythrus*) en la naturaleza utilizaban diferentes sonidos para referirse a "leopardo", "serpiente", "águila", "babuino", "otro mamífero peligroso", "humano desconocido", "mono dominante", "subordinado" y "rival". Aunque sigue siendo en gran medida instintivo, este impresionante sistema de comunicación simbólica parece implicar cierto grado de aprendizaje por consecuencias. Por ejemplo, las crías de *vervet* desarrollaron las respuestas correctas a determinadas llamadas de alarma sólo después de varios meses, y se demostró que aprendían observando a los adultos[17].

EL ANILLO DEL REY SALOMÓN: LENGUAJE ANIMAL

En la naturaleza, los animales se desenvuelven bastante bien con sus propios sistemas de comunicación. Sin embargo, si se les entrena para que desarrollen su capacidad de categorización abstracta, las posibilidades de un lenguaje más sofisticado se amplían hasta convertirse en más diverso. Y esto no solo es cierto para los simios y los delfines.

Más familiares para muchos de nosotros es la comunicación entre el perro y el ser humano. Mediante gestos, palabras, meneos y ladridos, esta se ha desarrollado durante milenios. Algunos amos de perros tienen que deletrear las palabras en la conversación (y así evitar la reacción del cánido), porque sus mascotas han aprendido lo que puede significar "paseo" y "parque", al igual que los padres de los niños pequeños deletrean "g-o-l-o-s-i-n-a". ¿Hasta dónde puede llegar la comunicación canina?

El profesor John Pilley dedicó tres años a averiguarlo, entrenando intensamente a su entusiasta *border collie*, Chaser, utilizando caricias, atención y juego como recompensas (rara vez utilizó comida). Chaser aprendió nombres inventados para más de 1.000 objetos diferentes. Sí, has leído bien, 1.000 con tres ceros. Los vocabularios de los lenguajes humanos más simples del mundo no distan mucho de esta hazaña. Este impresionante animal también aprendió varios verbos.

La gran prueba: combinaciones aleatorias de tres verbos ("pata", "nariz" y "agarrar") y tres objetos. Chaser fue capaz de realizar las acciones correctas con los objetos correctos cuando se le pidió. Aprendió los nombres de las categorías más amplias no solo en forma sino también en función para algunos de los objetos como "juguete", incluso cuando se solapaban tanto "pelota" como "juguete". También fue capaz de aprender el nombre de un objeto nuevo sólo porque los otros objetos presentes le resultaban familiares[18]. Vaya.

Para eliminar la posibilidad de que se produzcan claves visuales del tipo de Clever Hans durante las pruebas, su profesor le dio las órdenes cuando no estaba a la vista.

En comparación con los *monos vervet*, Chaser demostró un "lenguaje referencial", en el que las palabras se refieren o denominan objetos, independientemente de las acciones asociadas, una habilidad que antes se creía solo restringida a las personas. Estudios bien controlados realizados por el psicólogo Louis Herman han demostrado también este lenguaje referencial en los delfines. Utilizando un lenguaje con gestos para cuarenta palabras, que incluía objetos, lugares y sintaxis (orden de las palabras), se pudieron probar muchas acciones y órdenes diferentes. Un delfín llamado Akeakamai pasó esta prueba con éxito, manejando frases de hasta cinco palabras, y una gama de combinaciones aun mayo que Chaser[19].

Si bien puede decirse que tanto Chaser como Akeakamai entienden el lenguaje hasta cierto punto, producirlo es otra cosa. Lo más impresionante, pues, son los logros de Kanzi, de la primatóloga Sue Savage-Rumbaugh, un *bonobo* que fabricó herramientas de piedra. Aprendió esta habilidad observando a un antropólogo y disfrutaba jugando al clásico videojuego *Pac-Man*. De pequeño, Kanzi aprendió los fundamentos del lenguaje observando cómo se lo enseñaban a su madre. Alcanzó un vocabulario de más de 200 palabras, y además de entender palabras habladas o símbolos, podía seleccionar símbolos para "hablar". Manejaba bien el orden de las palabras. Incluso inventó sonidos significativos propios para acompañar a algunos de estos símbolos[20]. A pesar de estos logros conseguidos por Kanzi, otros simios que participan en programas de entrenamiento en lenguaje, tan solo suelen componer frases de dos o tres palabras como máximo.

EL LENGUAJE HUMANO Y SUS CONSECUENCIAS

Nuestros grandes cerebros nos ayudaron a hacerlo mejor, así como un cambio en la posición de la laringe de los homínidos: aunque esta habilidad nos hizo propensos a ahogarnos, a diferencia de otros primates, nos aportó una flexibilidad adicional a nuestro lenguaje[21].

El habla tiene importantes ventajas sobre los gestos que utilizan algunas culturas con rasgos simiescos: por ejemplo, se puede estar trabajando con las manos mientras se habla, y no es necesario estar mirándose para escuchar. B. F. Skinner pensó que el modo en que nuestro discurso se modificó de forma flexible y se vio influenciado por las consecuencias, fue otro cambio fundamental[22]. Estos dos avances ayudaron a abrir las puertas: incluso el más sencillo de los miles de lenguajes del mundo tienen vocabularios de más

de 1.000 palabras y funciones complejas abundantes, funciones ligadas al aprendizaje por consecuencias.

Las consecuencias del lenguaje están en todas partes. Las pedimos sin tapujos. "¿Puedo tomar un batido de chocolate?" "¿Sabes cómo puedo regresar a la autopista desde aquí?". Conversamos con amigos, convencemos al jefe, ensayamos un discurso... todo gracias a las consecuencias. Las conversaciones son como partidos de tenis, y los socialmente hábiles se elevan hasta alturas vertiginosas: como por ejemplo no decir todo lo que uno sabe, para que otro pueda compartir las recompensas. Malinterpretar de forma intencionada algo para evitar la vergüenza ajena. Seguir el rastro de lo que "él sabía que ella sabía que él sabía". Asegurarse de que nadie domina el debate, sino que se mantienen las recompensas para todos, para que todos sigan participando. ¿Cómo conseguimos entrenar estas habilidades?

Desde el principio, las consecuencias naturales apoyan y afinan estas peticiones. Cuando un niño pequeño pide un "takeie", tiene una oportunidad. Intenta decir "eh", y no tendrás suerte. El mismo niño, cuando se le pide que nombre la golosina, puede ser recompensado recibiendo un elogio en lugar de la galleta. Como la función de la misma palabra es diferente, dependiendo de si son órdenes o solicitudes frente a nombres o descriptores, también lo son las consecuencias.

De estas dos funciones comunes, las peticiones suelen beneficiar al hablante, mientras que los descriptores suelen ayudar al oyente. Pero hay consecuencias mutuas para todos los implicados. Por ejemplo, comentar que ha empezado a llover y ser recompensado con un, "Gracias, me llevaré un paraguas cuando salga" o, al menos, con una mirada interesada por la ventana (atención de nuevo que precede a la recompensa).

MISMA PALABRA, DIFERENTE CONSECUENCIA

Dado que peticiones y descripciones son funciones diferentes, Skinner predijo en la década de 1950[23] que la transferencia entre ambas no es un proceso automático. Si un niño pequeño que tiene hambre pide una galleta, puede no nombrarla si se le solicita (función de descripción), independientemente de que tenga hambre. Del mismo modo, la descripción puede no transferirse a la petición ("¿Qué es esto?" frente a "¿Qué quieres?"). La propuesta de Skinner se debe a que tanto las consecuencias, como las motivaciones y señales asociadas a una u otra función son diferentes. Sin embargo, en aquel momento no se había comprobado tal planteamiento con estudios experimentales.

En un primer experimento, la primatóloga Sue Savage-Rumbaugh y sus colegas enseñaron a chimpancés a pedir diferentes alimentos. ¿Funcionarían entonces las palabras como descriptores? Es decir, ¿podrían los simios simplemente nombrar los alimentos cuando se les pidiera? La respuesta fue no, no sin un entrenamiento previo[24]. El célebre caso del *"niño salvaje de Aveyron"* de principios del siglo XIX tenía problemas opuestos: había aprendido los nombres sin ser capaz de utilizarlos como peticiones[25]. De nuevo, las palabras eran las mismas, pero las consecuencias eran diferentes. Aunque en este caso se trata de una observación anecdótica, no un experimento.

En el primer experimento con humanos también se demostró que niños de edad preescolar suelen requerir de apoyo adicional para realizar esta transferencia. Aprendieron "a la izquierda" o "a la derecha" como peticiones o descripciones, como, "¿dónde quieres que ponga la flor?" frente a "¿dónde está la flor?". Aunque este tipo de práctica producía aprendizaje para ambas funciones por sí solas, "a la izquierda" y "a la derecha" no se transfirieron automáticamente en ninguna de las dos direcciones: los niños que las aprendieron como peticiones no pudieron manejar las mismas frases como parte de descripciones y los niños que las aprendieron como descripciones no pudieron usarlas en peticiones[26].

En un seguimiento en el que se utilizaron objetos concretos en lugar de "izquierda" y "derecha", los niños que aprendieron las peticiones *pudieron* utilizar las palabras como etiquetas descriptivas, pero la relación opuesta no se dio[27]. Las investigaciones posteriores han validado la predicción de Skinner muchas veces en niños con desarrollo normal, así como en niños y adultos con dificultades en el desarrollo. Estas investigaciones han contribuido a mejorar las formas de enseñar esta importante habilidad de transferencia[28].

En realidad, es una forma de generalización: la misma palabra para el mismo objeto, pero para obtener diferentes consecuencias, a partir de diferentes señales. Nuestro niño hambriento aprende que "galleta" funciona para el mismo objeto como nombre: "¿Qué es esto?" "Galleta." "¡Eso es!" y como petición: "¿Qué quieres comer?" "Galleta" Recibe y come la galleta.

De hecho, el mero hecho de aprender cómo funcionan las peticiones es también una forma de generalización. Las peticiones son "marcos" (estructuras lingüísticas repetidas como "¿Me das... ?") y una vez que se aprende un marco, es más fácil generalizarlo a nuevas peticiones. Gracias a los marcos, podemos dar sentido a frases sin sentido como "el relej hacía tic-tec".

Generalizamos las palabras, luego aprendemos a generalizar los marcos. Los marcos más sencillos pueden ser sólo partes de palabras: formas como "-ado" para el tiempo pasado. Los marcos también pueden ser realmente complejos, como en las analogías, las metáforas y las matemáticas. Un niño aprende "la camisa del niño", "el zapato del niño" y generaliza a "el abrigo del niño". Pero entonces, si "-ado" funciona para *andado* y *hablado*, ¿qué hay de malo en *dormado* (dormir) y *perdado* (perder)? Las investigaciones demuestran que la generalización suele producir estas formas hasta que los niños aprenden todas las variaciones (en este caso conjugaciones verbales). En algunos niños, la forma correcta de un verbo aparece primero (después de todo, ha sido escuchada y recompensada), pero luego se aprenden las variaciones (p.ej., "-ido" para los verbos terminados en "-ir", etc.). Las formas correctas e incorrectas pueden alternarse durante un tiempo en este proceso, ya que los niños aprenden lo que funciona y lo que no, experimentando el aprendizaje por consecuencias[29].

Como ha demostrado el investigador Michael Tomasello, la gramática de los niños pequeños suele ser deficiente y se desarrolla de forma lenta, progresiva y "fragmentaria" durante un prolongado periodo de tiempo[30]. No sólo los niños tienen dificultades, por supuesto. Los adultos que aprenden un segundo idioma también pueden hacerlo. Pero si las consecuencias son lo suficientemente fuertes, algunos adultos consiguen alcanzar una fluidez similar a la de un nativo en un segundo lenguaje. De hecho, algunos lingüistas han descubierto que los adultos pueden aprender un nuevo idioma más rápido que los niños. Ayuda el hecho de que las estructuras básicas del lenguaje sean similares, lo que proporciona una mayor base para la generalización[31].

INICIOS DEL BALBUCEO

Cuando aprendí español, me lamenté mucho del ridículo que hacía al arrastrar pronunciando mis *erres*. El balbuceo de los bebés incluye los sonidos básicos necesarios para los lenguajes del mundo, pero mis *erres arrastradas no entraban* en la lista. Del mismo modo, el bebé de Karen y Bob emitía sonidos diferentes a los del bebé de Xue y Wei, en el otro extremo del planeta. Ninguno de los dos bebés puede hablar una palabra todavía, así que ¿qué está pasando? Los científicos han demostrado que las consecuencias que ofrecen mamá y papá (como las sonrisas y los elogios) moldean el balbuceo del bebé, seleccionando los componentes básicos de cada lenguaje. Está demostrado que esto ocurre incluso cuando los padres no son conscientes de ello.

Desde el principio, el balbuceo se ve afectado por el aprendizaje por consecuencias. En uno de los primeros estudios, treinta bebés de apenas dos meses balbuceaban, y los investigadores recompensaron las vocales o las consonantes con sonrisas, sonidos de aprobación y caricias. Un observador independiente clasificó los sonidos. Los bebés respondieron aumentando las vocales o las consonantes, siguiendo las recompensas emitidas[32].

En una investigación más reciente, las madres y los bebés jugaron juntos. Cuando algunos bebés vocalizaban, las madres sonreían inmediatamente, se acercaban y tocaban a sus bebés. Otras madres les ofrecían las mismas "consecuencias" en los mismos momentos, pero independientemente de lo que hicieran sus bebés, por tanto, no eran verdaderas consecuencias. Sólo los bebés que habían sido realmente recompensados por vocalizar aumentaron significativamente su balbuceo[33]. Otros científicos han demostrado que este tipo de interacciones se producen de forma natural: en un estudio, las madres que interactuaban libremente con sus bebés, recompensaban inmediatamente el balbuceo en el 70% de las veces[34]. Gracias a otras líneas de investigación, podemos suponer que sus sonrisas y sonidos fueron probablemente recompensas eficaces.

Los niños se ven muy recompensados cuando sus balbuceos se convierten en "Ma-má" o "Pa-pá", y la mayoría de los niños captan esos términos rápidamente. La imitación y la generalización ayudan mucho. En el capítulo 9, los niños imitaban fácilmente los gestos cuando la imitación era recompensada. Lo mismo ocurre con la imitación de sonidos. Tres niños de edad preescolar a los que se recompensó por imitar palabras en inglés, por ejemplo, imitaron también palabras en ruso, aunque nunca se les recompensó por ellas. Cuando se les recompensaba por cualquier conducta no vocal, toda la imitación disminuía. El restablecimiento de las recompensas consiguió recuperar las imitaciones[35].

Está claro que *no* basta con escuchar el lenguaje para captarlo. Las interacciones (y las consecuencias que necesariamente conllevan) son fundamentales. Por ejemplo, un niño criado por padres sordos pasaba la mayor parte del tiempo en casa. Se mantenía la televisión encendida para él con la teoría de que esta exposición al lenguaje hablado sería suficiente para su desarrollo lingüístico. A los tres años ya había aprendido el lenguaje de signos que utilizaban en casa sus padres, pero no podía entender ni hablar inglés[36]. No había habido consecuencias por aprender inglés, pero sí por aprender el lenguaje de signos. Del mismo modo, las personas que viven en países extranjeros pueden estar inmersas en un lenguaje diferente, pero sin la motivación para interactuar y aprender de las consecuencias, podrán solo captar algunas unas pocas palabras.

APRENDIZAJE DE IDIOMAS

Aunque las investigaciones de laboratorio y los estudios de casos son importantes, las grandes muestras de aprendizaje de idiomas en la vida real han sido especialmente esclarecedoras. Los niños y los padres se abren paso a través de un baile lingüístico, y se ha demostrado que mucho de lo que dicen los niños de dos a tres años recibe retroalimentación. Los niños pequeños escuchan y hablan miles de palabras al día. ¿Qué oyen y dicen?

Mi conocido Ernst Moerk analizó muchas horas de grabaciones de una niña pequeña, "Eva", charlando con su madre en casa. Eve escuchaba cada tipo de frase principal unas 100.000 veces al mes, y su madre corregía o ampliaba su gramática muchas veces por hora. Moerk pudo describir cuarenta categorías diferentes de técnicas de enseñanza naturales que hacía su madre, como repetir, pedir a Eva que repitiera, detallar lo que se había dicho, etiquetar, el simple refuerzo directo y variar el marco gramatical mientras se repetía el contenido. Es característico que los padres también utilicen el tono "maternal" o el "paternal" al hablar con los bebés, simplificando la mezcla de señales, consecuencias y marcos[37] .

Como muestra, mamá preguntó: "¿Qué está haciendo la niña?". Eva respondió: corriendo, y mamá asintió con un tono de aprobación: está corriendo. El análisis de Moerk sobre la probabilidad de patrones como esta (pregunta de mamá, respuesta de Eva, consecuencia de su madre) mostró que la ocurrencia real era de hasta 100 veces superior a lo que se esperaría del azar. En un patrón más sencillo, la imitación de una palabra por parte de Eva se reforzaba hasta 50 veces más de lo que se esperaba por azar[38]. De hecho, la atención en sí misma, que es algo que no se registra, es una recompensa para el lenguaje, como lo es para otras conductas, y la mayoría de los niños pasan por una fase en la que hablan a rachas. Con el tiempo, las consecuencias les enseñan que hay momentos para hablar y momentos para estar callados.

El proyecto de investigación más ambicioso sobre la adquisición del lenguaje se resumió en el libro *Meaningful Differences* (Diferencias Significativas), de los psicólogos Betty Hart y Todd Risley, que se refería a las grandes diferencias de destreza de los niños que entraban en los programas de edad preescolar. Estas diferencias dificultaban enormemente que los niños más desfavorecidos se pusieran al día. ¿Qué ocurría *antes de* preescolar?

Los observadores siguieron a los niños en cuarenta y dos hogares representativos de EEUU desde los nueve meses de edad hasta los tres años, registrando todas las interacciones durante una hora al mes. Como había descubierto Moerk, los padres decían "no entiendo", encontraban formas suaves de corregir los errores, premiaban la etiqueta adecuada y elaboraban los comentarios de los niños, por ejemplo, en presencia de un coche, el niño: coche. El padre: sí, un coche verde. Hablar también trajo muchas consecuencias naturales como respuestas a preguntas y como siempre, de atención también[39].

Hart y Risley se encargaron de recalcar que todos los padres hacían todo lo posible por sus hijos. Sin embargo, algunos fueron capaces de proporcionar un ambiente muy enriquecido, y los efectos fueron bastante claros: según las grabaciones, los padres y madres más expertos hablaban una media de 11 millones de palabras al año con sus hijos, mientras que los padres y madres que recibían ayuda sólo hablaban 3 millones de palabras al año con sus hijos. Los niños de clase trabajadora abarcaban todo ese espectro. Los niños que interactuaban menos tenían menos oportunidades de aprender y, de hecho, aprendían menos. A los tres años, durante las horas grabadas, los hijos de los padres expertos utilizaban un vocabulario más amplio que el de los padres que recibían ayuda. Obsérvese que estos últimos padres tenían en realidad un vocabulario considerablemente mayor, pero no lo utilizaban con sus hijos en la medida en que lo hacían los padres expertos. Cuantas más palabras se puedan pronunciar, más fácil será aprender a leer esas palabras. Las diferencias se acumulan.

Otro de los factores críticos fue la relación entre positivos y negativos, estrechamente relacionada con las consecuencias. En las familias más locuaces, las proporciones eran altas, llegando a seis positivos por cada negativo. En las familias menos habladoras, la proporción era más bien de 2 a 1 *en sentido contrario*: dos negativos por cada positivo, lo que resulta desalentador para los niños. A lo largo de los cuatro primeros años, esa diferencia supone cientos de miles de palabras más alentadoras para los niños de los ambientes que estaban más enriquecidos.

Entre los factores que no influyeron en las habilidades lingüísticas posteriores se encuentran el sexo, la raza, el orden de nacimiento y el tamaño de la familia. Dado que algunos padres de clase trabajadora hablaban mucho y otras familias más pudientes no lo hacían, el estatus socioeconómico también era un mal indicador. Entonces, ¿qué es lo que predice el éxito? Los factores críticos sí[40]. Un buen comienzo que reforzase a los niños, ofrecía una gran ventaja que iba a durar años después.

ESTRICTAMENTE PRIVADO

Uno de los primeros hitos es el paso de la lectura en voz alta a la lectura silenciosa. Algunos niños lo superan con rapidez, mientras que otros hacen una transición más gradual: de hablar a pronunciar sólo las palabras más difíciles, a la lectura silenciosa con movimientos continuos de los músculos del habla, y a la lectura totalmente silenciosa. Con el tiempo, cuando un niño de siete años resuelve un problema de suma en voz alta recibiendo consecuencias diferenciales según su desempeño y luego hace un problema similar "en su cabeza", las mismas cosas parecen suceder en su cerebro (ver capítulos 4, 8, 9). Como dijo Skinner: "La piel no es una barrera tan importante"[41]. Sin embargo, presenta algunos retos especiales. Por ejemplo, ¿cómo aprendemos a hablar de lo que sentimos dentro de nosotros? Al fin y al cabo, nadie más puede verlo o nombrarlo (no puede por tanto haber consecuencias diferenciales).

Nuestras comunidades verbales necesitan toda la ayuda posible. Si hay una señal visible que acompañe a la sensación interna (como un hematoma) es sencillo. Sin ir más lejos, "hambre" significa pasar horas sin comer; "miedo" a un perro grande y gruñendo, o a una tremenda tormenta eléctrica. Esto se puede generalizar a partir de estos primeros ejemplos. Para los sentimientos internos más difíciles de captar, las metáforas pueden ayudar, basándose de nuevo en la generalización. Skinner observó que un joven que bebía agua con gas por primera vez, lo describió como si "se me durmiera el pie" -supuestamente debido a las sensaciones de pinchazos compartidas. Sólo alguien que haya experimentado tanto el agua con gas como un pie que se "duerme" podría crear esta metáfora, pero una vez que alguien lo ha hecho, otras personas que han experimentado cualquiera de las dos cosas pueden generalizar a la otra. Del mismo modo, sentimos dolores "agudos" o espíritus "apagados". No es un sistema perfecto, pero es lo mejor que podemos hacer para nuestras sensaciones privadas.[42]

Nuestros pensamientos privados pueden ser como una lectura silenciosa, salvo que los podemos inventar sobre la marcha. Algo, cualquier cosa, puede poner en marcha un tren de pensamientos y recuerdos. Por ejemplo, ver un producto en una tienda y escuchar la canción que lo acompaña en los anuncios de televisión. Puede que seas consciente de ello o que escuches la música de forma automática, aunque no quieras hacerlo. Inmediatamente, puedes acordarte de un programa de televisión y la persona con la que viste ese programa.

Los científicos cognitivos llaman a esto *"activación por propagación"*. Está relacionado con la generalización: cuando las cosas se asocian de alguna manera, pensar en una de ellas hace que sea más fácil recordar las otras. Veo un árbol que se parece a una secuoya, y recuerdo unas vacaciones familiares para ver las secuoyas. Si tengo que pensar en el trabajo, dejo de soñar despierto y vuelvo a él. Las consecuencias compiten por nuestras conductas privadas igual que por las públicas.

Como señaló Skinner, simplemente como parte de nuestro lenguaje, algunas palabras se refuerzan cuando se presentan juntas como una cadena. La primera palabra puede "facilitar" a la otra, en público o en privado, como en "blanco y negro", no "negro y verde" o "zapatos y calcetines", no "zapatos y ropa interior". Muchos miembros de una cultura compartirán tales emparejamientos. Otras asociaciones de difusión son idiosincrásicas. Para mí, ver una referencia a la melodía infantil *"El patio de mi casa"*, evoca instantáneamente una imagen de mi padre y yo cantando esta canción, caminando hacia la tienda de la esquina en una tarde de verano en Madrid para comprar un paquete de golosinas. Yo tendría unos cinco años.

Público o privado, el pensamiento suele tener consecuencias. Piénsalo y luego piensa por qué lo piensas. Generamos soluciones a los problemas, por ejemplo: ¿Cuánto debería dejar de propina? De hecho, como las recompensas públicas y privadas vienen en diferentes programas, puede ser difícil no obsesionarse en privado con un problema: un programa adictivo de razón variable nos mantiene buscando un nuevo ángulo, una solución mejor (véase el capítulo 1). A partir del capítulo 4, las personas equipadas con el sistema de interfaz neuronal *BrainGate* podían incluso mover los cursores del ordenador con sus pensamientos.

Pensar en algo puede elicitar el sentimiento que lo acompaña (véase el capítulo 8): sonreímos o fruncimos el ceño cuando recordamos cosas felices, como la mía sobre mi padre, o cuando soñamos despiertos con un futuro esperanzador. Los pensamientos pueden parecerse tanto a los hechos reales que nuestras imágenes mentales sirven como señales a las que respondemos. Por ejemplo, al recordar un accidente reciente, el pie puede estirar el freno. Al repasar una conversación embarazosa, es posible que te encuentres hablando en voz alta, diciendo lo que realmente querías decir. De hecho, la piel puede no ser una barrera, ¿recuerdas a Skinner? ¿Por qué pensamos? Por el mismo tipo de razones que cualquier otra conducta, es decir, por las consecuencias.

LA INVENCIÓN DE REGLAS

Una de las consecuencias de nuestro sofisticado lenguaje es que nuestros hijos no tendrán que reinventar ninguna rueda, al menos eso esperamos. A lo largo de la historia de la humanidad, hemos desarrollado reglas sobre lo que parece funcionar y lo que no. De forma directa o indirecta, a corto o largo plazo, estas reglas describen consecuencias: "Un céntimo ahorrado es un céntimo ganado". "Construye siempre por encima de la zona inundable". "Si bebes no conduzcas".

Cuando aprendemos por ensayo y error, sentimos directamente las consecuencias positivas y negativas. Seguir una regla puede minimizar las consecuencias negativas, y eso es parte de la recompensa por crear reglas en primer lugar. Pero las reglas en sí mismas se siguen por las consecuencias, tanto las nuevas como las antiguas de ensayo y error. Obedece a la reina o pierde la cabeza, por ejemplo. Los gobiernos, los jefes, los profesores y los padres ejercen poderosas consecuencias, aplicando las normas, aunque las consecuencias contrapuestas se quebranten bastante a menudo.

Se nos refuerza el cumplimiento de estas normas y se nos castiga su vulneración hasta el punto de que a menudo las seguimos cuando son incorrectas. Incluso cuando *sabemos que son incorrectas*. Si tu jefe dice que 2 + 2 = 5, es mejor seguirlo. Las reglas de los ídolos caídos pueden dejar de seguirse, pero las reglas extravagantes de un guía de confianza pueden seguirse. Después de todo, hemos sido recompensados por seguir las reglas del guía en el pasado.

Tener una regla significa que podemos no notar cuando las cosas cambian: el seguimiento de reglas puede volverse tan automático que nos olvidamos de prestar atención. En un estudio, las reglas proporcionadas a los participantes en la investigación eran precisas al principio, pero luego se volvieron inexactas. Los participantes acabaron dándose cuenta de que debían ignorar las reglas, pero lleva bastante tiempo darse cuenta de esto[43]. Entonces descubrimos que necesitamos aprender nuevas reglas sobre cuándo *no* es conveniente seguirlas.

Las reglas suelen ser tan útiles que constantemente buscamos patrones, creando nuestras propias reglas. Hay reglas que nos ayudan a hacerlo. Unos pocos casos sorprendentes pueden convencernos, o una acumulación gradual de experiencia ganada con esfuerzo, o un examen cuidadoso de la evidencia objetiva. O puede que nos limitemos a hacer conjeturas. Y a menudo nos equivocamos. En un experimento sobre programas de reforzamiento, uno de los participantes seguía pulsando un botón cuando no había recompensas, arruinando el estudio. ¿Por qué alguien ignoraría las consecuencias de forma tan flagrante? Esta persona le dijo al investigador: "Pensaba que tal vez yo estaba tratando de ver si era un tipo de persona persistente, que seguiría intentándolo, aunque el éxito pareciera improbable o no llegara, y quería demostrarme a mí mismo que yo era exactamente ese tipo de persona"[44].

Las reglas a mayor escala también pueden ser infundadas, como las supersticiosas. Algunas cadenas hoteleras nunca tienen un decimotercer piso; algunas compañías aéreas se saltan la fila trece y la fila diecisiete, porque es un número de mala suerte en otros lugares. En Asia, algunos edificios carecen *de* números de planta que contengan un 4. Las consecuencias de estas normas para estos negocios parecen estar claras.

Ser jefe, es diferente de tener un jefe, por mucho que se conozcan las reglas de los libros de negocios sobre liderazgo. Imagina a dos pilotos en la cabina de un avión de pasajeros, uno con más experiencia y el otro mejor informado sobre las innumerables reglas. ¿Quién actuará rápida y correctamente si el avión pierde repentinamente un motor y se hunde a estribor? ¿Por qué no probar tanto la teoría *como* la experiencia? Incluso así, siempre hay más cosas que aprender. En la aviación general, en contraste con las aerolíneas comerciales, algunos estudios consideran que la experiencia parece tener poco o ningún efecto en la tasa de accidentes graves[45]. Los distintos consejos de seguridad intentan crear nuevas normas para resolver el problema.

Hay reglas para todo, incluso para el funcionamiento de las reglas. Al fin y al cabo, las reglas representan nuestros mejores intentos de encontrar orden en este caótico universo. No es de extrañar que nuestras vidas giren en torno a ellas y a las consecuencias asociadas que nos ayudan a obtener o evitar problemas.

LENGUAJE Y BIOLOGÍA

Todo este orden depende de nuestro cerebro, con sus miles de millones de neuronas. Muchas de ellas ayudan a nuestro pensamiento y lenguaje. Ahora sabemos que el lenguaje depende de muchas partes del cerebro. En consonancia con la plasticidad del cerebro que vimos en el capítulo 4, el neurocientífico Phil Lieberman observó que diferentes áreas del córtex pueden controlar aspectos similares del lenguaje en diferentes personas[46]. Además, los ganglios basales primitivos son una parte esencial, incluso para funciones superiores como la comprensión. Como concluyeron las científicas cognitivas Elizabeth Bates y Judith Goodman, "el lenguaje es una nueva máquina construida, pero con piezas antiguas"[47].

Debido a su alto-alta plasticidad cerebral, los niños con daños en las partes del cerebro que normalmente ayudan al lenguaje, pueden aprender y utilizar el lenguaje con normalidad. En los adultos, por ejemplo, los daños en el lado izquierdo del cerebro suelen acarrear problemas de lenguaje. En los niños no es así: por término medio, los efectos sobre el lenguaje tras un daño en el lado izquierdo no son diferentes de los que se producen tras un daño en el lado derecho. Es más, los niños que han sufrido lesiones en la cabeza que provocan dificultades en el lenguaje suelen recuperarse, si se les da el tiempo suficiente y se les reeduca[48]. También está el conocido caso de Alex, un niño de ocho años cuyo lenguaje estaba gravemente rezagado a causa de las convulsiones. Después de que se le extirpara el hemisferio izquierdo del cerebro completo no sólo se recuperó, sino que alcanzó un nivel de lenguaje normal[49]. A veces los adultos también muestran una plasticidad sorprendente, pero muy lejos de igualar esta proeza.

Por último, una nota sobre el gen *FOXP2**, que ha recibido mucha atención. Desempeña un papel en el lenguaje humano, pero también en el canto de los pájaros y en el biosonar de los murciélagos. De hecho, se encuentra también en un gran número de especies. Como la mayoría de las proteínas, la codificada por el *FOXP2* tiene múltiples funciones, entre ellas ofrecer de apoyo a los procesos cardíacos y pulmonares[50].

Independientemente de lo que descubran las investigaciones futuras, el lenguaje no representa ni más ni menos que otras conductas y es la consecuencia de un gran y complejo sistema lleno de numerosos factores que interactúan entre sí, genes y consecuencias incluidos.

---

* *N. del E.:* El gen y proteína *FOXP2,* está relacionado con el lenguaje humano: su mutación se correlaciona con determinados trastornos específicos del lenguaje.

Parte III

LA FORJA
DEL DESTINO

Capítulo 11

CONSECUENCIAS COTIDIANAS

Una jefa de imprenta cansada de recibir feedback negativo en su taller: "A veces me halago a mí misma diciéndole a algún compañero, '¿no crees que nos ha quedado muy bien esto hoy?'. El responderá, '¡Sí, que ha quedado bien!'. Algo he de hacer, ya que de otro modo no recibo reconocimiento alguno".

— de *Alone in a Crowd*, Jean Schroedel, 1985

Una amiga mía compuso una pieza para saxofón a petición de un amigo músico semiprofesional. Al no recibir ninguna reacción alguna de este, no volvió a componer ninguna pieza durante todo el año siguiente. El guionista Rod Serling tuvo mejor suerte. Nunca olvidó el cumplido de un editor cuando su ego había sido "doblado, tirado y pisoteado en el suelo"[1]. Un experto recomienda llevar un "cuaderno de elogios" cuando sea necesario[2]. El jazz moderno va más allá, al exigir que se aplauda después de cada solo.

Una de las ironías de la vida es que, aunque nos encanta recibir reforzamiento positivo, somos tacaños a la hora de ofrecerlo. Sin embargo, la vida es dura; a veces parece que el mundo funciona con miedo. Evitar lo negativo proporciona mucha motivación, ¡qué forma tan difícil de vivir esta! El filósofo Stanley Cavell escribió sobre las "pequeñas muertes", las crueldades cotidianas, las penas y las oportunidades que todos perdemos y nos arrastran[3]. Los pequeños reforzamientos combaten las pequeñas muertes y nos ayudan a seguir adelante: una sonrisa, el color púrpura, ver el cielo, dar un cumplido... Si no te llevas nada más de este libro, espero que sea lo siguiente: pocos de nosotros damos o recibimos suficientes elogios. Sin embargo, algo tan sencillo puede salvar una relación de pareja, o quizá ayudar a alguien a superar un día difícil.

CREACIÓN DE RECOMPENSAS

Ah, en esos días cuesta arriba. Los jefes, los profesores, los padres, las parejas, los hijos, los demás conductores, los objetos inanimados que no cooperan y nuestros propios errores son los causantes de nuestros males diarios. Pero no tenemos que sufrir en silencio.

Además de apreciar los pequeños refuerzos, podemos intentar transformar lo negativo en positivo, como la pintura de la valla de Tom Sawyer*, cantar en el trabajo y el momento de "fluir" trabajando con fotocopias que compartí anteriormente. Quizá no podamos transformar nuestros errores en premios, pero recordarnos a nosotros mismos que debemos aprender de ellos nos puede ayudar: "Al menos no volveré a hacerlo". La racionalización reajusta lo negativo de maneras que pueden ser hasta útiles, a veces.

He aquí otras técnicas de afrontamiento. Cuando tengo demasiados compromisos, programo posibles eventos, aunque luego no voy, creando un gratificante "tiempo encontrado". También aprovecho para sentirme satisfecha al completar algo -cualquier cosa-, lo que me da una enorme satisfacción al poder terminar algo en un mundo en el que siempre hay demasiado que hacer.

Podemos utilizar lo que sabemos sobre el aprendizaje por consecuencias para crear o cambiar el valor de la recompensa. ¿Odias la comida picante, pero a tus compañeros de trabajo les encanta? Si es así, prepárate para pasar largos periodos de tiempo buscando alternativas insípidas en los menús de las comidas indias. No te atrevas a comer *samosas* muy suaves, o considere la posibilidad de probar el "moldeado" (que se trata en detalle más adelante en este capítulo) para entrenar gradualmente sus papilas gustativas.

Al fin y al cabo, nuestras preferencias cotidianas son bastante variables. Si alguien nos pregunta qué nos apetece, tenemos que pararnos a pensar. Incluso se producen grandes cambios: los adictos al trabajo se enamoran, los aracnofóbicos reformados adquieren tarántulas como mascotas, y los aseados se convierten en ratas sucias de manada. Nuestros seres queridos siguen la pista de estas motivaciones cambiantes y juegan con ellas, a veces sin darse cuenta. La hija que odia los desperdicios acaba con las sobras viejas y sucias porque el

---

*   *N. del E.: Las aventuras de Tom Sawyer*. Mark Twain.

resto de la familia sabe que lo hará. El pulcro acaba haciendo limpieza (una buena razón para convertirse en una rata de carga).

Nuestros allegados también provocan activamente cambios en el valor de las consecuencias. Decirle a tu marido que no estás seguro de que pueda hacer algo crea inmediatamente una recompensa por hacerlo; superar el reto se convierte por tanto en un logro. Más directamente, los amigos nos recomiendan esas películas que tenemos que ver, esas canciones que tenemos que escuchar.

Como los anunciantes no pueden confiar en las recomendaciones, tienen que esforzarse para que sus productos y servicios sean lo suficientemente reforzantes como para que se intenten probar. Mostrándonos por qué son valiosos, mejores que los de la competencia, avalados por famosos o científicos, o asociados a colores y cancioncillas pegadizas. Cuando todo lo demás falla, pueden recurrir a ofrecer muestras gratuitas. Ojalá se dedicara tanta iniciativa a crear una gama de recompensas saludables para todos. El famoso explorador James Cook tuvo problemas para conseguir que sus marineros comieran *chucrut* para evitar el escorbuto. Puso el ejemplo presentándolo en la mesa del capitán y dejó que se corriera la voz. Se hizo tan popular que pronto tuvieron que limitar las raciones[4]. Regla: si la élite lo come, debe ser un manjar.

A veces, crear recompensas es casi ridículamente fácil. Como hemos visto, el aburrimiento es un estado de privación que puede convertir casi cualquier cosa en una recompensa. En su libro *I'm A Stranger Here Myself*, el humorista Bill Bryson observó cómo las tontas atracciones al borde de la carretera, como una publicitada casa hecha con botellas de cerveza, hacían menos dolorosa la conducción por una larga y aburrida autopista[5]. Cualquier cosa que marque el progreso (ver capítulo 7), algo que esperar, ayuda a combatir la monotonía.

¿Y si no hay casas con botellas de cerveza? Los niños tienen claustrofobia, pero los adultos son expertos en crear reforzadores para compensar. Recuerdo un largo viaje de verano por carretera en el desierto cuando era niña, antes de que los coches tuvieran aire acondicionado. Mis padres me contaron cómo se conocieron y se casaron, con más detalle de lo que había oído antes. Fue fascinante, y me olvidé por completo del calor y el aburrimiento.

Aunque el aburrimiento suele ser evidente, otras privaciones de recompensa no lo son. Una sucesión de días nublados hace que todo el mundo salga a la calle cuando por fin vuelve a salir el sol, pero puede que no nos demos cuenta de que estamos privados hasta entonces. La privación también ayuda a crear recompensas sociales, de tal manera que quedarse sin atención durante un breve periodo de tiempo puede hacer que incluso una breve interacción sea más valiosa. Los psicólogos Jack Gewirtz y Don Baer hicieron participar a más de 100 niños de primer y segundo curso en un juego en el que tenían que dejar caer canicas en agujeros. En el caso de los niños a los que se les había privado de atención durante veinte minutos, las recompensas de un adulto por dejar caer las canicas; palabras de elogio como "¡bien!" fueron bastante más eficaces. Estos niños también eran más propensos a socializar con otros niños[6].

Por desgracia, la privación social (la soledad) puede hacernos vulnerables a aquellas personas sin escrúpulos. Este valor de recompensa de cualquier tipo de contacto fue tratado por una víctima del telemarketing que perdió los ahorros de su vida: "Me encantaba recibir esas llamadas. Desde que mi mujer falleció, no tengo mucha gente con la que hablar"[7]. Con sólo preguntar: "¿Qué hora es?", un desconocido establece el valor de recompensa de una respuesta. La pregunta también indica que la respuesta será recompensada de forma bidireccional, aunque sólo sea por la atención. A mayor escala, generar curiosidad crea reforzadores (véase el capítulo 1). Puedes probar una nueva afición para verlo por ti mismo. O bien, crear un objetivo vital más ambicioso por el que trabajar, por ejemplo: un sueño que cumplir.

CÓMO NOS TRATAMOS UNOS A OTROS

Los ambiciosos sueños de paz mundial siguen sin cumplirse. Como vimos en el capítulo 6, la provocación puede hacer que la venganza sea automáticamente reforzante, ya que puede acabar con la provocación. Este principio se aplica tanto a las sociedades como a los individuos.

Sin embargo, es alentador que los antropólogos conozcan desde hace tiempo decenas de culturas en las que la violencia de cualquier tipo es poco común. ¿Cómo es posible? Entre los factores que contribuyen a ello, los *Paliya* de la India y los *Mbuti* del Congo transmiten cuidadosamente sus códigos y métodos pacíficos a la siguiente generación (aunque los patrones pueden estar cambiando ahora). Por ejemplo, cuando un niño ha sido molestado y empieza a llorar, los jóvenes *Mbuti* aprenden a apoyar a la víctima y a excluir al que fastidia. Se enseñan, modelan y recompensan las formas no violentas de gestionar los conflictos[8].

Ingeniosos estudios de laboratorio han demostrado cómo nuestras respuestas a la provocación pueden verse influidas por las consecuencias. Por ejemplo, varios adultos jugaban supuestamente a un juego de ordenador con un compañero invisible, que en realidad era sólo un programa de ordenador. El supuesto compañero daba tanto recompensas como leves descargas, y los participantes podían responder también como quisieran. Cuando se les daban descargas, los hombres eran más propensos que las mujeres a dar descargas a cambio, lo que refleja las expectativas culturales[9]. En EEUU, los estudios demuestran que la agresividad se premia a veces en los chicos y se castiga en las chicas. No obstante, si las descargas se emiten de forma anónima, las mujeres y los hombres tienden a ser agresivos por igual[10]. Sin embargo, estas prácticas se pueden revertir fácilmente: cuando el juego de ordenador premiaba la agresividad en las mujeres, éstas se volvían agresivas; cuando premiaba el perdón y la cooperación en los hombres, éstos se volvían amigables[11].

Al igual que los *Paliya* y los *Mbuti*, nuestras culturas recompensan habitualmente la agresividad o la cooperación del mismo modo. En todo el mundo, muchas de las reglas más poderosas de la vida cotidiana son esas reglas culturales no escritas. Las consecuencias de romper estas normas sociales, incluso las más triviales, pueden ser sorprendentemente dolorosas. El famoso psicólogo social Stanley Milgram pidió a unos estudiantes que solicitaran el asiento de alguien en el metro de Nueva York, aunque hubiera otros asientos disponibles. Los sorprendidos pasajeros se mostraron conformes ¿Qué harías tú? El único estudiante que siguió adelante solicitando esto odiaba hacer esta petición. Un incrédulo Milgram lo intentó por él mismo: "Finalmente, tras varios intentos infructuosos, me acerqué a un pasajero y me atraganté con la petición: "Disculpe, señor, ¿puedo sentarme en su asiento?". Me invadió un momento de pánico enmudecido. Pero el hombre se levantó enseguida y me cedió el asiento. Un segundo golpe estaba por llegar. Al tomar el asiento del hombre, me sentí abrumado por la necesidad de comportarme de manera que justificara mi petición. Mi cabeza se guareció entre las rodillas y pude sentir cómo mi cara palidecía. No estaba jugando al rol"[12]. Nos importa más de lo que imaginamos lo que los demás piensan de nosotros, incluso unos completos desconocidos.

ALTRUISMO

He aquí uno de los hallazgos más sorprendentes de la psicología social. Si tiene una emergencia, podría pensar que lo mejor es tener a cuatro o cinco desconocidos cerca, en lugar de uno solo. Pero puede que se equivoque: los investigadores descubrieron sistemáticamente que es *menos* probable que la gente de un grupo ayude que un solo individuo. Una de las razones es la "difusión de la responsabilidad", de modo que nadie se hace cargo en el grupo, ya que no hay consecuencias por hacerlo. Cuando uno es el único que se encuentra, depende de sí mismo, las consecuencias son muy diferentes y es más probable que los espectadores den un paso al frente[13]. Debido a esta constatación, algunas personas formadas en reanimación cardiopulmonar son instruidas para dirigir a una persona de un grupo de transeúntes a pedir ayuda, y no simplemente a pedirla al grupo. Los programas de "educación de los transeúntes" también se están haciendo populares en las escuelas, con o sin tratar el tema del altruismo.

Según la visión mordaz de John Steinbeck en *Viajes con Charley*: "Un hombre que al ver a su madre morir de hambre en un camino le da una patada en el estómago para despejar el camino, dedicará alegremente varias horas de su tiempo a dar indicaciones erróneas a un completo desconocido que dice estar perdido"[14]. El estatus y el control inherentes en dar direcciones pueden ser recompensas poco generosas, es cierto. Afortunadamente, somos capaces de más altruismo que eso. En las culturas que hacen hincapié en la cooperación, la ayuda mutua puede convertirse en un hábito automático que, además, es gratificante.

El altruismo consiste en ayudar a los demás a cambio de pocas o ninguna recompensa extrínseca, incluso con un coste. Sentir el dolor ajeno es una forma directa de aliviarlo para ser intrínsecamente gratificante: si sufres el dolor vicario o indirecto, también disfrutas de su alivio. No es de extrañar que las investigaciones respalden el papel de esta empatía: en un estudio que utilizó medidas fisiológicas, los participantes que sentían más emociones por una víctima que sufría también estaban más dispuestos a ayudar [15]. Como vimos en el capítulo 8 sobre el condicionamiento clásico, ver el dolor de otra persona puede producir patrones de activación cerebral característicos de nuestro propio dolor. Por ejemplo, los maridos recibían descargas mientras sus esposas miraban. Los cerebros de las esposas registraron el dolor en una IRMf*, y las valoraciones de la experiencia se correlacionaron con sus respuestas cerebrales. Otras investigaciones han demostrado que los psicópatas carecen del grado normal de nuestra capacidad de empatía[16]. Una menor empatía tiene como consecuencia un menor altruismo (y de qué manera).

Ver el resultado no es necesario. La satisfacción imaginaria de una persona a la que se ha ayudado puede llegar a ser gratificante, con el altruismo como consecuencia de ello, incluso sin el reconocimiento público de la ayuda. Las satisfacciones intrínsecas de seguir las normas éticas o morales también se suman, y podemos sentirnos como héroes, aunque sólo sea para nosotros mismos. Es posible obtener una gran satisfacción de los cambios potenciales e imaginados en el futuro que ni siquiera viviremos para ver.

Sin embargo, el altruismo no es todo dulzura y luz. Cualquiera que haya sentido un amargo remordimiento, sabe lo poderosa que puede ser la motivación para evitarlo "podría haberla salvado". A veces son las consecuencias de *no* ayudar las que te influyen: ¿cómo puedes vivir contigo mismo o lidiar con la decepción de las personas cuyas opiniones valoras si se enteran? Es otro ejemplo de causalidad múltiple[17].

De un modo u otro, podemos aprender a disfrutar ayudando a los demás.

---

* *N. del E.:* Imagen por resonancia magnética funcional (IRMf), técnica de neuroimagen que permite mostrar regiones cerebrales activas, por ejemplo, al ejecutar una tarea determinada.

La compasión puede llegar a ser gratificante a una edad temprana, y una vez que es gratificante, lleva naturalmente a la acción. Los niños suelen recibir elogios por mostrar simpatía y, por supuesto, lo ven modelado y lo leen en los cuentos infantiles[18]. Poco a poco van aprendiendo las señales emocionales y los inicios de esta toma de perspectiva.

¿PODEMOS MOLDEAR EL FUTURO?

Como padres, premiamos las conductas altruistas, "qué amable de tu parte compartir con nosotros, Juan" y tratamos de dar un buen ejemplo. Pero es un largo proceso de "moldeamiento", como es frecuente en la educación de un niño.

Hay formas sencillas de moldeamiento en aves como los papamoscas moteados (*Empidornis semipartitus*) que crían a sus polluelos. Los polluelos aprenden que los padres señalan la comida, y cuando los polluelos pueden volar, empiezan a perseguir a mamá y papá. Los padres lo recompensan, pero pronto empiezan a alimentarlos con un programa de reforzamiento intermitente y cada vez con menores cantidades. Habiendo aprendido lo que es bueno para comer, las crías comienzan de forma natural a alcanzar su propia comida. Las consecuencias "moldean" un movimiento constante hacia la independencia, recompensando las aproximaciones sucesivas hacia este objetivo[19]. Las suricatas (*Suricata suricatta*) salvajes tienen un sistema similar para enseñar a cazar y comer escorpiones venenosos. En su sociedad, como en la nuestra, los maestros no tienen por qué ser miembros de la familia[20].

El moldeamiento empieza pronto: los recién nacidos de muchas especies pueden aprender de las consecuencias,[21] y los bebés humanos no son una excepción. ¿Cómo nos dicen los bebés lo que es gratificante? Succionan pezones artificiales. En un procedimiento de investigación, se alternan dos señales. Si el bebé succiona durante una de las señales, se reproduce un sonido; si succiona durante la otra señal, se reproduce el segundo sonido. Si el bebé no succiona, no se reproduce ningún sonido. Es fácil demostrar que las recompensas que son efectivas incluyen la voz de la madre en lugar de la de otra mujer; el idioma nativo de la madre en vez de otro idioma; e incluso un texto que la madre había leído repetidamente antes del nacimiento, en comparación con otro fragmento diferente[22]. Todo esto ocurre cuando los bebés sólo tienen entre uno y tres días de vida. Pronto, los bebés giran la cabeza, sonríen y hacen otras cosas buenas gracias a las recompensas[23]. En el capítulo 10 vimos que los bebés que balbucean desde los dos meses producen más consonantes o más vocales, tras un reforzamiento positivo. Karen Pryor informó de un capitán de pesca que moldeó a su nieta de cuatro meses para

que dijera "¡Choca esos cinco!"[24]. El moldeamiento ayuda a que los niños que pueden sentarse lleguen a convertirse en niños que pueden gatear, y a los que gatean se conviertan en niños que empiezan a andar.

Los niños de dos años que trabajan con el "abecedario" cometen muchos errores al principio, pero recompensamos sus aproximaciones constantes a las veintiséis letras correctas en el orden correcto. Aprender todo el alfabeto no es intrínsecamente gratificante, ni ofrece las recompensas naturales de, por ejemplo, ser capaz de hablar un idioma extranjero. Por eso, los padres ofrecen atención, sonrisas, elogios, recompensas artificiales o "forzadas", si se quiere. A diferencia del aprendizaje del alfabeto, la lectura sí ofrece recompensas naturales. Sin embargo, un padre que anime a un lector reacio puede volver a ofrecerle halagos, con la idea de transferirlos en última instancia a las recompensas naturales de la vida cotidiana. Éstas también forman parte del proceso de moldeamiento.

La idea de las consecuencias naturales se aplica también a las que son negativas. El experto en paternidad Thomas Phelan puso un ejemplo real de un niño de preescolar que procrastinaba en lugar de vestirse a tiempo por la mañana. La madre del niño, frustrada, dejó un día que lo llevaran a clase en pijama. Las naturales y vergonzosas consecuencias hicieron que esto no volviera a ser un problema[25].

Phelan y el profesor de Yale Alan Kazdin, ex presidente de la Asociación Americana de Psicología, ofrecen en sus libros sobre paternidad listas útiles de recompensas artificiales sugeridas, como quedarse despierto hasta tarde y premiar con puntos en una economía de fichas, canjeables por privilegios u otras recompensas[26]. ¿Son útiles o incluso necesarias? Pensemos en esto: para algunos adultos afortunados, su trabajo es tan gratificante que lo harían gratis (me viene a la mente la estrella del béisbol Babe Ruth). Pero para la mayoría de nosotros, los sueldos son un incentivo esencial, aunque por supuesto apreciamos cualquier recompensa natural que venga de la mano del trabajo. El hecho es que a muy pocos niños les resulta intrínsecamente gratificante aprender las tablas de multiplicar.

Con recompensas naturales o artificiales, el moldeamiento funciona para una amplia gama de conductas. Los niños que moldean a un profesor para que hable más alto, prestarán atención y sonreirán cada vez que levante la voz, al principio sólo un poco, luego más, hasta que esté a punto de gritar. El mismo método funciona igualmente para hablar más bajo o acercarse a la ventana. A mayor escala, el moldeamiento construye conductas de mucha más importancia: habilidades sociales, hábitos de estudio, asertividad, resolución de conflictos... incluso la propia paternidad. Las pautas para los formadores incluyen no subir el listón demasiado rápido[27]. No es difícil entender por qué. Si un niño de tres años progresa en una tarea difícil e intrínsecamente poco gratificante y no obtiene absolutamente nada por ello, por ejemplo, ¿por qué se va a molestar en seguir haciendo esta tarea?

El moldeamiento es tan importante para el aprendizaje que los expertos en robótica que desarrollan la inteligencia artificial, están de hecho estudiando cuidadosamente la ciencia que hay detrás[28]. A pesar de esta inusual aplicación, el moldeamiento en tiempo real es tanto un arte creativo como una ciencia, lo que lo convierte en un juego de salón muy divertido o en una demostración en el aula[29]. Prueba a turnarte como "moldeador" y "moldeado". Escoge una conducta misteriosa y, a continuación, utiliza una palmada para recompensar las aproximaciones sucesivas para encender la luz, por ejemplo, o a levantar las dos manos en alto. A mis alumnos les encantó.

En su autobiografía, B. F. Skinner trata de cómo moldeó los movimientos de la mano del psicólogo Erich Fromm mientras hablaban, prestando más atención, asintiendo y sonriendo, y obtuvo como respuesta un vigoroso movimiento de manos. Funcionó bien y sin que Fromm se diera cuenta de lo que ocurría[30].

Sin embargo, dado que el moldeamiento humano no está necesariamente planificado, ni siquiera de forma consciente, podemos ser sorprendidos moldeando lo contrario de lo que queremos. ¿Adivina qué ocurre la próxima vez que los padres ceden ante una rabieta? Lo mejor es esperar, pero el "estallido o pico de extinción" significa que las rabietas a veces empeoran al principio. Si los padres acaban cediendo, acaban de moldear rabietas *más extremas*, y los niños han aprendido que, si las intensifican, serán recompensados.

A este respecto, ¿hay esperanza para los adolescentes violentos y las personas que tenemos que lidiar con ellos? Al observar miles de interacciones entre padres e hijos, el experto en educación Gerald Patterson vio cómo se moldeaban estos patrones negativos[31]. Los niños aprendían fácilmente a intensificar sus protestas para conseguir lo que querían si ese enfoque daba resultado (recordemos los niños agresivos de cuatro años del capítulo 7). La disciplina en estas familias solía ser incoherente y faltaban los elogios adecuados. Los programas para ayudar a los padres a cambiar a un estilo de crianza más positivo y consistente han dado lugar a beneficios significativos, incluyendo la reducción del vandalismo, el absentismo escolar, la pertenencia a pandillas, la tasa de abandono escolar y el consumo de sustancias, así como la mejora del rendimiento en los exámenes[32]. El propio programa de entrenamiento de padres de Patterson cumplía con los criterios para ser considerado "bien establecido" científicamente en la reducción de la tasa de violencia y la agresión futura[33]. Por cierto, positivo no significa que haya que felicitar todo el rato: de hecho, los elogios pueden perder su valor de esa manera y volverse poco gratificantes. Cualquier cosa se abarata si es demasiado fácil de conseguir (véase el capítulo 5) o si no es sincera. El aprecio real tiene un valor real.

Aunque es más natural que nos percatemos de los problemas (como las peleas) que de aquello que es meramente neutro o positivo, la conducta deseable no puede darse por supuesta. Los padres tienen que aprender a ver que los niños se comportan bien y hacérselo saber. Como señalan las autoras Adele Faber y Elaine Mazlish en su exitoso libro *How to Talk so Kids Will Listen and Listen so Kids Will Talk (Cómo hablar para que los niños escuchen y escuchar para que los niños hablen)*: "La mayoría de nosotros somos rápidos y animosos al criticar y, y lentos y olvidadizos al elogiar. Tenemos la responsabilidad como padres de invertir este orden"[34]. Píllalos siendo buenos.

Por desgracia, pelearse por un juguete puede ser gratificante: el ganador se lleva el juguete. ¿Puede el moldear con un reforzamiento positivo artificial facilitar el juego apacible? Marta, de cinco años, era conflictiva y (lógicamente) los demás niños de su clase de preescolar la evitaban. ¿La solución? Primero se usó moldeamiento para que interactuara con ellos y luego para que jugara con ellos. Es decir, sus profesores le elogiaban y prestaban atención cada vez que Marta hablaba con los demás niños, y luego cuando jugaba con ellos de forma adecuada, es decir, ante aproximaciones sucesivas al objetivo del juego cooperativo y pacífico. Finalmente, cuando las maestras de preescolar le sonreían y atendían sólo por jugar de forma cooperativa, Marta respondía haciéndolo más[35]. Cuando las mismas consecuencias sociales se presentaban de forma independiente a su conducta (una situación "control"), no había ningún efecto sobre su juego cooperativo.

Una vez que un niño como Marta empieza a jugar sin pelearse, el reforzamiento natural e intrínseco de tener amigos se impone gradualmente. Es un pequeño paso hacia la paz.

LOS DESAFÍOS DE LA PATERNIDAD

Sin embargo, en el caso de problemas de conducta graves, como las peleas, a veces no basta con recompensar la conducta deseable, y hablar de ello tampoco funciona siempre, en particular con los niños pequeños. El tiempo fuera, inventado por los investigadores del aprendizaje por consecuencias hace muchos años (véase el capítulo 6), tiene su lugar en este espacio. Tanto la cultura *Paliya* como la *Mbuti* utilizan los tiempos muertos y desaconsejan el castigo corporal, la misma normativa adoptada por la Academia Americana de Pediatría[36] Numerosas investigaciones demuestran que incluso los tiempos muertos breves de reforzamiento positivo pueden ser una alternativa eficaz a los castigos más drásticos[37]. Aunque los tiempos muertos pueden ayudar a reducir una conducta problemática, no enseñan comportamientos alternativos deseables, por supuesto, así que el énfasis debe seguir siendo *"pillarlos siendo buenos".*

De las muchas formas diferentes de tiempo fuera, la más restrictiva es la retirada de la actividad a una habitación separada. En el otro extremo del espectro, el niño permanece en la actividad, pero se interrumpe brevemente su participación, o se le retira brevemente su juguete favorito. El programa de televisión *Supernanny* (ABC) se basa en gran medida en el reforzamiento positivo y en la "silla mala", una forma intermedia de tiempo fuera.

¿Funciona siempre el tiempo muerto? El consultor Ennio Cipani relató la historia de un niño de cuatro años al que se le puso en un lugar de tiempo muerto justo al lado de una estantería de juguetes. Simplemente se puso a jugar con los juguetes [38]. Para que cualquier forma de tiempo fuera funcione, el tiempo dentro tiene que ser gratificante y el tiempo fuera tiene que ser bastante menos gratificante. Lo ideal sería utilizar una duración mínima que sea efectiva, normalmente bastante corta.

En un estudio, Alberto, de cuatro años, era desobediente y agresivo, y daba puñetazos y bofetadas a otros niños. En la intervención, su madre ignoró las conductas problemáticas leves, mientras que en las más graves le llevaron a una sala de tiempo muerto que no tenía juguetes. La madre indicaba inmediatamente, pero en voz baja, por qué Alberto entraba en el tiempo muerto, que duraba dos minutos. Una rabieta durante el tiempo fuera significaba otros dos minutos más para la finalización del tiempo fuera. De lo contrario, los niños aprenden que los gritos les pueden sacar del tiempo muerto. Mientras tanto, mamá recompensaba el juego más apropiado y el entrenamiento con elogios y regalos de vez en cuando. Antes de la metodología de los tiempos muertos, mamá sufría hasta trece incidentes agresivos al día. Después de sólo dos días de tiempo fuera, las conductas problemáticas de

Alberto casi desaparecieron, y el tiempo fuera apenas se utilizó de nuevo[39].

¿Y los niños mayores? En el mencionado libro *Cómo hablar para que los niños escuchen y escuchar para que los niños hablen*, Faber y Mazlish trataron la utilidad de la resolución de problemas mutua y de las consecuencias naturales para evitar las peleas emocionales y los castigos artificiales. Un adolescente que tomó prestado un jersey de su padre lo devolvió cubierto de tiza y salsa de tomate. Las consecuencias naturales incluyeron la reticencia de papá a volver a prestarle ropa, lo cual tenía sentido para el adolescente. La siguiente vez que quiso pedir prestado algo del armario de su padre, el chico escribió una nota en la que prometía devolverlo en buenas condiciones, y cumplió su promesa,[40].

Pero a veces las negociaciones fracasan, los métodos positivos fallan y se desata el infierno. Alan Kazdin y su colega Carlo Rotella escribieron un post en Internet subtitulado: qué hacer cuando tu hijo te provoca una rabia inhumana. Sugieren que una buena respuesta se basa en haber tratado con antelación la pérdida de privilegios como ver la televisión. Ante el arrebato del niño, imponga la sanción, explique con calma el motivo y aléjese. Kazdin lo denomina "la multa de aparcamiento". Como siempre, debe ir acompañada de medidas positivas por el buen comportamiento, de la aplicación sistemática de las normas y de un modelo ejemplar (en la medida de lo posible; los niños imitan a sus padres[41].

Lo mejor de todo es que podemos evitar los problemas antes de que empiecen. Karen Pryor abordó sobre cómo tratar a los niños que con frecuencia hacen demasiado ruido en el coche. Premie una conducta incompatible: Por ejemplo, inicie un juego como "veo, veo" antes de que los niños se pongan nerviosos. Moldee gradualmente períodos más largos con niveles de ruido adecuados, por ejemplo, con sus bocadillos favoritos o la posibilidad de jugar a un juego electrónico. O cambie la motivación, modificando así el valor de la consecuencia. La inactividad forzada hace que la conducta ruidosa sea más gratificante. Los niños no se pondrán nerviosos si paras regularmente para que puedan corretear[42].

Incluso puedes hacer como Tom Sawyer y transformar lo negativo en positivo. Un padre de familia contó su historia en el libro sobre paternidad de Faber y Mazlish: creó una nueva forma de lidiar con todo el desorden de los niños. Saco mi baraja especial de cartas con todos los números altos eliminados. Entonces, cada niño elige una carta que le dice cuántas cosas que han sido desordenadas tienen que guardar. Hay mucha emoción mientras van contando todo lo que han guardado y se apresuran en ver cuál será su próxima carta. La última vez que lo hice, ordenamos la casa en veinte minutos y los niños estaban desilusionados porque el juego se había terminado[43].

LO QUE PUEDE SER LA RELACIÓN DE PAREJA

Tanto para nosotros como para nuestros hijos, es importante acentuar lo positivo. Algo tan sencillo puede salvar una relación de pareja. Pero esto no significa que vaya a ser fácil.

El investigador especializado en relaciones de pareja John Gottman popularizó por primera vez la llamada proporción "mágica" de 5:1 entre positivos y negativos tras observar muchas conversaciones típicas entre los miembros de una pareja. Un buen indicador de divorcio era que había demasiados aspectos negativos y pocos positivos, no sólo palabras, sino señales no verbales como un tono de culpabilidad o de apoyo. La investigación de Gottman demostró que algunas parejas intercambiaban muchos aspectos positivos por cada aspecto negativo, superando el 5:1 por un margen considerable. Otras decaían en *menos de* 1, intercambiando más aspectos negativos que positivos. Las proporciones constantemente bajas de positivos era claramente un factor de riesgo, pero ¿cuánto es suficiente? Gottman sugirió una proporción 5:1 como referencia a la que aspirar [44].

Se ha convertido en la "regla mágica del 5:1", popularizada en varios libros, como el bestseller de Tom Rath y Donald Clifton, *¿Está lleno su cubo?*[45]. También se ha extendido más allá del ámbito de las relaciones afectivas. Ya hemos visto el valor de un nivel de positivos elevado frente al nivel de negativos para predecir el éxito en el desarrollo del lenguaje (como se trata en el capítulo 10), y sus beneficios se documentan en libros de educación que he mencionado. Una serie de estudios de investigación lo apoyan ahora en el contexto de las relaciones afectivas, en la crianza de los hijos y en otras áreas como la educación, los negocios y la rehabilitación de reclusos en el ámbito penitenciario[46]. La investigadora Barbara Fredrickson descubrió que una proporción mínima de 3:1 mejoraba la resiliencia emocional, en lo que respecta a la capacidad de manejar aspectos aversivos, y señaló que la mayoría de nosotros nos quedamos cortos[47]. Para el día a día, la proporción exacta probablemente no sea importante, pero la esencial idea sí lo es.

Al igual que en el caso de nuestros hijos, una alta proporción de positivos hace que sea más seguro experimentar, estableciendo una atmósfera de confianza. Todas las parejas discuten, pero Gottman descubrió que ello no suponía un problema siempre que la proporción global de positivos frente a negativos fuese razonablemente alta. En los matrimonios felices, los negativos se abordaban con confianza como transacciones ocasionales, mientras que los positivos eran la norma. Una pareja podía estar en desacuerdo sobre qué hacer el fin de semana, siempre conscientes de que se podía llegar a algún tipo de acuerdo. Puede que en casi cualquier relación humana (o animal) se aplique el mismo principio básico. Ciertamente, conocemos los efectos secundarios perjudiciales de un exceso de negativos (véase el capítulo 6).

La periodista Amy Sutherland adoptó un enfoque basado en las consecuencias para su propio matrimonio. Aunque su relación era mejor que la de la mayoría, seguía teniendo sus inconvenientes, por ejemplo, su pareja dejaba la ropa sucia tirada en el suelo. Hablar a veces ayudaba, pero otras no. Cuando no lo hacía, Sutherland se quejaba, lo que a menudo empeoraba las cosas. A nadie le gusta que le regañen, pero se refuerza en un programa variable, que afianza fuertemente esta conducta dando lugar a un desplome de la razón entre positivos y negarivos.

Sutherland dejó de regañar a su marido para que pusiera la ropa en el cesto. Adoptó la estrategia de ignorar los montones de ropa y se limitó a expresar su gratitud cada vez que echaba algo al cesto. Poco a poco, él fue mejorando (su conducta fue moldeada). Para mantenerlo alejado cuando ella cocinaba, no lo regañaba, sino que creaba tareas en otro lugar de la cocina, como poner la mesa (recompensando estas conductas incompatibles). Este enfoque positivo funcionó tan bien que su marido también adoptó la estrategia. Su relación, que ya era sólida, mejoró aún más si cabe[48].

¿Qué tal si empezamos desde cero? John y Janice Baldwin mencionan el caso de un joven con escasas habilidades sociales que no escuchaba ni hacía preguntas en el contexto de una conversación, ciñéndose de forma tediosa a sus temas favoritos. No es de extrañar que rara vez tuviera éxito a la hora de ligar. A petición suya, varios asistentes formados en moldear interacciones sociales le recompensaban cuando sacaba temas de conversación deseables, mientras le ignoraban o castigaban levemente (le desalentaban) cuando tría a colación temas aburridos. Mejoró tanto que, al cabo de un año, se casó con una de las asistentes que realizaban estas sesiones de práctica[49]. Por cierto, su autoestima también mejoró.

LA VERDADERA AUTOESTIMA

¿Debemos centrarnos en la autoestima de nuestros hijos? El psicólogo Roy Baumeister, que había sido un firme partidario de hacerlo, revisó la extensa literatura de investigación. Sorprendentemente, llegó a la conclusión de que, en sí mismos, los refuerzos de autoestima como "qué buen chico eres" simplemente no ayudaban, no producían ningún beneficio[50]. Lo que sí funciona son los elogios específicos por el esfuerzo y los logros que son reales, y, por supuesto, ese tipo de elogio es mucho más probable que funcione como una recompensa real que tenga influencia en lo que hacen los niños, además de influir en cómo se sienten.

Hacer saber a los jóvenes que sus iniciativas *pueden mejorar las cosas* parece una forma sencilla de motivarlos y educarlos. Pero, ¿funciona? La especialista en autoestima Carol Dweck enseñó técnicas de estudio a niños de secundaria sin recursos. A la mitad de los alumnos también se les dio información sobre cómo el esfuerzo puede mejorar la inteligencia, e incluso se les leyó un artículo sobre cómo el aprendizaje cambia y mejora el cerebro (como se trata en el capítulo 4). Los chicos de este grupo obtuvieron resultados significativamente mejores ese semestre, aunque los profesores no sabían quién había estado en cada grupo. Por lo que ninguna expectativa autocumplida podría haber sesgado los resultados (véase el capítulo 14)[51]. En otra investigación, Dweck descubrió que los niños que recibían halagos por su inteligencia eran reacios a intentar nuevos retos y más propensos a abandonar cuando fracasaban[52].

Al igual que los elogios pueden estar vacíos y ser poco gratificantes, también lo pueden ser los intentos de aumentar la autoestima que no se apoyan en esa relación que potencia el esfuerzo y su consecuencia para progresar hacia el logro. Parece que los niños también se benefician de aprender de sus errores. Si no experimentan el error y otras consecuencias negativas naturales, los niños pueden tener más problemas para enfrentarse a ellos posteriormente. Padres "sobreprotectores", tomen nota de estos hallazgos.

Del mismo modo, cuanto antes mejor, a la hora de aprender a gestionar esas frustrantes demoras hasta las consecuencias que deseamos. El autocontrol puede ser la habilidad más valiosa que los padres pueden cultivar y desarrollar en sus hijos.

Capítulo 12

LA LUCHA CONTRA LOS IMPULSOS, ¿TIENES AUTOCONTROL?

"La más difícil de las victoria es la victoria sobre uno mismo".

— Aristóteles

Hay una razón por la que el autocontrol ha sido enaltecido durante milenios: es difícil de conseguir. La mayoría de las recompensas no se producen cuando queremos, es decir, de forma inmediata. Seguro que has sido testigo de la tentación de luchar contra las deudas en lugar de esperar y ahorrar para hacer una gran compra.

Tanto desde el punto de vista social como desde el individual, es difícil resistirse a la tentación. La industria pesquera de bacalao de los Grandes Bancos del Atlántico, una de las más ricas del mundo durante siglos, se hundió en 1992 por la sobrepesca. Algunos expertos temen que nunca se recupere. Por desgracia para nosotros y para nuestro planeta, nuestra susceptibilidad a las recompensas a corto plazo puede provocar un desastre a largo plazo.

Afortunadamente, podemos utilizar lo que sabemos sobre las consecuencias para hacer frente a nuestros peores impulsos. Este capítulo se centra de lleno en el reto individual, y el capítulo 16 en el reto social.

DETECCIÓN DE LA DEMORA

Dos investigadores recompensaron a ratas de laboratorio de forma ocasional por meter la nariz en un tablero con muchos agujeros. ¿A qué agujero volverían después de haber disfrutado de su aperitivo? No era el que habían picado hace diez minutos, ni siquiera hace un minuto. Era el que estaban picando justo cuando apareció la comida[1]. La lógica es la siguiente: haz algo y obtén una "consecuencia" inmediata, y tal vez lo que hiciste sea lo que la causó. En cualquier caso, vale la pena comprobarlo. Es como el efecto de la superstición (véase el capítulo 5): Dale un golpe a un poste eléctrico justo antes de un apagón y seguro que te preocupas de haberlo provocado tú. Aunque es cierto, que si te golpeas media hora antes, no te vas a preocupar por haberlo provocado tú (esperemos).

En la naturaleza, este énfasis en la inmediatez suele tener sentido. Mueve las piernas más rápido y como consecuencia andas más rápido. Al momento, no diez minutos después.

Aun así, los expertos cazadores en emboscadas, como los gatos, aprenden a esperar pacientemente fuera de un agujero a lo que puede ser un suculento ratón. En la naturaleza y en el laboratorio, los animales pueden soportar la espera algún tiempo. B. F. Skinner descubrió que las ratas que se iniciaban en el juego podían captar la presión de la palanca con una demora de ocho segundos hasta tener su recompensa[2]. Las investigaciones posteriores ampliaron esta demora: poner a la rata Daisy en una caja con una palanca. Sin que ocurra nada más, pero Daisy acaba presionando la palanca (oye, es algo que hay que probar). Treinta segundos después, recibía una bolita de comida. Mientras tanto, Daisy se encontraba haciendo otras cosas: olfatear, dar vueltas en círculo, lamerse una pata. Si repite estas acciones, no recibe comida. Finalmente, vuelve a pulsar la palanca. Treinta segundos después, otra bolita de comida es dispensada. Es una demora muy larga para un animal, pero hasta las ratas acaban entendiendo esta asociación[3].

¿Cómo sabemos que es la consecuencia lo que les hace presionar con frecuencia y no algún otro efecto de la comida? Porque cuando reciben las mismas cantidades de comida en momentos comparables y variables pero independientes de lo que hacen, *no presionan* la palanca. Incluso los peces luchadores siameses son capaces de aprender a obtener recompensas reales, pero demoradas también de esta forma[4].

Por lo tanto, tanto la coherencia como la inmediatez influyen, pero ninguna es del todo esencial. Una consecuencia inmediata reforzaba el hecho de hurgar en la nariz de las ratas. Aunque también lo hizo con una vinculación coherente, pero sin que fuera inmediato. Como con la demora de treinta segundos de la rata Daisy.

Tampoco es de extrañar que las personas también puedan aprender nuevas conductas con este procedimiento de recompensa demorada[5]. Sin embargo, con tantas otras cosas ocurriendo simultáneamente sobre la marcha, nos resulta difícil incluso detectar la relación real entre la consecuencia y lo que acabamos de hacer. Las consecuencias, las señales y todo lo demás operan a la vez en distintos periodos de tiempo. Vaya lío. No es de extrañar que nos cueste dejarnos influir por las consecuencias que se demoran en el tiempo: a veces ni siquiera nos damos cuenta de que están ahí, pero lo cierto es que están.

El lenguaje salva estos intervalos de tiempo con reglas que pueden ser útiles: usar protección solar. Llevar el paraguas. Incluso las largas demoras en los tiempos remotos de nuestros ancestros: como plantar una semilla de almendra hoy, pero cosecharla cinco años después.

Pero incluso con la gran ventaja del lenguaje, presta atención a lo que te voy a contar a continuación sobre el tiempo que tardamos en reconocer la causa del escorbuto. Sin vitamina C; hola, escorbuto. Pero las consecuencias no son inmediatas, y la diversidad de alimentos adecuados para prevenir el escorbuto es bastante variada. Décadas después de que el cirujano naval británico James Lind demostrara finalmente la eficacia de los cítricos frescos contra esta enfermedad, fue cuando la armada británica adoptó este enfoque. Pero la pérdida de vitamina C causada por los zumos mal conservados hizo que los marineros y exploradores británicos siguieran sufriendo escorbuto. La carne fresca por sí sola a veces funcionaba, por lo que las frutas y verduras no siempre eran esenciales, lo que aumentaba la confusión. Durante un tiempo, incluso se pensó que el escorbuto podía estar causado por la carne contaminada, lo que posiblemente contribuyó a condenar la fatal expedición del capitán Scott al Polo Sur[6]. Desenmarañar las consecuencias reales pero tardías de las pistas que pueden ser falsas es uno de los triunfos del método científico.

LA RECOMPENSA QUE DESAPARECE

Ahora dale la vuelta a esto y comprueba lo rápido que baja el valor de una consecuencia cuanto más se retrase en el tiempo. Eso hace que sea difícil de sopesar de manera eficaz. Y ahí es donde entra en juego el autocontrol.

Nuestras vidas son constantes elecciones entre consecuencias (véase el capítulo 7), y muchas de esas consecuencias se demoran en el tiempo. Comer demasiado, tener sobrepeso. Más tarde. Estudiar mucho, conseguir un buen trabajo. Más tarde.

Luego está la incertidumbre: algunas consecuencias demoradas están en programas más austeros con baja probabilidad. Por ejemplo, si no te abrochas el cinturón, te arriesgas a sufrir más lesiones en un accidente. Más tarde, tal vez. El uso del cinturón de seguridad tardó años en convertirse en una norma de tráfico, a pesar de las abrumadoras pruebas de sus beneficios[7].

Es más, las mismas opciones de autocontrol pueden funcionar exactamente al revés para diferentes personas. Para la mayoría de nosotros, por ejemplo, el reto es ahorrar en lugar de gastar. Pero los más ahorrativos tienen que obligarse a gastar, llevando el autocontrol demasiado lejos. El mismo principio se aplica a la tragedia del suicidio. Si se considera justificado y moralmente necesario, el suicidio puede ser un acto supremo de autocontrol: el dolor y la finalidad de la muerte se intercambian por el bien a largo plazo de los demás. O puede ser un fracaso absoluto de autocontrol: se escapa de un dolor inmediato espeluznante, pero se pierden todo tipo de razones aplazadas para vivir.

Todos los días, nosotros los héroes de andar por casa elegimos el dolor presente a cambio de ganancias futuras, los deseos más grandes y tardíos en lugar de deseos efímeros e inmediatos (véase el capítulo 6). Damos un paseo en lugar de ver la televisión, bajamos la temperatura para ayudar al planeta y así ahorrar en la factura de la calefacción más tarde, y también hacemos las tareas en lugar de dejarlas para más tarde. O al menos lo intentamos, ¿no? Los paralelismos con los animales son bastante similares a los nuestros. En un estudio llamado "Procrastinación en la paloma", los pájaros eligieron más trabajo después en lugar de menos trabajo ahora[8]. ¿Te resulta familiar?

No es de extrañar que el autocontrol haya atraído el interés de muchas investigaciones, lo que ha permitido a los científicos describir matemáticamente el modo en que las consecuencias demoradas pierden su valor. Mi colega George Ainslie fue uno de los primeros en demostrar que la relación sigue una curva "hiperbólica"*, una ecuación que funciona para diversas consecuencias en varias especies y en escalas de tiempo tanto grandes como pequeñas. Suele funcionar bien incluso cuando las personas eligen entre recompensas hipotéticas (como el dinero) que recibirán en distintos momentos, sabiendo que no las recibirán en realidad[9]. Aparte de las ventajas obvias de las normas y el razonamiento, hay excepciones a este "descuento por demora"[10]. Por ejemplo, saber que mañana te van a humillar públicamente, hace que la tristeza se propague desde hoy, y es muy posible que prefieras deshacerte de esta sensación. Esto es lo que ocurre con el típico efecto de la procrastinación, que consiste en aplazar aquellas cosas negativas, prefiriendo hacer las tareas más grandes luego, en lugar de hacer las más pequeñas antes. Como en este caso, a veces el condicionamiento clásico ayuda a que el propio periodo de espera sea aversivo, por lo que se elige "el más pequeño antes". En el caso de los aspectos positivos, se suele optar por una conducta más impulsiva "más pronto" en lugar de "más tarde". Pero, al igual que los recuerdos felices a la inversa (véase el capítulo 8), el placer de la anticipación puede anular la

---

* *N. del E.:* La hipérbola es una curva simétrica respecto de dos ejes perpendiculares entre sí, compuesta de dos ramas abiertas, dirigidas en sentidos opuestos, que se aproximan indefinidamente a dos asíntotas, de modo tal que la diferencia de sus distancias a dos puntos fijos es siempre constante. Cuando se aproxima a una curva hiperbólica, muestra cómo al disminuir la demora se incrementa el efecto hasta llegar a un efecto máximo, por tanto, las consecuencias demoradas pierden su valor.

habitual caída retardada del valor de una recompensa. Un economista pidió a los hombres que valoraran el momento en que podrían (hipotéticamente) besar a su estrella de cine favorita. La opción mejor valorada fue la de esperar una demora de tres días, en lugar de optar por el abrazo inmediato[11]. Las canciones sobre la anticipación tienen su razón de ser.

Es más, aunque la impulsividad suele condenarse, a veces es realmente mejor coger lo seguro ahora y acabar cuanto antes. Cuando Polonia sufrió una hiperinflación a principios de la década de 1990, sus habitantes aprendieron a gastar sus ahorros con rapidez porque su dinero realmente perdía valor de un día a otro. Cuando la economía se estabilizó, esta impulsividad desapareció[12].

Sin embargo, la mayoría de las pruebas sobre las consecuencias demoradas se ajustan bien a la ecuación hiperbólica, que logra predecir una característica peculiar del autocontrol: cambiamos de opinión a medida que avanza el tiempo y se altera el valor de las consecuencias. Empezamos con buenas intenciones: nos levantamos, hacemos ejercicio, pero ya decidimos saltarnos el postre a la hora de cenar. Pero horas más tarde, miramos fijamente un *brownie* y decidimos que tal vez podemos permitirnos esas calorías de más, después de todo. Al igual que poner la alarma la noche anterior es sencillo, pero otra cosa es levantarse cuando suena la alarma. ¿Y las consecuencias hipotéticas? Imagina que puedes elegir entre recibir 100 dólares ahora o 150 dentro de un año. ¿Qué tal 100 dólares dentro de dos años o 150 dentro de tres? Muchas personas cambian de hecho su preferencia.

Los animales hacen lo mismo: si se les da a elegir entre dos segundos para comer un delicioso cereal ahora, en lugar de cuatro segundos de comer en cuatro segundos, las palomas eligen el cereal más pequeño-antes. Sin embargo, si se añaden diez segundos de demora entre ambas opciones, las aves se vuelven racionales: eligen el cereal más grande-tarde. La misma inversión. Por tanto, la misma ecuación[13]. Cuando las ratas y las personas eligen el zumo auténtico disponible tras diferentes demoras, sus resultados son bastante similares[14]. Las ratas muestran sistemáticamente más autocontrol que las palomas cuando se trata de comida[15]. Pero en cuanto a recompensas aprendidas que no incluyen comida, las palomas en este caso son capaces de ajustarse mejor[16].Y al igual que nosotros, las personas pueden ser más o menos impulsivas.

DIFÍCIL ELECCIÓN

¿Y los niños? El psicólogo Walter Mischel ha estudiado la impulsividad infantil. En uno de sus experimentos permitió a un grupo de niños elegir entre dos opciones: un dulce ahora, o dos dentro de 15 minutos. Con un tentador postre ante ellos, muy pocos pudieron resistirse. Lo habitual es que

se lo coman en el momento. Sin embargo, los niños que esperaron más tiempo obtuvieron mejores resultados en los exámenes de acceso a la universidad muchos años después[17]. Un estudio realizado en Nueva Zelanda con 1.000 niños obtuvo resultados similares, mostrando beneficios veinticinco años después para aquellos que tenían más autocontrol cuando eran más jóvenes, incluso teniendo en cuenta otros factores como el nivel socioeconómico[18].

En una versión del estudio de Mischel, algunos niños trataron de convertir el negativo asociado a la espera en algo positivo. "Dialogaban internamente, canturreaban, se inventaban juegos con las manos y los pies, e incluso intentaban echarse una siesta mientras esperaban, como hizo con éxito uno de los niños"[9]. Ya vimos en el capítulo 5 que los niños de dos años y medio con un programa de baja velocidad desarrollaban tácticas similares para hacer frente a la demora: como dar paseos por la habitación, por ejemplo. Aunque esta estrategia también fue llevada a cabo por algunos animales.

¿Cómo crees que les iría a las palomas en el reto de la golosina? El psicólogo experimental Allen Neuringer hizo una investigación para averiguarlo esto. Las aves que esperaron obtuvieron el delicioso grano que preferían. Los pájaros que cedieron a la tentación picotearon una llave y tomaron antes una cantidad menor, y, lo que es más, era un tipo de grano que les parecía insípido A los niños les fue mejor cuando no podían ver las golosinas. Lo mismo ocurría con las palomas. Al igual que Mischel, Neuringer también observó lo que ocurría cuando había una actividad alternativa disponible, cuando las aves tenían una experiencia placentera con la espera y cuando las señales ayudaban. De nuevo, los resultados fueron similares[20].

Para más similitudes, se sabe desde hace tiempo que las personas que resultan ser más impulsivas en este tipo de situaciones de laboratorio tienden a tener más problemas de tabaquismo, alcoholismo y drogadicción[21]. Esta relación también se aplica a las ratas, por raro que parezca. Las ratas más impulsivas en una prueba estándar de comida demorada eran más propensas a administrarse cocaína y también a consumir más[22]. Por supuesto, estas relaciones no nos dicen nada sobre qué causa qué, un clásico embrollo de correlación-no-causación-igual. Otras investigaciones muestran que las ratas a las que se les da cocaína *se vuelven* más impulsivas, y siguen siéndolo incluso varios meses después de haber dejado la droga[23].

Por suerte, no cabe duda de que el autocontrol puede enseñarse. Ya hemos visto que los monos criados por monos adultos eran menos impulsivos que los criados por monos jóvenes (véase el capítulo 3). Mischel probó desde diferentes metodologías, como se ha señalado anteriormente en el presente capítulo. Los seres humanos hemos encontrado muchas formas de cultivar y entrenar el autocontrol.

Uno de estos enfoques es bastante simple y directo: los investigadores dieron a los niños la posibilidad de elegir inmediatamente entre una recompensa grande o una pequeña, y luego demoraron gradualmente la recompensa más grande. ¿Aprenderían los niños que vale la pena esperar? Sí, y lo que es aún más impresionante es que estos niños en particular habían sido seleccionados por sus profesores de preescolar por ser sobre todo impulsivos[24]. En su bestseller *Walden Dos*, Skinner especuló que su comunidad utópica podría enseñar esta habilidad decisiva precisamente de esta manera[25].

Este método también puede funcionar en animales. En un estudio, las ratas eligieron entre dos palancas que proporcionaban cantidades grandes o pequeñas de comida, ambas con una demora de seis segundos. Como resulta obvio, eligieron la cantidad más grande. Cuando se eliminó esta demora en la recompensa pequeña, las ratas se mantuvieron fieles a la recompensa grande demorada, en contraste con lo que habrían hecho sin esta experiencia previa. A continuación, cuando las dos palancas cambiaron su función (más pequeño-antes) se convirtió en (más grande-tarde) y viceversa, todos menos uno de los doce animales originales también invirtió el orden, quedándose con el "más grande-tarde", que era la opción más sabia. Es impresionante ver como la mayoría de ellos siguieron mostrando autocontrol durante demoras de hasta veinticuatro segundos, cifras bastante dilatadas para un animal pequeño[26].

LA LUCHA CONTRA LA TENTACIÓN: APLIQUEMOS LO QUE SABEMOS

Información que todos podemos utilizar: ejemplos de ayuda al autocontrol basado en las consecuencias.

Añadir/restar consecuencias. Vivimos en un mundo de comida rápida que gira en torno a la gratificación instantánea. Somos testigos de la manía que suponen los mensajes: así como caminar mientras se envían mensajes con el móvil, conducir mientras se envían mensajes, incluso saltar en paracaídas mientras se envían mensajes con el móvil (en serio).

La tecnología moderna puede facilitar el autocontrol añadiendo recompensas inmediatas por ello. Muchos coches ofrecen ahora información instantánea sobre el kilometraje, por ejemplo, los coches híbridos son particularmente eficientes. Ya no hay que esperar a llenar el depósito para averiguar como de eficiente era el combustible. A consecuencia de ello, ha surgido una nueva subcultura, y los "hipermóviles" compiten por ser supereficientes. El dueño de un híbrido se refirió al cambio en el modo de conducción de su vehículo como "un poco adictivo"[27]. ¿Quién iba a pensar que el autocontrol podía llegar a ser divertido?

Utilizando la misma estrategia, algunas empresas de servicios públicos ofrecen ahora contadores eléctricos en el interior de los hogares que muestran el consumo en tiempo real, a veces con cambios de color que recompensan el ahorro. Un programa piloto en Canadá demostró que el consumo se redujo en un 13% de media cuando los clientes pudieron ver la cantidad de energía que estaban utilizando[28].

Si no hay recompensas naturales inmediatas, prueba a añadir algunas extra artificiales. Una psicóloga "se recompensaba a sí misma jugando al videojuego *Asteroids* después de cumplir cada objetivo diario de escritura. Cuando terminé de escribir mi tesis, ya tenía más de un millón de puntos", contaba la psicóloga[29].

Pero no olvidemos el lado oscuro. Añade elementos negativos: Por ejemplo, píntate las uñas con un líquido amargo para que no te las muerdas. Mira los anuncios atroces que muestran a fumadores enfermos respirando por tubos artificiales en sus gargantas agujereadas.

Ponerse un objetivo como ahorro, de, por ejemplo: 1.000 dólares crean un útil reforzamiento adicional y vence al deseo, permitiendo gastar menos. Del mismo modo, tener una fecha límite refuerza el cumplimiento de la misma (véase el capítulo 6). ¿Pueden funcionar las fechas límite en casa? Un estudio realizado por el economista conductual Dan Ariely y un colega descubrió que los estudiantes obtienen mejores resultados con los plazos creados por ellos mismos que con ninguno, no obstante, los plazos impuestos por otras personas son los más eficaces[30]. Sin embargo, hay que tener cuidado de no perder de vista el bosque por los árboles. Los investigadores han comprobado que las personas que no alcanzan sus objetivos de pérdida de peso suelen sentirse fracasadas, aunque hayan conseguido perder algo de peso[31].Un moldeamiento eficaz de la conducta puede llevar tiempo.

Apoyo social y modelos. El mero hecho de que los demás conozcan tu objetivo supone recompensas y castigos adicionales. El estímulo o la decepción de otras personas puede ser un poderoso motivador. Alíate con un amigo para hacer deporte o estudiar. Compartir tus proyectos significa aprender también a través de la observación del otro.

"Women in Red Racers", un grupo de apoyo online para ponerse al día de deudas utiliza varias de estas estrategias. Los participantes deben publicar su deuda, así como sus progresos y "recaídas" en sus intentos de amortizarla. Todo el mundo en el grupo puede ver y animar, como en los conocidos grupos de automonitorización como "Báscula" o "Alcohólicos Anónimos". Según uno de los miembros de *Racers*, "tener un foro donde puedes decir: acabo de recibir una tarjeta de 25 dólares por mi cumpleaños y lo voy a destinar a pagar la cuenta pendiente de mi tarjeta *Visa*. Por esto, vas a recibir una ronda de aplausos de tus compañeros de *Racers*, es increíble. Un sistema de recompensas por puntos incluye también una carita sonriente por cada 100 dólares destinados a reducir tu deuda. En menos de dos anos, unos pocos cientos de miembros pagaron juntos en torno a 3 millones de dólares. *"No se podría pensar que las caritas sonrientes pudieran ser tan importantes",* dijo un miembro[32].

Señales. Algunas señales naturales provienen de nuestro propio cuerpo. Puedes darte cuenta cuándo estás empezando a estresarte, para poder evitar un montar en cólera.

Las señales artificiales de autocontrol también son habituales. Hay una buena razón por la que los locutores de programas musicales de la radio anuncian los próximos éxitos que vendrán a continuación: señalan entonces que permanecer conectado a la emisora soportando un montón de anuncios será recompensado. En relación con esto, ¿has notado que cuando tienes el depósito lleno de gasolina, es más difícil tener autocontrol para hacer viajes innecesarios? La siguiente visita a la gasolinera puede retrasarse demasiado y ser tarde. Cuando te queda poca gasolina, es más fácil conducir menos y conservar el combustible. Las señales son importantes.

Hemos visto que, en las cadenas comportamentales cada conducta señala a la siguiente. Estas cadenas suelen ser automáticas. Entrar en el coche, abrocharse el cinturón; ni siquiera se para uno a pensarlo. Cepillarse los dientes es un ejemplo clásico de una cadena aún más fuerte[33]. No obstante, algunas cadenas pueden terminar siendo problemáticas: empieza un anuncio en la televisión e inmediatamente te diriges a la cocina a por un bocadillo. Entrénate para hacer ejercicio en el salón. Rompe esta cadena.

Por último, al igual que en el caso de los niños que miran las golosinas, cualquier cosa que llame la atención sobre las recompensas más pequeñasantes puede ser perjudicial. Trata de ocultar tus tentaciones. Para algunos, puede ser un vídeo favorito; para otros, los cigarrillos, el chocolate o el alcohol.

Programas. Como todas las recompensas, los emoticonos en el grupo *Woman in Red Racers,* se ganaron con en un programa. Algunos métodos de autocontrol se basan directamente en sus diferentes propiedades.

En el capítulo 5 se introdujo un programa de reforzamiento en el que se exigía una conducta cada vez mayor a lo largo del tiempo, como, por ejemplo, andar a tientas. Las recompensas sólo llegaban cuando se recorría una mayor distancia. Mi colega Steve Higgins introdujo un programa relacionado con la abstinencia de drogas, un problema de autocontrol de gran magnitud. En este programa, la conducta de interés no cambia, pero el valor de la recompensa sí. A los adictos a la cocaína se les hacía un análisis de orina tres veces por semana. Al no consumir cocaína, recibían un vale que podían canjear por artículos específicos, como ropa, entradas de cine o equipos de música. Los bonos aumentaban progresivamente a medida que los adictos conseguían mantenerse limpios sin consumir. Si no pasaban la prueba o no se presentaban, el tamaño del vale volvía a su valor inicial[34]. Los bonos de los programas de prevención de la drogodependencia han demostrado ser los más eficaces en el tratamiento de la drogodependencia (para más información, véase el capítulo 15).

Un reto común de autocontrol es quedarse atascado con un programa de trabajo fijo agotador y duro. Es decir, una larga razón fija para trabajar por cada recompensa. Puede sufrir la larga pausa característica antes de empezar a trabajar o programar refuerzos extra que pueden permitirte ponerte manos a la obra. Todavía mejor, puedes cambiar de un programa de recompensas fijo a uno variable. En el programa variable de "leer el periódico" o "jugar", una recompensa puede estar siempre a la vuelta de la esquina. El trabajo constante es lo típico, pero sólo si el programa variable incluye recompensas fáciles de vez en cuando[35]. Así de importantes son. Así que prográmelas. Las Vegas lo hace.

El compromiso. ¿Recuerdas el cambio de las preferencias con el paso del tiempo? Comprométete con la suficiente antelación como para elegir sabiamente y evitar la tentación posterior. Algunos dormilones ponen el despertador en el otro lado de la habitación para no apagar la alarma y darle a repetir tantas veces como sea necesario. En la tienda de ultramarinos, intenta resistirte a comprar tu marca favorita de patatas fritas; así tienes menos posibilidades de conseguir una gratificación instantánea en casa. Junto con no comprar cuando estás hambriento, (algo que también ayuda, claro). En varios estados, los jugadores que tienen problemas pueden prohibirse voluntariamente entrar en los casinos, incluidos sus diferentes programas variables "adictivos". Si con todo esto los jugadores deciden infringirlo, se enfrentan a multas e incluso a ser detenidos. Miles de personas se han inscrito en este tipo de listas.

Puede parecer improbable, pero los animales también pueden aprender a comprometerse para así maximizar sus recompensas. El psicólogo Ainslie dio a sus impulsivas palomas la opción de picotear una llave que señalaba compromiso antes de cada elección. Si lo hacían, después de una demora sólo estaría disponible la opción más grande-tarde y no la posibilidad de más pequeña-antes. Tres de las diez aves lo intentaron y aprendieron a comprometerse de forma fiable[36].Otro investigador descubrió que exigir varios picotazos en cualquiera de las teclas en lugar de un solo picotazo en su elección conducía a más elecciones más grandes y tardías (técnicamente, un intervalo de "razón fija"). La demora adicional en el picoteo extra, aunque fuera breve, era suficiente para poner en marcha este autocontrol. Cambiar en medio de los picotazos extra significaba empezar de cero en la otra elección, y una cantidad de esfuerzo infructuoso para el pájaro. Los pájaros aprendieron a comprometerse con su primera y más sabia elección[37].

Los economistas conductuales Richard Thaler y Shlomo Benartzi desarrollaron el programa (SMarT) *Save More Tomorrow* (Ahorre Más Mañana) para ayudar a las personas a tomar decisiones financieras delicadas cuyas consecuencias son a largo plazo (véase el capítulo 1). Con una opción por defecto para los planes de pensiones, por ejemplo, los empleados se inscriben de forma automática en un plan. El resultado es una mayor participación, lo cual es beneficioso para los empleados[38]. Comprometerse con antelación facilita el camino hacia una gestión financiera más inteligente.

Listas de control y gráficos. El simple hecho de tachar elementos de una lista, llevar un gráfico de progreso o crear un presupuesto mensual y ceñirse a él puede ser sorprendentemente gratificante. Un escritor que tenía plazos de entrega expuso lo siguiente: llevé un registro de mis progresos en un calendario colgado en la pared, con una estrella amarilla por cada semana que cumplía mi objetivo. Al final de veintiséis semanas, tenía veintiséis estrellas de oro y cuarenta capítulos completados. Puede parecer cursi, pero realmente funciona"[39]. Una gran cantidad de "*apps*" electrónicas utilizan ahora estas técnicas en cuanto a los retos de autocontrol, así como para una gran variedad con otros fines motivacionales, incluso para tener una cita o empezar un *hobby*.

Skinner fue más allá, registrando exactamente el tiempo que dedicaba a escribir (véase el capítulo 7), y Anthony Trollope y Ernest Hemingway utilizaron una estrategia similar, monitorizando durante cuánto tiempo escribían[40]. También funciona para los fumadores. Karen Pryor hizo un gráfico con el número de cigarrillos que fumaba cada día y pudo dejar de fumar definitivamente. Ver su progreso general la ayudó a superar sus recaídas[41].

La experiencia. Hemos visto que la simple práctica en un programa de demoras gradualmente crecientes puede enseñar autocontrol, dejando que se experimenten los reforzadores naturales asociados a este autocontrol. Del mismo modo, las novelas de misterio son las favoritas de todos: ¿Quién es el culpable? Los buenos escritores son arquitectos del suspense, de modo que el valor de la recompensa de averiguarlo es lo suficientemente grande como para que algunos de sus ávidos lectores lleguen hasta la última página. Pero perseverar en las claves sutiles, el reforzamiento demorado es mayor, y la mayoría de nosotros aprendemos a ejercer el autocontrol a través de la experiencia.

Catalina la Grande describió cómo aprendió de su experiencia: "Me he impuesto la regla de empezar siempre por los asuntos más difíciles, más incómodos y más tediosos; cuando termino esto, el resto del camino parece un paseo fácil y agradable"[42]. Es como programar el postre al final de la comida.

Reglas. Cuanto más aprendemos, más sofisticadas y eficaces son las reglas que intentamos cumplir. Muchos de nosotros contamos hasta diez o salimos de la habitación cuando estamos enfadados, siguiendo antiguas reglas de autocontrol. La escritora S. E. Hinton sufrió un bloqueo como escritora durante cuatro años después de que su primer libro, *The Outsiders* (Los extranjeros), se convirtiera en un éxito. Su novio finalmente le sugirió que se impusiera la norma de escribir varias páginas cada día, o no saldría con ella por la noche. Esto funcionó[43].

El seguimiento de reglas puede ser gratificante en sí mismo. Aunque llevo años trabajando por las tardes y los fines de semana, sigo sintiendo un brillo virtuoso por la norma cultural de que estoy yendo más allá. No es de extrañar que antes tuviera adicción al trabajo. Todo tiene sus peligros.

Debido a las normas culturales, los incentivos de autocontrol aparentemente sencillos pueden tratarse de cualquier cosa. Dos economistas conductuales investigaron los retrasos en las guarderías. Cuando los padres empezaron a pagar una multa de 3 dólares por llegar más de diez minutos tarde, casi todos llegaron mucho *más* tarde. ¿Por qué? Porque antes, los padres se sentían culpables por tener esperando a los trabajadores de la guardería. Ahora llegar tarde era sólo parte de un ligero coste económico asumible [44].

EL CONTROL DEL PESO

La necesidad de autocontrol nunca ha sido mayor cuando se trata de mantener un peso saludable. Según los Centros para el Control y la Prevención de Enfermedades, dos tercios de los estadounidenses tienen ahora sobrepeso, y un tercio se considera obeso[45]. Esta epidemia se ha desarrollado sólo en los últimos veinticinco años. Los altos costes derivados, están resultando astronómicos. No obstante, las estrategias basadas en las consecuencias también pueden ayudar aquí.

Recompensas adicionales. Con el tiempo, los refuerzos naturales de sentirse mejor y perder peso pueden ser todo lo que necesitas para hacer ejercicio y comer saludablemente. Pero las recompensas artificiales pueden aumentar la motivación también. Por ejemplo, hago ejercicio con pesas en casa dos veces por semana, pero solía ponerme excusas y saltarme algunas de estas sesiones. Ahora leo para divertirme durante los breves periodos de descanso entre las series y realizo este entrenamiento con mayor fiabilidad.

Más recompensas adicionales. Las nuevas recetas de alimentos saludables pueden mejorar su sabor, y eso puede suponer una gran diferencia. Me encantan los libros de cocina vegetariana.

Señales positivas. Algunas personas que hacen dieta publican fotos de su nevera cuando estaban más delgadas. Las señales negativas también pueden funcionar: las personas que hacen dieta abandonan su habitación cuando aparecen sugerentes anuncios de restaurantes en la televisión. Sí, verlos puede provocar hambre (véase el capítulo 8).

Gráficos/modelos. Para niños de hasta once años, el galardonado programa *Food Dudes* presenta modelos de dibujos animados de alimentación saludable y una diversidad flexible de recompensas y tablas de progreso para probar frutas y verduras. Las recompensas artificiales se interrumpen cuando las naturales toman el relevo.
El éxito de este programa está tan documentado que Irlanda lo utiliza ahora en todas sus escuelas primarias[46].

Registrar. Según la experta Miriam Nelson, "un estudio tras otro ha demostrado que, si se registra el progreso en un programa de *fitness*, es mucho más probable que se tenga éxito"[47]. Asimismo, un estudio descubrió que, aunque las instrucciones por sí solas aumentaban el número de días que hacían natación los niños de un equipo, registrar sus progresos al final de cada sesión tenía incluso más éxito[48].

Programas. En el capítulo 5, un niño que recibía fisioterapia se ejercitaba más en un programa de razón variable ("un juego divertido") que en uno de razón fija equivalente. Esto ya no debería sorprendernos. Análogamente, los niños con obesidad se ejercitan más en un programa variable que en uno fijo[49].

He aquí un ejemplo que puede ser menos fácil de seguir: uno de mis amigos y colegas probó programas progresivos para ayudarle a hacer más ejercicio. Es algo parecido al moldeamiento: empezó con veinte largos de piscina por nado y aumentó ese número en un 10 por ciento con cada nueva sesión hasta llegar a un kilómetro y medio -setenta y dos largos-. Sorprendentemente, describió la experiencia como "indolora". No cabe duda de que esto puede ser más fácil de lo que parece, pero procura que tu objetivo y tu ritmo de crecimiento sean realistas.

Compromiso/apoyo social. Nuevas aplicaciones, como el programa gratuito de pérdida de peso *Lose It!* (www.loseit.com), adoptan un enfoque positivo, incluyendo el compromiso y el apoyo social, listas de control y gráficos, y una gran variedad de recompensas "gamificadas*".

Por último, el economista conductista de Yale Ian Ayres cofundó stickk.com para ayudar a la gente con sus retos de autocontrol. Cualquier objetivo es legítimo: aprender un nuevo lenguaje, dejar de fumar, pasar tiempo con la familia. Aunque el más popular es perder peso.

El sistema de contratación de conductas StickK se basa más en lo negativo que en lo positivo. Por ejemplo, puedes poner dinero que será donado si no alcanzas un objetivo de peso semanal. Los fondos pueden ir a parar a tu abuela, a una organización benéfica favorita o a una asociación cuyos fines no te gustan y además desapruebas. StickK simplemente gestiona los pagos. Para rendir cuentas, un mediador acordado puede comprobar si cumples tus objetivos. Para el apoyo social, puedes hacer una lista de amigos, familiares y compañeros de trabajo que serán avisados de tus progresos -y de tus fracasos-.

Es una combinación potente. En el momento de escribir este artículo, en menos de cuatro años, la plataforma StickK ha gestionado más de 100.000 contratos y más de 9 millones de dólares, y las personas que hacen dieta han perdido miles de kilos. No es de extrañar que *Ayres* informara de que los empresarios tenían más éxito cuando se jugaban perder más dinero, utilizaban también un mediador y contaban con más seguidores que los animaban en su reto[50].

El propio *Ayres* utilizó este sitio para perder algo de peso, poniendo 500

---

* *N. del E.:* El término *gamificación* proviene del inglés *game* (juego) y se define el uso de técnicas, elementos y dinámicas propias de los juegos y el ocio en actividades no recreativas con el fin de potenciar la motivación y reforzar la conducta.

dólares cada semana para ser donados si no había perdido al menos un kilo. Funcionó tan bien que no perdió ni un céntimo. Asimismo, luego continuaba con un contrato que permitía el mantenimiento de su peso. Gracias a esto, ha logrado mantener un peso saludable, evitando así el ciclo de peso yo-yo que atormenta a tantas personas que hacen dieta [51].

*

La victoria sobre nosotros mismos, se ha hecho un poquito más fácil.

ESPECIES AMENAZADAS, CUERVOS DE INCÓGNITO Y LA MASCOTA FAMILAR: APLICACIONES EN ANIMALES

"Cerca del extremo sur de Brasil ha surgido un método de pesca cooperativo.... Durante nuestras visitas, normalmente había entre 30 y 40 pescadores y también entre uno y cuatro delfines en el sitio principal de pesca durante las horas de luz.... Los registros del pueblo declaran que la pesca cooperativa comenzó en 1847. Algunos pescadores cuentan que sus padres y abuelos pescaron antes que ellos, a veces con los mismos delfines.... La pesca no comienza hasta que un delfín la inicia".

— Karen Pryor et al., *Marine Mammal Science*, 1990

Un delfín preparado para pescar se aleja nadando de la playa y luego gira hacia la orilla, conduciendo los salmonetes hacia los pescadores medio sumergidos que están en el agua. Por lo general, no pueden ver a los peces, así que lanzan sus redes sólo al observar que el delfín que llega se revuelve de una manera distinta. Las redes hacen que los peces que escapan vuelvan hacia el delfín, una situación en la que todos ganan, excepto los peces. Las madres de los delfines traen a sus crías, y éstas parecen aprender de las consecuencias mediante la observación y la práctica.

Hay algo mágico en este tipo de cooperación entre los animales salvajes y nosotros. Esta comunicación traspasa la barrera entre las especies, a través de la ayuda mutua. Nuestro conocimiento del funcionamiento de las consecuencias nos permite ayudar a los animales de todo el mundo. Los grandes animales de zoológico ya no necesitan ser anestesiados para la revisión médica rutinaria, por ejemplo. Incluso los osos cooperan con gusto mediante un entrenamiento en reforzamiento positivo, avalado por la Asociación de Zoológicos y Acuarios en sus Manuales de Cuidado de Animales. Además, el enriquecimiento de la conducta a través de las consecuencias significa que se acabaron los tigres que se aburren hasta que se vuelven locos.

Estos métodos están ayudando a la recuperación de las especies en peligro de extinción. Mejoran las condiciones de los animales de granja. Y están llegando a las multitudes de animales que *nos* ayudan en la vida cotidiana. Los perros guía son sólo el principio.

Sin embargo, el uso más extendido de nuestro conocimiento de las consecuencias es en nuestras propias casas con las mascotas que son nuestra compañía diaria. Olvídate de los collares de estrangulamiento: los métodos de reforzamiento positivo para los animales de compañía están respaldados por la ciencia, enseñados y avalados por muchas facultades de veterinaria, respaldados por la *Humane Society of the United States*,[1] y popularizados por los programas de larga duración: *Calling All Pets* (NPR); *It's Me or the Dog* (Planeta Animal; algo así como la *Supernanny* de la tele).

ANIMALES DE COMPAÑÍA

El hombre domesticó animales hace milenios. ¿Cuándo se convirtieron en animales de compañía? Nunca lo sabremos. Pero en EEUU hay ahora unos 80 millones de perros y 90 millones de gatos como mascotas, además de muchos otros animales[2]. Hurones, peces, pinzones... todos son bienvenidos, hay amor para todos.

Las recompensas de la compañía de una especie diferente no se limitan a los humanos. Se ha documentado que los tejones salvajes (*Meles meles*) y los coyotes cazan de forma semi-cooperativa y juegan juntos[3]. Los caballos de carreras se encariñan con sus mascotas: cabras, gatos e incluso gallinas. En una reserva de especies en peligro de extinción de *Myrtle Beach* (Carolina del Sur), un orangután se hizo amigo de un perro callejero, con el que jugaba, se sentaba alrededor de su brazo e incluso compartía su comida[4]. Otros orangutanes han tenido gatos como "mascotas"[5]. Y lo que es aún más sorprendente, una paloma adulta en China adoptó a una cría huérfana de mono *Rhesus (Macaca mulata)* del mismo tamaño, y se acurrucaban juntos[6]. Las consecuencias recíprocas que mantienen estas relaciones funcionan obviamente también para nosotros y nuestras mascotas.

¿Te acuerdas de los beneficios de una alta proporción de positivos frente a negativos? (véase el capítulo 11). Utilizar lo que sabemos sobre las consecuencias significa hacer hincapié en el reforzamiento positivo tanto con los animales como con las personas. En uno de estos enfoques, se emparejaba el sonido brusco de un contador con recompensas poderosas para convertirlo en una recompensa aprendida. Por tanto, tan solo haz *clic* justo después de una conducta que esté enseñando. ¿Por qué un *clicker**? Básicamente, es un cómodo pulsador inmediato o "puente", seguido de forma sistemática y fiable de una recompensa de algún tipo. Después de entrenar la conducta, entrena una señal: Haz la conducta cuando se dé la señal, haz clic. Si no lo hace, no hay clic. Los fundamentos son muy sencillos.

En su clásico éxito de ventas, *No le mates... enséñale,* la pionera Karen Pryor recopiló cómo enseñó el entrenamiento con *clicker* a los nuevos adiestradores. En veinticuatro horas, una novata (pero ambiciosa) enseñó a su "despistado" cachorro de acogida "a sentarse, bajar, darse la vuelta, venir, un súper "choca los cinco" en el que el pequeño cachorro giraba su cuerpo hacia la izquierda y lanzaba su pata derecha hacia arriba tan lejos como podía alcanzar en el aire, incluso el comienzo de como iniciar un rescate. Todo en clave, rápido, correcto y en cualquier orden. El cachorro, además, estaba "enchufado", era un perro totalmente diferente, atento, lleno de energía, con los músculos preparados para la vida". Y concluye: "cualquier criatura (un perro, un caballo, un oso polar, incluso un pez) a los que moldeas con reforzamientos positivos y una señal marcadora se puede volver juguetona, inteligente, curiosa y que se interese por ti"[7]. Yo entrené con *clicker* a mi periquito *Goldie* para que diera una voltereta alrededor de su posición. Y una de mis amigas entrenó con el *clicker* a su gato.

Algunas indicaciones de referencia pueden ser útiles en este caso. Al igual que en el caso de las personas, lo mejor es utilizar muchas recompensas pequeñas para poner en marcha una conducta y luego mantenerla en un programa variable. Puedes ofrecer recompensas mayores para las conductas más difíciles. Y moldear las aproximaciones a lo que se quiere, como los alumnos que moldean a su profesor para que hable más alto (véase el capítulo 11). El "juego de moldear" de ese capítulo nos ayuda a apreciar cómo se sienten los animales cuando *los* moldeamos. "¿Es eso lo que quieres? ¿Qué te parece esto? Lo entiendo". Es divertido. Recompensa la creatividad y los delfines rebosarán ingenio por los cuatro costados (véase el capítulo 1); más tarde, algunos investigadores descubrieron que esto también funciona con los perros y las palomas. Como dijo Pryor, el reforzamiento positivo da al animal *"su propia y magnífica capacidad de hacer que las personas hagan cosas"*[8]. Las recompensas son mutuas; y el sentido de la comunicación es muy poderoso.

---

* *N. del E.:* El clicker es un pequeño pulsador que emite un sonido parecido a un "clic". Se ha utilizado ampliamente como reforzador condicionado en entrenamiento animal.

Una vez establecidas las conductas y las señales para ello, ya no se necesita el *clicker*: las recompensas habituales mantienen la conducta. Los ejemplos de Pryor incluyen "una palmadita o una sonrisa, o simplemente la oportunidad de hacer otras cosas agradables, como salir a pasear"[9]. Como señaló el biopsicólogo Ray Coppinger, "un buen perro labrador se sienta y te pide que le vuelvas a lanzar la pelota". En realidad, a menudo he pensado que mi perro debería recompensarme a mí con una galleta..."[10]. Esto tampoco quiere decir que no vayan a surgir conductas problemáticas. Enseñar una conducta incompatible puede ayudar: pruebe a recompensar a su perro por saludar a los invitados moviendo la pata en lugar de saltar encima de ellos. Una forma inteligente de tratar los problemas es entrenar a través de una señal para la conducta no deseada (por ejemplo, mendigar comida en la cocina), pero entonces no presentar la señal. En otras palabras, se recompensa la mendicidad del animal sólo cuando la señal está presente, y luego se deja de dar esa señal gradualmente. Quizás es poco intuitivo, pero puede funcionar. Si es necesario, los tiempos muertos se utilizan como negativos suaves durante este mismo entrenamiento. Como el entrenamiento es reforzante, una pausa significa que hay menos recompensas disponibles. Los animales se dan cuenta de esto.

Muchos centros de acogidas apoyan el alejamiento de los negativos más fuertes, ofreciendo a veces arneses o sujeciones para perros que no hacen daño a cambio de collares de estrangulamiento, de púas e incluso de descargas[11]. Los collares que dan descargas están prohibidos de hecho en varios países, como Alemania, pero no en EEUU. El entrenamiento basado en el castigo puede suponer menos conductas voluntarias ¿por qué arriesgarse entonces? sumado al estrés que esto supone. Una adiestradora tradicional se sintió abatida cuando su perro se escondió bajo el porche a la hora del entrenamiento[12].

En *Reaching the Animal Mind (Cómo llegar a la mente animal)*, Karen Pryor describió el inicio de un experimento en el que se comparaba el entrenamiento con *clicker* con el adiestramiento "tradicional", en el que participaron varios adiestradores de perros que se habían "pasado" al adiestramiento tradicional. Conseguir que los perros de los refugios sin adiestrar cuando se les ordena que se tumben no significa utilizar collares de estrangulamiento, sino simplemente empujar suavemente a los animales hacia abajo. Aun así, los adiestradores se sentían incómodos al ver la confusión y el estrés que sentían los perros, algo que sabían que era fácilmente evitable con el entrenamiento con *clicker*. Por suerte, el experimento se detuvo casi tan pronto como empezó[13].

Un entrenador formado en metodologías mixtas que había visto este tipo de actuaciones estresantes dijo: "Soy testigo de lo diametralmente opuesto que significa el entrenamiento cuando usamos el *clicker*. Los perros están incluso emocionados en continuar el entrenamiento. Se desviven, con los ojos brillantes y abiertos de par en par por la expectación. Ofrecen todas las conductas de su repertorio sólo para tener la oportunidad de conseguir su turno de entrenamiento... No hay comparación alguna en los resultados, al contrastar el perro entrenado con metodologías "tradicionales" con uno entrenado con reforzamiento positivo. No hay color[14].

FACILITAR EL CUIDADO ANIMAL EN EL ZOO

Hablando precisamente del paso a lo positivo, Ken Ramírez, vicepresidente del Acuario Shedd de Chicago, ni siquiera deja que sus entrenadores digan "No". Si utilizan las reprimendas, dice, al final acabarán excediéndose[15]. Sin embargo, en los viejos tiempos del zoo, estas reprimendas de todo tipo eran la norma. El simple cuidado de los animales exigía capturarlos, drogarlos o inmovilizarlos. Imagina al *cazador de cocodrilos* Steve Irwin inmovilizando a un reptil rebelde; es necesario pero muy estresante. Las mangueras contra incendios obligaban a veces a los animales grandes a moverse cuando había que limpiar sus jaulas, y pocas exposiciones ofrecían muchas oportunidades de conducta. En la actualidad, los animales ayudan de forma voluntaria a cambio de recompensas, y el entrenamiento en reforzamiento positivo y el enriquecimiento conductual son la norma. Desde luego, se han beneficiado todas las especies.

Incluso los cuidados dolorosos de los animales pueden proveerse de forma positiva aprovechando los programas de reforzamiento. Los animales acostumbrados a recibir falsos pinchazos como recompensa pueden soportar un análisis de sangre real de vez en cuando. En un estudio típico se compararon los niveles de cortisol, la hormona del estrés, en monos que donaban sangre, por un lado, cuando se les perseguía, atrapaba y sujetaba (de la forma tradicional) o, por otro lado, cuando de forma voluntaria daban una pata cuando se les pedía (tras una hora de entrenamiento de reforzamiento positivo). Los niveles de cortisol eran mucho más bajos en la condición de reforzamiento[16]. Los cuidadores también se lo pasan mucho mejor con este enfoque.

En este sentido, tras sólo dos o tres minutos de entrenamiento diario durante nueve días, tres perros salvajes africanos aprendieron conductas sencillas como dar la pata, lo que resulta útil para administrar cuidados médicos. Durante una hora después de cada sesión de entrenamiento, su ritmo estereotipado era una fracción de lo que era a la misma hora en días sin entrenamiento[17]. Los leones marinos también obtuvieron beneficios similares[18] El entrenamiento con reforzamiento positivo también afecta a

otras conductas problemáticas. En el zoo del Bronx, los animales aprendieron cosas básicas como subirse a una báscula o entrar en una jaula en respuesta a un gesto. El entrenamiento con *clicker* ayudó a la mayoría de los animales a aprender en unas pocas sesiones. A consecuencia de ello, los primates, desde los tamarinos (*Saguinos*) hasta los monos *saki* (*Pithecia irrorata*), dejaron de retroceder por miedo cuando se acercaba un cuidador. En su lugar, "se acercan e interactúan con los cuidadores y participan voluntariamente en las sesiones de entrenamiento"[19]. En el parque temático *Disney's Animal Kingdom* (Reino Animal), los beneficios para el cuidado y el bienestar de los animales han sido enormes[20].

Como tipo especial de señal, *"targeting"* significa que un animal se acerca a un objeto, por ejemplo: como una mano, un poste o el punto de un láser para seguirlo allá donde vaya. Resulta muy útil tanto para las mascotas como para los animales del zoo, y los perros rastreadores y de rescate siguen los punteros láser, incluso hasta zonas de difícil acceso. Mueve a los animales del zoo a una zona diferente simplemente moviendo el "*target*", sin necesidad de mojarlos con la manguera. Este entrenamiento puede ser rápido incluso para los reptiles; una tortuga boba (*Caretta caretta*) en peligro de extinción aprendió a orientarse a través del "*targeting*" en tan sólo una semana [21].

Los gestos también pueden funcionar. En el parque temático *Walt Disney World*, las rayas águila moteada (*Aetobatus narinari*) molestaban a los buceadores. Después del entrenamiento, los buceadores que eran acosados por estas rayas, señalaron a un buceador con un comedero y las rayas se dirigieron hacia allí, como si fueran perros de aguas ondulantes exhibiéndose en una prueba de campo[22].

Para entender por qué se producen conductas problemáticas como el zumbido, el "análisis funcional" (véase el capítulo 9) es la solución. Las razones no siempre son obvias. Un babuino de un zoo empezó a arrancarse el pelo y el análisis funcional demostró que no era una enfermedad de la piel con picores, sino que la atención humana recompensaba y mantenía esta conducta problemática. Se enseñó a la simia a chasquear los labios para llamar la atención y dejó de arrancarse el pelo[23]. Es posible que la atención también haya recompensado el zumbido de las rayas.

LA VIDA EN EL ZOO

En la naturaleza, los animales tienen una vida plena. ¿Qué hacen en un zoo? Los animales que se aburren pueden buscar atención tanto por los mejores medios como por los peores. Del capítulo 9, puedes recordar el orangután al que se le enseñó a imitar; pasó a iniciar voluntariamente juegos de imitación con los visitantes del zoológico para el entretenimiento de todos.

Pero podemos hacerlo mejor. El enriquecimiento conductual, basado en parte en la ciencia de las consecuencias, es ahora una norma en la mayoría de los zoológicos. La experta en zoológicos Kathy Carlstead y sus colaboradores han descrito un enfoque ecológico: en el que el contexto donde los animales puedan encontrar comida como consecuencia de su conducta natural de exploración y búsqueda de alimento, es la clave esencial para aproximarse a los *hábitats* naturales y mejorar el bienestar de los animales[24]. Incluso las aproximaciones más sencillas ayudan. Tal y como descubrieron estos investigadores, cuando los gatos leopardo asiáticos (*Prionailurus bengalensis*) tenían que buscar comida escondida, mostraban menos conductas estereotipadas poco saludables, al igual que el oso negro descrito en el capítulo 1. Un "*lanzamiento de bichos*" en una pajarera fue valorado con creces por muchas de sus aves que volaban libremente[25]. Y un puma siguió "cazando" a una ardilla de tierra artificial, incluso cuando ya no le quedaba más comida, para capturarla[26].El pionero del enriquecimiento*, Hal Markowitz, es conocido por dejar que los animales inicien y controlen estas actividades[27]. Después de todo, el control puede ser en sí mismo un reforzador (recordemos a los ratones ciervos del capítulo 1). Y puede reducir el estrés: por ejemplo, los monos *rhesus* a los que se les dio el control sobre si un ruido fuerte estaba encendido o apagado no mostraron más estrés (basado en los niveles de cortisol) que los monos que no escucharon ningún ruido. Sin este control, los monos se estresaron y se volvieron agresivos[28]. Podemos relacionarlo.

El enriquecimiento útil no tiene por qué ser naturalista. Al ofrecer una variabilidad que de por sí ya es reforzante, además de control, en este caso un juego de ordenador en el zoo al que podían jugar en cualquier momento. A muchos simios y monos les gustan los videojuegos (véase el capítulo 10), y un mandril macho que aprovechó el juego al máximo se volvió menos agresivo, lo que supuso un gran alivio para los miembros de su grupo[29]. Otros monos disfrutaban simplemente encendiendo y apagando una radio, que escuchaban durante horas cada día[30]. Los juguetes que producen movimientos imprevisibles pueden ser un gran éxito (como la bolsa de columpio para el rinoceronte del capítulo 1). Del mismo modo, los animales de parque temático *SeaWorld* aprenden una diversidad de conductas (llegando hasta 200) para mantenerse sanos y estimulados[31]. Además, *SeaWorld* basa su filosofía en la diversidad de reforzadores: recuerde las caricias, los juguetes, la atención y otras recompensas imprevisibles para sus orcas descritas en el capítulo 1.

¿Y qué pasa con esos tigres aburridos que se pasean? En la Montaña del Tigre del zoo del Bronx, una enorme reserva natural, los grandes felinos pueden hacer cosas muy parecidas de lo que harían en la naturaleza: esconderse detrás de los arbustos, arañar árboles caídos, incluso nadar. Los tigres van rotando por las distintas zonas para que haya más diversidad, además de tener la oportunidad de disfrutar de los nuevos olores que ofrecen los visitantes. El entrenamiento con reforzamiento positivo se ocupa de su atención médica. Entre los setenta y cinco elementos de enriquecimiento diferentes se encuentra un rompecabezas con forma de bola y una "caña de pescar para tigres" que permite a los gatos alcanzar las pieles de los ciervos. Antes existía la posibilidad de jugar al tira y afloja con el público, tan gratificante que a veces los cuidadores tenían que intervenir para que los tigres soltaran la cuerda. Los grandes felinos, en peligro de extinción, parecen sanos y felices, y hace poco tuvieron dos parejas de trillizos. Desde el punto de vista humano, los visitantes nombraron la Montaña del Tigre como su exhibición favorita[32].

---

* *N. del E.:* El enriquecimiento social y ambiental persigue ampliar el repertorio conductual de animales en cautividad.

DESDE ESPECIES AMENAZADAS
HASTA ANIMALES DE GRANJA

Una de las funciones más importantes de los zoológicos y acuarios en la actualidad es la conservación y cría en cautividad de especies amenazadas y en peligro de extinción. En todo el mundo, los zoológicos tienen programas de cooperación. A través de estos programas intercambian animales de cría para obtener diversidad genética y comparten información sobre los métodos de conservación que funcionan. El entrenamiento con reforzamiento positivo y el enriquecimiento ambiental son clave.

Los miembros de una especie de *ibis* (*Threskiornis aethiopicus*) en peligro de extinción, por ejemplo, no estaban muy bien que digamos en un zoo. Cuando se introdujo el entrenamiento en reforzamiento positivo, los pájaros lo aceptaron al instante, incluso los mayores de veinte años. No sólo se les facilitó la atención médica, sino que perdieron su antiguo miedo a las personas e incluso empezaron a jugar[33]. Esto augura un buen futuro para la cría en cautividad si se hace de este modo.

Una vez que se tiene a los jóvenes, ¿cómo se les prepara para el gran mundo repleto de miedos que produce lo que hay fuera? Una de las amenazas para el cóndor de California, que está en peligro de extinción, es la electrocución por los tendidos eléctricos, algo de lo que esta antigua especie no tenía que preocuparse hasta hace poco. Como estas aves tienen una envergadura de hasta tres metros, son bastante propensas a electrocutarse accidentalmente. Con sólo unos 400 ejemplares en el mundo en el momento de escribir este artículo (y sólo la mitad de ellos en estado salvaje), cada una de estas aves es preciosa. Los científicos enseñan ahora a las crías criadas en cautividad a evitar las líneas eléctricas castigándolas con descargas cuando se posan en ellas. Los pájaros entrenados son mucho menos propensos a tener problemas con esta red eléctrica tan problemática cuando vuelan en libertad[34].

La pava aliblanca (*Penelope albipennis*) de Perú, que había vuelto al borde del abismo, se consideraba extinguida desde hacía casi un siglo. Redescubierta en la década de 1970, en 2012 solo sobrevivían unos 300 ejemplares. La cría en cautividad se ha visto aumentada por el entrenamiento de las crías contra los depredadores, que se basa en el aprendizaje por observación. Los halcones entrenados cazan y capturan pollos al alcance de la vista y el oído de las crías. Se trata de un entrenamiento drástico pero eficaz para las pavas, a diferencia de otros métodos. Cuando los halcones sobrevuelan sus corrales, los jóvenes intentan huir y esta es justo la respuesta que necesitan en la naturaleza. Sin esta experiencia de aprendizaje, son presas fáciles. De hecho, algunas aves reintroducidas consiguen reproducirse durante su primer año en la naturaleza[35].

También se han aplicado técnicas innovadoras basadas en las consecuencias para conservar las especies cuando aún vagan por su hábitat natural. En un escenario demasiado común, cuando especies externas invaden un ecosistema, pueden destruir el equilibrio de la naturaleza. En Hawái, se introdujeron de forma intencionada caracoles lobo rosados para que se alimentaran de un caracol africano comestible que también había sido introducido intencionadamente. Por desgracia, el caracol africano resultó ser una plaga agrícola suelta y los agricultores se quejaron. Pero nadie les dijo a los caracoles lobo (*Euglandina rosea*) que se alimentaran sólo de su presa, y también atacaron a los caracoles nativos de Hawái, llevando a varios de ellos a la extinción. Utilizando el reforzamiento positivo, la asociación *Working Dogs for Conservation* (perros de trabajo para la conservación de la naturaleza) entrenó a dos reclutas para que olfatearan los caracoles lobo y lograron encontrar cientos de ellos para eliminarlos[36].

Estos expertos olfateadores han ayudado a través de esta iniciativa de conservación de múltiples formas. Por ejemplo, un ensayo controlado pudo demostrar que los perros entrenados localizaban de forma fiable tortugas del desierto (*Gopherus agassizii*) en peligro de extinción, superando significativamente a los equipos humanos[37]. Y los *spaniels (perros de caza)* han rastreado tortugas de caja ornamentadas casi en riesgo en el *Refugio Nacional de Vida Silvestre y Pesca del Alto Río Mississippi*, buscándolas con delicadeza para marcarlas por radio[38]. Este es un ejemplo del punto de partida para el comienzo de su protección.

Los animales de granja también han recibido su dosis de atención. Puede que no tengan el atractivo multitudinario de los pandas o los pingüinos, pero los cerdos ordinarios aprendieron rápidamente las señales individuales a la hora de comer, lo que permitió suministrar dietas especializadas con mayor facilidad. Además, con un programa variable de pulsación de botones en el comedero, los cerdos disfrutaron de algunas de las ventajas de los enfoques semejantes de control en el zoo[39].

¿Y las gallinas? Enriquecer sus jaulas con una simple cuerda redujo el picoteo de los vecinos[40]. Otros investigadores demostraron que a las gallinas les gustaban más los suelos de malla metálica que otro tipo de suelos que las personas pensaban que preferían[41].

Nuestra comprensión matemática de la elección entre consecuencias significa que los animales pueden calificar sus preferencias con precisión, incluso más que nosotros. En el capítulo 7 se describe cómo un grupo de investigación neozelandés utilizó la ley de igualación para cuantificar con precisión las preferencias de las vacas por diferentes alimentos. Este tipo de investigación también ha permitido que las vacas lecheras nos digan qué niveles de succión eran más cómodos para ellas[42]. Dado que estar cargado de leche es una molestia, la posibilidad de aliviarse es un reforzador. Los estudios han demostrado las ventajas de los sistemas de ordeño dirigidos por las propias vacas: cada una de ellas determina cuándo quiere ser ordeñada y, cuando está lista, se dirige simplemente a una máquina de ordeño automatizada, varias veces al día. En algunos casos, los premios especiales de comida aumentan el valor de recompensa del ordeño[43]. Estos sistemas de ordeño de vacas son ahora comunes (lo cual es una novedad para mí).

De hecho, no hay que subestimar las capacidades de los animales de granja. Las ovejas se manejan a menudo con perros entrenados, pero son muy capaces de aprender las señales por sí mismas. Cuando un forastero hizo sonar el silbato de un perro pastor a un rebaño de ovejas sin perro, éstas dejaron de pastar obedientemente y caminaron hacia una puerta cercana[44]. El experto portugués Fernando Silva entrenó con *clicker* a un cordero en *"targeting"*, es decir, a que pudiera orientarse hacia objetivos como: dar un paso en una caja, seguir una orden de señalar y realizar acrobacias clásicas de agilidad, como saltos, rampas, balancines y tubos[45]. Te invito a que veas el vídeo de YouTube varias veces: ¿es un perro? La URL de Internet está en la sección de notas.

Por último, cinco caballos de cuarto de milla odiaban subir a los remolques debido a los azotes y latigazos que habían sufrido. Sin embargo, al cambiar al entrenamiento de reforzamiento positivo, cuando se les dio la señal de subir al remolque, los cinco subieron diligentemente la rampa hasta el final y esperaron hasta que se cerrara la puerta. Estos cinco también generalizaron esta habilidad a un nuevo entrenador y remolque[46].

ANIMALES QUE NOS SALVAN LA VIDA

Si pensamos en los animales que nos ayudan, es posible que nos venga a la mente el perro guía. Aunque las recompensas siempre han formado parte (por supuesto) de la educación canina de *Perros Guía Para Ciegos*, que ya tiene setenta años, la reciente incorporación del entrenamiento con *clicker* ha aumentado significativamente el índice de éxito del programa[47]. El entrenamiento con *clicker* también funcionó con un famoso animal guía. El "Perro del Milenio" Endal, de la reciente película de Hollywood. Acompañando a un veterano de la Guerra del Golfo confinado en una silla de ruedas y con pérdida de memoria, Endal aprendió más de 100 órdenes habladas y por señas. Tras un accidente que tiró al suelo a su compañero, "Endal* lo levantó en un momento, lo cubrió con una manta de la silla de

---

* *N. del E.:* Endal trabajó también con personas con autismo y enfermos terminales; pero también era travieso e inquieto. En el parque le gustaba perseguir a las ardillas, y sacaba a hurtadillas el papel usado de la papelera para luego tirarlo por el suelo. No obstante, luego lo recogía para obtener su premio.

ruedas y le acercó el teléfono móvil a la boca. Luego avisó a los trabajadores de un hotel cercano[48]. Vaya. Estos perros de apoyo tienen en su haber muchas hazañas para salvar vidas.

Los perros salvavidas también sirven para la búsqueda y el rescate, la detección de explosivos y, sorprendentemente, para olfatear enfermedades. ¿Quién iba a pensar que los cánceres pueden tener olores característicos? El cáncer de estómago, el de colon, el de mama y el de próstata (todos ellos son bastante comunes y mortales) que pueden ser detectados por los perros. Los perros entrenados han conseguido superar algunos de los diagnósticos estándar. En un estudio controlado, una labradora negra tuvo una precisión del 97% en la detección del cáncer de colon a partir de muestras de heces, mucho mejor que el económico análisis de sangre fecal que se utiliza habitualmente. ¿Su recompensa? Jugar con una pelota[49]. Otros estudios han confirmado estos éxitos.

Otra forma de salvar vidas es encontrar los millones de minas terrestres ocultas y sin explotar en todo el mundo. Los perros también pueden encargarse de ello, con un pequeño riesgo de hacerlas estallar. Un grupo de investigadores está entrenando a los perros con *clicker* para que detecten las minas terrestres de forma más segura con tan sólo con muestras de aire[50].

Los roedores también tienen un buen olfato, y las ratas africanas gigantes (*Cricetomys gambianus*) están ayudando a desminar Mozambique. Como son mucho más ligeras que los perros, nunca hacen saltar las minas. Alan Poling, experto en la ciencia de las consecuencias, ayudó a desarrollar un sistema de entrenamiento con *clicker* que recompensaba los hallazgos exitosos en un programa variable[51]. De este modo, las ratas persistieron en su búsqueda durante largos periodos de tiempo, incluso sin encontrar minas. Una vez más, los animales entrenados se volvieron muy precisos: en un estudio, las treinta y cuatro ratas lograron obtener la licencia para detectar minas. Eso significa que olfatearon todas las cinco o siete minas ocultas en una zona. También es importante que en el camino no dieron más de dos "falsas alarmas", es decir, indicaciones de minas donde no las había. En 2010, los equipos de "*HeroRAT*" localizaron más de 1.200 minas y "artefactos sin estallar" que quedaron de la guerra civil de Mozambique,[52] y ahora cuentan con el apoyo de contribuyentes de peso como las Naciones Unidas y el Banco Mundial[53].

¿Qué será lo próximo? La propia guerra. Los delfines entrenados han servido al ejército estadounidense durante años, detectando minas marinas con su sensible sonar para que los expertos puedan retirarlas. Según se informa, "en 2003, al comienzo de la guerra de Irak, se llevaron delfines para retirar minas del puerto de *Umm Qasr* para permitir la entrada de un barco de ayuda humanitaria"[54]. Un simulacro realizado en 2010 en la zona de San Francisco incluyó la labor antiterrorista de delfines mulares del Atlántico y leones marinos de California.

En un famoso ejemplo de la Segunda Guerra Mundial, la Unión Soviética entrenó a miles de perros para que atacaran a los tanques alemanes invasores. Al principio, los perros debían lanzar una bomba y regresar, pero este método no funcionó. En su lugar, los perros llevaban bombas que explotaban al impactar, matando a los perros, pero ayudando a salvar a los soldados aliados[55]. El proyecto nunca tuvo mucho éxito, pero llegó más lejos que un proyecto similar en EEUU. Mientras tanto, miles de palomas mensajeras sirvieron como mensajeros en tiempos de guerra, y el Reino Unido consideró (pero finalmente rechazó) utilizar palomas entrenadas para transportar pequeños explosivos[56].

Es posible que el proyecto de las palomas haya funcionado. De un simulacro real de búsqueda y rescate en el mar: las palomas entrenadas tuvieron un 93% de precisión en la detección, mirando desde un helicóptero de la Guardia Costera, por el contrario, los humanos que competían solo obtuvieron un 38% de precisión[57]. Así que no hay que descartar la extraña posibilidad de que los cuervos camuflados busquen a los líderes terroristas que se esconden, según un reciente proyecto militar [58] Los investigadores han descubierto que las aves silvestres, como los cuervos y las palomas, pueden distinguir y recordar los rostros humanos (incluso los sinsontes, recuerda el capítulo 7), y no se dejan engañar por un cambio de ropa[59]. Dada su agudeza visual y su excelente memoria, quizá no sea una idea tan descabellada después de todo.

*

De hecho, para terminar este capítulo, pasamos de los cuervos encubiertos a las mascotas: una historia que suena extravagante pero que es real. El naturalista Edwin Way Teale contó la historia de un cuervo como mascota que tenía una amistad especial con un niño. Cuando el niño se iba a la escuela, el cuervo lo seguía, posándose en el alféizar de la ventana exterior de la habitación en la que se encontraba el niño. Cuando el niño se cambiaba de habitación, el cuervo volaba de una ventana a otra, mirando hacia el interior de la casa, hasta que veía a su amigo humano. Entonces esperó pacientemente en el alféizar de la ventana hasta que el niño se cambiaba de habitación [60]. Eso sí que es compañerismo.

Capítulo 14

PREMIOS DE LA EDUCACIÓN Y EL TRABAJO

"Quiero que mis alumnos comprendan que su capacidad de leer y escribir es una cuestión de vida o muerte. Las aulas que progresan están dirigidas por maestros que creen firmemente que sus estudiantes pueden lograr cosas increíbles y que crean en ellos la expectativa de que lo harán".

— Rafe Esquith, maestra
y autora de *There Are No Shortcuts*, 2004

En la década de 1960, los psicólogos Robert Rosenthal y Lenore Jacobson dijeron a dieciocho profesores de primaria que algunos de sus alumnos tenían probabilidades de empezar a tener buenos resultados, basándose en sus puntuaciones en un test de inteligencia. En realidad, estos alumnos fueron seleccionados aleatoriamente, no se diferenciaban especialmente del resto de estudiantes. Sorpresa: la mayoría de ellos obtuvieron mejores resultados en cuando el test de inteligencia fue repetido al final del año escolar[1]. Este hallazgo básico se ha repetido muchas veces.

Está claro que las expectativas de los profesores han influido en los efectos, pero ¿cómo? Piensa en cómo podrías responder si fueras un profesor. ¿Quizás les darías más trabajo a los alumnos "especiales" o les llamarías más? ¿Los tratarías de forma más positiva? (puede que ni siquiera te dieses cuenta al hacerlo). Rosenthal y otro colega demostraron, a partir de un análisis de 135 de estos estudios, que todas estas cosas suceden[2]. Y los niños que fueron destacados al azar se beneficiaron de ello.

Aparte de la investigación sobre expectativas autocumplidas, otros estudios han demostrado la importancia de los cambios en lo que hicieron los profesores (como dar a los alumnos más atención y más actividades que hacer). La lección, por supuesto, es esperar lo mejor de todos los alumnos y utilizar estos métodos eficaces con todos ellos. Eso es exactamente lo que hace la maestra Rafe Esquith.

NO HAY ATAJOS

En su colegio del centro de Los Ángeles, Esquith se reúne desde las 6:30 hasta las 17:00, más algunos sábados por la tarde: tiempo extra para matemáticas y lectura, al mismo tiempo que deja tiempo para ciencias, geografía, economía, música y Shakespeare. Para poder centrarse en la enseñanza y no en la gestión del aula, Esquith desarrolló un sistema de puntos (más adelante hablaremos de estos sistemas). Gran parte del tiempo de clase se destina a la práctica: hacer problemas y leer. Esquith está de acuerdo en que la autoestima en sí misma sirve de poco o nada (véase el capítulo 11); lo que cuenta son los logros reales. Sus alumnos trabajan duro. Y lo consiguen.

También hacen excursiones. "Como maestra de niños de entornos económicamente desfavorecidos, llegué a comprender que mis estudiantes se esforzarían más por una vida mejor *si vieran la vida que podían lograr si se aplicaban*"[3]. Para asegurarse de que las excursiones fueran gratificantes, daba a sus alumnos mucha preparación (antes de asistir a un concierto, por ejemplo, Esquith hacía que los alumnos estudiaran y comentaran la música que iban a escuchar). La idea es favorecer una transición hacia las recompensas naturales de los logros. En el camino, lo ideal es que el aprendizaje se convierta en su propia recompensa. ¿Qué puede ser más transformador?

Al igual que Esquith, Jaime Escalante fue un profesor inspirador que exigía a sus alumnos de secundaria que hicieran horas extra durante la jornada escolar, además de algunos sábados. La película *Con ganas de triunfar* (1988) se hizo eco de los logros en matemáticas de estudiantes procedentes de entornos desfavorecidos, que aprobaron exámenes de cálculo a nivel nacional con unas notas altísimas. Los alumnos trabajaron intensamente en los fundamentos de las matemáticas primero, diciendo y haciendo, no sólo escuchando (que es mejor para el aprendizaje y la memoria); hicieron pruebas diarias y se dedicaron constantemente a "practicar, practicar y más practicar"[4].

"En última instancia, se trata de motivación, y eso implica consecuencias". Escalante señaló que los estudiantes podían ir a la universidad y conseguir mejores trabajos con buenos conocimientos de matemáticas, y los graduados de su programa volvieron para compartir sus éxitos. Al igual que los estudiantes de Esquith, los de Escalante hicieron excursiones. Por ejemplo, visitaron los laboratorios de la NASA en Pasadena, donde trabajaba uno de sus antiguos alumnos. A fin de dar una motivación más inmediata, Escalante, como entrenador, y los alumnos, como equipo (llevaban camisetas como un equipo y a menudo estudiaban juntos), trabajaban hacia su objetivo común. Es esencial que el aprendizaje sea gratificante a pesar de que no deje de ser un intenso trabajo. Escalante afirmó: "Los estudiantes aprenden mejor cuando se divierten"[5]. Escalante seleccionaba sus libros de texto que recogían ejemplos de la vida real intrínsecamente gratificantes, con un alto nivel de legibilidad y que estuvieran diseñados de forma programada, dando lugar a una adquisición acumulativa de conocimientos y habilidades. "Si se le motiva adecuadamente, cualquier estudiante puede aprender matemáticas"[6]. Escalante ganó la medalla presidencial de EEUU por su excelencia en la educación.

La mayoría de los buenos profesores de cualquier nivel son héroes desconocidos. Tienen altas expectativas, utilizan métodos de enseñanza eficaces. Y, puesto que los alumnos deben ser buenos compañeros en el aula para que se les enseñe con eficacia, desarrollan una gestión eficaz del aula. En los niveles de primaria y secundaria, esto puede ser especialmente difícil.

CONSECUENCIAS EN EL MANEJO DEL AULA

Las consecuencias son, por supuesto, inevitables e ineludibles en cualquier aula, bajo cualquier enfoque. Por ejemplo, la mera atención de un profesor puede ser neutra, gratificante o punitiva, dependiendo de la situación y de la naturaleza de la atención. Aunque el elogio es gratificante para la mayoría de los jóvenes, varios estudios han demostrado que puede ser un castigo para los alumnos con una historia de interacciones negativas[7]. (Además, algunos alumnos son objeto de burlas o de acoso por parte de sus compañeros por su éxito académico, y eso puede restar valor a las consecuencias de los elogios). Por el contrario, en otro estudio, los alumnos de segundo y tercer grado que se portaron mal respondieron bien a las reprimendas suaves, pero las reprimendas fuertes *aumentaron* sus problemas de conducta y, por tanto, fueron en realidad recompensas por definición (probablemente debido a la atención reforzante que estos alumnos recibieron de sus compañeros)[8].

Formular las normas de forma positiva ayuda, es decir, crear una expectativa de buena conducta. Cuando fui profesora de educación secundaria, los estudiantes querían estar allí, y no recuerdo ningún problema de manejo del aula. Sin embargo, en muchos casos, las reglas por sí solas no son suficientes. Por ejemplo, cuando unos investigadores observaron a varios niños disruptivos de preescolar y primaria en aulas normales, las reglas por sí solas no tuvieron casi ningún efecto. ¿Cuál fue la clave del éxito? Añadir elogios ocasionales por conductas específicas en clase, ignorando el mal comportamiento[9]. (Y una vez más, no hace falta decir que los elogios efectivos deben ser sinceros). Las consecuencias leves a nivel de toda la clase también eran fáciles de hacer, una consideración a tener en cuenta por maestros excesivamente ocupados tratando de atender a todos los estudiantes.

Un estudio clásico del experto en conducta infantil Alan Kazdin (véase el capítulo 11) demostró cómo distintos alumnos pueden responder de forma diferente al mismo sistema de gestión del aula. En seis aulas regulares de primaria, se comparó el desempeño de niños con buen y mal comportamiento en el aula. Las distintas aulas probaron diferentes combinaciones: (1) Se dijo a todos los estudiantes que obtendrían puntos por comportarse adecuadamente, y efectivamente se les dieron los puntos correspondientes. (2) En un segundo grupo los estudiantes obtenían los mismos puntos, pero sin instrucciones. (3) En el tercer grupo los estudiantes recibieron las mismas instrucciones, pero los puntos se entregaban en realidad de forma aleatoria. (4) En el último grupo se entregaron puntos aleatorios sin instrucciones.

Si se les daban puntos por una conducta adecuada, todos los niños tendían a mejorar, recibieran instrucciones o no. Sin instrucciones y con puntos aleatorios, no hubo ningún efecto. Por último, cuando se les decía que se les recompensaría por una conducta adecuada, pero se les daban puntos aleatorios, los niños con buen comportamiento seguían las reglas de todos modos, mientras que los niños con problemas de conducta, no. Así que lo mejor es ser coherente (no es para sorprenderse). Una vez terminado el programa, las clases con verdaderas recompensas siguieron comportándose mejor[10].

Muchos maestros utilizan estos sistemas de puntos de una manera u otra, y los hay de todas las formas y tamaños, de hecho, estas estrategias se remontan, al menos, a principios del siglo XIX. Los puntos, tickets, estrellas, emoticonos, marcas de recuento o monedas falsas pueden cambiarse por diversas recompensas de apoyo*, por lo que funcionan para todos. El "Juego de la Buena Conducta", es un procedimiento que tiene cuarenta años de antigüedad, es un popular sistema de puntos en grupo. Los profesores asignan equipos con una combinación aproximadamente igual de niños con buen comportamiento y niños "problemáticos". Durante los periodos de juego, los equipos obtienen puntos si todos se comportan adecuadamente, pero pierden puntos si algún miembro hace el tonto (incurriendo en consecuencias sociales). A veces todos los equipos pueden ganar si acumulan suficientes puntos; otras veces hay una competición[11]. Este enfoque ha funcionado en

---

* *N. del E.: backup rewards*, en inglés, en el original.

culturas tan diferentes como las de EEUU y Sudán[12]. Además, los niños, años después, son menos propensos a ser agresivos o a empezar a fumar[13]. En un estudio reciente, los maestros de jardín de infancia prefirieron la versión del juego en la que sólo se obtienen puntos positivos eliminando las deducciones de puntos[14].

Sin embargo, al igual que muchos otros educadores, Rafe Esquith prefiere una combinación de aspectos positivos y negativos, y un enfoque individual más que grupal. Sus alumnos tienen trabajos por los que se les "paga" en una divisa (monedas) de clase. A su vez, pagan un "alquiler" por sus pupitres (los alquileres más altos son los de la parte delantera). También pueden comprar un asiento y pagar el "impuesto sobre la propiedad" al adquirirlo. Al igual que con el dinero de curso legal, la divisa de clase se puede ganar por un buen resultado en los exámenes, buena asistencia, actividades extraescolares, y puede perderse por groserías, retrasos, falta de deberes, o mentir[15]. El sistema de disciplina asertiva más convencional del experto en educación Lee Canter también se basa en aspectos positivos y negativos, con deducción de puntos por problemas de conducta[16]. (En general, se prefiere la deducción de puntos al tiempo de espera porque es más rápido, más fácil e interfiere menos con la dinámica de clase).

Otros sistemas son sólo negativos, pero no son tan despiadados como el término parece sugerir. Los alumnos de una clase tenían sus propios tableros de señales de tráfico con las flechas en verde. La conducta disruptiva significaba que la flecha se ponía en amarillo; si se ponía en rojo, el alumno se llevaba una nota a casa y perdía la mitad del recreo del día siguiente. Todos los alumnos empezaban cada día con el verde[17].

Ningún sistema es infalible, y los detalles importan: "Pillarlos siendo buenos" está muy bien, pero ¿con qué frecuencia? En décadas pasadas, los observadores registraron proporciones globales de positivos y negativos en las aulas de 1:2, 1:3 e incluso menores, muy lejos de la "razón mágica" de 5:1 recomendada en relaciones de pareja y la crianza de los hijos (véase el capítulo 11)[18].

Si la razón se invierte, lo que ocurre podría merecer el calificativo de "mágico". En un estudio informal, el 80% de los alumnos de un colegio de un barrio desfavorecido fueron asignados a clases de educación especial. La razón entre positivos y negativos en estas aulas era de aproximadamente 1:4, por lo que el investigador pidió a los maestros que encontraran más conductas que premiar. El moldeamiento, un procedimiento básico de enseñanza, significa empezar con pequeños pasos en la dirección correcta y construir a partir de ahí (véase el capítulo 11). Los maestros (y estudiantes) respondieron brillantemente, logrando una razón asombrosa de 40:1. Al año siguiente, sólo el 11% de los alumnos recibió educación especial. A todos les gustó el cambio[19]. En otro caso, el trabajador social Mark Mattaini señaló lo emotivo y novedoso que resultaba poner a niños en riesgo de exclusión social en "círculos de reconocimiento" en los que recibían elogios con alta frecuencia. "En menos de dos minutos ... todos lloraban, a veces incluso el líder del grupo; la experiencia de recibir felicitaciones por su trabajo era nueva e intensa para ellos"[20].

En un estudio más formal, la razón era de 1:3 en un grupo de control de un colegio de primaria, pero llegó a ser de 4:1 en las clases en las que los maestros recibían formación. La conducta inadecuada disminuyó significativamente en estas clases en comparación con el grupo de control. La mejora de la ratio suele mejorar también el éxito académico: una mejor gestión del aula facilita la enseñanza y el aprendizaje[21]. (Pregunta: ¿Hay enseñanza *sin* aprendizaje?)

Por último, otro método de gestión del aula aprovecha las ventajas de los programas variables: los profesores recompensan a quien trabaja y sigue las normas de la clase cuando un temporizador se activa de forma imprevisible. En una clase de segundo grado, la participación activa en tareas de clase aumentó pasó de ocupar el 58% al 93% del tiempo de los estudiantes[22].

Sin embargo, cuando se interrumpió el temporizador, se volvió a un nivel intermedio del 75%. Las nuevas pautas de conducta no pueden darse por supuestas e ignorarse una vez alcanzadas. Los cambios bruscos son especialmente difíciles: las recompensas naturales suelen tardar en cobrar valor. En un estudio, seis niños de primaria con graves problemas de conducta en una clase de educación especial respondieron a un sistema de puntos con tiempos de espera, y luego se pasó gradualmente a alabar sólo con recompensas ocasionales de puntos. Funcionó[23]. El investigador educativo Hill Walker sugirió que dar recompensas inesperadas de vez en cuando debería ser una práctica habitual; una forma eficaz de aprovechar las ventajas de los programas variables en el contexto escolar[24].

ALCANZAR EL MÁXIMO POTENCIAL

Hemos visto que genes y ambiente siempre operan conjuntamente, proporcionando una inmensa flexibilidad. Una vez que la gestión del aula está bien moldeada, ¿hasta dónde pueden llegar los alumnos? Los ejemplos inspiradores de Esquith y Walker muestran lo mucho que se puede lograr con una buena enseñanza. ¿Puede la "inteligencia" (medida por el cociente intelectual o CI, es decir, la puntuación obtenida en un test) aumentar mediante métodos de enseñanza eficaz? Las pruebas demuestran que sí.

Está demostrado, por ejemplo, que el simple hecho de premiar a niños desfavorecidos por esforzarse cuando están realizando un test de inteligencia puede elevar inmediatamente sus resultados de CI en diez puntos o más[25]. (En ausencia de *alguna* fuente de motivación, ¿por qué esforzarse al máximo?). Un reciente metaanálisis evaluó los resultados de muchos experimentos de este tipo, con más de 2.000 participantes en total, niños de todo tipo, no sólo desfavorecidos. En general, recompensar a los jóvenes por esforzarse aumentó significativamente las puntuaciones de CI, y los incentivos más grandes produjeron efectos claramente mayores. Los efectos eran superiores cuando las puntuaciones originales de CI eran más bajas (lo que no es sorprendente)[26].

Los estudios sugieren que, en igualdad de condiciones, el CI aumenta en proporción directa al tiempo de escolarización[27]. El "efecto Flynn" es la misma tendencia positiva a mayor escala y durante un periodo de tiempo más largo: en el siglo XX, las puntuaciones de CI en EEUU aumentaron considerablemente en unas pocas generaciones (aproximadamente diez puntos por generación) debido a que cada vez más personas recibían una educación y nutrición adecuadas. Lo mismo ocurrió en otras naciones desarrolladas. Más recientemente, este efecto se ha documentado en lugares como Kenia[28].

Otras investigaciones ponen de manifiesto el impulso que una nutrición adecuada da al cociente intelectual[29]. También está la investigación de los psicólogos Betty Hart y Todd Risley (véase el capítulo 10): independientemente de la raza, el sexo, los ingresos de los padres y otros factores similares, los niños que expuestos a un lenguaje enriquecido comenzaron el preescolar con más nivel que los niños que no habían tenido tal ventaja. (estudios de seguimiento realizados por otros investigadores han confirmado estos resultados[30]). Hart y Risley también descubrieron que cuanto más hablaban los padres con sus hijos, más rápido crecía el vocabulario de estos y más alto era su cociente intelectual a los tres años.

Siguiendo con este tema, el psicólogo Anders Ericsson, el experto en educación Benjamin Bloom y otros han estudiado las cumbres de los logros humanos, desde las ciencias hasta las artes y los deportes. ¿Cómo se desarrolla la inteligencia? Los investigadores llegaron a la conclusión de que los expertos no tienen por qué tener un talento inusual, sino que dedican largos años de estudio e iniciativa para alcanzar dichos logros[31]. Pongamos por ejemplo el ajedrez. Cuanto más tiempo se estudia, más se recuerda, y eso ayuda al juego. Además, el conocimiento del ajedrez a lo largo de los años permite el desarrollo de estrategias mnemotécnicas, como el "chunking" (es decir, ver patrones en lugar de piezas individuales). Eso también apoya la estrategia del jugador. Por ejemplo, los maestros de ajedrez parecen tener mejor memoria *sólo* para los patrones de ajedrez que pueden existir realmente. Por el contrario, no recuerdan organizaciones aleatorias de las piezas mejor que jugadores normales, ni tuvieron mejor memoria en general[32]. Es la práctica seria y "deliberada" la que da resultados, al igual que en las clases de matemáticas de Walker.

Aunque la práctica seria permite avanzar hacia un objetivo, rara vez es intrínsecamente reforzante. ¿Cómo adquieren los expertos en ciernes la motivación para perseverar? Según las investigaciones de Ericsson, la obtienen gracias a la expectativa de recompensas, tanto a largo plazo, como la fama y la fortuna económica; como a corto plazo, como las actuaciones, los concursos y los elogios. Influye también la presencia de programas progresivos con un aumento gradual del tiempo de práctica, que desarrollan la capacidad de manejar programas de reforzamiento con grandes retrasos (véase el capítulo 5)[33]. Al igual que los niños con los malvaviscos (véase el capítulo 12), ejercen autocontrol, pero los malvaviscos son mucho más grandes. Bloom llegó a conclusiones similares, señalando además un papel para la relación entre inputs positivos y negativos al tratar la conducta de estos maestros con niños pequeños: "Estos profesores daban mucho reforzamiento positivo y sólo en raras ocasiones eran críticos con el niño. Sin embargo, sí establecían normas y esperaban que el niño progresara, aunque esto se hacía en gran medida con aprobación y elogios"[34].

Una de mis citas favoritas sobre la maximización del potencial es del libro de David Shenk, *El genio que llevamos dentro*: "Todo el mundo nace con diferencias, y algunos con ventajas únicas para determinadas tareas. Pero nadie está diseñado genéticamente para la grandeza y pocos están impedidos biológicamente para alcanzarla"[35]. Otra es de *Outliers*, de Malcom Gladwell: "Para construir un mundo mejor tenemos que sustituir el mosaico de golpes de suerte y ventajas arbitrarias que hoy determinan el éxito... por una sociedad que ofrezca oportunidades a todos .... El mundo podría ser mucho más rico que el mundo con el que nos hemos conformado"[36]. La educación basada en la evidencia intenta hacer precisamente eso.

PROGRAMAS DE ÉXITO

Bloom promovió la enseñanza de habilidades hasta la fluidez de estas, antes de que el alumno avanzase al siguiente objetivo académico. Algunos programas que siguen este enfoque han logrado un éxito notable incluso con alumnos en riesgo de exclusión social. Quizá el más importante sea el ganador del mayor experimento educativo jamás realizado, el proyecto *Follow Through*. Dado que muchos niños que abandonaban los programas preescolares de apoyo (programas *Head Start*) en la década de 1960 perdían pronto los logros alcanzados, el Departamento de Educación de EEUU patrocinó este proyecto en el que participaron cientos de miles de alumnos de primaria de todo el país. Los padres eligieron uno de los modelos de enseñanza disponibles en su colegio, y luego se seleccionó un colegio de comparación en esa zona. Compitieron doce programas diferentes, y todos los alumnos recibieron las mismas evaluaciones para monitorizar su desempeño. Los autores de todos los programas coincidieron en la necesidad de fomentar el pensamiento crítico, es decir, la capacidad de comprender y aplicar conceptos de orden superior, no sólo de memorizar hechos[37].

El programa de reforzamiento directo ganador se basa en materiales cuidadosamente diseñados con pasos no demasiado grandes ni demasiado pequeños, y múltiples ejemplos para una mejor generalización. Sus características incluyen el modelado de habilidades por parte del profesor; una gran participación activa de los alumnos; practicar hasta dominar la habilidad; el ajuste constante al éxito o al fracaso de los alumnos; y el uso de consecuencias tales como la retroalimentación inmediata, los elogios y las recompensas naturales. (El reforzamiento positivo formaba parte, por supuesto, de todos los programas, pero en la instrucción directa era el centro de atención, y se incorporó una elevada proporción de positivos y negativos). La evaluación final demostró que, en comparación con los alumnos de los colegios de comparación, el uso de instrucción directa producía, a diferencia del resto de programas evaluados, incrementos sustancialmente mayores en las tres áreas de las pruebas de evaluación: habilidades básicas como la ortografía y las matemáticas elementales; habilidades cognitivas de orden superior como la comprensión lectora y la resolución de problemas matemáticos; y la autoestima (no es de extrañar, ya que sabemos que la autoestima depende de los logros reales que consigue el estudiante). Mientras que los colegios que usaron instrucción directa obtuvieron una media de grandes saltos en sus resultados de lectura en particular, la mayoría de los colegios de los otros programas obtuvieron resultados significativamente *inferiores* que sus colegios de comparación. El análisis de los datos del proyecto *Follow Through* han confirmado que la instrucción directa producía los mejores efectos. No por ello fue adoptada de forma generalizada esta modalidad de enseñanza, aunque sigue estando disponible en algunos centros y teniendo éxito[38].

A la instrucción directa se han unido otros programas de éxito que utilizan métodos eficaces. Por ejemplo, los centros concertados de primeria y secundaria *Promise Academy* (*Harlem Children's Zone*) exigen horarios más amplios y prácticas adicionales y utilizan incentivos extra. Los alumnos que van muy por detrás de su nivel en los exámenes estatales se ponen al día en pocos años, sobre todo en matemáticas. El economista de Harvard Roland Fryer y un colega han comprobado recientemente que los niños de la *Promise Academy* progresan muy por encima de los estudiantes de colegios que no usaban estos métodos: "Los efectos en la escuela primaria son lo suficientemente grandes como para cerrar la brecha de rendimiento racial tanto en matemáticas como en lengua"[39]. Otro ejemplo es la mayor red de colegios concertados de EEUU, es el programa *Knowledge Is Power* (KIPP), fundado por dos docentes que adoptaron algunas de las técnicas de Rafe Esquith, a saber, la ampliación del horario escolar, las prácticas adicionales y un sistema de puntos ("dólares KIPP"). Al igual que *Promise Academy*, se ha documentado que las escuelas KIPP ayudan a preparar a los jóvenes en riesgo de exclusión social para la universidad, superando a menudo el retraso inicial en su rendimiento académico[40].

MÁS SOBRE LA MOTIVACIÓN

En un estudio, unos estudiantes hicieron un examen para obtener una nota o simplemente para aprender. ¿A alguien le sorprende que estudiaran más y obtuvieran mejores resultados los que tenían la nota como motivación?[41] Aun así, aunque se supone que las notas de fin de curso motivan, son consecuencias inherentemente demoradas, y no funcionan para todo el mundo al igual que estudiar no es intrínsecamente gratificante para todo el mundo. La aprobación y la desaprobación de los profesores o de los padres tampoco funcionan siempre. (Por supuesto, también son consecuencias artificiales, como las notas).

He aquí una idea controvertida: motivar a los niños pagándoles dinero real, independientemente del programa de enseñanza aplicado. Para investigarlo, Roland Fryer realizó ensayos aleatorizados y controlados de ideas muy diferentes de pago por rendimiento en Nueva York, Washington, Chicago y Dallas. Miles de niños y millones de dólares después, sólo los enfoques de Dallas y Washington mostraron un éxito *académico significativo*[42]. No es de extrañar, sugiere Karen Pryor, que los enfoques que no tuvieron éxito se basaran en los *efectos retardados* (no en las conductas), como la obtención de mejores resultados en los exámenes estandarizados de final de curso que todos los niños realizaron, y en las consecuencias (necesariamente) retardadas. Las conductas en los programas que tuvieron éxito estaban bien definidas y las recompensas eran mucho más inmediatas. En Dallas, los niños de segundo grado se limitaban a leer libros y a intentar aprobar los exámenes a través de internet para obtener dos dólares rápidamente. Como señaló Pryor, los resultados de los exámenes se dispararon: "Fue como si los niños hubieran tenido medio año más de escolarización. Además, al grupo de Dallas le costó solo unos 14 dólares por niño"[43]. Por otra parte, el analista educativo Larry Cuban y el científico cognitivo Daniel Willingham coincidieron en señalar que el enfoque de Washington que tuvo éxito también se centró en comportamientos reales como la asistencia y conducta de permanecer focalizado en la tarea, con recompensas en un plazo de dos semanas como máximo; un plazo mucho más ágil que el de los programas que no tuvieron éxito[44]. Los responsables de las escuelas KIPP también han descubierto que las recompensas más inmediatas funcionan mejor[45].

B. F. Skinner estaba a favor (y diseñó) materiales educativos cuidadosamente diseñados que proporcionaban preguntas frecuentes, un ritmo de aprendizaje individualizado y las recompensas intrínsecas inmediatas de los logros y el progreso. Pensaba que estas recompensas naturales solían ser suficientes para los niños con un desarrollo normal, y que las recompensas artificiales eran innecesarias, ni siquiera los elogios[46]. (De hecho, ¿por qué añadir consecuencias adicionales si los alumnos ya están aprendiendo eficazmente?) Desgraciadamente, las consecuencias naturales por sí solas rara vez son suficientes en la práctica, y el uso de consecuencias de apoyo tiene defensores diversos, tales como Roland Fryer, Albert Bandura y Benjamin Bloom pasando por los principales investigadores de la motivación intrínseca[47]. En consonancia con las investigaciones de Carol Dweck (véase el capítulo 11), el experto en educación Mark Morgan comentó: "Las pruebas parecen apoyar firmemente la hipótesis de que las recompensas que enfatizan el éxito o la competencia en una tarea aumentan la motivación intrínseca"[48]. Esa es también la conclusión de la mayor revisión de la investigación[49].

CONSECUENCIAS EN EL TRABAJO

En el libro *Freakonomics* de Steven Levitt y Stephen Dubner encontramos esta observación: "*Los incentivos son la piedra angular de la vida moderna. Entenderlos y descubrirlos es la clave para resolver cualquier enigma*"[50]. Sin duda, son una parte importante del mundo laboral.

Pasamos la mayor parte de nuestro tiempo en el trabajo y, como consecuencia, podemos mantener la comida en la mesa y un techo sobre nuestras cabezas. En el trabajo también hay muchas otras consecuencias, sobre todo algunos reforzadores naturales como la variedad, un cierto nivel de control (recordemos el capítulo 1 sobre los funcionarios del gobierno británico) y el reconocimiento (recordemos el capítulo 11 el caso de la jefa que tuvo que solicitar elogios porque, de lo contrario, no los recibía)[51].

Los principios de las consecuencias se aplicaron mucho antes de que existiera la ciencia, por supuesto. Las tripulaciones de los balleneros trabajaban a cambio de una parte de los beneficios, en lugar de los salarios diarios de otros barcos. La consecuencia de ello es que se corren más riesgos, lo cual es bastante importante si se trata de arponear a una de las mayores criaturas del planeta mientras se navega en un barco diminuto.

El ornitólogo de principios del siglo XX Robert Cushman Murphy observó que el capitán de un antiguo velero, el ballenero *Daisy*, añadía otro sistema de motivación poco habitual. Pedía un voluntario y varios marineros se apresuraban inmediatamente a acudir. Las tareas fáciles eran para el primero, las aburridas para el último y las desagradables para los miembros de la guardia que no se ofrecían. La tripulación se dio cuenta rápidamente[52]. (¿Conoces a algún jefe así?). Los empleados también pueden aprovecharse injustamente: Como descubrió el novelista Jonathan Franzen, los carteros estadounidenses que eran concienzudos y terminaban pronto solían quedarse con el trabajo sobrante de los menos concienzudos. Los trabajadores ineficientes que terminaban tarde solían ser recompensados con el pago de horas extras[53]. Un funcionario de un departamento académico observó que muchos profesores noveles no conseguían la titularidad y, al hacerlo, se evadían de hacer trabajo adicional.

Sin embargo, no hace falta mucho para darle la vuelta: en un famoso estudio de cinco años, casi cualquier cambio aumentó la productividad en una línea de producción, debido en parte a la atención y al hecho de que los trabajadores sabían que su producción estaba bajo escrutinio[54]. Lo ideal es que tanto los directivos como los empleados tengan incentivos para comportarse de forma justa, con expectativas positivas para todos. Como dice el consultor Aubrey Daniels, "la misión de un jefe en cualquier nivel de la organización es "crear empleados de éxito"[55]. He aquí algunos ejemplos que ilustran cómo ha ayudado la ciencia de las consecuencias en estos casos.

La proporción mágica 5:1. Los bestsellers empresariales como *The One Minute Manager* están llenos de reforzamiento positivo: elogios de un minuto a la conducta (con verdadero sentimiento, por supuesto), el moldeamiento gradual del buen desempeño, y otros tipos de consecuencias. Uno de los fundamentos: "Las consecuencias mantienen la conducta"[56]. Efectivamente.

Si la razón entre positivos y negativos es importante en una relación de pareja, en la crianza de los hijos y la educación, no es de extrañar que también lo sea en el lugar de trabajo. Ya en 1950, el clásico *Análisis del Proceso de Interacción* de Robert Bales abordó su importancia en grupos pequeños, como los equipos empresariales[57]. Tom Rath y Donald Clifton coincidieron en el libro, *¿Está lleno su cubo?*[58] y la proporción es fundamental en los modelos matemáticos actuales de las escuelas de negocios[59]. También en los deportes; véase la *Positive Training Alliance*[60]. De nuevo, no es tan fácil como parece. El consultor Daniels, un indudable experto en este ámbito, todavía tenía que recordarse a sí mismo que debía ser más positivo cuando enseñaba a su hijo a conducir[61].

Los programas. ¿Harías más llamadas de ventas si te pagaran por hora o por comisión? ¿Más unidades de un producto, si se te pagara por hora o por unidad? En el campo y en el laboratorio, los estudios demuestran que los programas basados en la razón de trabajo sacan más provecho de las personas que los basados en el tiempo. Los investigadores han comprobado tareas de oficina como la introducción de datos, el servicio en restaurantes, el trabajo en fábricas e incluso el asesoramiento[62].

Pero el trabajo a destajo, es decir, el pago por pieza (véase el capítulo 5), es fácil de abusar y, de hecho, se ha abusado de él históricamente. Con un incentivo tan fuerte, los trabajadores se esforzarían por ganar más. La dirección podría entonces aumentar el número de piezas requeridas por unidad de pago, de modo que los trabajadores nunca obtuvieran beneficios de su productividad. Podrían acabar trabajando a un ritmo agotador para ganarse la vida por los pelos, arriesgándose a lesionarse como los antiguos balleneros. Los programas son poderosos.

Sin embargo, los programas en sí mismos no son problemáticos, sino la forma en que se utilizan. Los operarios de una fábrica podrían ser (y de hecho son) explotados con un sistema de salario por hora, un programa totalmente diferente. En el lado positivo, en la primitiva Australia británica, los convictos trabajaban al principio durante largas horas y hacían lo mínimo. El cambio a un programa basado en la razón de trabajo (como el trabajo a destajo) resultó ser un cambio de vida para algunos. Los convictos podían terminar sus cuotas de trabajo antes de tiempo si eran diligentes, y luego trabajar "horas extras" para recibir una paga o dedicarse a sus propios proyectos, como manufacturar productos que pudieran vender[63].

Estamos empezando a aprovechar mejor los programas en las aplicaciones empresariales. Por ejemplo, para que los programas variables nos mantengan trabajando de forma más constante y feliz, los investigadores descubren que las recompensas fáciles y ocasionales pueden ser muy útiles (véase el capítulo 12). Este conocimiento se ha aplicado en el diseño de software educativo y videojuegos, y en tareas de vigilancia como el control de seguridad y el control de calidad. En un estudio reciente que simulaba el control de equipajes, los participantes debían escudriñar las imágenes de rayos X del equipaje. La inclusión de elementos prohibidos en un programa variable recompensaba la observación cuidadosa, produciendo tasas de trabajo significativamente más altas que una larga serie de escaneos de equipaje sin dichos elementos. Simplemente, es más difícil mantenerse motivado si nunca se encuentra nada. Como sugieren los autores, "los sistemas de gestión podrían plantar sistemáticamente y con frecuencia señales artificiales para los trabajadores, establecer objetivos de rendimiento en la detección de señales y recompensar el alto rendimiento"[64].

En este sentido, algunos autores empresariales han señalado lo difícil que es superar un proyecto largo, en esencia un engorroso programa de razón fija. Reforzar el progreso puede ayudar. Ya vimos en el capítulo 7 que las señales (como los marcadores de progreso) a veces facilitan el camino, pero en otras circunstancias, sólo dejan dolorosamente claro lo mucho que queda por hacer, ralentizando las cosas. Utilizar lo que sabemos sobre el funcionamiento de las señales y los programas puede ayudar a facilitar el trabajo y hacerlo más eficiente.

Incentivos adicionales. ¿Qué puede ofrecer un empresario? Abundan los sistemas de incentivos creativos, e incluso los pequeños incentivos pueden tener grandes efectos. En un estudio se ofrecieron loterías con premios en metálico por una buena asistencia a la fábrica. Durante los cuatro meses que duró el programa, el absentismo disminuyó un 18%, mientras que aumentó un 14% en los grupos de comparación de otras fábricas[65]. Un sistema de puntos en una tienda de comestibles redujo a la mitad los turnos perdidos por semana[66].

Al igual que en las aulas, este tipo de sistemas pueden ser sólo positivos, sólo negativos, o combinaciones de positivos y negativos. Por supuesto, los programas deben planificarse y evaluarse cuidadosamente para que sean justos y aceptables. Pueden ser éxitos rotundos apreciados por la mayoría de los empleados, o pueden ser fracasos estrepitosos.

De hecho, aunque los programas de "Empleado del mes" pueden parecer opciones obvias, el consultor Aubrey Daniels los desaconseja. Explica que sólo ofrecen recompensas diferidas y poco frecuentes, no se basan en conductas específicas, muy pocos pueden ganar y pueden crear rivalidades en lugar de cooperación. Además, no todo el mundo encuentra la atención pública reforzante[67]. Un estudio reciente descubrió que un programa de "Empleado del mes" no tenía ningún efecto objetivo ni siquiera cuando se ofrecía un premio económico además del reconocimiento[68].

Podemos hacerlo mejor. En un estudio, equipos de carga de paquetería compitieron al estilo del béisbol. Se publicaron las clasificaciones y se ofrecieron cenas gratuitas a los equipos ganadores. Las tres medidas de precisión mejoraron, por ejemplo, el número de cajas clasificadas correctamente. La mayoría de los trabajadores lo disfrutaron[69]. Pero incluso en este caso, expertos como Daniels prefieren enfoques más cooperativos, como la competición contra un estándar fijo para que haya más ganadores y menos rivalidad.

En un almacén de distribución de alimentos, los trabajadores envasaban sus productos con créditos por la precisión y la rapidez, y con sustracciones de créditos por los errores, una versión más positiva de un sistema que al principio había sido sólo negativo. Se utilizó un programa progresivo hasta cierto punto, de modo que los criterios se hicieron más difíciles a medida que los trabajadores cumplían los requisitos. Los errores se redujeron en un 10% y los empleados agradecieron poder ganar un dinero extra: más del 90% quería que el programa continuara. ¿Se benefició la empresa, teniendo en cuenta sus costes adicionales? El ahorro neto durante el periodo de estudio fue de casi 10.000 dólares[70].

La seguridad. A otra escala, los fallos de seguridad en el trabajo cuestan vidas, millones de lesiones al año y miles de millones de dólares. Astilleros, fábricas de papel, empresas químicas, centros de distribución de electricidad, lo que sea: una amplia investigación ha demostrado el éxito de diversos programas de seguridad basados en las consecuencias[71].

Las normas por sí solas no funcionan mucho mejor en una empresa que en el aula, si su seguimiento no es respaldado por consecuencias específicas. Lo mismo ocurre con las buenas prácticas de seguridad, como demostró un estudio con trabajadores de hospitales. Hay formas correctas e incorrectas de transferir a los pacientes discapacitados. La adición de una simple retroalimentación con elogios produjo un notable aumento de las transferencias seguras, y a los trabajadores les gustó el procedimiento lo suficiente como para recomendarlo[72]. Cuando se paga a los conductores de camiones por kilómetro en lugar de por hora, se les recompensa por forzarse, conduciendo demasiado tiempo y demasiado rápido (como el trabajo a destajo, un programa similar basado en la "razón" y el trabajo). Según un estudio, tienen el doble de probabilidades de "dormitar o dormirse al volante" que los conductores que cobran por hora[73]. Los conductores sindicados suelen cobrar por hora y no por kilómetro, pero los no sindicados están sujetos a lo que resulta más económico para los empresarios. En otro estudio con conductores, los repartidores de pizza tenían índices de colisión mucho más altos que el público en general. Parte del problema era el programa de reforzamiento: cuantas más pizzas entregaban, más comisiones recibían, premiándose así la conducción arriesgada. Intervenciones sencillas como la retroalimentación sobre su conducción ayudaron, y los que compartimos la carretera con los repartidores de pizza pudimos respirar un poco más tranquilos[74].

Por último, uno de los trabajos más peligrosos del mundo es la minería. En un proyecto que duró más de una década, tres investigadores establecieron un sistema de puntos positivos y negativos en dos minas a cielo abierto (uranio y carbón), cada una con cientos de empleados. Los trabajadores ganaban sellos por utilizar prácticas seguras y evitar lesiones, por sugerir nuevas normas de seguridad y por pertenecer a grupos que evitaban las lesiones. Las recompensas de grupo significaban que los trabajadores tenían un incentivo para ayudarse mutuamente a seguir prácticas seguras. (Al fin y al cabo, estas prácticas ralentizan las cosas). Las lesiones suponían la pérdida de sellos, al igual que no informar de los accidentes. Los sellos podían canjearse por una gran selección de artículos.

El número de días de baja laboral cayó en picado en ambas minas tras el inicio del sistema: sólo un 11% del nivel original en una mina y un asombroso 2% en la otra, ambos muy por debajo de los niveles mineros nacionales. Los costes de los accidentes y las lesiones se redujeron en un 90% aproximadamente, y el ahorro fue tan grande que cubrió varias veces los costes del programa[75]. Lo más importante es que el programa puede haber salvado vidas.

Economía y marketing. Pasando al lado de la demanda, la "economía conductual" combina la economía con la ciencia de las consecuencias para entender las elecciones que hacemos los consumidores. Esto significa entender el valor de la recompensa. Como ejemplo, ya hemos visto descripciones matemáticas de cómo baja el valor cuando se retrasan las consecuencias (véase el capítulo 12).

Los cambios en el valor de la recompensa pueden ser simples (no ir a comprar al supermercado cuando se tiene hambre) o complejos. Por ejemplo, la "elasticidad" económica, es decir, el grado en que una consecuencia se demanda rígidamente o tiene sustitutos. Puede que no te importe tomar té, café o un refresco de cola para desayunar (elástico), pero sea como sea necesitas cafeína (no elástico). Está claro que mucho depende de las otras opciones disponibles. Y mucho depende de las normas. Si te preocupan los temas medioambientales, puede que pagues más por un café cultivado a la sombra o, cambiando a la hora de comer, por un tomate ecológico cultivado en la zona. Reglas, señales, programas, asociaciones emocionales ... a veces, el simple valor de recompensa "desnudo" de una consecuencia parece lo de menos. Las posibilidades son vertiginosas.

Algunos de nosotros respondemos con más fuerza a un cambio en el precio o en el esfuerzo, otros a la frecuencia con la que llegan las recompensas, y otros a la impaciencia por necesitarlo sin retrasos. En términos económicos, nuestras "curvas de demanda" son diferentes. Ante diferentes opciones, pueden surgir factores completamente distintos, que cambian al día siguiente. Los expertos en marketing se enfrentan al reto de crear el mayor valor de recompensa para el mayor número de personas posible.

Las marcas son uno de sus éxitos. Por ejemplo, en pruebas de degustación a ciegas, hordas de voluntarios se han sorprendido al descubrir que rechazaban su marca de cola favorita[76]. Las marcas desarrollan una vida propia (sus propias connotaciones emocionales y valor de recompensa característico) a través experiencias propias, modelado social, normas y, por supuesto, anuncios publicitarios. La gente se siente tan identificada con ciertas marcas que incluso lleva camisetas con el nombre de su marca favorita, lo que supone una publicidad gratuita.

Para construir anuncios eficaces que aumenten el valor de recompensa, los profesionales del marketing aprovechan todos sus conocimientos científicos acumulados. Para crear asociaciones emocionales clásicamente condicionadas, por ejemplo, los ejecutivos llevan más de un siglo emparejando productos con famosos. (Y no es de extrañar, ya que los estudios confirman que esta estrategia funciona[77]). Cuando la estrella de teatro del siglo XIX Lillie Langtry promocionó el jabón Pears, puede que fuera la primera mujer famosa en aparecer en un anuncio[78]. Del mismo modo, los anuncios que utilizan palabras con connotaciones positivas como "nuevo", "fácil" y "sorprendente" se venden mejor[79]. Tire de la fibra sensible con apelaciones emocionales directas: muestre a un niño sufriendo y su producto se asociará con el fin del dolor. Muestre a una pareja feliz para que se asocie con la felicidad. (El miedo puede ser incluso más poderoso, como saben los creadores de anuncios políticos). Los paisajes bonitos, las modelos atractivas y las melodías pegadizas son todos aspectos positivos. El movimiento atrae nuestra atención (la respuesta de orientación pavloviana) y luego recompensa nuestra mirada continua y fascinada. Los anuncios de la final de beisbol *Super Bowl* en EEUU pueden atraer a tantos aficionados como el juego en sí.

El razonamiento nos ha traído la ciencia ficción convertida en realidad y, sin embargo, nuestros "puntos ciegos" de razonamiento siguen haciéndonos tropezar. Los vendedores también los conocen. El 85% de carne magra de hamburguesa es lo mismo que el 15% de grasa, pero el impacto visceral de estas etiquetas es diferente. El modo en que se suman los aspectos positivos y negativos tampoco es siempre sencillo. El marco del lenguaje puede jugar malas pasadas: los vendedores pueden obtener más beneficios ofreciendo rebajas (¡un almuerzo gratis!) que, fijando un precio más bajo, por ejemplo. Por otro lado, tener que esperar mucho tiempo para la rebaja puede dar la vuelta a esa ecuación. Debido a los retrasos, incluso la forma de pagar puede tener un enorme impacto. Por ejemplo, utilizar pagos a plazos destaca la gran distancia que hay hasta tener que desembolsar dinero real. El hecho de tener que desembolsar dinero en metálico puede hacer que el acuerdo no se lleve a cabo[80].

Por último, de nuevo los omnipresentes sistemas de puntos: los vendedores difícilmente los pasarían por alto. Algunos de nosotros recordamos el antiguo programa de *S&H Green Stamps* en el que los libros de sellos acumulados podían canjearse por diferentes artículos. (Hoy en día, los programas de viajeros frecuentes son los más conocidos de los muchos programas de incentivos que recompensan la fidelidad de los clientes. Los programas de recompensas con tarjetas de crédito también se han hecho populares y a veces están vinculados a los programas de viajeros frecuentes. También hay muchos planes de prueba de compra. El actual programa sin ánimo de lucro *Box Tops for Education*, por ejemplo, ha proporcionado millones de dólares a colegios de EEUU al asociarse con los fabricantes de productos de alimentación.

Se ha documentado un intrigante efecto para uno de estos sistemas: para "ganar" un café gratis, hay que comprar un número de cafés y marcar una tarjeta. La pregunta es: ¿Es mejor proporcionar una tarjeta en la que haya que marcar doce cafés comprados, con dos ya anotados (¡gratis!), o proporcionar una tarjeta en blanco que requiera diez compras de café? Son exactamente lo mismo, por supuesto, pero se trata de un programa de razón fija. Eso significa que tener un comienzo hace que parezca más fácil: ya se ha iniciado la fase de "carrera" del patrón característico de "parar y correr" de este programa (véase el capítulo 5). Y eso es lo que demostró la investigación, sin lugar a dudas[81]. ¡Tiene gracia!

Recompensas en el trabajo: la otra cara de la moneda. Comercialización de productos peligrosos ... programas de incentivos mal planificados que se convierten en un bumerán ... Cualquier ciencia si se aplica de forma descuidada puede dar lugar a abusos y mala praxis. Pero, ¿qué hay de malo en utilizar elogios en el trabajo? Sin duda, cualquier cosa que aligere la carga es bienvenida.

En su bestseller *Fast Food Nation*, Eric Schlosser señaló que muchos restaurantes de comida rápida contrataban principalmente a trabajadores a tiempo parcial para tener que pagar menos prestaciones sociales. A estos empleados se les paga el salario mínimo o casi mínimo, y a menudo se marchan cuando pueden. Para compensar, al menos una gran cadena utilizó elogios deliberados que hacían que estos trabajadores mal pagados se sintieran valorados[82]. Esto puede funcionar durante un tiempo, ayudando a mantenerlos y a evitar los costes de formación causados por el exceso de rotación. Si el elogio es sincero, puede funcionar durante más tiempo.

Al fin y al cabo, los empleados suelen elegir trabajos peor pagados si son más gratificantes en otros aspectos: el cuidado de niños, por ejemplo, o trabajos en zoológicos para los amantes de los animales, o trabajos para entidades sin ánimo de lucro para los activistas. Mi experiencia en estos ámbitos me ha mostrado muchos ejemplos inspiradores. De hecho, muchas personas que pueden permitírselo trabajan como voluntarios a tiempo completo sin remuneración alguna. Los empleados con menos opciones, sin embargo, aceptan los trabajos remunerados que pueden conseguir y los aprovechan al máximo.

Salario mínimo, con o sin elogios... Ambos tienen sus inconvenientes, ¿cuál elegirías tú?

Capítulo 15

ADICCIÓN, AUTISMO Y OTRAS APLICACIONES

"Ahora soy el ser viviente más miserable. Si lo que siento se distribuyera por igual entre todo el género humano, no habría un solo rostro alegre sobre la faz de la tierra. No puedo asegurar si alguna vez estaré mejor; pero presiento terriblemente que no será así. Permanecer como estoy es imposible; creo que deberé morir o mejorar".

— Abraham Lincoln, carta de 23 de enero de 1841

La depresión* es uno de los muchos problemas psicológicos en el que el aprendizaje por consecuencias permite ayudar a causar o aliviar. Trataré una serie de problemas de este tipo. En cada caso, dejaré claro que, siguiendo el enfoque sistémico adoptado en este libro, son muchos los factores que intervienen en su causalidad. Haré hincapié en las formas en que la ciencia de las consecuencias se suma al repertorio de tratamientos.

EL "PERRO NEGRO" DE CHURCHILL

Abraham Lincoln, Virginia Woolf, Winston Churchill... la depresión ha llevado a la miseria tanto a los famosos como a todos los demás, en todo el mundo, a lo largo de la historia. Hipócrates, autor del juramento hipocrático de la medicina, describió con tristeza la depresión en la antigua Grecia. Uno de sus rasgos definitorios es la devaluación de las consecuencias: no hay razón

---

* *N. del E.:* En esta línea, la activación conductual, es una intervención basada en la evidencia para la depresión y consiste en incrementar los reforzadores en la vida de las personas.

para vivir, nada que esperar*. Las recompensas pierden su sabor. Lo negativo abruma. La relación entre lo positivo y lo negativo se ve alterada.

Y por una vez, la habilidad que portamos con más orgullo, es paradójicamente más dolorosa que útil: gracias al lenguaje, podemos disfrutar de *un sinfín de* preocupaciones y lamentos. Anticiparse a los problemas o rumiar miserablemente el pasado multiplica muchas veces nuestro sufrimiento. Incluso podemos imaginarnos nuestra propia muerte.

Círculos viciosos. Sin llegar a la muerte, si pierdes a las personas que amas, o tu trabajo, o tus esperanzas más queridas, no sólo pierdes muchos de los aspectos positivos de tu vida, sino que también tienes más probabilidades de sufrir una depresión. Lo mismo puede ocurrir si empiezas en esta vida cargado de desventajas; haber sufrido abusos y pobreza, por ejemplo[1]. O simplemente si quedas sepultado por demasiados aspectos negativos de tamaño pequeño o mediano.

Una vez que estás deprimido, se propaga este estado (véase el capítulo 10), lo que trae a la mente aún más cosas negativas, una asociación negativa tras otra, en bucle. También en este caso, el lenguaje puede hacer daño: amplía el abanico de lo negativo. Como paciente maltratado en un hospital para pobres, por ejemplo, el novelista George Orwell fue golpeado debido al recuerdo emocional del trágico poema de Tennyson, "En el hospital de niños". Aunque Orwell no había pensado en él durante muchos años, la historia e incluso muchos de los versos volvieron a aparecer, derivados por las asociaciones[2]. Del mismo modo, algunos pensaban que los enfermos de cáncer se caracterizaban por una infancia infeliz, la conocida "personalidad del cáncer"[3]. En cambio, cualquier persona que sufra y sea infeliz es simplemente más propensa a recordar cosas infelices[4]. Puede ser útil tener esto en cuenta.

También es útil recordar que, al igual que la belleza, lo negativo está en el ojo del que mira. En un estudio, el molesto ruido de la autopista no supuso ningún problema para los propietarios de viviendas cercanas que tenían asociaciones positivas: tiendas más cercanas, servicios de todo tipo y más puestos de trabajo[5]. Shakespeare estaba en lo cierto cuando hizo decir a Hamlet: "No hay nada bueno ni malo, sino que el pensamiento lo hace así". Además, las asociaciones y percepciones pueden cambiar en un instante: crees que tus padres eran felices juntos y luego descubres la impactante verdad. De repente, toda tu vida parece diferente.

Díselo a alguien. Háblalo.

---

* *N. del E.:* La depresión a veces supone una depresión ontológica. En el libro *"La Sociedad del Cansancio"* el filósofo Byung Chul Han, hace referencia a este concepto, que implica un cansancio por la forma en la que vivimos.

Hablarlo. Ayuda simplemente a ver que el mundo no se acaba cuando tu dolor sale a la luz. De hecho, los oídos que te apoyan te pueden salvar la vida. Un estudio *científico* muy citado descubrió que la soledad* es más peligrosa que el tabaquismo, y se ha demostrado que una de las razones es el aumento de la probabilidad de sufrir depresión[6]. Además de aportar recompensas **en sí mismas, hablar ayuda a los procesos pavlovianos*** a calmar las emociones agitadas: asocia temas dolorosos con sentimientos menos dolorosos para debilitar el impacto.

Nuevas formas de interpretar lo ocurrido significan nuevas asociaciones emocionales. La aceptación de lo negativo lo desactiva. De un hombre que contó a un terapeuta su lucha por la pérdida de un padre: "Una vez que le puse palabras, fue como si no tuviera poder sobre mí. Mientras que antes había sido una masa indiferenciada de ansiedad, tristeza y miedo"[7]. Si te falta alguien con quien hablar, innova. Llevar un diario puede ayudar, incluso escribir una carta que nunca se envíe[8]. En Guatemala, los niños tradicionalmente contaban sus problemas a pequeños y coloridos "muñecos de la preocupación", los ponían debajo de sus almohadas, y así dormían plácidamente.

Indefensión aprendida. Aunque las preocupaciones siempre van a estar con nosotros, tenemos que aceptar las cosas negativas que no creemos que podemos llegar a cambiar, o al menos aprender a lidiar con ellas. Pero no es gratis, a veces hay que pagar un precio.

Clara Barton ayudó a liderar la iniciativa de enfermería de la Unión en la Guerra Civil y luego cayó en una depresión que duró cinco años. Las barreras del sexismo le impidieron conseguir algo más. Cuando por fin tuvo la oportunidad de volver a ser útil, su depresión terminó y pasó a fundar la Cruz Roja Americana[9].

Seguro que todos nos sentimos identificados, aunque sea en menor medida. Después de desarrollar problemas de rodilla, nada de lo que intenté me sirvió de mucho. Frustrado, simplemente me rendí durante varios años, sin recompensas que me hicieran seguir adelante. Qué desalentador y poco inteligente. En el laboratorio, la investigadora de la autoestima Carol Dweck y un colega demostraron que cuando los niños no tenían suerte con los problemas de matemáticas que eran irresolubles (sin saberlo), generalizaban esta experiencia a un conjunto de problemas que *podían* ser resueltos,

---

* *N. del E.:* El psiquiatra Robert Waldinger, en su obra "*La Buena Vida*", incopora en su estudio longitudinal de más de 85 años en Harvard las conclusiones acerca de la importancia de las relaciones sociales para aumentar la esperanza de vida.

** *N. del E.:* Skinner se refería a la psicoterapia como una audiencia no punitiva que no dispensa consecuencias aversivas.

*** *N. del E.:* La terapia incorpora procesos de contracondicionamiento.

pero ni siquiera lo intentaban[10]. Del mismo modo, cuando los estudiantes universitarios no podían escapar de un sonido fuerte, simplemente lo soportaban, mientras que los recién llegados tomaban el control que había quedado disponible[11]. La "indefensión aprendida" *está tan extendida que, en circunstancias comparables en el laboratorio, la desarrollan los peces e incluso las cucarachas[12].

Afortunadamente, es posible "vacunar" contra esa impotencia hasta cierto punto[13]. Tanto las personas como los animales, cuando aprendemos que podemos perseverar para escapar de las malas situaciones, somos menos propensos a sufrir en silencio. Se ha demostrado que la experiencia con programas variables ayuda; al fin y al cabo, la perseverancia frente a la decepción es su sello distintivo[14]. Problemático para los jugadores. Beneficioso aquí, donde la persistencia es fundamental.

Confinados durante el tiempo que dura la enfermedad, nos reafirmamos tomando el control que podemos. Sorprendente es el hecho de que estar a cargo de una planta en una maceta, ayudó a los residentes de una residencia de ancianos a mantenerse más sanos (véase el capítulo 1). Del mismo modo, si se sufre depresión y al límite de sus fuerzas, el simple hecho de concertar una cita** con un terapeuta supone un cierto alivio y este simple hecho ya disminuye el malestar[15].

Salió el sol. En tiempos difíciles, una vez miré hacia arriba y descubrí que la luz del sol se filtraba maravillosamente entre los árboles. Otras asociaciones positivas empezaron a agitar mis alas, y mi estado de ánimo mejoró durante un tiempo. Puede parecer obvio, pero las investigaciones demuestran que las personas que se han recuperado de una depresión son propensas a recaer a menos y más probable de que vuelvan a tener reforzadores en sus vidas de alguna manera. ¿Necesitamos un número mínimo? ¿O, tal vez, una proporción "mágica" entre positivos y negativos? Después de todo, hemos visto esa proporción en todas partes. También hemos visto los beneficios neurofisiológicos del reforzamiento. Las consecuencias, la terapia, los fármacos antidepresivos, todo ha demostrado que cambia el cerebro.

El famoso biógrafo y enfermo de depresión James Boswell escribió una vez: "¿No me imaginaba condenado a una melancolía persistente? Y, sin embargo,

---

* *N. del E.:* Seligman descubrió que, tras someter a un animal a descargas eléctricas sin posibilidad de escapar de ellas, las respuestas de escape acababan desapareciendo, eso incluso aunque la jaula se hubiese vuelto a abrir. Esto es lo que conocemos como indefensión aprendida y es un modelo experimental de ciertos comportamientos como el maltrato.

** *N. del E.:* Estos autores vieron como un 15% de la sintomatología se aminora con el simple acto de reservar cita. Howard, K. I., Kopta, S. M., Krause, M. S., & Orlinsky, D. E. (1986). The dose–effect relationship in psychotherapy. *American Psychologist*, 41(2), 159-164.

amigo mío, ahora estoy tan sano y feliz como puede estarlo cualquier mortal. ¿De dónde viene esto? Simplemente porque he tenido más ejercicio y mayor variedad de conversaciones..." carta escrita el 23 de julio de 1764"[16]. Pero, ¿es cierto que duran los beneficios?

Mientras que la mayoría de las terapias contra la depresión intentan promover un mayor contacto con las actividades gratificantes, este sería el objetivo principal de la "terapia de activación conductual". La idea es sencilla: aumentar la proporción entre lo positivo y lo negativo, recuperando los reforzadores en su vida y los beneficios de sus asociaciones positivas. El terapeuta también recomienda métodos para tratar el insomnio, la pérdida de apetito y otros síntomas comunes de la depresión. Un metaanálisis abarcó estudios aleatorizados y controlados de esta terapia, con más de 2.000 pacientes en total. Se concluyó que podía considerarse como una terapia "bien establecida", en el nivel más alto de la base de pruebas[17].

Esta terapia puede ayudar tanto a la depresión grave como a los casos más leves. Por ejemplo, el investigador en psicología clínica Carl Lejuez y sus colegas trabajaron con veinticinco pacientes gravemente deprimidos en un hospital, premiando simplemente el aumento de la actividad: cosas sencillas como leer, charlar, salir a pasear y limpiar sus habitaciones. Mejoraron significativamente[18]. De hecho, el ejercicio por sí solo puede ser un reforzador con beneficios terapéuticos. En un estudio aleatorizado y controlado con personas deprimidas de más de cincuenta años, también produjo una mejora significativa[19]. Aunque las revisiones de toda la literatura disponible sobre ejercicio y depresión no siempre han confirmado este hallazgo*[20]. Que vuelva el sol pues, y que siga brillando.

ANSIEDAD Y MIEDO

La oscuridad desciende cuando anticipamos lo peor. Entre las consecuencias más poderosas están las cosas que tememos: nos esforzamos mucho por evitarlas. Pero no podemos esquivar el peligroso futuro.

Pocos somos capaces de resistirnos a albergar algunos miedos, a menudo con razón. Aunque aprendemos a lidiar con la mayoría de ellos, incluso los miedos más variados pueden ser limitantes. Los miedos sociales involucran reducir el número de amistades; el miedo a volar significa que rara vez ves a tu primo favorito que vive en otro país. Y algunos miedos pueden llegar a ser muy incapacitantes.

Las fobias específicas (a las arañas, a las alturas, a los espacios cerrados) son el tipo más común en los problemas de ansiedad. Afortunadamente, la solución estándar es muy eficaz: enfrentarse a lo que se teme. Nadie ha dicho que sea *fácil*, sólo que tiene éxito. Desde el punto de vista terapéutico, esto suele hacerse en pasos cuidadosamente medidos, más bien como un moldeamiento. Al desinflar su poder emocional pavloviano, este enfoque también cambia el valor de las consecuencias de lo temido. La terapia de exposición ha sido el tratamiento de elección durante años, confirmado por un reciente meta-análisis de ensayos clínicos controlados y aleatorizados[21].

La exposición no tiene por qué ser directa. Como hemos visto, pensar en algo ya puede tener efectos similares a los de experimentarlo, incluidos los fisiológicos (véase el capítulo 8). Irónicamente, eso nos da otra forma de vencer los miedos. Si tienes miedo a las alturas, imaginarte de pie en el borde de un acantilado seguramente te altere. Sin embargo, oblígate a hacerlo hasta que estés más tranquilo, utilizando la respiración profunda y otras técnicas de relajación, y habrás dado un paso hacia el borde real del acantilado. Hoy en día, la tecnología, como la "realidad virtual", nos echa una mano en esto. Aun así, si un aracnofóbico toca una tarántula de juguete mientras trabaja con una escena de arañas de realidad virtual, la terapia funciona mejor[22].

---

* *N. del E.:* El ejercicio no se suele considerar como una "terapia", debe ir acompañado de otros procedimientos de evaluación e intervención.

Las fobias a las agujas de sangre son relativamente comunes, y las personas que las sufren, como la periodista Letty Cottin Pogrebin, tienden lógicamente a evitar las pruebas médicas. Los hijos de Pogrebin de hecho, recibieron los primeros auxilios de otras personas, no de su madre. Entrar en shock a causa de su fobia hizo que Pogrebin finalmente buscara ayuda. Tras siete años de otras terapias, encontró un terapeuta que utilizaba métodos de exposición y se curó en diez semanas[23], y eso es mucho tiempo si tenemos en cuenta los estándares actuales.

Al igual que con la indefensión aprendida, podemos inmunizarnos contra los posibles miedos. Adquirir experiencia con lo que sea, emparejarlo con aspectos positivos, ver a otras personas haciéndolo felizmente, leer sobre lo seguro que es. Esto también funciona con los animales, bueno, no la parte de la lectura; sí, los animales tienen fobias.

Los niños a veces adquieren los miedos de sus padres, pero éstos pueden ayudar a que no lo hagan aprovechando estas técnicas. Por ejemplo, los investigadores Susan Mineka y Richard Zinbarg describieron dos casos de chicas adolescentes atacadas por perros. Sólo la adolescente que había tenido poca experiencia con perros desarrolló una fobia. La otra chica no lo hizo, al estar protegida por su historial de buenas experiencias, tal y como predice la investigación de laboratorio. Del mismo modo, ante un encuentro doloroso y molesto en el dentista, los niños que habían tenido una serie de experiencias más agradables eran menos propensos a desarrollar fobias que los niños nuevos en el contexto del cuidado de los dientes[24].

DESENGANCHARSE: LA ADICCIÓN

La ciencia de las consecuencias ayuda a los investigadores a estudiar los altibajos del valor reforzante de las drogas y a predecir cuáles son susceptibles de ser objeto de abuso[25]. De forma inesperada, descubrieron que acontecimientos poco evidentes pueden cambiar el valor de recompensa de una droga. Por ejemplo, ser derrotado en una pelea puede reforzar el poder de la cocaína en las ratas[26]. Sí, los animales se dan cocaína a sí mismos. ¿Qué pasará en las personas? Sería útil saberlo, y los investigadores están trabajando en ello. Hecho crucial: las sustancias adictivas pueden ser tan reforzantes que los adictos en algunos casos pueden robar, incluso matar, para conseguirlas.

El tabaquismo. Los adictos al tabaco no matan -su sustancia de elección es legal-, pero el tabaquismo mata a cientos de miles de personas en EEUU cada año[27]. ¿Por qué empezaría alguien a fumar entonces? Muchas influencias son obvias: de niño, si tus amigos fuman, las recompensas y presiones sociales son grandes. Menos obvio es que los investigadores han descubierto recientemente que los niños de tres a ocho años cuyos padres fuman tienen muchas más probabilidades de preferir el olor de los cigarrillos que un olor neutro, en comparación con los hijos de los no fumadores[28].

A cualquier edad, las normas por sí solas no suelen guiarnos, por muy bien apoyadas que estén, por mucho que sepamos que deberían. A menudo, las temidas consecuencias que describen se demoran mucho, y eso es parte del problema. Como las advertencias escritas en las cajetillas de tabaco son un buen ejemplo, decenas de países exigen ahora, además, fotografías de pulmones enfermos y otras imágenes emocionalmente impactantes[29].

La mayoría de los fumadores acaban entendiendo el mensaje y dejan de fumar durante un tiempo. Lo difícil es mantener el hábito. Si una persona tiene un mal día, además de lidiar con el síndrome de abstinencia de la nicotina, es difícil no buscar esa recompensa fácil, un cigarrillo rápido. ¿Quién de nosotros no se siente identificado? ¿Cómo ayudar a los que quieren dejar de fumar a largo plazo? En Australia, no hay trasplantes de pulmón disponibles para las personas que fuman o abusan de cualquier otra sustancia. Menos drástico, el farmacólogo conductista Jesse Dallery y sus colegas idearon un sistema basado en la "contratación de depósitos", similar al stickK.com de Ian Ayres (véase el capítulo 12). Los fumadores que quieren dejar de fumar ponen su propio dinero y lo recuperan si siguen sin fumar[30]. En relación con esto, el investigador Kevin Volpp y sus colegas publicaron recientemente en el *New England Journal of Medicine* un exitoso estudio aleatorizado y controlado de incentivos en metálico para dejar de fumar[31]. En otro estudio aleatorizado y controlado reciente, los fumadores "difíciles de tratar" fueron el centro de atención. Estos adictos no habían conseguido dejar el hábito durante sus visitas de línea base a una clínica, aunque se habían ofrecido como voluntarios para una prueba de tabaquismo. En otro estudio controlado y aleatorizado reciente, el objetivo eran los fumadores "difíciles de tratar". Estos adictos no habían conseguido dejar el hábito durante sus visitas iniciales a una clínica, a pesar de que se habían presentado voluntarios para un experimento de deshabituación para el tabaquismo. Un test de aliento determinó si habían fumado recientemente, para respaldar sus propios informes. La mitad de ellos había intentado dejar de fumar al menos dos veces antes. Durante las siguientes sesenta visitas, los fumadores de un grupo recibieron dinero en efectivo por evitar por completo el consumo de tabaco el día anterior, en la condición para hacerlo de "golpe". Los fumadores de un grupo de "moldeamiento" recibían dinero por reducir gradualmente el consumo. Casi la mitad de los fumadores difíciles de tratar respondieron bien a la estrategia de moldeamiento, pero sólo una cuarta parte en la condición de "hacerlo de golpe"[32]. En esta línea, en otro estudio aleatorio, se compararon programas de reforzamiento fijos y progresivos. Los participantes de cualquiera de los dos programas tenían casi el doble de probabilidades de dejar de fumar que los del grupo de control. Sin embargo, los participantes de los programas progresivos o que se reducen gradualmente fueron los menos propensos a recaer una vez finalizado el programa, con un amplio margen además[33].

Las claves para fumar se convierten en una recompensa en sí mismas de la misma manera que hemos visto antes. También aumentan el valor de recompensa inmediata de los cigarrillos produciendo antojos, como se ha confirmado en estudios de laboratorio[34]: ver a tus amigos fumando y sentir el deseo. Visita tu bar favorito y te entran ganas. Esto hace que sea aún más difícil dejar de fumar una vez que se ha dejado, porque las claves están en todas partes. Intentar evitarlas puede convertir a los que dejan de fumar en ermitaños y también aumenta las recaídas.

La prevención es, por supuesto, la mejor solución, y eso significa disuadir a los niños de adquirir el hábito. El Juego de la Buena Conducta, que premia a los grupos de niños por una conducta adecuada en el aula (véase el capítulo 14), es uno de los programas infantiles que consiguen precisamente eso. Estos programas también ayudan a prevenir el abuso de drogas ilegales. Y a mayor escala, las sociedades con menos pobreza y más igualdad de oportunidades también tienen menos abuso de drogas ilegales[35].

Drogas ilegales. Reducir la demanda de drogas ilegales (es decir, su valor de recompensa) tendría enormes beneficios para todos nosotros. Sólo la carga financiera de gastos a nivel global es impresionante, y se estima en casi 200.000 millones de dólares al año sólo en EEUU[36]. Pero una vez que la adicción se afianza, casi todos los tratamientos fracasan en la mayoría de los casos. ¿Por qué?

Las claves del condicionamiento clásico se aplican a la cocaína, la metanfetamina y otras drogas ilegales, así como a las legales. Tomemos las viejas costumbres y hábitos, añadamos el enorme poder reforzante de la droga, más lo negativo de los desagradables síntomas de abstinencia. El resultado es un reto formidable incluso para los adictos que desean firmemente dejarlo. Las drogas pueden ser lo más gratificante de sus vidas.

Durante veinte años, uno de los tratamientos más exitosos ha ofrecido alternativas más saludables. Como se explica en el capítulo 12, para ganar vales que pueden canjear y los adictos proporcionan muestras de orina libres de drogas. Los vales pueden canjearse por artículos específicos y algunas versiones añaden oportunidades de encontrar empleo. Para mayor motivación, cuanto más tiempo pasen los adictos sin una muestra de orina positiva en drogas, mayor será el vale que ganen. Recaer significa volver a la cantidad inicial más pequeña. Mientras tanto, las recompensas naturales de estar libre de drogas también se acumulan (esperamos). No es de extrañar que los vales más grandes conlleven mayores tasas de éxito[37].

Un metaanálisis de ensayos clínicos aleatorizados para el tratamientos del abuso de drogas, concluyó que el "manejo de contingencias" (un enfoque basado en las consecuencias) tenía "el efecto más fuerte"[38]. Y el Servicio Nacional de Salud de Inglaterra lo respaldó recientemente. Aunque estos programas son rentables a largo plazo, pueden ser costosos a corto plazo. Para hacerlos más asequibles, se están probando sistemas de recompensa de lotería: si se mantiene libre de drogas, se tiene la oportunidad de ganar un premio[39].

AUTISMO

Aproximadamente uno de cada 100 niños nacidos en EEUU está diagnosticado con trastorno del espectro autista (TEA). El autismo tiene diferentes grados, aunque estos niños muestran un retraso en el lenguaje, escasas habilidades sociales y conductas repetitivas como el aleteo de manos. Aunque existe un grupo que posee un alto funcionamiento (a veces llamado síndrome de Asperger), la mayoría obtienen un desempeño bajo en pruebas de inteligencia.

Durante años, la mayoría de las personas con autismo estaban institucionalizadas, a menudo incapaces de comunicarse o de manejar las habilidades de la vida cotidiana. Todo esto ha cambiado gracias a la revolución provocada por la ciencia de las consecuencias: ahora muchos pueden vivir y trabajar en sus comunidades con apoyo, llevando una vida mucho mejor y disfrutando de distintos grados de autonomía. Un número sorprendente de niños diagnosticados de autismo ha conseguido avances aún mayores.

El estudio fundacional se publicó en 1987 tras décadas de desarrollo. El psicólogo Ivar Lovaas y sus colegas ofrecieron a diecinueve niños pequeños diagnosticados de autismo una enseñanza individualizada durante cuarenta horas a la semana, lo que ahora se conoce como tratamiento conductual temprano intensivo*. Al cabo de dos años, cuando los participantes contaban entre seis y siete años de edad, el cociente intelectual (CI) de este grupo de niños había aumentado 20 puntos de media, hasta acercarse a la normalidad (85 se considera "normal"). Nueve de estos niños ganaron alrededor de 30 puntos, alcanzando puntuaciones superiores a 85, y fueron incorporados a las aulas habituales que les correspondían por edad. En contraposición a esto, los niños similares de un grupo no tratado y de un grupo de tratamiento menos intensivo no mejoraron, con un CI medio que se mantuvo en los 50 puntos. Entre los once y los catorce años de edad, ocho de los nueve niños del grupo que había avanzado, seguían manteniéndose con éxito en el seguimiento,

---

* *N. del E.: Early intensive behavioral intervention*, en inglés, en el original.

además estaban integrados en la sociedad y se encontraban dentro del rango normal en lo que respecta a CI y otras conductas[40].

Esto no fue una casualidad: otros estudios han obtenido resultados similares, a veces con niños más mayores. Se han publicado cientos de estudios sobre tratamientos conductuales intensivos tempranos. En una revisión reciente, sólo estos tratamientos cumplían los criterios para ser considerados "bien establecidos", con estudios aleatorios controlados y otras pruebas experimentales que los respaldaban[41]. Un enfoque relacionado, la terapia de respuesta pivote*, cumplía los criterios de "probablemente eficaz". En consecuencia, los métodos basados en las consecuencias han sido descritos como "tratamiento de elección" por el *Surgeon General* de EEUU y han sido respaldados por muchas organizaciones profesionales como la Academia Americana de Pediatría[42].

En la enseñanza del lenguaje y las habilidades sociales, se utilizan todos los métodos del capítulo 14 (el moldeamiento y el modelado, por ejemplo) y algunos más. No se puede dar nada por sentado: es posible que haya que enseñar la imitación, por ejemplo. En un estudio, cuatro niños autistas aprendieron a imitar vocalizaciones, movimientos de juego con juguetes y movimientos de "mímica" con un programa de reforzamiento variable, lo que les permitió mantener y generalizar mejor esta habilidad fundamental para la vida[43].

¿Y el lenguaje? Catherine Maurice, madre de dos niños autistas y autora de *Let Me Hear Your Voice* (Déjame oír tu voz), describe cómo conseguir que su hijo se comunique: "Puedo sostener estas monedas y no dárselas hasta que me mire y haga algún sonido por cada una. La técnica básica es siempre conseguir que se interese por algo. . . y luego utilizar ese algo para seguir impulsando la idea del lenguaje, la comunicación.... Digo algo, y cuando lo hago, "esa molesta mami me da lo que quiero"[44]. Y así a través de un inmenso número de pasos hasta llegar a habilidades como el manejo de una conversación más compleja.

La enseñanza es planificada e incidental, en casa y en el aula. El reforzamiento positivo es siempre el objetivo. Si el programa no funciona, cambie el entorno o la programación, intente dar pasos más pequeños a través del moldeamiento, con más o menos ayudas, claves, o más o menos halagos, haz la tarea más fácil o difícil, o divídela en partes más pequeñas... y así sucesivamente. Siempre adaptarse. Pero no te rindas. Definitivamente, no te rindas con un problema que quizás ha sido anteriormente intratable.

---

* *N. del E.:* La intervención con respuesta pivote es un modelo de intervención naturalista derivado de los enfoques del análisis aplicado de conducta (ABA) que pone énfasis en las conductas de juego y las respuestas de iniciación por parte del niño. Entre sus objetivos se incluyen el desarrollo de la comunicación, el lenguaje, y la conducta social.

Algunos autistas se hacen daño a sí mismos, normalmente golpeándose la cabeza contra cosas, golpeándose con los brazos o mordiéndose, esto es algo aterrador de ver. Una niña "se había pegado a sí misma con tanta fuerza y de forma tan constante que se había provocado daños cerebrales en el lóbulo frontal, se había perforado los tímpanos y se había dañado con tal gravedad los ojos que se había quedado ciega"[45].

Los científicos han superado incluso este reto, recurriendo al análisis funcional, para determinar *por qué* se producen las autolesiones, y resulta que se deben a las consecuencias. De una revisión de 152 estudios sobre autolesiones, aproximadamente una cuarta parte de los casos se debieron principalmente al reforzamiento intrínseco de la actividad (por extraño que parezca). El resto se debió principalmente o en parte a la atención gratificante que supuso la autolesión. Esto no es un fenómeno aislado: recordemos que los niños no autistas a veces se portan mal para llamar la atención. En muchos de los casos, escapar de una tarea educativa o de habilidades para la vida conlleva una consecuencia importante[46]. La ley federal de EE.UU. exige ahora evaluaciones funcionales de la conducta en casos donde existen autolesiones.

Saber por qué la persona se autolesiona permite orientar correctamente el tratamiento. Si un niño se pega a sí mismo porque así se libra del entrenamiento en la práctica del lenguaje, haga que la práctica sea más gratificante. Si es principalmente para llamar la atención, enséñele mejores formas de llamar la atención. Como, por ejemplo: "¡Gracias por levantar la mano!". Si es intrínsecamente gratificante, recompense más las alternativas saludables. A veces se puede prevenir directamente la autolesión: el uso de guantes hizo que una niña dejara de rascarse la cara mientras se reforzaban otras conductas, y luego se le quitaron los guantes durante periodos gradualmente más largos. Funcionó[47]. De hecho, una revisión de casi 400 estudios sobre autolesiones concluyó que estos enfoques basados en las consecuencias son muy eficaces[48].

Por último, los niños autistas suelen tener problemas con la "atención compartida", una habilidad fundamental para el aprendizaje del lenguaje. La atención compartida significa lo que parece: compartir la atención de un evento con otra persona a través de gestos, señales de la mirada o comentarios. Parece bastante sencillo: los niños normales, al ver algo emocionante como un avión que vuela bajo, lo señalan y miran a los adultos cercanos para llamar su atención. Esta secuencia de conducta se ve recompensada tanto por la atención como por el acontecimiento emocionante. ¿En qué parte de la secuencia se pierden los niños autistas? Se ha demostrado que *iniciar* una asociación de atención compartida es especialmente problemático para ellos. Varios estudios, por ejemplo, han descubierto que estos niños miran juguetes en movimiento, como los robots, cuando se activan, pero no comparten la emoción. Resulta que la atención de los adultos no les parece gratificante[49].

Varios equipos de investigadores han conseguido recientemente enseñar a los niños autistas a iniciar y participar en este tipo de atención compartida. Cuando la atención de los adultos no era gratificante, también se les enseñó con éxito. No se puede dar nada por hecho ni por perdido[50]. Una enseñanza cuidadosa y específica puede hacer maravillas. Maurice describe lo que ocurrió cuando un niño que antes se cerraba en banda "lo entendió": "De repente, increíblemente, extendió la mano, señaló el agua y se volvió para mirarme. Me emocioné"[51]. Tras una terapia intensiva basada en las consecuencias, los dos hijos autistas de Maurice pudieron ser integrados en el sistema educativo.

TRASTORNO POR DÉFICIT DE ATENCIÓN E HIPERACTIVIDAD: ¿FÁRMACOS O CONSECUENCIAS?

Según los Centros de Control y Prevención de Enfermedades, casi uno de *cada diez* niños estadounidenses ha sido diagnosticado de trastorno por déficit de atención e hiperactividad (TDAH)[52]. Es un problema mucho más común que el autismo.

En el caso de las actividades suficientemente reforzantes, los niños diagnosticados con TDAH no muestran ningún déficit de atención: tienden a obtener buenos resultados con programas ricos en reforzamiento inmediato. Otra cosa son los programas breves y las consecuencias retardadas[53].No es de extrañar, pues, que los niños con TDAH tiendan a ser impulsivos, valorando más que otros niños las recompensas inmediatas que las demoradas[54]. La investigación sobre la toma de decisiones muestra que estos niños son menos sensibles a los programas de recompensa que compiten entre sí a lo largo del tiempo (véase el capítulo 7)[55].

El metilfenidato, más conocido como Ritalín, así como otras formas afines de anfetaminas, entre ellas Adderall y derivados, se consideran fármacos estimulantes que son utilizados frecuentemente para tratar los síntomas del TDAH, son fármacos regulados de potencial abuso. Emparentadas con el éxtasis, la metanfetamina y la cocaína, comparten algunos efectos comunes en el cerebro. Son mejores que la cafeína para aumentar los resultados de los exámenes, y en una encuesta realizada a casi 2.000 estudiantes universitarios, un tercio de ellos había consumido estimulantes ilegales para el TDAH[56]. Estas drogas también pueden inhalarse o inyectarse con fines recreativos, y existe todo un mercado negro para ellas. Anfetaminas relacionadas con las prescritas para el TDAH solían ayudar a los camioneros de larga distancia a mantenerse alerta, y un sinfín de militares de ambos bandos las tomaron durante la Segunda Guerra Mundial, las llamadas "pastillas de encendido". Los medicamentos para el TDAH dan menos problemas que estas anfetaminas en particular. No obstante, ambos tipos de fármacos para el TDAH (metilfenidato y anfetaminas) están prohibidos en la aviación comercial estadounidense, en los Juegos Olímpicos y en algunos países[57].

Existe una alternativa: los tratamientos conductuales. Hace casi cuarenta años, por ejemplo, tres investigadores compararon el metilfenidato con un programa basado en las consecuencias que enseñaba autocontrol. Tres niños hiperactivos de entre ocho y diez años se sometieron a un sistema de puntos (capítulo 14), centrado en la lectura y las matemáticas. En los tres niños, cuando se suspendió la medicación, la hiperactividad aumentó de un 20% al 80% durante el tiempo del estudio. Con el programa basado en las consecuencias, la hiperactividad volvió a bajar hasta el 20%. Además, las puntuaciones en matemáticas y lectura mejoraron notablemente, pasando de un 12% de aciertos en la línea base a un 85% de aciertos, mucho mejor que con la medicación[58] sin lugar a dudas. Sin embargo, para que los beneficios sean duraderos, los tratamientos de conducta requieren a veces de bastante tiempo, y puede ser necesario algún tipo de programa de seguimiento.

Hace más de una década, el Instituto Nacional de Salud Mental promovió un gran ensayo de medicamentos para el TDAH para compararlo con un tratamiento conductual basado en las consecuencias. Aunque todos los grupos mejoraron, los grupos de medicación por sí sola y de tratamiento conductual combinado con medicación fueron los que obtuvieron mejores resultados. A primera vista, pues, la medicación fue mejor que el tratamiento conductual. Sin embargo, el estudio no es fácil de interpretar así de primeras.

Para empezar, el seguimiento de estos niños años después demostró que, si bien los fármacos producían beneficios a corto plazo, no aportaban ningún cambio estable o duradero. En general, no parecía haber diferencias entre los niños que habían tomado los fármacos y los que no habían tomado medicación[59].

Luego están los detalles y particularidades del propio estudio. William Pelham, uno de los autores del estudio, señaló que el grupo que tomaba sólo la medicación se le aumentó la dosis en un 20 por ciento de media a lo largo de los catorce meses de duración del estudio, porque los niños no mejoraban. Recibieron medicación durante todo ese periodo. El grupo combinado de tratamiento conductual y medicación también tomó la medicación durante todo el tiempo, pero *no se* le aumentó la dosis. Sus resultados fueron similares o mejores que los del grupo que sólo tomó la medicación, lo que permite deducir que la terapia de conducta fue beneficiosa, aunque se administrara durante un periodo de tiempo mucho más breve[60].

Otra cuestión que se plantea es que no se evaluó la mejora de los niños del grupo de tratamiento conductual solo hasta cuatro o seis meses después de la finalización del programa principal, lo que difícilmente constituye una comparación equivalente. La lógica era que este nivel de tratamiento de conducta era todo lo que estaba disponible, mientras que los niños que toman fármacos están destinados a permanecer con ellas durante años. Permanecen con los fármacos porque si las dejan, suelen volver a los patrones habituales de conducta del TDAH.

Los padres del grupo de tratamiento conductual aislado recibieron entrenamiento en reforzamiento positivo y tiempo muerto, pero, como es lógico, sus actuaciones oscilaron mucho con respecto a lo que hicieron y lo que se les dijo. Un sistema de puntos en la escuela era una parte importante del programa principal de conducta al principio de este estudio, pero se interrumpió mucho antes de terminar. A pesar de estos inconvenientes, los resultados iniciales del tratamiento conductual en solitario fueron estadísticamente indistinguibles de los de la medicación en todas las medidas de mejora, excepto en tres[61]. No es de extrañar que se hayan planteado dudas sobre qué conclusiones pueden estar justificadas.

Más recientemente, Pelham y sus colegas llevaron a cabo un meta-análisis de 114 estudios sobre el tratamiento de la conducta y encontraron beneficios muy significativos. A diferencia de los revisores anteriores, incluyeron un grupo mucho mayor de estudios experimentales y se centraron a los métodos basados en las consecuencias. Teniendo en cuenta todas las pruebas, Pelham recomendó que el tratamiento conductual se ofrezca siempre, con el uso de la medicación a corto plazo solamente, y a estas indicaciones se le han sumado otros expertos[62]. Pero la controversia sigue existiendo y, mientras tanto, millones de niños siguen recibiendo sólo la opción farmacológica.

BREVES NOTAS

Psicopatía. Todo el mundo ha oído hablar de los impactantes asesinatos cometidos por psicópatas como Jeffrey Dahmer y Ted Bundy. Aunque la mayoría de las personas etiquetadas como psicópatas no infringen la ley, y mucho menos llegan a esos extremos. No obstante, siguen siendo mucho más propensas que el resto de nosotros a convertirse en delincuentes, especialmente en delincuentes violentos. La forma en que se desarrolla esta condición patológica sigue siendo un misterio día de hoy, pero los investigadores están haciendo algunos nuevos progresos. Uno de estos progresos se basa en la posibilidad del condicionamiento clásico y sus efectos sobre las consecuencias. Ante una experiencia que inspira miedo, por ejemplo, el condicionamiento clásico se produce normalmente a las señales asociadas. Pero no para los psicópatas. Es como si un trueno les asustara, pero no el relámpago que lo anuncia; una descarga, pero no el timbre de advertencia que precede a la descarga. Del mismo modo, muéstrales un cuchillo ensangrentado y no se estremecerán como la mayoría de nosotros: simplemente no son capaces de reaccionar mucho a las palabras o imágenes que suscitan emociones[63].

¿Es posible que a los niños con menos miedos les cueste más aprender a evitar lo negativo, incluida la ruptura de normas molestas? Es posible, pero también esto arroja una nueva luz sobre los beneficios del miedo.

Es más, la empatía humana significa captar las claves emocionales de los demás y sentir lo que ellos sienten (condicionamiento clásico de nuevo). No es de extrañar que los psicópatas no posean estas capacidades. A las personas que no pueden *sentir nada* por los demás les resultaría mucho más difícil *preocuparse* por los demás. De hecho, estos son rasgos definitorios de la condición de psicopatía, junto con otras características como la falta de culpa, que es otra emoción ausente, así como el uso de mentiras. Esto quiere decir, que no hay miedo ni culpa que los pueda detener[64].

¿Contribuye el condicionamiento clásico ausente directamente a la psicopatía, o es sólo un efecto secundario? Para ayudar a responder a esta pregunta, el psicólogo Adrian Raine y sus colegas estudiaron el condicionamiento clásico en niños pequeños, siguiéndolos desde los tres hasta los ocho años, y volviendo a comprobarlo a los veintitrés. Cuando los niños escuchan repetidamente tonos y luego un sonido fuerte y desagradable, se produce normalmente el condicionamiento clásico de la respuesta de la piel a la sudoración: es decir, los tonos de señalización por sí solos deberían empezar a provocar la sudoración. Esta forma de aprendizaje funcionó bien para la mayoría de los niños, pero no para todos. Los niños con un condicionamiento clásico deficiente tenían muchas más probabilidades de ser agresivos a los ocho años y de convertirse en delincuentes a los veintitrés[65]. Se están llevando a cabo nuevas investigaciones.

Si este hallazgo sobre el condicionamiento clásico se mantiene, aún no dice nada sobre cómo se produce, y ya hemos visto la maraña de factores que contribuyen a nuestro desarrollo. Y lo que es más esperanzador, también hemos visto los muchos beneficios de un ambiente temprano enriquecido y de apoyo, y eso es lo que recomiendan como posible prevención expertos como Raine.

Problemas en la vejez. Las personas que sufren demencia a veces se vuelven agresivas, y es difícil razonar con ellas. ¿Qué hay que hacer? El aprendizaje por consecuencias puede ser de gran utilidad. En un estudio típico, dos huéspedes de una residencia de ancianos con demencia agredieron al personal que intentaba bañarlos o afeitarlos: en una triste escena, tres auxiliares tuvieron que sujetar la cabeza de un hombre que protestaba mientras un cuarto lo afeitaba. Cuando las enfermeras fomentaron y recompensaron la cooperación mediante simples elogios, estas experiencias pronto se volvieron mucho más agradables para todos, y un único ayudante pudo encargarse del afeitado[66].

Una revisión reciente de 162 estudios sobre la demencia descubrió que las técnicas de "gestión de la conducta" basadas en el aprendizaje por consecuencias se encontraba entre los pocos enfoques exitosos para aliviar problemas como la agresión, el comportamiento atípico, la agitación y la depresión[67]. Según la ley actual, los métodos de conducta tienen prioridad sobre la práctica aún muy extendida de la "contención química": la medicación[68].

Luego hay situaciones insólitas como el caso real de Antonio, un enfermo crónico que seguía ignorando voluntariamente los consejos médicos y acababa regresando al hospital. ¿Qué ocurría? Resultó que su bienintencionada familia consideraba a Antonio como una carga y no disimuló lo suficientemente bien este hecho. En el hospital, en cambio, los cuidadores hicieron todo lo posible por ayudarle y animarle. No es de extrañar, que él hiciera lo que tenía que hacer para volver al hospital de nuevo[69].

Otro problema habitual en la vejez es la pérdida de memoria. Sin embargo, si las personas mayores tienen la flexibilidad cerebral suficiente para recuperarse de un ictus o al menos parcialmente (véase el capítulo 4), quizá haya esperanza para conservar lo que se consideran nuestras posesiones más preciadas: los recuerdos. El consenso de la investigación sugiere que hacer que los ejercicios sean más gratificantes es una forma de ayudar. Otro enfoque es un tipo de entrenamiento de la memoria que minimiza los errores, maximizando así la tasa de reforzamiento.

Una revisión reciente señaló que el llamado "aprendizaje sin errores", investigado por primera vez como parte de la ciencia de las consecuencias, basándose directamente en el trabajo de B. F. Skinner con las escuelas primarias. El aprendizaje de listas, asociaciones y nuevos conocimientos mantiene el cerebro activo y parece tener beneficios generales. Con el enfoque sin errores, las ayudas se desvanecen gradualmente mientras se dan pequeños y sencillos pasos para avanzar en el aprendizaje, y cualquier error que se produzca se corrige inmediata y cuidadosamente. La proporción entre positivos y negativos es bastante elevada, de forma natural. Hasta ahora, los mayores beneficios de este enfoque parecen llegar a las personas con graves problemas de memoria debidos a lesiones cerebrales, pero es un área de investigación que se encuentra en proceso[70].

Niños que no quieren comer. Otra área de investigación en curso se centra en los niños que no quieren comer, un problema que puede darse sobre todo si los niños tienen un retraso en su desarrollo o padecen ciertas afecciones médicas. No puede ser divertido tener una sonda de alimentación metida por la nariz y la garganta. Tampoco es divertido para los padres tener que aprender a alimentar a sus hijos a través de una sonda. Pero esa es la principal alternativa.

Varias revisiones de investigación han establecido que los métodos basados en las consecuencias son el tratamiento de elección. Se trata, de nuevo, de un análisis funcional, de entender qué ocurre y por qué, y de aprovechar todas las consecuencias positivas disponibles. Lo básico parece de simple o de sentido común, pero no es tan fácil de hacer como parece. Cuando un niño come normalmente, hay que reforzarlo. Ignorar las conductas problemáticas, que pueden ser recompensadas por medio de la atención. Puedes desvanecer gradualmente los alimentos que no les gustan a los niños, manteniendo una relación positiva y negativa alta. Empiece con pequeñas cantidades y puedes seguir aumentando. La buena noticia es que los índices de éxito son impresionantes y muchos niños pueden finalmente deshacerse de los tubos[71].

Síndrome de Tourette. Por último, las personas con esta enfermedad sufren "tics": palabras o acciones inapropiadas, como una sacudida de la cabeza durante una conversación o un discurso que puede ser involuntario. Son relativamente pocos los que dicen palabrotas sin control, aunque ese síntoma es probablemente el que más se conoce. Los primeros estudios sugieren que los métodos basados en las consecuencias podrían ayudar también aquí.

Los enfermos de Tourette suelen saber cuándo se produce un *tic*, y no es una sensación agradable. En un análisis, ceder al *tic* se refuerza porque acaba con esa señal desagradable. En un reciente ensayo aleatorizado y controlado del *Journal of the American Medical Association* participaron más de 100 niños de nueve a diecisiete años. El tratamiento consistía en aprender a hacer algo incompatible una vez que la señal asomaba su fea cabeza, con lo que se evitaba el *tic* y se ponía fin a la señal. Evitar las situaciones que provocaban las señales también formaba parte de la terapia de diez semanas, así como el entrenamiento en relajación. Los padres participaban en todas las fases, elogiando a los jóvenes por utilizar estas estrategias. Los importantes beneficios fueron comparables a los de la medicación, y casi todos los niños que se beneficiaron de las consecuencias seguían haciéndolo bien a los seis meses después.

A veces, saber cómo actúan las consecuencias puede liberarnos.

Capítulo 16

LA SOCIEDAD, EL FUTURO Y EL PLANETA: CONSECUENCIAS A GRAN ESCALA

R: Hombres, mujeres y niños.
P: ¿Y los bebés?
R: También los bebés. Luego empezamos a fotografiarlos...
P: ¿Por qué lo hizo?
R: ¿Por qué lo hice? Porque sentí que me habían ordenado hacerlo, y parecía que, en ese momento, estaba haciendo lo correcto, porque, como dije, había perdido a compañeros... Así que, después de hacerlo, me sentí bien, pero más tarde ese mismo día, me empezó a afectar.

— Entrevista de Mike Wallace de CBS News a un
soldado que participó en la masacre de Mỹ Lai en 1968
en la que 400 vietnamitas fueron brutalmente asesinados

Al ver lo que ocurría, un piloto de helicóptero del ejército y sus dos tripulantes aterrizaron frente a los vietnamitas y detuvieron parte de la masacre[1].

OBEDIENCIA Y DESOBEDIENCIA

Burócratas y jefes, profesores y policías, autoridades de todo tipo llenan nuestra sociedad civil. Desobedece a uno y sufrirás las consecuencias. Seguramente nuestros valores, las normas éticas por las que intentamos regir nuestra vida, se mantendrían firmes frente a la autoridad abusiva, por ejemplo, en un estudio de psicología de una hora.

Si eso crees, piensa de nuevo. El proyecto de investigación más importante de la historia de la psicología fue, sin duda, la famosa serie de experimentos de Stanley Milgram sobre la obediencia, realizados durante la década anterior a la masacre de Mỹ Lai. El efecto fue escalofriante: la mayoría de las personas ordinarias que se ofrecieron como voluntarias administraron lo que consideraban descargas dolorosas y potencialmente peligrosas a otra persona cualquiera, siguiendo las instrucciones de un investigador[2].

El estudio trataba supuestamente del papel del castigo en el aprendizaje y la memoria. Imagínese que dos hombres se presentan en un laboratorio de Yale: Uno que se presenta como el "Sr. Wallace", es en realidad un miembro del equipo de investigación, pero el verdadero voluntario no lo sabe. El voluntario y el cómplice Wallace echan a suertes hacer de "maestro" o "estudiante" en la sesión del estudio; el sorteo está amañado para que el voluntario haga siempre de "maestro". El Sr. Wallace, el estudiante, es conectado a una máquina que administra descargas eléctricas. El "maestro" recibe una leve descarga para que crea que le va a dar descargas reales a Wallace (no lo hará; ésta fue la única descarga real del estudio). Mientras el "maestro" sigue en la sala de descargas, Wallace señala que le han diagnosticado una "ligera afección cardíaca". El investigador asegura a ambos hombres que las descargas no causan ningún daño permanente.

En la sala de control contigua, el "maestro" lee emparejamientos de palabras al Sr. Wallace a través de un micrófono y luego comprueba su capacidad de recordar. Cada vez que el Sr. Wallace comete un error, el "maestro" sigue las instrucciones y pulsa los botones para darle descargas de intensidad cada vez mayor. La escala va de "leve" a "descarga intensa" (de 15 voltios a 450 voltios, en incrementos de 15 voltios).

¿Seguirían los "maestros" las instrucciones y darán descargas hasta el nivel más alto? De forma alarmante, en un estudio piloto en el que el "estudiante" no hacía ninguna queja audible, casi ninguno de los participantes "maestros" protestó ante el investigador, lo que contrasta fuertemente con las predicciones hechas por los expertos y la gente común. En la versión del experimento en la que el "estudiante" padecía una "condición de corazón leve", la más citada de las variaciones que realizó Milgram, se reprodujeron quejas grabadas en posiciones fijas en la gradación de intensidades de las descargas eléctricas. Incluían gritos repetidos como: "¡Dejadme salir de aquí!" y voces agónicas. Sin embargo, dos tercios de los cuarenta participantes obedecieron plenamente, llegando hasta el nivel más alto de la supuesta descarga[3].

Si los "maestros" preguntaban por las posibles lesiones que podía recibir el estudiante, se les volvía a asegurar que "aunque las descargas pueden ser dolorosas, no hay daños permanentes en los tejidos, así que, por favor, siga". Muchos participantes se limitaron a descargar la responsabilidad de lo ocurrido ante los expertos encargados. El estudio se replicó en todo el mundo, y se han encontrado resultados similares de forma sistemática[4].

Aunque es fácil decir que nos resistiríamos, en la situación real, tenemos que aceptar que la mayoría de nosotros no lo haría. En cierto modo, es un tipo de desafío de autocontrol: tomando distancia, es fácil tomar la decisión correcta. Pero en el calor de la situación, los valores abstractos palidecen en comparación con las consecuencias negativas inmediatas de desafiar a la autoridad, algo que a la mayoría de nosotros nos han enseñado durante años a *no* hacer. En una escala diferente, es como poner el despertador para empezar temprano con buenas intenciones, y luego ceder a la somnolencia abrumadora de la mañana siguiente. Además, los participantes en la investigación sobre obediencia no tenían ninguna indicación acerca de lo que iba a ocurrir. Como dijo un participante, se sintió "totalmente impotente y atrapado en un conjunto de circunstancias en las que no podía desviarme y no podía intentar ayudar"[5].

Desobedecer se hace mucho más difícil de lo que puede parecer. ¿Cuánto más difícil habría sido desafiar una orden de disparar en medio de una guerra y arriesgarse a sufrir la justicia militar, como en la masacre de Mỹ Lai[2]? Y, como señaló Milgram, los que mataban en los campos de exterminio nazis tenían una jerarquía baja y obedecían órdenes durante una guerra en la que sus propias vidas estaban en juego.

La gente también se enfrenta a decisiones diabólicas en tiempos de paz. En una de las instituciones penales de Australia del siglo XIX, se estableció un sistema de promoción de la delación según el cual convictos convertidos en guardias eran azotados si no denunciaban la insubordinación de sus compañeros o cualquier problema menor. Si denunciaban, por supuesto, se exponían al odio de los otros convictos. Si desafiaban el sistema, eran devueltos al grupo de convictos normales, sufriendo crueles represalias[6]. A veces no hay buenas opciones.

En la práctica asiática del *suttee*, a algunas mujeres se les pide u obliga a que perezcan en las piras funerarias de sus maridos fallecidos. ¿Cómo se habrán sentido sus hijos, dadas las consecuencias sociales, económicas y religiosas de la desobediencia? Mahatma Gandhi no sólo condenó el *suttee*, sino que dio el ejemplo más famoso de desobediencia civil a gran escala, un movimiento que consiguió la independencia de la India.

Los actos de obediencia menores a los que nos enfrentamos la mayoría de nosotros son más bien ejemplos de mala educación en el trabajo. ¿Debes mirar hacia otro lado? ¿O hacer lo correcto y arriesgarte a perder a tus amigos, tu trabajo y tal vez tu carrera? Las sociedades que se toman en serio la ética apoyan a los confidentes, ofreciéndoles canales de comunicación apropiados y protegiéndolos de posibles represalias. Estas sociedades enseñan a sus hijos cuándo *no* deben obedecer.

SUPERAR LOS PREJUICIOS

Estas sociedades también enseñan a sus hijos a evitar los prejuicios. A veces eso significa desobedecer las normas de la comunidad y negarse a conformarse a ellas, como en el caso de Atticus Finch en la sociedad racista de *Matar a un ruiseñor*. No es fácil. Las consecuencias son graves.

De hecho, los prejuicios facilitaron las peores atrocidades del siglo XX, como la masacre de Nankín, los campos de exterminio nazis y el genocidio de Ruanda. Estos prejuicios nos han acompañado probablemente desde que podemos decir "nosotros" y "ellos", y son particularmente difícil de cambiar cuando tienen la consecuencia adicional de servir al interés propio. Por ejemplo, la esclavitud, al haberse convertido en la base de la economía agrícola del sur de EEUU en el siglo XIX, su posible pérdida suponía una debacle económica para la clase dirigente. Los prejuicios raciales contribuyeron a justificarla.

"Nosotros" y "ellos". Sexo, edad, discapacidad, nacionalidad: nadie es inmune, porque una lista aparentemente interminable de características puede ser la base de los prejuicios y estereotipos que los acompañan. Incluso la moda: los estudiantes de secundaria que desafían los estilos actuales pueden dar fe de ello, aunque sólo sea alzando las cejas con desaire. El conformismo se impone con consecuencias, a veces con razón, a veces no.

Los psicólogos han creado verdaderos sesgos simplemente dando a personas seleccionadas al azar diferentes insignias y asignándolas a diferentes grupos[7]. Es parte de las reglas no escritas de nuestra cultura, el "espíritu de equipo", si se quiere. Al generalizar a partir de unas pocas experiencias, podemos crear nuestros propios estereotipos. Lo más frecuente es que los aprendamos a través del modelado, las normas sociales (habladas o tácitas) y los medios de comunicación.

Inesperadamente, incluso cuando sabemos que no deberíamos, los investigadores descubren que tenemos tendencia a creer lo que leemos[8] (puede ser un proceso automático y sin sentido que pasa desapercibido a nuestra conciencia). Como vimos en el capítulo 8, emparejar discretamente figuras neutras de Pokémon con figuras de emoción negativa, las palabras y las imágenes pueden inducir nuevas respuestas emocionales, presumiblemente condicionadas de clásicamente. De nuevo, no siempre nos damos cuenta de lo que ocurre. Afortunadamente, anular las asociaciones negativas con positivas es una forma de defenderse. Hay muchas otras[9] (durante años, mi coche ha lucido la pegatina para el parachoques "No a los estereotipos: Todos somos personas").

Contraatacar. Una forma directa de inmunizarse contra los prejuicios es experimentarlos. En 1968, tras el asesinato de Martin Luther King Jr., la profesora Jane Elliott, consciente de la dificultad de que sus alumnos de tercer grado pudieran imaginarse la discriminación racial en su estado natal de Iowa de mayoría blanca. ¿Cómo podía enseñarles a empatizar con otras personas y a adoptar una perspectiva diferente? Dividió a los estudiantes según el color de los ojos. Un día, los niños de ojos azules recibieron privilegios como tiempo extra de recreo y elogios por su buena conducta e inteligencia, mientras que los de ojos marrones fueron ridiculizados y perdían privilegios. Los niños se unieron. Al día siguiente, los de ojos marrones lo pasaron bien y los de ojos azules tuvieron su turno infortunios, aunque la experiencia fue menos intensa porque estos niños habían estado en el "otro lado", la lección tuvo un gran impacto entre los estudiantes.

Elliott repitió el ejercicio con cada nueva clase y, años más tarde, sus estudiantes han hablado acerca del impacto de sentir en carne propia las consecuencias de este breve periodo de discriminación. Como dijo uno de ellos: "A nadie le gusta que le desprecien. A nadie le gusta que lo odien, que se burlen de él o que lo discriminen. Y se te revuelve por dentro: te enfadas mucho". Otra estudiante dijo: "Me sentí desmoralizado, humillado"[10]. En general, los estudiantes valoraron la experiencia como valiosa, y varios estudios sugieren que este simple ejercicio ayuda a reducir los prejuicios[11].

He aquí otro enfoque directo: en un estudio clásico de los años 50, Muzafer y Carolyn Sherif asignaron aleatoriamente a niños blancos de clase media de quinto curso a dos grupos en un campamento de verano. Los "Cascabeles" y los "Águilas" compitieron entre sí mientras los investigadores ponían condiciones duras, avivando la antipatía mutua que llegó a desarrollarse. ¿Cómo lograr entonces una coexistencia pacífica? El mejor método era hacer que los chicos trabajaran juntos para conseguir objetivos comunes. Para alquilar una película, por ejemplo, los Cascabeles y los Águilas tenían que poner en común sus recursos y ponerse de acuerdo sobre qué película alquilar. En otro ejemplo de cooperación, se les dijo que el camión de la comida se había averiado y debían de ayudar para que llegase la comida a los hambrientos campistas. Trabajaron juntos para poner el camión en marcha tirando de él con una cuerda. Estas estrategias funcionaron y los chicos se hicieron amigos[12].

Como señalaron los monitores del campamento, las consecuencias fueron fundamentales. En las primeras etapas con condiciones duras, la lucha por los recursos limitados era un juego de suma cero en el que algunos podían ganar sólo cuando otros perdían. No es de extrañar que surgieran conflictos. Más tarde, cuando la cooperación era la única forma de obtener las consecuencias que todos querían, la cooperación se hizo probable, junto con cierto reconocimiento de las cualidades positivas de "los otros".

En interacción con las señales y consecuencias de la situación inmediata estaban las propias historias de los chicos y las normas culturales e individuales que habían aprendido. Como vimos en el capítulo 11, algunas culturas premian la cooperación más que otras. En otro estudio clásico, niños israelíes de un kibutz y de una ciudad jugaron juntos, ya que a los niños del kibutz se les había enseñado un estilo de vida de cooperación. Cuando las consecuencias eran para el grupo en su conjunto, todos los niños cooperaban. Pero cuando se obtuvieron recompensas individuales, los niños de la ciudad empezaron a competir (aunque esta estrategia no dio resultado). Los niños del kibutz siguieron cooperando, fieles a su entrenamiento cultural[13]. A raíz de estos hallazgos, el psicólogo social Elliot Aronson y sus colegas crearon el "aula rompecabezas", en la que jóvenes diversos trabajan juntos hacia un objetivo común (como si fuesen piezas de un puzle)[14]. Las revisiones de este tipo de investigación han encontrado beneficios reales[15], y muchas escuelas primarias estadounidenses utilizan alguna forma de aprendizaje cooperativo.

Qué importa. Más allá de unos ingresos que proporcionen una calidad de vida razonable, los investigadores constatan que más dinero no suele generar más felicidad. En cambio, la felicidad proviene de las relaciones sociales gratificantes y de la realización personal[16]. "Ser feliz por hacer el bien" es otro hallazgo consistente.

La toma de perspectiva, una parte importante de la lucha contra los prejuicios, también alimenta el altruismo. Sin embargo, ocuparse de otros en países lejanos o en décadas futuras es más difícil que ocuparse de personas que conocemos, o al menos que podemos ver. La famosa "Baby Jessica" recibió cientos de miles de dólares en donaciones después de que se cayera a un pozo en medio de la publicidad. Los investigadores de psicología social han descubierto que la gente contribuye mucho más para salvar a un niño cuya foto pueden ver que para salvar a muchas víctimas igualmente necesitadas que son estadísticas sin nombre[17]. Más emoción, más valor de recompensa: ésa es una de las razones (véase el capítulo 8). Otras razones son el aprendizaje de que podemos mejorar las cosas con una sola persona, mientras que los problemas enormes pueden parecer demasiado vastos, como los propios prejuicios. (Y un programa de reforzamiento demasiado escaso que no ofrezca suficientes recompensas por ayudar puede provocar el agotamiento de cualquiera. Luego está la difusión de responsabilidad que conlleva formar parte de las masas (véase el capítulo 11). El altruismo puede llegar a ser una batalla cuesta arriba.

Aun así, no siempre es necesario el contacto personal o las fotos. Los métodos indirectos pueden fomentar tanto la atención como la lucha contra los prejuicios. ¿Cómo podemos facilitar la toma de perspectiva, por ejemplo, descubriendo las consecuencias ocultas que motivan lo que hacen y dicen los desconocidos? George Eliot dijo: "el único efecto que deseo ardientemente producir con mis escritos es que quienes los lean sean más capaces de *imaginar* y *sentir* las penas y las alegrías de quienes no se parecen a ellos"[18]. Mucho antes de la serie *Raíces* (que se emitió en 1977), la novela antiesclavista más vendida de Harriet Beecher Stowe, *La cabaña del tío Tom,* tuvo tanto éxito que, al parecer, Abraham Lincoln, al conocerla en 1862, afirmó: "Es Usted una persona pequeña que ha librado una gran batalla".

Estas iniciativas de lucha contra los prejuicios han dado sus frutos. Por ejemplo, partiendo de lo que ahora parece un asombroso mínimo del 4 por ciento en 1958 (el año en que yo nací), la aprobación del matrimonio interracial en EEUU ha subido al 86 por ciento. Esto no se debe únicamente a que las nuevas generaciones crezcan con ideas más modernas. Las personas mayores también han cambiado de opinión[20]. Todavía hay esperanza para la humanidad.

POLÍTICA: EL ARTE DE LO POSIBLE SE UNE A LA CIENCIA DE LAS CONSECUENCIAS

Sin embargo, si se observa el espectáculo de la política a lo largo de la historia, no se puede culpar a nadie de preguntarse, *¿cui bono?*, ¿quién se beneficia? ¿Y quién paga? Incluso los gobernantes absolutos privilegiados, como Alejandro Magno e Isabel I, tuvieron que hacer frente a muchos intereses creados. La política es una cuestión de consecuencias en los conflictos.

Hoy en día, los sistemas políticos y económicos pretenden ofrecer recompensas que motiven el trabajo duro, la innovación y la creatividad (véase el capítulo 1). Pero en una escena que se repite a menudo a lo largo de la historia (y que fue señalada por Aristóteles), los beneficios a corto plazo para unos pocos políticamente poderosos pueden acabar superando todas las demás consideraciones. A continuación, dos ejemplos del siglo XIX.

Los marineros británicos que se negaban a servir en buques de carga sobrecargados podían ser (y eran) enviados a prisión. Sin embargo, los armadores sin escrúpulos inflaban los seguros de las mercancías lo que significaba que no sufrían económicamente cuando los barcos naufragaban y los marineros morían, como ocurrió con muchos de ellos (una consecuencia imprevista del seguro: en algunos casos, los "barcos ataúd" fuertemente asegurados valían más hundidos). El reformista Samuel Plimsoll tardó años en sortear la política y conseguir que se aprobara una ley que prohibiera la sobrecarga[21]. Una ley que mejorara las cosas. Sin responsabilidad, sin consecuencias, sin cambios.

Del mismo modo (metiéndonos de nuevo con los ingleses), cuando los contratistas privados británicos transportaban convictos a Australia, el trabajo se hacía a veces bajo condiciones precarias a fin de que hubiera más beneficios para los propietarios. Un gran porcentaje de los convictos moría en condiciones similares a las de los barcos de esclavos. En una respuesta política exitosa, se colocaron agentes navales independientes a bordo (con responsabilidad) y las condiciones cambiaron[22].

Las historias completas que hay detrás de estas reformas están tan llenas de dramatismo como cualquier obra de Shakespeare. Los historiadores han dedicado años a comprender las motivaciones cambiantes y conflictivas de los principales líderes y otros intereses creados. El problema es que esta complejidad puede rivalizar con la de las relaciones naturaleza-ambiente que proporcionan el contexto adecuado (véase la parte 1). Ya es bastante difícil entender las motivaciones de una persona en un momento dado. Si se añaden otras, la complejidad se incrementa proporcionalmente. En cuanto a las consecuencias, todos los principios de las partes 2 y 3 de este libro están actuando (programas, señales, demoras, reglas, etc.) multiplicados por cuantas personas estén actuando, dando lugar a una vorágine aparentemente caótica en la que el aleteo de una mariposa derribar imperios.

De hecho, cuando las consecuencias entran en conflicto puede ocurrir cualquier cosa. Por ejemplo, un conflicto de consecuencias puede causar el abandono de tecnologías evidentemente útiles. Los japoneses recibieron armas de fuego de los europeos en el siglo XVI y la respuesta inicial fue entusiasta. Sin embargo, por diversas razones, los samuráis que combatían con espadas las prohibieron, dejando a Japón en una situación de vulnerabilidad ante futuros invasores[23].

Sin embargo, algunos efectos *son* previsibles. Al igual que en el caso de los jóvenes en el campamento de verano, los recursos limitados suelen desencadenar conflictos. Los juegos de suma cero son los más difíciles de jugar. A todos los demás motivos de conflicto en Oriente Medio se suman, por ejemplo, la competencia por recursos naturales cada vez más escasos.

La cooperación parece ser la solución más racional para hacer frente a los recursos limitados y otras situaciones de conflicto. Tratados como el START (*Tratado para la Reducción de Armas Estratégicas*) son intentos de cooperación para evitar la guerra nuclea; lo que obviamente es lo mejor para todos. Las recompensas mutuas suavizan las relaciones, tanto nacionales como individuales. El *quid pro quo* es una norma casi universal. Pero si hay una posibilidad de ganar... No es de extrañar que la política mundial se traduzca en redes de cooperación y competencia, que se entrecruzan en complejas espirales de los que los acuerdos comerciales son un claro ejemplo.

Las Naciones Unidas son otro ejemplo de cooperación global. No siempre tiene éxito en sus aspiraciones humanitarias; los expertos aun debaten sobre cuántas tropas de la ONU podrían haber sido suficientes para detener el genocidio de Ruanda en el que perecieron casi un millón de personas. Se acepta, no obstante, que lo ideal es prevenir los problemas antes de que empiecen, aunque no siempre sea políticamente posible. A "toro pasado", algunos expertos afirman que la Primera Guerra Mundial fue una guerra absurda y fácilmente evitable y, sin embargo, ocurrió.

Además, no siempre se producen las consecuencias previstas y sí las completamente inesperadas. A veces los resultados son fruto de la casualidad. ¿Cómo se inició nuestra civilización? A partir de consecuencias casuales e imprevistas. En la prehistoria, las comunidades humanas que habitaban zonas templadas con acceso a plantas y animales silvestres aptos para la domesticación, nadie dijo: "Estoy cansado de cazar y recolectar, pasemos a la agricultura el año que viene" o "¿qué tal si inventamos la escritura?". En realidad, los grupos humanos hicieron una transición gradual a la agricultura debido a las consecuencias a corto plazo de este modelo de sociedad, particularmente, una mayor seguridad alimentaria. Una cosa llevó a otra como parte de un proceso de moldeamiento por consecuencias.

Por otra parte, las consecuencias inesperadas pueden hacer descarrilar los planes mejor proyectados. Qué injusto es que las magníficas recompensas a corto plazo nos sorprendan con terribles consecuencias negativas a largo plazo. Los sumerios crearon la primera civilización que creemos que desarrolló la agricultura. También descubrieron que la irrigación continuada producía la acumulación de sales nocivas llegando a inutilizar las tierras de cultivo y la desintegración de su sociedad[24]. Su consternación se ha repetido a lo largo de los milenios hasta el día de hoy, véase mi propio hogar, el valle central de California, donde miles de hectáreas de regadío en zonas marginales se han convertido en terrenos baldíos sin utilidad para los cultivos o la vida silvestre. Sabemos que las cosas pueden hacerse mejor, podemos recurrir a la ciencia, pero esta resulta inútil si no la utilizamos. ¿Consecuencias conflictivas?, eso es política.

EL CORTO PLAZO FRENTE AL LARGO PLAZO

Una fuente perenne de conflictos se debe a la atracción de lo inmediato; el "pájaro en mano" es difícil de resistir. Las consecuencias retardadas tienen escasa influencia sobre la conducta, por muy importantes que sean (véase el capítulo 12), y cualquier incertidumbre se convierte en excusa para ignorarlas. El cambio climático, por ejemplo, es un problema global en el que los beneficios futuros (disfrutar de un clima estable) requieren un desagradable ajuste de cinturón ahora. En otras palabras, es un caso de conflicto entre *consecuencias* a corto plazo y largo plazo que requiere autocontrol a gran escala. No es de extrañar que, a pesar del consenso científico, tengamos problemas para afrontarlo.

En su clásico de ciencia ficción *Los propios dioses*, Isaac Asimov imaginó una Tierra en la que se disponía de energía barata y limpia, pero con un coste demorado considerable: la eventual destrucción de nuestra región del cosmos. Las soluciones que implican la desvinculación de todas las fuentes de energía no eran políticamente viables; como señaló tristemente uno de los personajes: "La forma más fácil de resolver un problema es negar que existe"[25]. En la novela de Asimov, una solución en la que todos salían ganando, trasladaba los costes potenciales a otro universo. La Tierra lo tiene todo.

Pero eso es ciencia ficción. Tratar los problemas a largo plazo de nuestro planeta será un poco más difícil.

Fracasos. No faltan fallos de autocontrol en la sociedad que nos sirven de advertencia. Las cuestiones medioambientales por sí solas ofrecen una gran cantidad de ejemplos:

- La sobrepesca, como la pérdida de la rica pesquería de bacalao del Atlántico (véase el capítulo 12) y muchas otras pesquerías, tanto antiguas como modernas[26]. Recuerdo lo mucho que me sorprendió el hecho de haber pescado, sin saberlo, un reloj del Atlántico (*Hoplostethus atlanticus*) que podía ser más viejo que mi abuela (que vivió hasta los 100 años). Hablando de insostenibilidad...

- Demasiado fertilizante. Cientos de "zonas muertas" resultantes del uso de fertilizante afligen ahora las aguas de todo el mundo, incluyendo miles de kilómetros cuadrados del Golfo de México. El agricultor individual se beneficia del uso de fertilizantes ahora, las pesquerías y los ecosistemas sufren después.

- Los constructores y promotores de apartamentos que escatiman en aislamiento y electrodomésticos de bajo consumo. Estos son caros, y el aumento de los costes de funcionamiento posterior no afecta a sus beneficios, pero sí los costes iniciales (los propietarios de las viviendas sufrirán el sobrecoste en su factura de la luz).

- Uso excesivo de antibióticos en personas y en animales destinados al consumo humano. Esta práctica favorece la proliferación de cepas de gérmenes resistentes a los antibióticos, y hay gente que está muriendo por ello.

- Especies invasivas como el kudzu (*Pueraria montana*), las hormigas de fuego (*Solenopsis invicta*), los mejillones cebra (*Dreissena polymorpha*) y el cancro del castaño (*Cryphonectria parasitica*). En todo el mundo, las introducciones accidentales o intencionadas que salen mal cuestan muchos miles de millones de dólares cada año, destruyen las economías de muchas comunidades y devastan los ecosistemas endémicos (véase el capítulo 13).

Muchos de estos ejemplos ilustran el "riesgo moral", un término de la economía conductual que designa lo que ocurre cuando las personas que asumen riesgos pueden beneficiarse potencialmente evitando sufrir cualquier consecuencia negativa. Se ha aplicado a las periódicas crisis del sistema capitalista, por ejemplo. Durante varias décadas, los bancos han presionado con éxito para conseguir una regulación más laxa. La especulación arriesgada sin límites ha contribuyó a crear una burbuja crediticia lucrativa pero finalmente desastrosa que estalló en 2008. Las instituciones de calificación de riesgo que debían formar parte del sistema de control fracasaron.

Por desgracia, la historia demuestra que pueden ser necesarias consecuencias graves como ésta para motivar un cambio en la forma de actuar. Después de la gran depresión de 1929, el sector financiero hubo de someterse a una regulación necesaria. Al mismo tiempo, el *Food and Drug Administration* (FDA) de EEUU no logró mejorar la regulación de la fabricación de fármacos, a pesar de haber intentado dar a conocer muertes resultantes de ciertos productos farmacéuticos. Los fabricantes de medicamentos presionaron contra la regulación excesiva por considerarla un coste innecesario, y los medios de comunicación dependientes de los ingresos por publicidad de las farmacéuticas no ayudaron precisamente a la FDA en dar a conocer esta situación. Después de la tragedia de *Elixir*, en la que un medicamento preparado incorrectamente mató a más de 100 personas en 1937, la regulación llegó casi de la noche a la mañana[28]. Más recientemente, tras la explosión y el vertido de petróleo de *British Petroleum Deepwater Horizon*, la comisión gubernamental llegó a la conclusión de que una regulación insuficiente respondía a unos procedimientos de seguridad deficientes, lo que ha dado lugar al desarrollo de una nueva normativa.

A veces la llamada de atención llega demasiado tarde para toda una sociedad. Los habitantes de la Isla de Pascua no supieron vivir de forma sostenible, lo que llevó a la extinción a todos sus árboles grandes, de todas sus aves terrestres y la mayoría de sus aves marinas. Las consecuencias fueron catastróficas: una debacle demográfica junto con la pérdida de la capacidad de construir embarcaciones lo suficientemente grandes como para navegar hasta las islas habitables más cercanas.

En nuestra isla particular, el planeta Tierra, tenemos que tomar mejores decisiones.

Éxitos. Afortunadamente, ciertos éxitos nos inspiran esperanza. Cuando los clorofluorocarbonos amenazaban con destruir la capa de ozono que impide a los dañinos rayos ultravioleta penetrar la atmósfera, una iniciativa global instituyó una prohibición y se encontraron mejores alternativas (recuerdo perfectamente esta iniciativa, ya que escribí un trabajo universitario sobre ella mientras se llevaba a cabo). En su libro *Colapso*, Jared Diamond señaló a los isleños de Tikopia, que han logrado una cultura sostenible durante casi 3.000

años en sólo 1,5 millas cuadradas en medio del Pacífico. Del mismo modo, los shogunes Tokugawa, en el Japón del siglo XVII, organizaron un exitoso plan de sostenibilidad para sus bosques en vías de desaparición[29].

La economista Elinor Ostrom (1933-2012), ganadora del Premio Nobel, y sus colegas estudiaron lo que funciona realmente. Teniendo en cuenta todas las consecuencias que compiten entre sí, no es sorprendente que, como señaló Ostrom, no haya respuestas universales. Por el contrario, nos enfrentamos a "sistemas complejos, multivariables, no lineales, multinivel y cambiantes"[30]. Las soluciones tienen que adaptarse a ellos.

Por ejemplo, la nacionalización de los bosques a veces ayuda a promover un uso sostenible. Pero cuando un gobierno no puede imponer su preservación, el acceso restringido que antes mantenía la población local (actuando en su propio interés a largo plazo) se convierte a veces en un acceso abierto para personas externas a la comunidad que infringen impunemente la ley, sin consecuencias a largo plazo para frenarlos. Ostrom cita como ejemplos Tailandia, Nepal, India y África.

Las cooperativas pesqueras comunitarias suelen ver las recompensas de la sostenibilidad y acuerdan restricciones y sanciones ("mantengamos esta zona como reserva"). Los miembros que incumplen las normas se exponen al rechazo de sus convecinos. Sin embargo, las pruebas indican que eso no es suficiente para ser eficaz, concluyó Ostrom. Se necesita un control regular y la posibilidad de consecuencias más graves, como las multas. Las cooperativas que tienen estas capacidades pueden vencer a los gobiernos nacionales.

Pero a veces los gobiernos nacionales lo hacen mejor. En México, por ejemplo, la vaquita marina (*Phocoena sinus*) es el cetáceo más amenazado del mundo, con menos de 300 ejemplares en libertad. Bajo la gestión local, disminuyó, víctima accidental de la pesca con redes de enmalle. El gobierno ha intervenido y ha empezado a pagar a los propietarios de los barcos para que dejen de pescar o utilicen redes aptas para marsopas[31]. ¿Será suficiente? Quién sabe, pero al menos es una oportunidad.

Expertos como el economista de Cambridge Andrew Balmford han estudiado a fondo los detalles y han descubierto en Malasia y Camerún que la tala sostenible produjo un "valor económico total" significativamente mayor. Mantener el hábitat de los manglares en Tailandia en lugar de sustituirlo por criaderos de camarones reportó beneficios aún mayores; lo mismo ocurrió al *no* desecar las marismas de agua dulce canadienses en una zona de explotación agrícola productiva. La pesca sostenible en los arrecifes de coral de Filipinas superó a la pesca con dinamita. Los horizontes económicos de estos cálculos variaban desde sólo 10 años hasta 100 en el caso de los bosques de Malasia, y eso es gran parte del problema[32]. ¿Qué pasa si te mueres de hambre hoy? Entonces pescar con dinamita no parece tan mala idea. En artículos con títulos como "La conservación de la biodiversidad y la erradicación de la pobreza", los expertos intentan alguna aproximación al *win-win* de Asimov[33]. Las tortugas marinas están ahora en peligro de extinción, pero la gente de los países en desarrollo que solía depender de sus huevos todavía necesita vivir. Los programas de sostenibilidad medioambiental les pagan para que no cacen huevos de tortuga, gente de las propias poblaciones afectadas patrullan las costas para garantizar que se aplica la ley. Muchos de estos tipos de programas están teniendo éxito. Pero no son baratos.

En un influyente artículo de la revista *Science*, Balmford y sus colegas examinaron el valor financiero de la conservación de los ecosistemas naturales. Llegaron a la conclusión de que la relación entre los beneficios y los costes era de aproximadamente 100 a 1: gastar 45.000 millones de dólares al año en la preservación de los ecosistemas permite recuperar más de 4,4 billones de dólares al año[34] (este cálculo se basa en montones de datos sobre la tala de árboles, la agricultura, la pesca, la absorción de carbono, la filtración de agua, la conservación del suelo, la prevención de inundaciones, etc.). ¿Pero estamos dispuestos a pagar el precio ahora? ¿Y qué pasa con todos nuestros otros problemas?

No hay un triunfo fácil, ni un final feliz a la vista (todavía).

Pero las consecuencias serán inevitablemente parte del intento.

Soluciones: las consecuencias al rescate. La ciencia ha sido nuestra forma más fiable de descubrir reglas que describen con precisión las consecuencias que cabe esperar a largo plazo. ¿Podemos aprender a ayudar a que estas consecuencias a largo plazo nos influyan ahora, aunque las consecuencias inmediatas nos empujen en la dirección opuesta? B. F. Skinner expresó la opinión de muchos cuando llamó al autocontrol "la única esperanza de la humanidad"[35].

La educación es el punto de partida. Cambiar nuestras normas cotidianas nos ayuda a tomar decisiones individuales a largo plazo y nos ayuda a recompensar a nuestros líderes por hacerlo a gran escala. Los medios de comunicación son un importante medio de difusión. Pero está claro que la educación y la difusión por sí solas no siempre son suficientes.

Al igual que las consecuencias nos ayudan a conseguir el autocontrol individual (véase el capítulo 12), pueden ayudarnos con los objetivos planetarios a largo plazo. Algunos ejemplos de enfoques a pequeña y gran escala orientados hacia la sostenibilidad medioambiental son los siguientes.

Suma y resta las consecuencias

Compartir coche. Los carriles de alta ocupación en las autopistas (reservados en algunos países para vehículos con dos o más ocupantes) durante las horas punta recompensan la iniciativa de compartir el coche para ir al trabajo

Apoyar productos como el atún seguro para los delfines y la madera sostenible del *Forest Stewardship Council*. Como dijo Jared Diamond, "Las empresas han cambiado cuando el público ha llegado a esperar y exigir una conducta diferente, para recompensar a las empresas por una conducta que el público quería, y para poner las cosas difíciles a las empresas que practican conductas que el público no quiere"[36].

Uso energético. En California, Washington, Minnesota y otros estados de EEUU, la gente redujo su consumo de energía cuando su empresa de servicios públicos proporcionó informes periódicos con caritas contentas a los hogares con un uso inferior a la media[37]. Es fácil de hacer y suele dar lugar a una gran relación entre beneficios y costes (no quiero presumir, pero he ganado varias caritas contentas últimamente).

Mercados "cap and trade". Los mercados *cap and trade* para la reducción de los gases de efecto invernadero, la lluvia ácida y otros contaminantes. La idea es crear incentivos para las organizaciones que consigan reducir su huella.

Conservación del agua. Los propietarios de viviendas aficionados al sediento césped o a tener flores exóticas en el desierto han contribuido a drenar los ríos y acuíferos del suroeste estadounidense, por poner un ejemplo, de un problema de dimensión global. Los Ángeles pagó a los residentes un dólar por cada metro cuadrado de césped convertido en alternativas tolerantes a la sequía, como las plantas autóctonas, mejores para el ecosistema y que puede atraer fauna[38]. Para no quedarse atrás, Las Vegas ofreció veinte dólares por metro cuadrado[39]. El ahorro de agua resultante es otra importante recompensa.

Biodiversidad. A través de los programas llevados a cabo por voluntarios como *US Safe Harbor* y *Candidate Conservation Agreement*, el uso de incentivos permite que los propietarios salgan ganando al preservar el hábitat de especies en peligro.

Señales

Uso de la energía. A partir del capítulo 12, los contadores de electricidad pueden dar información inmediata, como los indicadores de eficiencia de combustible de los vehículos (¿recuerdas los "hipermotores"?). A veces hay señales adicionales, como el verde para un uso comedido y rojo para un uso elevado.

Programas

La basura. Aunque siempre son inheréntes, a veces los programas son el centro de atención por sí mismos. En una zona de alta concentración de basura, la adición de recompensas variables por tirar la basura correctamente tuvo tanto éxito que hubo que reducir el hábito[40], para luego pasar a las recompensas naturales de un paisaje más sano y libre de basura.

Compromiso

Eficiencia en el consumo de combustibles. Cuando promulgamos leyes, nos comprometemos a cambiar. Del mismo modo, legislamos la eliminación del plomo de la gasolina, un éxito mundial con beneficios tanto para el ambiente como para el desarrollo intelectual infantil[41] (y también para la delincuencia, según se ha sugerido[42]). Los programas de reforzamiento resultaron ser una base fundamental de esta legislación[43].

Listas de comprobación y representación gráfica

Los gobiernos y las empresas hacen un seguimiento continuo de sus progresos. Al igual que en el caso de los individuos, el progreso mantiene la motivación; la falta de progreso señala la necesidad de consecuencias más poderosas, nuevos compromisos u otras estrategias para el cambio.

Experiencia

Reciclaje. La gente pensaba que los estadounidenses nunca aprenderían a reciclar. Se consideraba demasiado incómodo. Esta percepción era un error.

Reducir. Hace tiempo que los fabricantes quieren reducir el uso de envases, lo que es mejor para su cuenta de resultados y también para el ambiente. Pero un envase de mayor tamaño puede hacer que parezca que hay más producto. Finalmente, la gente está aprendiendo que una caja de cereales más pequeña no significa que haya menos en su interior.

Apoyo social y normas

Las normas sociales combinan estos elementos omnipresentes, estableciendo de hecho reglas informales impuestas por la conformidad (si todo el mundo recicla, ¿por qué no lo haces tú?). Las nuevas normas sociales de Tucson para la conservación del agua han hecho que el paisajismo con plantas tolerantes a la sequía se ponga de moda. Las ordenanzas de conservación del agua son normas más formales (pero no siempre se aplican).

Siguiendo con la conservación del agua, el psicólogo social Robert Cialdini estudió los hoteles que ofrecían la opción "verde" de no lavar las toallas y sábanas todos los días. Para ser más eficaz, el mensaje del hotel tenía que indicar que la mayoría de los demás huéspedes reutilizaban sus toallas[44]. Las normas sociales cambian el valor de las consecuencias incluso cuando no hay nadie para hacer esas normas explícitas.

Modelos

La estrella de cine Robert Redford y el autor Bill McKibben son conocidos modelos medioambientales internacionales.

¿Qué tal si nos ocupamos de todos los problemas a los que nos enfrentamos ahora? Como señalaron las expertas en sistemas naturaleza-ambiente Eva Jablonka y Marion Lamb, "si queremos resolver el 95% de los problemas de salud en el mundo, lo que tenemos que hacer es dar a la gente suficiente para comer, y asegurarnos de que puedan beber agua limpia y respirar aire limpio"[45]. Todavía estamos muy lejos de eso, por no hablar del conjunto más ambicioso de ocho Objetivos de Desarrollo del Milenio de la ONU a corto plazo, que todos los estados miembros de la ONU han aceptado[46].

El economista James Heckman, ganador del Premio Nobel, descubrió que, en general, los programas destinados a llegar a los niños en riesgo y a evitar que se desarrollen los problemas en primer lugar suelen ser muy rentables para la sociedad, simplemente desde un punto de vista económico[47]. La ciencia, incluida la ciencia de las consecuencias, nos ha demostrado lo inmensamente flexibles y resistentes que pueden ser las personas, si se les da una oportunidad. Tal vez algún día, antes de lo que pensamos, podamos ofrecer a todo el mundo ambientes enriquecidos, para que puedan desarrollar todo su potencial y contribuir a soluciones más brillantes a los problemas que nos asedian.

*

Las consecuencias están en todas partes ... Son inevitables, para bien o para mal. ¿Podemos aprender a utilizarlas con sabiduría y compasión?

Cada generación comienza con la esperanza de que la vida mejore en todo el mundo. A medida que envejece, cada generación debe aceptar que aún nos queda un largo camino por recorrer. Pero podemos aprender. Podemos aprender a desobedecer cuando sea necesario. Podemos aprender a preocuparnos. Podemos aprender lo que funciona y lo que no, y cambiar lo que hacemos. Y lo hemos hecho.

Cuando mi padre nació en 1917, las mujeres ni siquiera podían votar en la mayoría de los países, los linchamientos eran una actividad habitual. La paloma mensajera (*Ectopistes migratorius*), que en su día fue el ave más abundante del mundo, acababa de extinguirse, la Primera Guerra Mundial hacía estragos en Europa, mientras otra aún más horrenda conflagración mundial estaba por venir. Ahora, más de un siglo después, aunque no faltan problemas, hemos hecho inmensos progresos: menos pobreza y hambre en muchas naciones (proporcionalmente, al menos), más alfabetización, menos prejuicios, más conciencia medioambiental. Incluso podemos compartir un entendimiento general en todo el mundo sobre la necesidad de ensayar la sostenibilidad futura, con una mejor calidad de vida para todos.

Las consecuencias formarán parte de los futuros proyectos de la humanidad. ¿Cómo podemos utilizar mejor lo que sabemos? Skinner dijo: "No consideres ninguna práctica como inmutable. Cambia y prepárate para volver a cambiar. No aceptes ninguna verdad eterna. Experimenta". Y si fracasamos, "el verdadero error sería dejar de intentarlo". Sigamos aprendiendo, sigamos intentándolo.

GLOSARIO

A continuación, presentamos un glosario selectivo y no técnico de los términos básicos utilizados en este libro.

análisis funcional: La determinación sistemática de los factores que realmente influyen en una conducta. Ejemplo: un joven que siguió tosiendo durante meses. Se descartaron las explicaciones médicas, y los investigadores que estudiaron el posible papel de las consecuencias acabaron demostrando que la atención de los padres recompensaba y, por tanto, mantenía la tos. (Para más información sobre este ejemplo, véase el capítulo 9).

aversivo: Ver negativo

cadena, conductual: Una serie de conductas realizadas en orden, a menudo (aunque no necesariamente) de forma automática. Ejemplo: el cepillado de dientes.

castigo: véase negativo. En pocas palabras, lo contrario del reforzamiento.

condicionamiento clásico: Una forma de aprendizaje basada en reflejos y reacciones similares no aprendidas. En el reflejo de salivación, un "estímulo elicitador" como la carne produce salivación. El emparejamiento de un estímulo elicitador con un estímulo neutro (como un timbre eléctrico) produce un condicionamiento clásico cuando el estímulo neutro adquiere la capacidad de elicitar el reflejo, convirtiéndose en una "señal elicitadora condicionada". Véase el capítulo 8.

conducta automática: Una conducta realizada sin o con un mínimo de conciencia. Ejemplo: Un conductor experimentado puede frenar en un semáforo en rojo mientras está inmerso en una conversación. (véase el capítulo 9).

consecuencia, natural: Una consecuencia que ocurre normalmente en la "vida real". Ejemplo: Las recompensas naturales de la exploración incluyen una diversidad de puntos de vista novedosos. Del mismo modo, aprender a leer ofrece recompensas naturales.

consecuencia: Efecto que depende de una conducta. Ejemplo: la conducta de girar la cabeza proporciona la consecuencia de mirar por la ventana y ver una vista.

descuento por demora: El valor de las consecuencias retardadas suele reducirse o "descontarse", en comparación con el valor de consecuencias inmediatas comparables. Véase el capítulo 12.

enfoque sistémico: Tener en cuenta todo el conjunto, según sea necesario. Es decir, todos los factores que pueden afectar a los seres vivos, desde la epigenética hasta las historias de reforzamiento y las normas sociales.

entrenamiento con clicker: Una de las formas de entrenamiento de animales basadas en el reforzamiento positivo. El clicker se empareja con otras recompensas para que su sonido se convierta en una recompensa aprendida. A continuación, puede utilizarse como recompensa inmediata para enseñar una conducta o una señal. Una vez aprendidas las conductas y señales, el clicker ya no es necesario. Véase el capítulo 13.

epigenética: Término que significa "asociado a la genética". Los genes codifican proteínas, pero las proteínas sólo se producen cuando los genes se activan y transcriben. Dentro de las células, los mecanismos epigenéticos influyen en los patrones de activación de los genes; es decir, ayudan a determinar si un gen produce su proteína o no. Consulte el capítulo 3 para obtener más información sobre este sujeto técnico.

extinción (condicionamiento clásico): Tras el condicionamiento clásico, un estímulo neutro (como la campana eléctrica de los famosos perros de Pavlov) puede convertirse en una señal elicita condicionada. En la extinción, la presentación repetida de la señal elicitadora condicionada sin el estímulo elicitador original no aprendido hace que el reflejo deje de producirse. Ejemplo: El metrónomo suena sin que haya polvo de carne disponible. A consecuencia de ello, la salivación deja de producirse en respuesta al sonido del metrónomo.

Extinción (programa): La interrupción de las consecuencias de una conducta. Ejemplo: Usted quiere que su perro, Spot, deje de mendigar, así que simplemente deja de recompensar la mendicidad.

generalización (conductual): La transferencia de la función a conductas similares. Ejemplo: Los alumnos de primaria aprenden a escribir a mano a partir de modelos y son recompensados por copiarlos. Sin embargo, también aprenden que pueden variar la forma en que moldean sus letras hasta cierto punto y seguir produciendo una escritura legible (aceptada por los profesores y otras personas).

generalización (señal): La transferencia de la función a señales similares. Ejemplo: un niño pequeño que identifica correctamente las A mayúsculas en estilos de letra diferentes al que aprendió. En un ejemplo de "sobregeneralización", un niño pequeño empieza a llamar "perrito" tanto al gato como al cachorro de la familia.

ley de igualación: Una ecuación matemática que describe los patrones de elección individual cuando se dispone de opciones de conducta simultáneas, cada una con un

meta-análisis: Un enfoque estadístico sistemático para combinar los resultados de un gran número de experimentos diferentes.

moldeamiento: El proceso de reforzamiento de aproximaciones sucesivas a una conducta objetivo. Ejemplo: Los niños que moldean a un profesor callado para que hable en voz alta prestan atención y sonríen cada vez que levanta la voz, al principio sólo ligeramente y luego, aumentando gradualmente los cambios, sólo cuando se acerca a un grito. Véase el capítulo 11.

negativo: Si una conducta disminuye debido a una consecuencia, esa consecuencia es una negativa (un castigo, un aversivo) y la relación es el castigo. (Obsérvese que lo negativo puede ser un efecto que implique la eliminación de un positivo; véase el capítulo 6.) Hay que descartar otras causas de la conducta, como los estímulos elicitadores pavlovianos). Ejemplo: Nadar en el Lago Superior en junio. ¡Brrr! No volver a hacerlo. Ha sido castigado por un negativo, la temperatura fría.

Es importante tener en cuenta que las cosas que parecen negativas a veces no lo son: lo que importa es lo que realmente ocurre, no la intención o la apariencia. En este libro se dan ejemplos de sucesos que parecen que deberían ser negativos pero que no debilitan la conducta de la que dependen (véase, por ejemplo, el capítulo 1). Estos "negativos" que no tienen ningún efecto sobre una conducta no son realmente negativos; de hecho, si la conducta se ve reforzada, son reforzantes. De nuevo, lo que importa es lo que realmente ocurre.

programa de consecuencias: En resumen, la naturaleza de la dependencia de la consecuencia con respecto a la conducta. Mirar por la ventana siempre aporta una visión, pero la mayoría de las veces, la relación entre conducta y consecuencia es más compleja. Por ejemplo, los cheques de pago requieren mucho trabajo. Los programas pueden basarse en el trabajo, en el tiempo, en la duración, ser fijos, variables o una combinación de ellos, estar disponibles simultánea o alternativamente, depender de una señal, y muchas otras permutaciones. Ejemplo: En un programa basado en el trabajo variable, como la lectura del periódico, hojear las páginas conlleva recompensas periódicas pero impredecibles. Véase el capítulo 5.

programa diferente de consecuencias: La ley de igualación funciona en una amplia gama de especies (incluidas las personas), consecuencias y conductas. En su forma ampliada, la ecuación incluye los efectos de la demora, el esfuerzo de la conducta, las diferentes cantidades de consecuencias, la claridad de las señales asociadas, etc. Véase el capítulo 7.

reforzador/recompensa: En este libro, estos dos términos se utilizan indistintamente. Los reforzadores dependen de las conductas y las mantienen como consecuencia de ello. (Deben descartarse otras causas de la conducta, como los estímulos elicitadores pavlovianos). Si una conducta se pone en marcha y/o se mantiene debido a una consecuencia, esa consecuencia es un reforzador.

Es importante tener en cuenta que las cosas que parecen reforzadores/recompensas a veces no lo son: lo que importa es lo que realmente ocurre, no la intención o la apariencia. Este libro da ejemplos de acontecimientos que parecen que deberían ser reforzadores, pero que no refuerzan ni mantienen la conducta de la que dependen (véase, por ejemplo, el capítulo 1). Estas "recompensas" que no tienen ningún efecto sobre una conducta no son realmente recompensas; de hecho, si la conducta se debilita, son negativas. De nuevo, lo que importa es lo que realmente ocurre.

reforzador generalizado: Un reforzador que es ampliamente efectivo porque es asociada a otros reforzadores. Ejemplo: el dinero.

reforzamiento: Cuando una consecuencia mantiene una conducta, la relación es de reforzamiento. (Deben descartarse otras causas de la conducta, como los estímulos elicitadores pavlovianos). La consecuencia puede ser un efecto que implique la presentación de un positivo o la eliminación de un negativo, o ambos simultáneamente (véase el capítulo 6). Ejemplo positivo simple: Usted mira por la ventana de su nueva habitación de hotel y ve una vista atractiva. A consecuencia de ello, se asoma periódicamente durante toda su estancia. Mirar hacia fuera se ha reforzado. Ejemplo negativo sencillo: Cada vez que ve suciedad en su alfombra, la limpia para escapar de la antiestética.

Técnicamente, la definición completa de refuerzo es más complicada, ya que pueden intervenir probabilidades relativas, "clases de conducta" y múltiples aspectos de la conducta además de su tasa (como la duración o la intensidad). (Este es también el caso del castigo.) Un buen tratamiento se encuentra en Catania, 2006, capítulos 5 y 7.

seleccionismo: Una forma de relación causal en la que las variaciones se producen a lo largo del tiempo, y el éxito se reproduce posteriormente, mientras que el fracaso no. Es la forma en que funciona el aprendizaje a partir de las consecuencias (en paralelo con la selección natural en la evolución). Ejemplo: Cuando aprendes a hacer tiros libres en baloncesto, tus lanzamientos débiles no se reproducen mientras que los más fuertes y exitosos sí. Los lanzamientos más fuertes se han seleccionado mediante el reforzamiento. Véase el capítulo 2.

señal (basada en las consecuencias): Característica o acontecimiento que se asocia con una mayor (o menor) probabilidad de consecuencias. Ejemplo: Los niños aprenden que decir palabrotas se premia entre sus amigos, pero se castiga cerca de los padres o los profesores. En este libro, también utilizo ocasionalmente "señal" para referirme a una clave que modifica el valor de las consecuencias. Ejemplo: para aumentar su motivación, las personas que hacen dieta a veces colocan en sus frigoríficos fotos de ellos mismos cuando estaban más delgados.

señal (clásicamente condicionada): Un "estímulo condicionado que elicita un reflejo". Ejemplo: Una campana eléctrica asociada a la carne se convierte en una señal condicionada clásicamente que provoca salivación, que ahora es una señal condicionada. Antes de que la campana se asociara a la carne, era un "estímulo neutro" que no elicitaba salivación.

tiempo fuera: Una pausa en el programa de reforzamiento positivo actual. Se trata de una medida negativa leve que se ha convertido en la alternativa preferida a los azotes para muchos padres y expertos en educación infantil. Por ejemplo, a los niños que se portan mal mientras juegan se les retiran brevemente sus juguetes favoritos. Véase el capítulo 11.

AGRADECIMIENTOS

Desde el principio, este libro se benefició del apoyo de dos de mis colegas en particular: Paul Chance y Richard Shull. Mi gratitud hacia ellos es larga y profunda. Ambos también han aportado sus atentos comentarios a muchos de los capítulos. Otra defensora incondicional ha sido Karen Pryor, cuyos populares libros ayudaron a inspirar éste.

Comencé la investigación para este libro en la Universidad de Virginia Occidental, y estoy agradecido al Departamento de Psicología por acogerme como becario visitante. La mayor parte de la escritura actual se realizó mientras era becario visitante en la Universidad del Pacífico, y del mismo modo, estoy agradecido al Departamento de Psicología de allí. En particular, mis colegas Matt Normand y Carolynn Kohn han sido maravillosas fuentes de apoyo y estimulación intelectual, y ambos proporcionaron útiles comentarios sobre los capítulos.

Agradezco a los generosos amigos, colegas y familiares que se tomaron el tiempo de revisar los capítulos: John Baldwin, Sara Blauman, Jewell Brown, Clarissa Bush, Sergio Cirino, Flavia Filimon, Pam Fish, Glen Fjelstrom, Sigrid Glenn, John Hall, Pat Hammer, Chris Harshaw, Sharon Jarvis, Kent Johnson, Bob Lickliter, Cathy Mathis, Mark Mattaini, Tim Miller, Ed Morris, Roy Moxley, Allen Neuringer, Dave Palmer, Alliston Reid, Dave Schaal, Kathy Schick, Hank Schlinger, Charles Spurr, Cathy Williams y Joanne Schneider Willman. Y estoy agradecido a los que ayudaron de otras maneras: Tom Critchfield, David Moore, Chris Newland, Stuart Vyse y Criss Wilhite.

Si he olvidado a alguien que ha ayudado, pido disculpas. También asumo la responsabilidad de cualquier error u omisión en el libro. Y, naturalmente, los que ayudaron no están necesariamente de acuerdo con todo lo que contiene.

Un gran agradecimiento a mi agente, Laurie Abkemeier, con la que ha sido estupendo trabajar. Ha mejorado el libro en muchos aspectos. Gracias a mi editor, Steven L. Mitchell, por su orientación y apoyo durante todo el proceso. Gracias al extraordinario artista y colega naturalista René C. Reyes por aceptar hacer las ilustraciones.

El apoyo de mi familia me ha servido de consuelo diario mientras estaba encadenada a mi ordenador. Mi madre y mi hermano Ken leyeron con devoción cada capítulo y me apoyaron de tantas formas que sería difícil enumerarlas todas. Mi padre no vivió para ver la publicación de este libro, pero siempre recordaré su emocionado "¡Adelante!" cuando le consulté sobre si debía intentarlo. Sé que se habría alegrado de que este largo viaje haya alcanzado su destino.

Por último, agradezco a todos los científicos que han trabajado duro para construir la base de la investigación. Estoy agradecido por haber sido yo mismo una pequeña parte de ese gran esfuerzo. Y estoy agradecido por haber conocido al psicólogo pionero B. F. Skinner como amigo y como colega profesional. Uno de los vínculos que nos unió fue nuestra preocupación compartida por los problemas de este planeta y su gente. Espero que este libro nos ayude a trabajar por un futuro brillante y sostenible.

NOTAS

Este libro me dio la oportunidad de intentar reunir muchos campos relacionados con la ciencia de las consecuencias: el aprendizaje, el lenguaje y la cognición de los animales y los seres humanos; la biología evolutiva; la neurociencia; la psicobiología del desarrollo con sus conocimientos sobre las relaciones entre genética y ambiente; y los ámbitos más amplios de la biología, la psicología, la economía conductual, la educación y muchas ciencias afines. Para construir lo que esperaba que fuera un conocimiento suficiente de la inmensa base de investigación, pasé más de una década leyendo literalmente miles de libros y artículos científicos. Fue un viaje fascinante, y espero que eso se refleje en este libro. Las limitaciones de espacio me han obligado a elegir cuidadosamente los temas a tratar e, inevitablemente, me hubiera gustado incluir muchos más. Este libro representa mi propia opinión tras sopesar cuidadosamente las pruebas científicas. He tratado de guiarme con moderación e inclusividad, en la medida en que el espacio limitado lo permitía.

Además de las referencias de este libro, se pueden encontrar más referencias, ampliaciones y aplicaciones en el sitio web del libro, www.scienceofconsequences.com. Le ruego que me comunique los errores a través del sitio web para poder corregirlos. Dado que las citas de las referencias se proporcionan en su totalidad en la bibliografía, estas notas se limitan a dar suficiente información sobre autor y año para que los lectores puedan encontrar la cita correcta.

PREFACIO

1. En realidad, es un término equivocado decir "la ciencia de las consecuencias", porque muchos campos de estudio se basan en las consecuencias. Sin embargo, la ciencia fundada por B. F. Skinner, que es uno de los principales objetivos de este libro, tiene posiblemente el mejor reclamo: fue la primera en establecer un conjunto interrelacionado de principios científicos que se aplican a todas las consecuencias. Ha sido una plataforma de lanzamiento para las demás áreas. Y se ha convertido en una ciencia madura

y matemáticamente sofisticada por derecho propio, ahora con una amplia neurociencia que respalda las relaciones de conducta. Además, ha creado montones de aplicaciones basadas en la evidencia. He intentado al menos tocar la mayoría de las áreas interdisciplinarias asociadas, e integrar todos los descubrimientos y aplicaciones de una manera inclusiva y equilibrada.

El *análisis de conducta* se ha convertido en el nombre del campo académico especializado en las ciencias básicas y aplicadas de las consecuencias per se cómo su principal área de especialidad. El término para el proceso en sí es aprendizaje operante, con versiones alternativas más antiguas como aprendizaje instrumental o *condicionamiento operante*. Los procesos pavlovianos (tratados en el capítulo 8) también tienen nombres alternativos: El *condicionamiento clásico* es probablemente el más común, pero también se utilizan regularmente el *condicionamiento respondiente* y el *condicionamiento pavloviano*.

CAPÍTULO 1

1. Passarelli et al., 1999; Wells, 1967.
2. Esta definición elimina cualquier efecto elicitador que pueda tener la supuesta consecuencia, como en un proceso pavloviano (véase el capítulo 8). La definición técnica completa del reforzamiento y el castigo es, en realidad, bastante más compleja, ya que incorpora (por ejemplo) las probabilidades relativas. Véase Catania, 2006, capítulos 5 y 7.
3. Véanse ejemplos en el capítulo 14.
4. Durrell, 1956, pág. 53. Más recientemente, circuló un vídeo en YouTube de una cacatúa de cresta azul "bailando" al ritmo de canciones de pop. Los investigadores que estudiaron a esta espécimen estaban convencidos de que seguía el ritmo: Patel et al., 2009.
5. Porter y Neuringer, 1984.
6. Gorrión de Java: Watanabe y Nemoto, 1998. 7. Ratas: Cross, Halcomb y Matter, 1967. Eíderes: Roberts, 1934. Estorninos: Harwood y Porter, 1977. Vencejos: Teale, 1948. No faltan este tipo de ejemplos.
8. Brennan, Ames y Moore, 1966.
9. Barnes y Baron, 1961.
10. Meyer, 1968.
11. Griffin, 1931, pág. 112.
12. Butler, 1954.
13. Richmond y McCroskey, 1995, pág. 105.
14. Provost, 1990, pág. 56.

15. Peterson, 2001, pág. 37.

16. Pryor, Haag y O'Reilly, 1969.

17. Goetz y Baer, 1973.

18. Page y Neuringer, 1985. Véase también Neuringer, 2004.

19. Neuringer, 1986.

20. Bafile, C. "Reward Systems That Work: What to Give and When to Give It!". *Education World* (trabajo original publicado en 2003); http://www. educationworld.com/a_curr/curr301.shtml (consultado el 7 de agosto de 2023).

21. Pryor, 1999, pág. 3.

22. Carlstead, 1996, pág. 328.

23. Harlow, Harlow y Meyer, 1950.

24. Pryor, 1973.

25. Jolly, 1985, pág. 148.

26. Least Heat-Moon, 1982, pág. 426. Hay una edición en español por Capitán Swing de 2018.

27. Skinner, 1979, pág. 282.

28. Frecuentemente atribuido a Pauling.

29. Kish y Barnes, 1961.

30. Skinner, 1979, pág. 293. Su hija tenía entonces unos nueve meses.

31. Del mismo modo, se han observado manatíes tanteando a cangrejos azules, aparentemente sólo para observar la reacción de estos (Sleeper y Foott, 2000, pág. 78).

32. Carlstead, 1996, pág. 322; Kavanau, 1963.

33. Catania y Sagvolden, 1980; Cerutti y Catania, 1997.

34. Ventajas de controlar aspectos del trabajo en Reino Unido: Marmot et al., 1978; Marmot et al., 1991. Véase también, Dunlap et al., 1994 y Kern et al., 1998.

35. Langer y Rodin, 1976; Rodin y Langer, 1977.

36. Carlstead, Seidensticker y Baldwin, 1991.

37. Pryor, 1999, pág. 175.

38. El hecho de que Goldie iniciara a veces el juego demuestra que no se trataba de un mero efecto elicitado por mis parpadeos, a la manera de la salivación elicitada por el polvo de carne en los perros de Pavlov.

39. Sethi-Iyengar, Huberman y Jiang, 2004. Véase también Iyengar y Lepper, 2000.

CAPÍTULO 2

1. Los instintos se conocen más técnicamente como conductas específicas de la especie. La impronta y los rituales de cortejo son sólo dos de los muchos ejemplos. Los instintos se desarrollan normalmente sin la participación del aprendizaje por consecuencias o del condicionamiento pavloviano, por lo que pueden describirse como "no aprendidos". No obstante, su desarrollo es sensible a toda la gama de factores genética-ambiente.

2. Kessel, 1955. Los rituales de cortejo en aves como los manacines también son útiles para trazar procesos evolutivos.

3. Gottlieb, 1997.

4. Peterson, 1960; Bateson y Reese, 1969.

5. Harshaw, Tourgeman y Lickliter, 2008. Los pollos individuales que escucharon la llamada japonesa independientemente de lo que hacían fueron "unidos" a los pollos individuales que escucharon la llamada japonesa sólo como consecuencia. De esta manera, ambos pollos escucharon la llamada japonesa exactamente en los mismos momentos a lo largo de la sesión, ya fuera como consecuencia o no. Esta es una forma estándar de separar el efecto de la simple presentación de un evento de su efecto como consecuencia.

6. Cate, 1994; véase también, por ejemplo, Anderson, 2009.

7. King, West y Goldstein, 2005.

8. Tumer y Brainard, 2007. Investigaciones más recientes han demostrado que estos pinzones de Bengala pueden modificar su canto tanto hacia arriba en frecuencia en un lugar como hacia abajo en otro, en respuesta a una contingencia de reforzamiento más compleja. Además, debido al ruido de las ciudades, los pájaros urbanos modifican sus cantos: Dowling, Luther y Marra, 2012.

9. Collias y Collias, 1964.

10. Avital y Jablonka, 2000, págs. 63-68.

11. Weiss, 1997.

12. Weiss, 2004.

13. Pessotti, 1972.

14. Brembs y Heisenberg, 2000.

15. Lee, Clancy y Fleming, 1999.

16. Wilsoncroft, 1969.

17. La investigación de Waddington se describe en Avital y Jablonka, 2000, págs. 317-25. Waddington también describió el mismo tipo de asimilación genética con una variación de cuatro alas de la mosca de la fruta; el fenotipo natural tiene dos alas.

18. Grant y Grant, 2003. La especiación simpátrica se basa en el apareamiento "asortivo", es decir, la mayor probabilidad de que los pinzones de pico pequeño se reproduzcan entre sí en lugar de con otros pinzones. El pinzón carpintero, que suele utilizar herramientas, es un ejemplo especialmente llamativo de especiación guiada por la conducta. Pero la radiación adaptativa no siempre se produce incluso cuando existen diferencias sustanciales en la búsqueda de alimento (Werner y Sherry, 1987). Como siempre, todos los elementos del complejo sistema genética-ambiente interaccionan a la vez.

19. Morin y otros, 2010.

20. Véase, por ejemplo, Riesch et al., 2012.

21. Jablonka y Lamb, 2005, págs. 294-96.

22. Skinner, 1981b.

23. Grant, 1999.

24. Raine y Chittka, 2008.

25. Ginsburg y Jablonka, 2010. Esta una buena referencia general sobre la evolución del aprendizaje por consecuencias.

CAPÍTULO 3

1. DeLange y otros, 1969.

2. Eric Lander en la entrevista "Meet the Decoders" que acompaña a la transcripción del vídeo de PBS NOVA Cracking the Code of Life, http://www.pbs.org/wgbh/nova/body/cracking-the-code-of-life.html (consultada el 1 de agosto de 2023).

3. Carroll, 2005a, pág. 269.

4. Las estimaciones llegan a 18.000 genes, como en Zimmer, 2008, pág. 117. Ahora se sabe que el empalme alternativo es más común de lo que se pensaba originalmente. Un gen determinado puede "leerse" de formas diferentes para producir diferentes proteínas (aunque relacionadas).

5. Bateson, 1988; Johnson, 2007, pág. 169.

6. Carroll, 2005a.

7. Morange, 2001, págs. 88-89.

8. Gottlieb, 1998.

9. Mataga y otros, 2001.

10. Zimmer, 2008, pág. 190.

11. Pilegaard, Saltin y Neufer, 2003.

12. Glaser y otros, 1993.

13. Anokhin y Rose, 1991.

14. Kleim y otros, 1996.

15. Yin y otros, 1994.

16. Rapanelli y otros, 2010.

17. Desde hace muchos años se sabe que el color rojo o blanco de los ojos en la *Drosophila melanogaster*, la mosca de la fruta usada habitualmente como modelo animal, es una característica genética ligada al sexo, pero se mantiene el principio general del carácter sistémico de la manifestación de un rasgo.

18. Swann, 1999.

19. La penetrancia incompleta describe técnicamente el grado en el que tener el genotipo problemático no garantiza la aparición de la enfermedad. Los genes interactúan entre sí y con todas las demás variables del sistema. Para profundizar en este asunto, véase Morange, 2001, capítulo 4, págs. 48-63. El caso de la anemia falciforme se trata en las páginas 50-51.

20. Jablonka y Lamb, 2005, págs. 61-62.

21. Ibídem, pág. 63.

22. Cierpial y McCarty, 1987.

23. Suomi, 2002.

24. La heredabilidad no hace referencia al grado en que se hereda un rasgo. Se define como la proporción de la variación de un rasgo que está correlacionada con la variación genética. Sólo se aplica a una población específica bajo circunstancias específicas, nunca a los individuos, y para el mismo rasgo en la misma población bajo diferentes circunstancias, puede cambiar dramáticamente, como muestran los ejemplos. David S. Moore ofrece un excelente abordaje de este asunto en *The Dependent Gene: The Fallacy of Nature vs. Nurture*, 2001.

25. Lewontin, 1970; Moore, 2001, capítulo 2.

26. Moore, 2001, capítulo 3.

27. Shenk, 2010, pág. 67.

28. Gilbert y Jorgensen, 1998.

29. Ratones: Tamashiro et al., 2002. Gatos: Zimmer, 2008, pág. 49. Se consideran probables las contribuciones epigenéticas.

30. Schulz et al., 2006.

31. Beisson y Sonneborn, 1965.

32. Fraga et al., 2005. En relación con esto, la impronta genómica es un mecanismo epigenético por el que la forma del gen (alelo) de la madre o del padre se expresa preferentemente en la descendencia, algo que durante años se había considerado imposible. Los seres humanos tienen varios genes impresos.

33. Lyko et al., 2010.

34. Waterland y Jirtle, 2003; Morgan et al., 1999.

35. Heijmans y otros, 2008.

36. Jablonka y Raz, 2009.

37. Lamer la orina salada de las crías parece ser reforzante para la madre: Gubernick y Alberts, 1983. Las crías macho se lamen más porque la testosterona extra en su orina la hacen más gratificante: Moore, 1992.

38. Roth y otros, 2009.

39. Weaver et al., 2004.

40. Francis y otros, 2002.

CAPÍTULO 4

1. Chapin et al., 1999; Carmena et al., 2003.

2. Hebb, 1949, págs. 298-299. Las ratas tienen un saludo característico que consiste en cerrar los ojos, bostezar, inclinarse hacia delante y extender sus patas delanteras; es muy curioso de observar. Me sentí alagada cuando mi rata mascota, Clover, empezó a dirigirme este saludo desde lejos cuando entraba en la habitación.

3. Lazic, Schneider y Lickliter, 2007. Este no fue mi primer proyecto de enriquecimiento: uno de mis primeros estudios (Schneider, 1988) mostró los beneficios de las jaulas de laboratorio de mayor tamaño con fondos sólidos y materiales para "hacerse la cama", en comparación con jaulas de alambre pequeñas y yermas. Esta línea de investigación ha florecido; una revisión ha demostrado que los ratones encuentran las jaulas "enriquecidas" más gratificantes y llegando a "trabajar" para acceder a ellas.

4. Pinaud, 2004; Markham y Greenough, 2004.

5. Cory-Slechta et al., 2009. Véase también el capítulo 5 sobre programas de reforzamiento. En este estudio se utilizó un programa de intervalo fijo.

6. Tang, 2001.

7. Gould, 2007.

8. Ibid.

9. Kleim y otros, 2002.

10. Markham y Greenough, 2004, pág. 360.

11. Stein, Xue y Belluzzi, 1993.

12. Platt y Glimcher, 1999. Véase también Louie y Glimcher, 2010.

13. Platt citado en Kast, 2001, pág. 128.

14. Hollerman y Schultz, 1998.

15. Muchos de estos neurotransmisores se encuentran también en invertebrados simples, y a veces cumplen funciones similares. Por ejemplo, se sabe desde hace tiempo que el AMPc está implicado en el aprendizaje en dos invertebrados ampliamente utilizados como modelos animales: la mosca de la fruta Drosophila y la liebre de mar o *Aplysia*.

16. Dodd et al., 2005, citas en las páginas 1378-1379.

17. Las anfetaminas como recompensa: Kennedy, Caruso y Thompson, 2001.

18. Kusayama y Watanabe, 2000.

19. Wise, 2004.

20. Xi y Stein, 1999.

21. Addolorato et al., 2007.

22. Berridge y Robinson, 1998.

23. Kelley y Berridge, 2002, pág. 3307. De hecho, a partir de lo que ahora sabemos sobre las redes neuronales, algunos expertos concluyen que la función múltiple es más la regla que la excepción.

24. Eisenberger, Lieberman y Williams, 2003.

25. Música: Blood and Zatorre, 2001. Caras bonitas: Aharon y otros, 2001. Dinero: Breiter et al., 2001; Knutson et al., 2003. También, para las recompensas sociales, véase Behrens et al., 2008.

26. Olds y Milner, 1954.

27. Capítulo de resumen, incluyendo citas con peces de colores, humanos e iguanas: Shizgal, 1999. Delfines: Lilly y Miller, 1962. Animales recién nacidos: Bacon y Wong, 1972. Caracoles: Balaban y Chase, 1989.

28. Hoebel, 1988.

29. Steiner, Beer y Shaffer, 1969.

30. Deutsch y Howarth, 1963, pág. 447.

31. Berridge y Robinson, 1998.

32. Kelley y Berridge, 2002.

33. Wise, 2004; Kelley y Berridge, 2002; Silva et al., 2007.

34. Por ejemplo, Johansen et al., 2009.

35. Merzenich, citado en Doidge, 2007, pág. 56.

36. Recanzone et al., 1992; Recanzone, Schreiner y Merzenich, 1993.

37. Merabet y otros, 2008.

38. Amedi y otros, 2008.

39. Sharma y otros, 2000. Esta flexibilidad se está convirtiendo en un hallazgo generalizado. Para un ejemplo sorprendente, véase O'Kane, Kensinger y Corkin, 2004. También hay que tener en cuenta a las personas con un solo hemisferio cerebral que pueden llevar una vida razonablemente normal (véase el capítulo 10).

40. Taub y otros, 2006.

41. Johansen-Berg y otros, 2002.

42. Wolf et al., 2008. En un estudio aleatorizado, los participantes son asignados aleatoriamente a diferentes grupos en un experimento.

43. Wolf et al., 2010.

44. Chapin y otros, 1999.

45. Carmena y otros, 2003.

46. Hochberg et al., 2006. Para otras aplicaciones, véase, por ejemplo, Brumberg y Guenther, 2010.

CAPÍTULO 5

1. Vyse, 1997, pág. 4. El libro de Vyse ofrece un resumen excelente y accesible de la investigación sobre superstición, incluido un importante experimento sobre la superstición realizado por B. F. Skinner en 1948.

2. Wagner y Morris, 1987.

3. Ono, 1987.

4. Hoffman, 1996.

5. Iversen y Mogensen, 1988. Para más información, véase el capítulo 12 en el que se trata este estudio. Asimismo, Skinner (1938, págs. 67-69) descubrió que la mayoría de las setenta y ocho ratas sometidas a la prueba repetían rápidamente la pulsación de una palanca después de haberla reforzado por primera vez.

6. Higgins, Morris y Johnson, 1989. Para saber más sobre cómo interactúan las reglas, véase el capítulo 10.

7. Grescoe, 2008.

8. Ferster y Skinner, 1957. Obsérvese que una sola conducta no reforzada en un programa de reforzamiento puede parecer que se produce sin razón alguna. Es esencial tomar una perspectiva más amplia y comprobar la historia de reforzamiento.

9. Mazur, 2005, pág. 147.

10. Ibídem, págs. 360-62.

11. Ward, 1976, cita en las páginas 149-50. Véase también Van Houten y Nau, 1980.

12. Petry y otros, 2005.

13. Tesis doctoral inédita de Alan B. Christopher (1988), descrita en Chance, 2003, pág. 376.

14. Mazur, 2005, capítulo 7. El "festón" del intervalo fijo es el aumento gradual del ritmo de respuesta a medida que se acerca el final del intervalo. No siempre ocurre así: por ejemplo, las personas a veces cronometran los

intervalos y responden sólo cuando el intervalo ha terminado. Si se les da una señal de "reloj", como una barra que desaparece gradualmente, los animales también muestran este patrón. Sin un reloj, se ha demostrado que los humanos tienen más probabilidades de producir un festón típico si se distraen en su cronometraje o si están más motivados. Otros factores son el esfuerzo de respuesta y las reglas autogeneradas (véase el capítulo 10).

En los programas por intervalos, la mera espera acerca la oportunidad del reforzamiento. Este no es el caso en los programas de razón (dependientes de la cantidad de trabajo). Tengamos en cuenta que los programas de intervalo basados en el tiempo siguen requiriendo trabajo.

15. Por ejemplo, McDowell, Bass y Kessel, 1993; Li, Krauth y Huston, 2006. Para otras aplicaciones, véase, por ejemplo, Marr, 1992.

16. Hay varios tipos de programas de baja velocidad.

17. El programa se llama "reforzamiento diferencial de tasas bajas". Para tácticas de demora en palomas en un programa de razón, véase Fetterman, Killeen y Hall, 1998; en niños de dos años y medio, véase Pouthas, 1981. De entre los muchos tipos de programa, otro que merece la pena mencionar es el programa de duración, basado en el tiempo que dura una conducta (p.ej., practicar piano o baloncesto). Y los "programas de ajuste" que cambian en función de nuestra propia conducta.

18. Weiner, 1964. En sentido contraria, Wanchisen y sus colegas descubrieron que las ratas no muestran el festón típico de intervalo fijo cuando se exponen al programa después de haber tenido experiencia con la razón variable: Wanchisen, Tatham y Mooney, 1989. Véase también Tatham y Wanchisen, 1998.

19. Feltovich et al., 2006, pág. 45.

20. Marley y Morse, 1966.

21. Por ejemplo, Lowe, Beasty y Bentall, 1983. De forma más general, existe una amplia literatura sobre programas de reforzamiento en distintas especies. Los patrones típicos se observan en invertebrados como los pulpos, y un amplio abanico de vertebrados, y también en las personas. Para ver ejemplos en los que se utilizan especies poco comunes, véase Grossman, 1973 (abejas) y Scobie y Gild, 1975 (peces de colores).

22. Wodehouse, 1959, pág. 26.

23. John Hintermister, citado en Connor, 1988, pág. 132.

24. Skinner, 1968, pág. 159.

25. Dews, 1955. En realidad, existe una amplia bibliografía sobre este tema. Un buen resumen de varios artículos clásicos se encuentra en Branch, 1991 (ver también McMillan, Li y Hardwick, 2001).

Otros estudios sobre drogas han encontrado los mismos efectos del programa independientemente de si la consecuencia del picoteo era la comida o la evitación de una consecuencia negativa; véanse las notas del capítulo 6.

El rendimiento del programa ofrece una líneabase sensible a partir de la cual se pueden investigar los efectos de los fármacos, las toxinas y muchos otros factores. El programa de intervalo fijo, por ejemplo, ha ayudado a los científicos a establecer límites seguros de exposición al plomo (capítulo 16).

26. Del mismo modo, después de que la construcción de la presa de Glen Canyon facilitara el acceso a este destacado monumento natural, Edward Abbey afirmó en *Desert Solitaire*: "La mitad de la belleza de Rainbow Bridge reside en su lejanía, en su relativa dificultad de acceso" (1968, pág. 217). Lo que es reforzante en un programa de reforzamiento puede no serlo en otro diferente. Tanto en el juego como en la pesca, ganar siempre no es necesariamente mejor.

CAPÍTULO 6

1. Least Heat Moon, 1982, pág. 51.

2. Montaigne, 1877.

3. Shigemitsu, 2005.

4. Creo que la mayoría de los profesores pueden sentirse identificados. Perone (2003) ofrece un ejemplo de las reacciones de los alumnos a los puntos de bonificación por asistencia puntual.

   Escapar de un negativo es un reforzador, y el proceso se llama, de forma bastante confusa, reforzamiento negativo. Es "reforzamiento" porque sigue reforzando. Es "negativo" porque se retira algo (un negativo). Del mismo modo, "castigo negativo" significa retirar un positivo. He evitado estos términos a lo largo del libro.

5. Schlund, Magee y Hudgins, 2011; Niznikiewicz y Delgado, 2011.

6. Baron, 1991. Véase también Abramson, 1986; Cook y Catania, 1964; Schneider y Lickliter, 2010b. Sin embargo, hay algunas excepciones: Roberts et al., 2008.

7. Este efecto sobre el valor dependiente de la comparación se conoce comúnmente como *privación relativa*.

8. Perone, 2003, pág. 3.

9. Muir, 1954 (obra original publicada en 1909), pág. 294.

10. Decker, 1996.

11. Un ruido aversivo puede convertirse en una recompensa: Ayllon y Azrin, 1966. Sobre esto se ha sugerido que una de las razones por las que algunos

cónyuges maltratados permanecen con sus parejas es debido a las ricas recompensas ocasionales por hacerlo, y a la esperanza de que las negativas disminuyan o no vuelvan a ocurrir. En efecto, los programas variables positivos y negativos compiten entre sí, además de interactuar con las señales, las reglas, las historias de reforzamiento y el resto de los factores sistémicos.

12. Holz y Azrin, 1962.

13. La habituación o el proceso opuesto, la potenciación, pueden producirse ante la presentación repetida de determinados estímulos, dependiendo de factores como la magnitud del estímulo o el momento en que se presenta. La potenciación da lugar a una respuesta mayor, en lugar de una respuesta menor. El condicionamiento pavloviano está relacionado con la habituación y la potenciación; véase el capítulo 8.

14. A menor escala, una gran pantalla de televisión es inmensamente emocionante inicialmente, pero pronto se convierte en algo habitual. Diener, Lucas y Scollon, 2006.

15. Ulrich, 1966.

16. Maier, Anderson y Lieberman, 1972.

17. Cherek y Pickens, 1970. En los programas de razón, cuando se señala el tamaño de la razón, o la cercanía del cumplimiento del criterio de razón, ello afecta al nivel de aversividad y a la probabilidad de tomar un descanso más largo. No debe sorprendernos. Véase Perone y Courtney, 1992.

18. Goldman, Coover y Levine, 1973.

19. Azrin, 1961. Al picotear una tecla de tiempo fuera, las palomas eligieron pasar hasta el 50% de su tiempo fuera de un programa de razón fija 200. Los animales también son más propensos a ser agresivos durante este periodo: Gentry, 1968.

20. Azrin, Hutchinson y Hake, 1966.

21. Kelly y Hake, 1970.

22. Kupfer, Allen, y Malagodi, 2008.

23. Azrin, 1960; Miller, 1960.

24. Pryor, 1999, pág. 107.

25. Probabilidad de abuso o de imitación, por ejemplo. Los investigadores han demostrado que los niños tienden a imitar conductas que han sido recompensadas. Albert Bandura demostró que los niños en edad preescolar que veían a adultos patear y maltratar un muñeco eran más propensos a ser agresivos con otros juguetes: Bandura, Ross y Ross, 1961.

26. Azrin, 1970.

27. Roderick, Pitchford y Miller, 1997.

28. Bloomsmith y otros, 1994.

29. El tiempo fuera, en diversas formas, se ha utilizado durante siglos, por supuesto. Fue descrito y probado formalmente con animales de laboratorio en la década de 1950 por el propio B. F. Skinner, entre otros. En el caso de las personas, varios investigadores utilizaron por primera vez el tiempo fuera a principios de la década de 1960, entre ellos Nathan Azrin, Montrose Wolf y Arthur Staats. El primer uso publicado del término en la investigación en humanos que he podido localizar es de Wolf, Risley y Mees, 1964.

30. Perone, 2003.

CAPÍTULO 7

1. Nestlé, 2006, pág. 17.

2. Quay, 1959.

3. Borrero et al., 2007.

4. Davison y McCarthy, 1988.

5. Para la elección y las ecuaciones diferenciales, véase, por ejemplo, Machado, Keen y Macaux, 2009.

6. Schneider y Davison, 2005. Para más opciones, véase, por ejemplo, Rothstein, Jensen y Neuringer, 2008. Véase también Schneider, 2008.

7. Vacas: Matthews y Temple, 1979. Pollos: Sumpter, Temple y Foster, 1998. 8. Peces de agua dulce: Banna, DeVries y Newland, 2011. Zarigüeyas de cola de pincel: Bron et al., 2003. Coyotes: Gilbert-Norton, Shahan y Shivik, 2009.

8. Reforzadores sociales: Borrero et al., 2007. 9. Estimulación cerebral: Hollard y Davison, 1971. Dibujos animados: Epstein et al., 1991. Drogas: Anderson y Woolverton, 2000. Dinero: Magoon y Critchfield, 2008. Magoon y Critchfield también describen el efecto de efectos diferenciales, según el que (descrito muy sucintamente) diferentes señales se correlacionan con consecuencias diferentes, lo que puede favorecer el aprendizaje. Calor: Silberberg, Thomas y Berendzen, 1991.

9. Las aves silvestres en sus hábitats nativos: Houston, 1986. Problemas de aritmética: Neef et al., 1992.

10. Godin y Keenleyside, 1984.

11. Gray, 1994.

12. McDowell et al., 2008.

13. Sumpter, Foster y Temple, 2002.

14. McAdie, Foster y Temple, 1996.

15. Pedersen y otros, 2005.

16. Rashotte, Foster y Austin, 1984.

17. Rajala y Hantula, 2000.

18. Tareas académicas: Mace, McCurdy y Quigley, 1990. Administración de metadona: Spiga et al., 2005.

19. Reed, Critchfield y Martens, 2006.

20. Kollins, Newland y Critchfield, 1997; Madden y Perone, 1999; Neuringer, Deiss e Imig, 2000.

21. Horne y Lowe, 1993.

22. Schneider y Davison, 2006; Schneider y Morris, 1992.

23. Epstein y otros, 1991.

24. Snyder y Patterson, 1995.

25. Thaler y Sunstein, 2008.

26. Tinker y Tucker, 1997.

27. Teale, 1978, pág. 265.

28. Bird, 2004, pág. 118.

29. Levey et al., 2009.

30. Teoría de detección de señales, véase, por ejemplo, este estudio clásico: Green y Swets, 1966. Un modelo matemático que combina la teoría de detección de señales y la ciencia de las consecuencias fue propuesto por Davison y Tustin, 1978.

31. McKenzie y Day, 1971.

32. Robinson, Foster y Bridges, 1976. La ley de igualación también se demuestra a muy temprana edad. Junto con un colega, fuimos los primeros en demostrarla en neonatos (Schneider y Lickliter, 2010a).

33. Gould, 1985.

34. Dunne, 1995, págs. 56-61; Cody, 1974, pág. 203.

35. Diamond, 1992, pág. 198.

36. Abramson, 1994, pág. 201.

37. Swengel, 2001.

38. Zickefoose, 2000.

39. Holz y Azrin, 1961. Como se describe en este artículo, esto funciona tanto si el negativo es la consecuencia de una conducta como si es simplemente una señal asociada.

40. Dinsmoor, 2001.

41. Beninger, Kendall y Vanderwolf, 1974.

42. Ator y Griffiths, 1983.

43. Abbott y Badia, 1984. Sin embargo, esta literatura es inconsistente, ya que depende de diversos factores, y a veces se han utilizado aversivos no discriminados.

44. Bassett y Buchanan-Smith, 2007. Para los efectos de las señales y la previsibilidad de los aversivos en humanos, véase, por ejemplo, Lejuez et al., 2000. También son relevantes las conductas de observación descritas en

el capítulo 9 de este libro.

45. Findley y Brady, 1965.

46. Jwaideh, 1973.

47. List y Lucking-Reiley, 2002. Sin embargo, como suele ocurrir, hay excepciones. Para aquellos para los que el objetivo es una consecuencia poderosa, hacer hincapié en lo mucho que queda por recorrer puede ser a veces más eficaz que señalar los progresos realizados hasta el momento (Koo y Fishbach, 2008).

48. Sobre la observación de aves en California ver https://sterlingbirds.com/index.php/county-birders/

49. Skinner, 1981a.

50. Sherman, 1995, pág. 69. Barnabus apareció en la televisión y en el New York Times, como relata Sherman. Para otro ejemplo de encadenamiento hacia atrás, véase Alderson, 2004. Alderson utiliza el término "moldear hacia atrás" en lugar de "encadenamiento hacia atrás".

51. Mehrabian, 1971, pág. 56.

CAPÍTULO 8

1. Watanabe y Mizunami, 2007.

2. Lorenzetti et al., 2005; Ostlund y Balleine, 2007; Nargeot y Simmers, 2011; Brembs y Plend, 2008. Hay una serie de procedimientos para distinguir los dos procesos. En el "automantenimiento negativo", por ejemplo, los procesos pavlovianos se establecen contra procesos basados en las consecuencias, en una especie de competición. Los métodos adicionales incluyen diferentes efectos del programa y diferentes efectos de la magnitud de la señal o estímulo elicitador.

3. La extinción se refiere a la pérdida de la "respuesta condicionada" (como la salivación) tras la presentación repetida del "estímulo elicitador condicionado" (como la campana) sin el "estímulo incondicionado" (la carne).

4. MacQueen y otros, 1989.

5. Russell y otros, 1984.

6. Exton et al., 2000. Véase también Cohen, Moynihan y Ader, 1994; Goebel et al., 2002.

7. Woods y Ramsay, 2000.

8. Woods y otros, 1977.

9. Lekander y otros, 1995.

10. Ehrman y otros, 1992.

11. Siegel y Ramos, 2002.

12. Siegel y Ellsworth, 1986.

13. Wager et al., 2004.

14. Guo, Wang y Luo, 2010.

15. Ehrman y otros, 1992.

16. White, 1978.

17. Cuthbert y otros, 2003.

18. Anónimo, 1970.

19. Graham y Desjardins, 1980.

20. Skinner, 1980, pág. 62. Las letras de nuestros nombres tienden a gustar y a ser preferidas sobre otras letras, presumiblemente en parte debido al condicionamiento clásico. Se ha comprobado que el efecto es transcultural: Nuttin, 1987.

21. Skinner, 1980, pág. 32.

22. Franzen, 2007, pág. 39. El literato británico del siglo XIX John Ruskin nombró la "falacia patética".

23. Kenison, 2003, págs. ix-x.

24. Singer y otros, 2004.

25. Levenson y Gottman, 1983.

26. Stackhouse, 2011. Zimmern es citado en la página 37: "Piensa que la gente de ciertos países de Africa piensa que es raro que comamos queso. Dejamos que la leche se pudra y se seque en cuadraditos. Es delicioso, pero lo perciben con incredulidad. Dicen: 'Es una locura', mientras a la vez se comen un grillo".

27. Brower, 1971, pág. 350.

28. Scalera y Bavieri, 2009, pág. 527. No puedo garantizar su exactitud, pero hay algunas historias personales estupendas en AskReddit en http://www.reddit.com/r/AskReddit/comments/eh6rs/is_there_any_food_yo   u_cant_eat_anymore_because_of/ (consultado el 4 de agosto de 2023).

29. Logue, 1979.

30. Neumann, 2006.

31. Bykov, 1957, como se describe en Catania, 2006, pág. 201.

32. Pavlov estableció este fenómeno con su investigación sobre el "condicionamiento del tiempo". Véase LaBarbera y Church, 1974; Lejeune y Wearden, 2006; Lockhart, 1966.

33. Otros factores, como las consecuencias, también son importantes. El condicionamiento clásico podría aumentar la anticipación de la primavera mediante la asociación con aspectos ambientales característicos, como la floración de los árboles y el clima más cálido.

34. Zimmerman, 1957. Para más información sobre esta forma de establecer las consecuencias aprendidas, véase, por ejemplo, un estudio clásico y otro reciente: Salzinger et al., 1968; Isaksen y Holth, 2009.
35. Freno, 1981.
36. Sullivan y Leon, 1987.
37. Hay algunas pruebas de que las consecuencias aprendidas y no aprendidas comparten algunos efectos similares en el cerebro, como cabría esperar: Cox, Andrade y Johnsrude, 2005.
38. Youngentob y Glendinning, 2009; Youngentob et al., 2007.
39. Staats, 1968.
40. Olson y Fazio, 2001.
41. Staats y Staats, 1958.
42. Véase, por ejemplo, Field y Moore, 2005; Armel et al., 2009; véase también Razran, 1955.

CAPÍTULO 9

1. Chein y Schneider, 2005. Véase también Moradi, Buracas y Buxton, 2012; Gailliot et al., 2007.
2. Janata, Tillmann y Bharucha, 2002.
3. Merzenich y deCharms, 1996.
4. Incluso hay investigaciones que demuestran que la ley de igualación puede explicar la atención: Hoch y Symons, 2007.
5. Watson y Sterling, 1998.
6. Kieran, 1947, pág. 186. Incluso es posible practicar un deporte con una lesión grave de la que no se es consciente.
7. Dinsmoor, Browne y Lawrence, 1972; Fantino y Case, 1983; Fantino y Silberberg, 2010.
8. Fantino, 2008.
9. Jwaideh y Mulvaney, 1976.
10. Fantino y Silberberg, 2010.
11. Brock y Balloun, 1967.
12. Karlsson, Loewenstein y Seppi, 2009.
13. El almirante Byrd y la bolsa: Byrd, 1938. Al final preguntó, recibió malas noticias y lamentó haber preguntado.
14. Tavris y Aronson, 2007, capítulo 5.
15. Centers for Disease Control and Prevention, "HIV Prevention in the United States at a Critical Crossroads", agosto de 2009, https://stacks.cdc.gov/view/cdc/23209 (consultado el 4 de agosto de 2023).

16. Fest, 1999, pág. 329. Evidencia posterior sugiere que Speer era conocedor del genocidio judío y que dedicó parte de su vida tras la Segunda Guerra Mundial a fabricar la idea del "nazi benigno", lo que algunos autores han llamado el mito de Spper (Kitchen, 2015, pág. 60).

17. Svartdal, 1991.

18. Svartdal, 1992.

19. Hefferline y Keenan, 1963.

20. Skinner, 1957a, pág. 124.

21. Skinner, 1980, pág. 15.

22. Moore, 1977, pág. 32.

23. Epicteto, Discursos, 108 EC.

24. Bargh y Chartrand, 1999.

25. Hilty, 1994, pág. 237.

26. Palameta y Lefebvre, 1985.

27. Valsecchi y otros, 1994.

28. Dorrance y Zentall, 2001; véase también Howard y White, 2003.

29. Safriel, Ens y Kaiser, 1996; Wunderle, 1991. Algunos ostreros no tienen la oportunidad de observar a sus padres y adquieren las técnicas de búsqueda de alimento por su cuenta o mediante la observación de aves. El pico del ostrero cambia de forma en respuesta a lo que está comiendo, lo que ayuda a esta flexibilidad de conducta (la experiencia puede cambiar de varias maneras forma y conducta). El aprendizaje a través de la observación se ha documentado también en muchas otras especies, como el rascón y el mirlo de alas rojas.

30. Avital y Jablonka, 2000, págs. 81, 118. Como señalan Avital y Jablonka, el "padre educador" se ha documentado en varias especies, incluidos los gatos domésticos.

31. Nishida, 1987. Otras culturas de macacos han desarrollado tradiciones diferentes: Nakamichi et al., 1998.

32. Jablonka y Lamb, 2005.

33. Pruetz y Bertolani, 2007.

34. Van Schaik y otros, 2003.

35. Krützen et al., 2005. Se ha documentado la existencia de otras especies de cultivos.

36. Holzhaider, Hunt y Gray, 2010a; Holzhaider, Hunt y Gray, 2010b. En relación con la "pesca" de garzas y otras aves con cebos como el pan flotante, véase Ruxton y Hansell, 2011. En un informe de una respetada revista de ornitología, se informó de este intrigante episodio. En un comedero de aves de Arizona, un cuervo americano fue atacado por un arrendajo de Steller. Después de fallar repetidamente, el arrendajo rompió una ramita de diez

centímetros, y luego, "sosteniendo la ramita en su pico con el extremo puntiagudo y estrecho hacia afuera, aterrizó en la plataforma y se abalanzó sobre el cuervo, fallando por poco". El cuervo amenazó al arrendajo, que dejó caer el palo y saltó hacia atrás. El cuervo recogió entonces la ramita y se abalanzó sobre el arrendajo, persiguiéndolo cuando volaba. Balda concluyó que se trataba del uso de una herramienta y de un arma: Balda, 2007.

37. Custance, Whiten y Bard, 1995.

38. Poulson et al., 2002. Véase también, por ejemplo, Poulson et al., 1991; Learmonth, Lamberth y Rovee-Collier, 2004.

39. Skinner, 1980, pág. 351.

40. Erjavec y Horne, 2008.

41. Calvo-Merino et al., 2005. En relación con esto, el mero hecho de imaginarse realizando una acción también parece activar el córtex motor. Por ejemplo, véase Cattaneo et al., 2009.

42. Pryor, "The Rhino Likes Violets", *Psychology Today*, abril de 1981.

CAPÍTULO 10

1. Reynolds, 1961.

2. Macario, 1991.

3. Itard, 1962 (obra original publicada en 1801 y 1806), págs. 75-76. Para una aplicación que remedia la infrageneralización en un adolescente con autismo, véase, por ejemplo, Walpole, Roscoe y Dube, 2007.

4. Watanabe, Sakamoto y Wakita, 1995.

5. Herrnstein, Loveland y Cable, 1976; Herrnstein y de Villiers, 1980; Bhatt et al., 1988.

6. Vaughan, 1988. Del mismo modo, el "aprendizaje de conjuntos", una forma de aprendizaje de patrones, se consideró en su día que estaba fuera del alcance de animales como las ratas, pero más tarde se demostró que eran capaces de realizarlo: Slotnick, Hanford y Hodos, 2000.

7. Katz, Wright y Bodily, 2007.

8. Giurfa y otros, 2001.

9. Murphy y Cook, 2008; Wright, Cook y Kendrick, 1989.

10. Esta habilidad se conoce como inferencia transitiva. Vasconcelos, 2008; Zentall et al., 2008; Wynne, 1997.

11. Schuster, 1983.

12. Pfungst, 1911 (publicado originalmente en alemán, 1907).

13. Resumido en Schusterman, 2008.

14. Manabe, Kawashima y Staddon, 1995. Para ver un buen ejemplo, aquí hay un enlace a un vídeo de un loro en el zoo de Knoxville: http://www.youtube.com/embed/nbrTOcUnjNY

15. Schusterman, 2008, págs. 50-51. Véase también Pryor, 1999, pág. 153. Para escuchar a la foca que podía hablar, visitar https://www.youtube.com/watch?v=prrMaLrkc5U (consultado el 7 de agosto de 2023). Se puede encontrar más información en https://www.findagrave.com/memorial/25081724/hoover-the-seal (consultado el 7 de agosto de 2023). En ocasiones, los primates pueden adquirir sonidos nuevos y flexibles; véase, por ejemplo, Wich et al., 2009.

16. Los gibones pueden tener más flexibilidad vocal de lo que se pensaba: Koda et al., 2007.

17. Seyfarth y Cheney, 1986.

18. Pilley y Reid, 2011. Al parecer, se enseñó a otro perro a utilizar un teclado para hacer peticiones: Rossi y Ades, 2008.

19. Herman, Richards y Wolz, 1984.

20. Lyn et al., 2011; Taglialatela, Savage-Rumbaugh y Baker, 2003. Fabricación de herramientas de piedra: Schick et al., 1999. Jugando al comecocos: como se muestra en el programa de televisión "Champions of the Wild", temporada 4, episodio 3, emitido el 30 de octubre de 2000.

21. Lieberman, 2002, págs. 136-42.

22. Skinner, 1986.

23. Skinner, 1957b, págs. 187-88.

24. Savage-Rumbaugh, Rumbaugh y Boysen, 1978; Savage-Rumbaugh, 1984.

25. Itard, 1962/1801/1806, pág. 217.

26. Lamarre y Holland, 1985.

27. Petursdottir, Carr y Michael, 2005.

28. Por ejemplo, Wallace, Iwata y Hanley, 2006.

29. Kuczaj, 1978; Maratsos, 1983.

30. Tomasello, 2000; véase también Goldberg, 2009. Tomasello descubrió que los elementos concretos se aprendían primero.

31. Bialystok, 1997.

32. Routh, 1969.

33. Goldstein, King y West, 2003; véase también, por ejemplo, Poulson, 1983.

34. Gros-Louis et al., 2006. Para la capacidad de respuesta contingente en general, véase Van Egeren, Barratt y Roach, 2001.

35. Brigham y Sherman, 1968. Además, al igual que los niños disfrutan escogiendo las melodías que han escuchado en el piano (es algo intrínsecamente reforzante), pueden disfrutar intentando repetir las palabras que han escuchado.

36. Moskowitz, 1978. En un estudio más antiguo de más de cincuenta hijos oyentes de padres sordos, la mayoría no desarrollaron un uso normal del habla o del lenguaje: Schiff y Ventry, 1976.

37. Moerk, 1990.

38. Ibid. Véase también, por ejemplo, Whitehurst y Valdez-Menchaca, 1988.

39. Hart y Risley, 1995. Los autores de un informe nacional sobre educación afirmaron que *Meaningful Differences in the Everyday Experience of Young American Children* debería ser una "lectura esencial" en las facultades de educación (Walsh, Glaser y Wilcox, 2006, pág. 36). No existe edición en español de este libro.

40. Hart y Risley, 1995.

41. Skinner, 1963, pág. 953.

42. Skinner, 1957b, págs. 130-38.

43. Hackenberg y Joker, 1994. Véase también, por ejemplo, Hayes, Brownstein y Greenway, 1986; Sloutsky y Fisher, 2008.

44. Michael, 1987, pág. 39.

45. McClellan, 2010.

46. Lieberman, 2002.

47. Citado en Bates y Dick, 2002, pág. 294.

48. Bates y Roe, 2001.

49. Vargha-Khadem y otros, 1997.

50. Carroll, 2005b; Li et al., 2007. De hecho, algunos datos sugieren el gen *FOXP2* de la mosca de la fruta está implicado en el aprendizaje por consecuencias.

CAPÍTULO 11

1. Serling, 1957, pág. 13.

2. Gould, 2008, pág. 78.

3. Cavell, 2005, pág. 340.

4. Beaglehole, 1974, págs. 170-71.

5. Bryson, 1999, pág. 136.

6. Gewirtz y Baer, 1958. Véase también Vollmer e Iwata, 1991.

7. Hindman, "Loneliness Can Drive Elderly to Trust Telemarketers", https:// pubmed.ncbi.nlm.nih.gov/18551907/ (consultado el 7 de Agosto de 2023).

8. Turnbull, 1978; Gardner, 2000.

9. Hokanson, Willers y Koropsak, 1968.

10. Maccoby, 2003, págs. 132-35. Dado el anonimato, no hay diferencias de género en la agresividad: por ejemplo, Lightdale y Prentice, 1994. En

muchos casos, incluso sin anonimato, no hay diferencias de género en la agresividad. Véase el resumen clásico de Carol Tavris: Tavris, 1989, capítulo 7. Más recientemente, véase Richardson y Hammock, 2007. Del mismo modo, Klein y Hodges (2001) confirmaron otros estudios que sugieren que las diferencias de género en la empatía se deben principalmente a diferencias en la motivación. Por ejemplo, el pago por la precisión empática mejoró considerablemente las puntuaciones tanto de hombres como de mujeres, sin diferencias de género estadísticamente significativas.

11. Hokanson, Willers y Koropsak, 1968.

12. Entrevista a Milgram en Tavris, 1974, pág. 72. Vivir con normas sociales diferentes puede hacerlas parecer normales. En el Cuerpo de Paz, en una cultura patriarcal, ser subordinada y servir a los hombres empezó a ser algo automático para muchas de mis compañeras voluntarias. Fue modelado y reforzado.

13. Latané y Nida, 1981.

14. Steinbeck, 1962, pág. 8.

15. Krebs, 1975.

16. Blair y otros, 1997.

17. Sobre los motivos mixtos del altruismo, véase, por ejemplo, Batson y Shaw, 1991.

18. Midlarsky y Bryan, 1967.

19. Véase el resumen del trabajo de otros en Avital y Jablonka, 2000, págs. 182-83.

20. Thornton y McAuliffe, 2006.

21. Ratas de un día: Hoffman, Flory y Alberts, 1999. Polluelos de un día de edad: Delsaut, 1991.

22. Once estudios que utilizan estos procedimientos de elección se resumen en Granier-Deferre et al., 2011. Véase también DeCasper y Spence, 1986; Darcheville, Boyer y Miossec, 2004.

23. Brackbill, 1958; Brossard y Decarrie, 1968; Siqueland y Lipsitt, 1966.

24. Pryor, 1999, pág. 63. El moldeamiento era muy rápido. El *bestseller* "Toilet Training in Less Than a Day" (Entrenamiento para ir al baño en menos de un día) se basa en el moldeamiento para obtener los resultados que describe (que en realidad son alcanzados por muchos, aunque a menudo se tarda más): Azrin y Foxx, 1974.

25. Phelan, 2003, pág. 120.

26. Ibídem, págs. 122-23; Kazdin, 2008, apéndice.

27. Una buena fuente es Pryor, 1999. El moldeamiento puede funcionar demasiado bien: dos investigadores moldearon a las ratas para que asomaran

cada vez más la cabeza por el borde de una plataforma, ¡hasta que acabaron cayendo (sobre una red)! Rasey e Iversen, 1993.

28. Savage, 2001.

29. ¡Véase la descripción que hace Karen Pryor del "juego del entrenamiento" en su libro Don't Shoot the Dog! 1999, págs. 52-58.

30. Skinner, 1983, págs. 150-51.

31. Snyder y Patterson, 1995.

32. Por ejemplo, Webster-Stratton, Reid y Hammond, 2004; Taylor y Biglan, 1998; Brestan y Eyberg, 1998.

33. Brestan y Eyberg, 1998.

34. Faber y Mazlish, 1999, pág. 187.

35. Hart y otros, 1968.

36. Turnbull, 1978; Gardner, 2000. Normativa de la Academia Americana de Pediatría contra el castigo corporal, healthychildren.org, "Where we stand: Spanking," http://www.healthychildren.org/English/family-life/family-dynamics/communication-discipline/Pages/Where-We-Stand-Spanking.aspx (consultado el 13 de julio de 2023). Recomendación de tiempos muertos: Markarian, "Positive Parenting: How to Encourage Good Behavior," *Healthy Children Magazine*, Invierno 2008, págs. 22-23. Actualizado el 19 de mayo de 2011. Disponible en línea en http://www.healthychildren.org/English/family-life/family-dynamics/Pages/Positive-Parenting-How-To-Encourage-Good-Behavior.aspx (consultado el 13 de julio de 2023). En la actualidad, muchos países prohíben los castigos corporales a los niños.

37. Everett et al., 2010. Hay bastantes formas diferentes de tiempo fuera.

38. Cipani, 2004, pág. 91. Disponible en https://teachpsych.org/Resources/Documents/otrp/resources/cipani09.pdf (consultado el 8 de agosto de 2023).

39. Zeilberger, Sampen y Sloane, 1968.

40. Faber y Mazlish, 1999, págs. 112-13.

41. Kazdin y Rotella, «¡No, cállate tú! Qué hacer cuando tu hijo Provoca Usted en un Inhumano rabia inhumana». En https://slate.com/human-interest/2009/02/what-to-do-when-your-kid-provokes-you-into-an-inhuman-rage.html (consultado el 7 de agosto 2023).

42. Pryor, 1999, págs. 124-25.

43. Faber y Mazlish, 1999, pág. 268.

44. Gottman, 1994. Obsérvese que normalmente se trata de recompensas y negativas presuntas y no demostradas.

45. Rath y Clifton, 2004. Hay una edición en español de la editorial Empresa Activa de 2012.

46. Para la educación y la empresa, véase la cobertura de la relación en el capítulo 14. Crianza de los hijos: Greene et al., 1999. Adolescentes en un hogar de grupo: Friman et al., 1997. Rehabilitación en la cárcel: Gendreau y Goggin, 1996. Para la rehabilitación en prisión, véase también French y Gendreau, 2006.

47. Fredrickson y Losada, 2005.

48. Sutherland, 2008.

49. Baldwin y Baldwin, 2001, págs. 217-18.

50. Baumeister y otros, 2003. Véase también Bronson, «How Not to Talk to Your Kids: The Inverse Power of Praise» (Cómo no hablar con tus hijos: el poder inverso de los elogios), New York magazine, 19 de febrero de 2007, http://nymag. com/news/features/27840/index2.html (consultado el 7 de agosto 2023).

    El modelado también puede estar implicado, por ejemplo, como en este estudio clásico sobre las reglas modeladas sobre los estándares de rendimiento: Bandura y Kupers, 1964.

51. Blackwell, Trzesniewski y Dweck, 2007.

52. Mueller y Dweck, 1998.

CAPÍTULO 12

1. Iversen y Mogensen, 1988.

2. Skinner, 1938, pág. 73.

3. Lattal y Gleeson, 1990.

4. Lattal y Metzger, 1994.

5. Okouchi, 2009.

6. Carpenter, 1986. Carpenter llegó a la conclusión de que el escorbuto puede haber sido un factor que contribuyó al trágico final del grupo polar de Scott. Ciertamente, su dieta carecía de vitamina C.

7. Estadísticas sobre el uso del cinturón de seguridad disponibles en Centers for Desease Control, «Adult Seat Belt Use in the US», https://www.cdc.gov/transportationsafety/seatbelts/facts.html (consultado el 7 agosto de 2023).

8. Mazur, 1996.

9. Bien resumido en Ainslie, 1992. La curva hiperbólica de valores comienza en un nivel alto y luego desciende rápidamente. Para una revisión general de los efectos de los retrasos, véase Schneider, 1990. Para la generalidad del descuento hiperbólico por retraso, véase Green y Myerson, 2004. Para una perspectiva económica, véase Frederick, Loewenstein y O'Donoghue, 2002. Para otros factores, como el enmarcado y el condicionamiento clásico, véase Ainslie, 2009.

10. Bertilson y Dengerink, 1975.

11. Loewenstein, 1987.

12. Esta observación fue investigada experimentalmente por Ostaszewski, Green y Myerson, 1998.

13. Rachlin y Green, 1972.

14. Jimura et al., 2009.

15. Mazur y Biondi, 2009.

16. Jackson y Hackenberg, 1996.

17. Shoda, Mischel y Peake, 1990. De nuevo, el modelado puede ser influyente, como en este estudio clásico: Bandura y Mischel, 1965. Entre los muchos factores se encuentran la cantidad de retraso relativo, el tamaño, la naturaleza de las consecuencias y las conductas, otras consecuencias disponibles, la historia, las reglas, la visibilidad, las señales, la secuencia de los acontecimientos y los modelos de los que influye el aprendizaje a través de la observación.

18. Moffitt et al., 2011.

19. Mischel y Ebbesen, 1970, pág. 335.

20. Grosch y Neuringer, 1981.

21. Shead y Hodgins, 2009. Véase también Reynolds, 2006; Kollins, 2003.

22. Perry et al., 2005.

23. Simon, Méndez y Setlow, 2007.

24. Schweitzer y Sulzer-Azaroff, 1988.

25. Skinner, 1948, págs. 107-14.

26. Van Haaren, Van Hest y Van De Poll, 1988. Debido a las demoras entre ensayo y ensayo, los estudios de descuento por demora como éste se configuran de manera que las elecciones más tardías traen consigo tasas de reforzamiento generales más altas.

27. Cita sobre el *hipermiling*: "Hypermilling: Los diez mandamientos para la conducción eficiente", https://www.diariomotor.com/tecmovia/2011/10/04/hypermiling-los-10-mandamientos-para-el-ahorro-de-combustible/ (consultado el 14 de julio de 2023).

28. Dobson y Griffin, 1992; véase también Karjalainen, 2011.

29. Dingfelder, 2006, pág. 60.

30. Ariely y Wertenbroch, 2002.

31. Polivy y Herman, 2002.

32. Dunleavey, M. P., "How to Pay Off $4 Million of Debt", (consultado el 14 de julio de 2023), cita del cheque de cumpleaños de la página 1. https://web.archive.org/web/20080723133542/http://articles.moneycentral.msn.com/Investing/HomeMortgageSavings/HowToPayOff4MillionOfDebt.aspx

33. La mecanografía proporciona más buenos ejemplos de cadenas automáticas. Muchas palabras se convierten en unidades individuales, de tal manera que a veces me encuentro con que empiezo a escribir una palabra y, automáticamente, escribir otra palabra más común que comienza de la misma manera.

34. Higgins y otros, 1991.

35. Schlinger, Blakeley y Kaczor, 1990.

36. Ainslie, 1974.

37. Siegel y Rachlin, 1995.

38. Thaler y Benartzi, 2004.

39. Lyon, 2008, pág. 862.

40. Las cartas de Trollope y Hemingway: Wallace, 1977.

41. Pryor, 1999, pág. 64.

42. Catalina la Grande citada en Rounding, 2006, pág. 188.

43. Kjelle, 2008, pág. 44. Si vas en solitario, ten cuidado con el reforzamiento "ilegal", es decir, que no cumplas tu objetivo, pero puede que te lleves la recompensa de todos modos. Puede que necesites la ayuda de otros, o que necesites compromisos y consecuencias más fuertes. Aprovecha la ley de igualación y asegúrate de que hay otras fuentes de recompensa disponibles. Skinner recomendó trabajar en dos proyectos al mismo tiempo, obteniendo también los beneficios de la variedad.

44. Gneezy y Rustichini, 2000.

45. Datos de los Centros de Control y Prevención de Enfermedades: „Obesidad y sobrepeso", https://www.cdc.gov/obesity/ (consultado el 9 de agosto de 2023).

46. Lowe et al., 2004. El programa se ha probado ya con miles de niños. Se puede obtener más información sobre el programa irlandés en https://www.thensmc.com/resources/showcase/food-dudes(consultado el 9 de agosto de 2023).

    Para la página web principal de Food Dudes, véase "The Food Dudes Behaviour Change Programme for Healthy Eating", https://www.fooddudes.ie/ (consultado el 8 de agosto de 2023). A nivel social, también podríamos dar otros pasos. La profesora de nutrición Marion Nestle (What to Eat, pág. 522) sugiere, por ejemplo, subvencionar la producción de alimentos sostenibles y promover productos más saludables.

47. Nelson, 1997, pág. 160. Véase también Freedman, 2011.

48. Critchfield, 1999. Sin embargo, al grabar con demasiada frecuencia se eliminan las ganancias.

49. De Luca y Holborn, 1992.

50. Ayres, 2010. Véase Stickk en https://stickK.com/ (consultado el 14 de julio de 2023). Ejemplo, a Miguel le gusta el videojuego Forenite, por lo que lo borra de su ordenador cuando compra uno nuevo. También utiliza un truco similar para no caer en la tentación de leer demasiado sobre deportes. Le da vergüenza admitirlo, pero estas tácticas de compromiso mejoran su productividad (pág. 30).

51. Ibid.

CAPÍTULO 13

1. Varios recursos en línea de la Humane Society of the United States destacan los beneficios de los métodos de reforzamiento positivo: http://www. humanesociety.org (consultado el 8 de agosto de 2023).

2. Estadísticas de "Pets by the numbers", Humane Society of the United States, 2018, https://humanepro.org/page/pets-by-the-numbers (consultado el 8 de agosto de 2023).

3. Minta, Minta y Hunting 1992.

4. Antle, 2011.

5. Dakss, B., "Odd Couples Among Animals", CBS News, 19 de abril de 2006, https://www.cbsnews.com/news/odd-couples-among-animals/ (consultado el 8 de agosto de 2023).

6. Line, "One Picture: Monkeying Around", Audubon, marzo de 2008, pág. 160.

7. Pryor, 1999, págs. 72-73.

8. Pryor, "Charging the Clicker", 1 de agosto de 2006, http://www. clickertraining.com/node/824 (consultado el 8 de agosto de 2023).

9. Pryor, 2009, pág. 159.

10. Coppinger y Coppinger, 2001, págs. 202-203.

11. En Missouri, Colorado y Oregón, por ejemplo, hay refugios que desaconsejan el uso de collares de ahogo, de púa o de descarga. La Humane Society of Boulder Valley ha recibido mucha publicidad acerca de su posicionamiento, y en un momento dado incluso patrocinó un programa de intercambio de arneses no agresivos: "The No-Choke Challenge" https://walkyourdogwithlove.com/the-no-choke-challenge.html. Véase también "Mostly Mutts Animal Rescue", https://www.mostlymuttsrescue. com/ (todo ello consultado el 8 de agosto de 2023, aunque algunas webs pueden estar restringidas fuera de EEUU).

12. De una historia descrita en Toft, "My Journey to All Positive Reinforcement Training" (este contenido ya no está disponible en Internet, sugerimos el contenido alternativo, "Positive Reinforcement: Just Say "Yes" to Training Your Dog with Treats, Toys, y Praise", https://www.humanesociety.org/resources/positive-reinforcement-training (consultado el 14 de julio de 2023).

13. Pryor, 2009, págs. 122-23.

14. Ver nota 12.

15. Sutherland, 2008, pág. 76. Véase también Pryor, 1999, pág. 174. En la pág. xii, Pryor señala que "dejé de gritar a mis hijos", al ver que los enfoques positivos funcionaban mejor.

16. Reinhardt, 2003.

17. Shyne y Block, 2010.

18. Kastelein y Wiepkema, 1988.

19. Savastano, Hanson y Savastano, 2003, pág. 258.

20. Colahan y Breder, 2003, pág. 235.

21. Ethier y Balsamo, 2005.

22. Muraco y Stamper, 2003.

23. Dorey et al., 2009.

24. Shepherdson et al., 1993, pág. 215.

25. Maher, 2005.

26. Pryor, 1981.

27. Arce, 2007.

28. Hanson, Larson y Snowdon, 1976.

29. Markowitz, 1978.

30. Markowitz y Line, 1989. Para el enriquecimiento ambiental en general, véase Tarou y Bashaw, 2007.

31. Seaworld, "Animal Training Philosophy", https://seaworld.org/animals/all-about/training/animal-training-philosophy (consultado el 14 de julio de 2023).

32. Medina et al., 2005. Para los animales de laboratorio, véanse, por ejemplo, Olsson y Dahlborn, 2002; Reese, 1991; y uno de mis primeros estudios, al que ya me he referido, Schneider, 1988.

33. Mark, "Reducing Stress in Northern Bald Ibis through Training" (Reducción del estrés en el ibis calvo del norte mediante el entrenamiento). Este contenido no está disponible en internet. Véase también "Playtime" de Karen Pryor, http://www.clickertraining.com/node/105. *Animal Behavior Management Alliance*, en cuyo boletín de noticias apareció el artículo de Mark, es una de las principales organizaciones zoológicas dedicadas a la ciencia de las consecuencias. Véase también Desmond y Laule, 1994.

34. Moir, 2006, págs. 135-40.

35. Angulo, 2004. Para una iniciativa similar con el petirrojo neozelandés, véase Maloney y McLean, 1995.

36. En colaboración con el ejército estadounidense, Working Dogs for Conservation se describe en Overton, "A Dog 'Tail' of Two Snails", 29 de marzo de 2010, https://www.army.mil/article/36531/a_dog_tail_of_two_snails (consultado el 14 de julio de 2023).

37. Cablk y Heaton, 2006.

38. US Fish & Wildlife Service, National Wildlife Refuge System, "Perros tortuga al rescate". Este contenido ya no está disponible puede consultarse un contenido alternativo en https://www.fws.gov/story/2021-05/rescue-dogs-help-rescue-wildlife (consultado el 17 de agosto de 2023).

39. Ernst y otros, 2005.

41. Hughes y Black, 1973.

42. Arave y otros, 1984.

43. Winter y Hillerton, 1995.

44. Karen Pryor, "Sheep Dogs, Sheep, y Signals" (Perros pastores, ovejas y señales), 15 de mayo de 2007, http://www.clickertraining.com/node/1253 (consultado el 14 de julio de 2023).

45. Silva, "Clicker Sheep Training", vídeo subido el 3 de marzo de 2015, https://www.youtube.com/watch?v=Io71m2ZZysc (consultado el 14 de julio de 2023).

46. Ferguson y Rosales-Ruiz, 2001.

47. Pryor, 2009, pág. 219.

48. Entrenamiento con clicker para Endal: "Assistance Dogs Are Trained as Partners for the Disabled", 10 de agosto de 2000, http://edition.cnn.com/2000/HEALTH/08/10/super.dog/index.html (consultado el 14 de julio de 2023). *Canine Partners for Independence* realizó el entrenamiento con clicker. Un resumen de las hazañas de Endal están disponibles en https://en.wikipedia.org/wiki/Endal
(consultado el 14 de julio de 2023).

49. Sonoda et al., 2011.

50. Fjellanger, Andersen y McLean, 2002.

51. Poling y otros, 2011.

52. La organización sin ánimo de lucro APOPO (acrónimo holandés, en inglés significa *Anti-Personnel Landmines Detection Product Development*), más detalles en https://apopo.org/what-we-do/detecting-landmines-and-explosives/where-we-work/mozambique/?v=04c19fa1e772 (consultado el 14 de julio de 2023).

53. McLaughlin, "Giant Rats Put Noses to Work on Africa's Land Mine Epidemia", CNN, 8 de septiembre de 2010, http://www.cnn.com/2010/WORLD/africa/09/07/herorats.detect.landmines/index.html (consultado el 14 de julio de 2023).

54. Coté, San Francisco Chronicle, "Navy to Showcase Trained Marine Mammals in Bay", 18 de mayo de 2010, https://www.sfgate.com/bayarea/article/Navy-to-showcase-trained-marine-mammals-in-bay-3263942.php (consultado el 14 de julio de 2023).

55. Perros de ataque de tanques rusos de la Segunda Guerra Mundial: Zaloga, 1989, pág. 43. "Anti-tank Dog", http://en.wikipedia.org/wiki/Anti-tank_dogs (14 de julio de 2023). Muchas fuentes originales están en ruso.

56. "UK Pondered Suicide Pigeon Attacks", BBC News, 21 de mayo de 2004, http://news.bbc.co.uk/2/hi/uk_news/3732755.stm (consultado el 14 de julio de 2023). "War Pigeon", http://en.wikipedia.org/wiki/War_pigeon (consultado el 14 de julio de 2023).

B. F. Skinner participó en un proyecto en tiempos de guerra para entrenar a las palomas a guiar misiles antes de que se hubieran desarrollado sistemas de guiado mecánico razonablemente precisos: Skinner, 1960.

57. Proyecto de búsqueda y rescate de palomas (PROJECT SEA HUNT), Resumen del informe de los guardacostas estadounidenses, https://media.defense.gov/2023/Jun/23/2003246763/-1/-1/0/1978-83_PROJECT_SEA_HUNT_STUDY.PDF (consultado el 14 de julio de 2023).

58. "Militares estudian utilizar cuervos entrenados para buscar a Osama bin Laden", NBC News, 6 de mayo de 2011, https://www.wistv.com/story/14585166/military-considered-using-crows-to-find-osama-bin-laden (consultado el 14 de julio de 2023).

59. Cuervos: Marzluff et al., 2010. En este caso, se utilizaron máscaras en varias personas diferentes, una cara de "cavernícola" frente a la de Dick Cheney. Palomas: Belguermi et al., 2011. En este estudio no se utilizaron máscaras. Discriminar entre dos mujeres de edad y color de piel similares supuso un serio reto para las palomas salvajes.

60. Teale, 1948, pág. 89.

CAPÍTULO 14

1. Rosenthal y Jacobson, 1968; edición ampliada, 1992.

2. Harris y Rosenthal, 1985.

3. Esquith, 2003, pág. 176.

4. Escalante y Dirmann, 1990, pág. 411.

5. Ibídem, pág. 414.

6. Ibid, pág. 409.

7. Walker, 1979, pág. 168; Thomas, Becker y Armstrong, 1968.

8. O'Leary y otros, 1970. Para ver otras investigaciones que demuestran este efecto, véase Chance, 2008, pág. 133. Obsérvese también que el proceso de corrección de un error no tiene por qué ser castigado: por ejemplo, puede hacerse con el espíritu de "Estás haciendo buenos progresos, y aquí tienes una oportunidad para aprender".

9. Madsen, Becker y Thomas, 1968.

10. Kazdin, 1973.

11. Tingstrom, Sterling-Turner y Wilczynski, 2006.

12. Saigh y Umar, 1983.

13. Embry, 2002.

14. Tanol y otros, 2010.

15. El sistema de Esquith: Esquith, 2003.

16. Canter, 2010.

17. Publicado por Marcia el 5 de junio de 2002. Sugerencias de muchos profesores: "The Behavior Management Page", http://www.teachingheart.net/classroombehaviormanage.html (consultado el 14 de julio de 2023).

18. Varios estudios se resumen en Chance, 2008, págs. 17-18.

19. Latham, 1992.

20. Mattaini, 2001, pág. 59.

21. Madsen et al., 1970. Véase también Mayer et al., 1993. También es útil considerar las opciones alternativas y sus recompensas y, de nuevo, estos programas y conductas que compiten pueden cuantificarse como en el capítulo 7: Billington y DiTommaso, 2003. Por último, véase Reschly, 2008, sobre las "mejores prácticas" en psicología escolar.

22. Glynn, Thomas y Shee, 1973.

23. Walker, Mattson y Buckley, 1971.

24. Walker, 1979, pág. 291. Los beneficios de las recompensas por sorpresa se repiten en Chance, 2008, pág. 112.

25. Devers, Bradley-Johnson y Johnson, 1994.

26. Duckworth et al., 2011.

27. Brinch y Galloway, 2012. Véase también Williams, 1998.

28. Estudio clásico: Flynn, 1987. Actualización reciente, incluyendo Kenia: Daley et al., 2003.

29. Harrell, Woodyard y Gates, 1955.

30. Por ejemplo, Campbell et al., 2002.

31. Ericsson, 1993; Bloom, 1985.

32. Chase y Simon, "Perception in Chess".

33. Feltovich, Prietula y Ericsson, 2006. No es sorprendente que Skinner también reconociera el papel de los programas de reforzamiento en el desarrollo de la perseverancia: Skinner, 1968, págs. 165-66.
34. Bloom, 1985, pág. 514.
35. Shenk, 2010, pág. 43.
36. Gladwell, 2008, pág. 268
37. Watkins, 1997; Borman et al., 2003.
38. Ibid. La Oficina de Educación de EE.UU. financió los programas con peores resultados porque eran más coherentes con la filosofía educativa existente.
39. Dobbie, Fryer y Fryer, 2011, pág. 158. Quedan algunos interrogantes.
40. Angrist et al., 2010. Véase también Henig, 2008.
41. Halpin y Halpin, 1982.
42. Fryer, 2010.
43. Pryor, "On My Mind: Paying Kids to Learn", 26 de abril de 2010, http://www.clickertraining.com/node/2857 (consultado el 8 de agosto de 2023).
44. Cuban, "Paying Students to Do Well in School: What Economists Are Learning about Pay-4-Performance", 16 de abril de 2010, http://larrycuban.wordpress.com/2010/04/16/paying-students-to-do-well-in-school-what-economists-are-learning-about-pay-4-performance/ (consultado el 14 de julio de 2023). Willingham, "An Analysis of Pay-for-Grades Schemes", 19 de mayo de 2010, https://www.washingtonpost.com/blogs/answer-sheet/post/an-analysis-of-pay-for-grades-schemes----willingham/2010/12/20/ABAtXuF_blog.html (consultado el 14 de julio de 2023). Como muestra de la investigación sobre los análisis de coste-beneficio de estos métodos, véase Blonigen et al., 2008; Putnam et al., 2002.
45. Ripley, "¿Se debe sobornar a los niños para que les vaya bien en la escuela?". Time, 5 de abril de 2010, https://content.time.com/time/subscriber/article/0,33009,1978758,00.html (consultado el 14 de julio de 2023).
46. Skinner, 1968.
47. Chance, 2008, capítulo 8, ofrece un buen resumen. Ya hemos visto el apoyo de Fryer.
48. Morgan, 1984, pág. 9.
49. Cameron, Banko y Pierce, 2001. Véase también Cameron y Pierce, 2002.
50. Levitt y Dubner, 2005, pág. 13.
51. Para más información sobre los beneficios del control, véase, por ejemplo, Hockey y Earle, 2006.
52. Murphy, 1947, pág. 21.
53. Franzen, 2002.
54. También se produjeron otras consecuencias, como se describe en Parsons, 1978.

55. Daniels, "A Reversal of Fortunes: Who is Really Appraised By the Performance Appraisal Process?". 29 de junio de 2011, https://www.aubreydaniels.com/blog/a-reversal-of-fortunes-who-is-really-appraised-by-the-performance-appraisal-process (consultado el 14 de julio de 2023).

56. Blanchard y Johnson, 1982, pág. 97.

57. Bales, 1950.

58. Rath y Clifton, 2004.

59. Losada y Heaphy, 2004.

60. También hay que tener en cuenta las pegatinas de cascos de fútbol para las buenas jugadas, muy utilizadas en la NCAA.

61. Daniels, "Parenting and behavior: Examples from Real Parents", 30 de agosto de 2011, http://aubreydanielsblog.com/2011/08/30/parenting-and-behavior-examples-from-real-parents/ (consultado el 14 de julio de 2023).

62. Resumido en Bucklin y Dickinson, 2001.

63. Hughes, 1986.

64. Hogan, Bell y Olson, 2009, pág. 15.

65. Pedalino y Gamboa, 1974.

66. Camden, Price y Ludwig, 2011.

67. Daniels, 2000.

68. Johnson y Dickinson, 2010.

69. Kortick y O'Brien, 1996.

70. Bateman y Ludwig, 2003.

71. Sulzer-Azaroff y Austin, 2000. Véase también Krause, Seymour y Sloat, 1999.

72. Alavosius y Sulzer-Azaroff, 1986.

73. Monaco, Olsson y Hentges, 2005, pág. 621.

74. Ludwig y Geller, 2000.

75. Fox, Hopkins y Anger, 1987.

76. Woolfolk, Castellan y Brooks, 1983.

77. Till, Stanley y Priluck, 2008.

78. Louie, Kulik y Jacobson, 2001.

79. Pratkanis y Aronson, 1991.

80. Prelec y Simester, 2001.

81. Kivetz, Urminsky y Zheng, 2006.

82. Schlosser, 2001.

CAPÍTULO 15

1. Acontecimientos vitales estresantes: Kessler, 1997. Trauma infantil: Heim y Nemeroff, 2001. Véase también Stroud et al., 2011.

2. Orwell, 1950.

3. Leshan y Worthington, 1956.

4. Leight y Ellis, 1981.

5. Humphrey y Krout, 1975.

6. El estudio de Science: House, Landis y Umberson, 1988. La soledad y la depresión: Cornwell y Waite, 2009.

7. Myers, 1997, pág. 178. La extinción pavloviana es un proceso pavloviano adicional que participa en el debilitamiento terapéutico del impacto.

8. Pennebaker, 1997.

9. Pryor, 1987.

10. Dweck y Reppucci, 1973.

11. Hiroto, 1974.

12. Pescado: Padilla et al., 1970. Cucarachas: Brown y Stroup, 1988. La duración del efecto depende de varios factores.

13. Seligman y Maier, 1967.

14. Nation y Massad, 1978.

15. Howard y otros, 1986.

16. Citado en Boswell, 1953, pág. 33.

17. Ekers, Richards y Gilbody, 2008. Véase también Mazzucchelli, Kane y Rees, 2009.

18. Hopko et al., 2003.

19. Babyak y otros, 2000.

20. Daley, 2008.

21. Wolitzky-Taylor et al., 2008. Para más información sobre el condicionamiento clásico y el aprendizaje a partir de las consecuencias en los trastornos de ansiedad, véase Lohr, Olatunji y Sawchuk, 2007.

22. Hoffman y otros, 2003.

23. Pogrebin, 1996, págs. 163-65.

24. Esta destacada revisión incluye el ejemplo de la fobia a los perros en humanos, el ejemplo de la investigación dental y las fobias en animales: Mineka y Zinbarg, 2006.

25. Para predecir el valor reforzante de las drogas, los científicos utilizan diferentes programas de reforzamiento, así como muchos otros aspectos de la ciencia de las consecuencias: Ator y Griffiths, 2003.

26. Covington y Miczek, 2001.

27. Las estadísticas sobre el tabaquismo se pueden encontrar en los Centros de Enfermedades de EE.UU. Control and Prevention, "Tobacco-Related Mortality", http://www.cdc.gov/tobacco/data_statistics/fact_sheets/health_effects/tobacco_related_mortality/index.htm (consultado el 14 de julio de 2023).

28. Forestell y Mennella, 2005.

29. Estados Unidos se unirá pronto a estas naciones.

30. Dallery, Meredith y Glenn, 2008.

31. Volpp y otros, 2009.

32. Lamb y otros, 2010.

33. Roll, Higgins y Badger, 1996.

34. Además de las claves específicas, el contexto en general puede quedar clásicamente condicionadas: Conklin, 2006.

35. Wilkinson y Pickett, 2009, págs. 70-71.

36. Oficina de Política Nacional de Control de Drogas, Washington, DC, diciembre 2004, "The Economic Costs of Drug Abuse in the United States, 1992-2002", pág. vi. Disponible en https://www.ncjrs.gov/ondcppubs/publications/pdf/economic_costs.pdf, consultado el 15 de enero de 2012. La cifra indicada corresponde a 2002. Para cifras actuales: https://www.hhs.gov/surgeongeneral/reports-and-publications/addiction-and-substance-misuse/index.html#:~:text=The%20annual%20economic%20impact%20of,billion%20for%20illicit%20drug%20use (consultado el 8 de agosto de 2023).

37. Stitzer y Vandrey, 2008. Para los métodos de autocontrol aplicados a la adicción, véase Monterosso y Ainslie, 2009.

38. Dutra et al., 2008. Véase también Prendergast et al., 2006, que menciona la versión empleo-oportunidad de la gestión de contingencias.

39. Petry y otros, 2005.

40. Lovaas, 1987.

41. Rogers y Vismara, 2008.

42. Departamento de Salud y Servicios Humanos de los Estados Unidos, 1999; Myers y
Johnson, 2007.

43. Young et al., 1994. Como es habitual, la generalización funcionó mucho mejor dentro de cada categoría que entre categorías. Por ejemplo, el entrenamiento de imitación para el juego con juguetes se generalizó bien entre los juguetes, pero no tanto para los movimientos de imitación.

44. Maurice, 1993, págs. 246-47.

45. Ibídem, pág. 206.

46. Iwata y otros, 1994. Para más información sobre el papel de la atención, véase Thompson e Iwata, 2001. Para una forma positiva de manejar en el aula las conductas desafiantes en niños con dificultades en el desarrollo, véase Davis, Fredrick y Alberto, 2012.

47. Rincover y Devany, 1982, págs. 67-81.

48. Kahng, Iwata y Lewin, 2002.

49. Charman et al., 1997; Dube et al., 2004; Mundy et al., 1986. Los animales también pueden manejar la atención compartida: Udell, Dorey y Wynne, 2008.

50. Whalen y Schreibman, 2003; Taylor y Hoch, 2008; Klein et al., 2009; Isaksen y Holth, 2009.

51. Maurice, 1993, págs. 111-12.

52. "Trastorno por déficit de atención/hiperactividad (TDAH): Datos y estadísticas", Centros para el Control y la Prevención de Enfermedades, http://www.cdc.gov/ncbddd/adhd/data.html, 9,5% de incidencia del TDAH según los padres. Actualizado el 12 de diciembre de 2011 (consultado el 14 de julio de 2023).

53. Aase y Sagvolden, 2006.

54. Antrop et al., 2006; Schweitzer y Sulzer-Azaroff, 1995.

55. Foster, 2010.

56. DeSantis, Webb y Noar, 2008.

57. FAA Safety Briefing, boletín de la Administración Federal de Aviación, Marzo/Abril 2010, Dr. Warren S. Silberman.

58. Ayllon, Layman y Kandel, 1975.

59. Molina et al., 2009.

60. Pelham, 1999.

61. Ibid.

62. Fabiano et al., 2009.

63. Flor et al., 2002; Blair et al., 1997.

64. Hare, 1999.

65. Gao y otros, 2010.

66. Boehm y otros, 1995.

67. Livingston et al., 2005.

68. Omnibus Budget Reconciliation Act de 1987.

69. Goldiamond, 1973.

70. Clare y Jones, 2008.

71. «Rechazo alimentario pediátrico» se refiere al término técnico para esta afección, que se da con mayor frecuencia en bebés y niños pequeños. La prematuridad y el bajo peso al nacer son factores de riesgo. Revisiones: Sharp et al., 2010; Ahearn et al., 1996.

72. Piacentini et al., 2010.

CAPÍTULO 16

1. "My Lai Pilot Hugh Thompson", transcripción de un informe de National Public Radio, 6 de enero de 2006, http://www.npr.org/templates/story/story.php?storyId=5133444 (consultado el 14 de julio de 2023).
2. Milgram, 1974. Incluso ahora, cincuenta años después, sigue mereciendo la pena leer el libro de Milgram.
3. Ibid.
4. Blass, 1999.
5. Milgram, 1974, pág. 54. Ninguno de nosotros sabe de lo que es capaz hasta que se le pone a prueba. Cuando el barco ballenero Essex fue hundido por un cachalote en 1820, los marineros lucharon en el mar durante meses en pequeños botes, muriendo lentamente de hambre. Finalmente, la tripulación de uno de los barcos aceptó el canibalismo voluntario, lo echaron a suertes y un hombre fue debidamente fusilado y devorado. Si bien la lectura es dolorosa, la mayoría de nosotros puede entender cómo puede llegar a parecer necesario, incluso altruista (la víctima elegida no se quejó).
6. Hughes, 1986, pág. 376.
7. Wilder, 1990. Para un estudio intrigante que combina estos efectos con los efectos de las recompensas, véase Bettencourt et al., 1992.
8. Gilbert, Tafarodi y Malone, 1993. Igualmente, con respecto a los estereotipos, un artículo clásico: Devine, 1989.
9. Si se les dice que el trabajo duro dará sus frutos, los escolares de Carol Dweck obtienen mejores resultados (véase el capítulo 11). Del mismo modo, los investigadores demostraron los beneficios de informar a grupos que suelen ser objeto de estereotipos sobre este efecto del autocumplimiento y sobre lo flexibles que son realmente nuestras capacidades. En un conocido estudio, las mujeres obtuvieron tan buenos resultados como los hombres en un difícil examen de matemáticas cuando se les dijo que no se esperaban diferencias de género (Johns, Schmader y Martens, 2005). Este tipo de resultados se ha repetido muchas veces. Ver resultados parecidos con respecto al rendimiento académico en afroamericanos: Aronson, Fried y Good, 2002.
10. Incluyendo las citas de los alumnos de Elliott (se mantiene la ortografía y la gramática originales): transcripción del episodio de PBS Frontline, "A Class Divided", escrito por William Peters y Charlie Cobb, 26 de marzo de 1985, http://www.pbs.org/wgbh/pages/frontline/shows/divided/etc/script.html#ixz z1d3nPFTJc (consultado el 17 de agosto de 2023).
11. Stewart y otros, 2003.

12. Sherif y Sherif, 1965, "Ingroup and Intergroup Relations," http://www.brocku.ca/MeadProject/Sherif/Sherif_1965f.html (consultado el 17 de agosto de 2023).

13. Shapira y Madsen, 1969.

14. Aronson y Bridgeman, 1979.

15. Singh, 1991.

16. Diener y Seligman, 2002; Putnam, 2000; Diener y Biswas-Diener, 2002.

17. Small, Loewenstein y Slovic, 2007.

18. Eliot, 1954, pág. 111 (carta original de 1859).

19. "Lincoln, Stowe, y the "Little Woman/Great War" Story: The Making, y Breaking, of a Great American Anecdote". Disponible en http://www.historycooperative.org/journals/jala/30.1/vollaro.html (consultado el 17 de agosto de 2023).

20. Jeffrey M. Jones, "Record-High 86% Approve of Black-White Marriages", Gallup, 12 de septiembre de 2011, http://www.gallup.com/poll/149390/record-high-approve-black-white-marriages.aspx (consultado el 14 de julio de 2023).

21. Jones, 2006. En estos procesos políticos también se producen consecuencias en los programas. Considérese el modo en que los impuestos rara vez se suben justo antes de unas elecciones. Los representantes que votan demasiado a menudo en contra de sus partidos son castigados recibiendo menos apoyo financiero para la reelección. Se suelen aprobar más proyectos de ley hacia el final de una sesión legislativa, en parte debido a los programas basados en el tiempo: Los representantes quieren tener algo que mostrar al público antes de la fecha límite. Algunas leyes mal consideradas se cuelan porque todos tienen prisa por terminar para poder marcharse.

22. Hughes, 1986, págs. 145-48. Para una explicación clásica de las consecuencias a corto plazo frente a las de largo plazo para individuos y empresas, véase Veblen, 1994. Obsérvese también que los gobiernos coloniales a veces cobraban impuestos a los nativos para obligarlos a trabajar. De lo contrario, no necesitaban dinero. Por ejemplo, los británicos impusieron un "impuesto sobre las chozas" en Sudáfrica, en parte para conseguir mano de obra para proyectos de infraestructura.

23. Perrin, 1979. Otro ejemplo de consecuencias contradictorias: La publicidad del tabaco aporta un dinero inmediato muy necesario a los países en desarrollo, aunque perjudique la salud de sus ciudadanos a largo plazo: Stebbins, 2001.

24. Bjornlund y Bjornlund, 2010.

25. Asimov, 1972, pág. 237.

26. Jackson y otros, 2001.

27. Bright, 1998; van Driesche y van Driesche, 2000.

28. Hager, 2006.

29. Diamond, 2005.

30. Ostrom, 2007. Véase también Ostrom, 2009.

31. Gerrodette y Rojas-Bracho, 2011.

32. Balmford y otros, 2002.

33. Adams y otros, 2004.

34. Balmford et al., 2002. Véase también Balmford et al., 2011.

35. Skinner, 1983, pág. 223.

36. Diamond, 2005, pág. 485.

37. Allcott, 2011. Un estudio reciente sobre la conservación del agua reveló que la referencia a las normas sociales era una parte esencial de la motivación: Ferraro, Miranda y Price, 2011. Para una excelente revisión de los estudios sobre conservación de la energía, véase Abrahamse et al., 2005.

38. Emily Green, "DWP Offers Cash Incentive to Remove Lawns", Los Ángeles Times, Junio 13, 2009. http://articles.latimes.com/2009/jun/13/home/hm-grass13 (consultado el 14 de julio de 2023).

39. Robert Kunzig, "Drying of the West", National Geographic, Febrero 2008, págs. 90-113. Disponibler en: https://www.ltrr.arizona.edu/~tswetnam/tws-pdf/NewsArticles/NGM2008Kunzig.pdf (consultado el 14 de julio de 2023).

40. Kohlenberg y Phillips, 1973. Otro estudio sobre el vertido de basuras analizó las reglas, las normas sociales de "nosotros" contra "ellos" y las consecuencias directas: Miller, Brickman y Bolen, 1975.

41. Lanphear et al., 2005.

42. Reyes, 2007.

43. Muchos estudios de laboratorio demostraron que los animales de diversas especies eran sensibles a pequeñas cantidades de exposición al plomo, según los cambios en su conducta en el programa de reforzamiento de intervalo fijo. Por ejemplo, Cory-Slechta, Pokora y Preston, 1996.

44. Goldstein, Cialdini y Griskevicius, 2008.

45. Jablonka y Lamb, 2005, pág. 74.

46. De hecho, de los 7.000 millones de personas que hay ahora en el planeta, la mayoría vive en niveles materiales muy inferiores a los de las naciones industrializadas, pero eso daría para otro libro.

47. Heckman y Masterov, 2007; Heckman, 2007.

REFERENCIAS

Aase, H., y T. Sagvolden. "Infrequent, but Not Frequent, Reinforcers Produce More Variable Responding and Deficient Sustained Attention in Young Children with Attention-Deficit/Hyperactivity Disorder (ADHD)." *Journal of Child Psychology and Psychiatry* 47 (2006): 457–71.

Abbey, E. *Desert Solitaire.* New York: McGraw-Hill, 1968.

Abbott, B. B., y P. Badia. "Preference for Signaled over Unsignaled Shock Schedules: Ruling Out Asymmetry and Response Fixation as Factors." *Journal of the Experimental Analysis of Behavior* 41 (1984): 45–52.

Abrahamse, W., L. Steg, C. Vlek, y T. Rothengatter. "A Review of Intervention Studies Aimed at Household Energy Conservation." *Journal of Environmental Psychology* 25 (2005): 273–91.

Abramson, C. I. *A Primer of Invertebrate Learning: The Behavioral Perspective.* Washington, DC: American Psychological Association, 1994.

———. "Aversive Conditioning in Honeybees (*Apis mellifera*)." *Journal of Comparative Psychology* 100 (1986): 108–16.

Adams, W. M., R. Aveling, D. Brockington, B. Dickson, J. Elliott, J. Hutton, D. Roe, B. Vira, y W. Wolmer. "Biodiversity Conservation and the Eradication of Poverty." *Science* 306 (2004): 1146– 49.

Addolorato, G., L. Leggio, A. Ferrulli, S. Cardone, L. Vonghia, A. Mirijello, L. Abenavoli, et al. "Effectiveness and Safety of Baclofen for Maintenance of Alcohol Abstinence in Alcohol-Dependent Patients with Liver Cirrhosis: Randomised, Double-Blind Controlled Study." *Lancet* 370 (2007): 1915–22.

Aharon, I., N. Etcoff, D. Ariely, C. F. Chabris, E. O'Connor, y H. C. Breiter. "Beautiful Faces Have Variable Reward Value: fMRI and Behavioral Evidence." *Neuron* 32 (2001): 537–51.

Ahearn, W. H., M. E. Kerwin, P. Eicher, J. Shantz, y W. Swearingin. "An Alternating Treatments Comparison of Two Intensive Interventions for Food Refusal." *Journal of Applied Behavior Analysis* 29 (1996): 321–32.

Ainslie, G. "Hyperbolic Discounting versus Conditioning and Framing as the Core Process in Addictions and Other Impulses." En, *What Is Addiction?* edited by D. Ross, H. Kincaid, D. Spurrett, y P. Collins, págs. 211–45. Cambridge, MA: MIT Press, 2009.

Ainslie, G. "Impulse Control in Pigeons." *Journal of the Experimental Analysis of Behavior* 21 (1974): 485–89.

Ainslie, G. *Picoeconomics: The Strategic Interaction of Successive Motivational States within the Person.* Cambridge: Cambridge University Press, 1992.

Alavosius, M. P., y B. Sulzer-Azaroff. "The Effects of Performance Feedback on the Safety of Client Lifting and Transfer." *Journal of Applied Behavior Analysis* 19 (1986): 261–67.

Alderson, D. "Back into Rolling." *Sea Kayaker* (December 2004): 22–27.

Allcott, H. "Social Norms and Energy Conservation." *Journal of Public Economics* 95 (2011): 1082– 95.

Amedi, A., L. B. Merabet, J. Camprodon, F. Bermpohl, S. Fox, I. Ronen, D. Kim, y A. Pascual-Leone. "Neural and Behavioral Correlates of Drawing in an Early Blind Painter: A Case Study." *Brain Research* 1242 (2008): 252–62.

Anderson, K. G., y W. L. Woolverton. "Concurrent Variable-Interval Drug Self-Administration and the Generalized Matching Law: A Drug-Class Comparison." *Behavioural Pharmacology* 11 (2000): 413–20.

Anderson, R. C. "Operant Conditioning and Copulation Solicitation Display Assays Reveal a Stable Preference for Local Song by Female Swamp Sparrows *Melospiza georgiana*." *Behavioral Ecology and Sociobiology* 64 (2009): 215–23.

Angrist, J. D., S. M. Dynarski, T. J. Kane, P. A. Pathak, y C. R. Walters. "Who Benefits from KIPP?" National Bureau of Economic Research Working Paper 15740, February 2010.

Angulo, P. F. "Dispersion, Supervivencia y Reproduccion de la Pava Aliblanca *Penelope albipennis Taczanowski* 1877 (*Cracidae*) Reintroducida a su Habitat Natural en Peru". *Ecologia Aplicada* 3 (2004): 2112–17.

Anokhin, K. V., y S. P. R. Rose. "Learning-Induced Increase of Immediate Early Gene Messenger RNA in the Chick Forebrain." *European Journal of Neuroscience* 3 (1991): 162–67.

Anonymous. "Effects of Sexual Activity on Beard Growth in Men." *Nature* 226 (1970): 869–70.

Antle, B. *Suryia and Roscoe: The True Story of an Unlikely Friendship*. New York: Holt, 2011.

Antrop, I., P. Stock, S. Verté, J. R. Wiersema, D. Baeyens, y H. Roeyers. "ADHD and Delay Aversion: The Influence of Non-Temporal Stimulation on Choice for Delayed Rewards." *Journal of Child Psychology and Psychiatry* 47 (2006): 1152–58.

Arave, C. W., W. Temple, J. V. Leman, y R. Kilgour. "Discriminability and Preference among Milking Machine Functions by Dairy Cows." *Applied Animal Behavior Science* 12 (1984): 313– 25.

Ariely, D., y K. Wertenbroch. "Procrastination, Deadlines, y Performance: Self-Control by Precommitment." *Psychological Science* 13 (2002): 219–24.

Armel, K. C., C. Pulido, J. T. Wixted, y A. A. Chiba. "The Smart Gut: Tracking Affective Associative Learning with Measures of 'Liking,' Facial Electromyography, y Preferential Looking." *Learning and Motivation* 40 (2009): 74–93.

Aronson, E., y D. Bridgeman. "Jigsaw Groups and the Desegregated Classroom: In Pursuit of Common Goals." *Personality and Social Psychology Bulletin* 5 (1979): 438–46.

Aronson, J., C. B. Fried, y C. Good. "Reducing the Effects of Stereotype Threat on African American College Students by Shaping Theories of Intelligence." *Journal of Experimental Social Psychology* 38 (2002): 113–25.

Asimov, I. *The Gods Themselves*. Greenwich, CT: Fawcett Crest, 1972.

Ator, N. A., y R. R. Griffiths. "Lorazepam and Pentobarbital Drug Discrimination in Baboons: Cross-Drug Generalization and Interaction with Ro 15-1788." *Journal of Pharmacology and Experimental Therapeutics* 226 (1983): 776–82.

———. "Principles of Drug Abuse Liability Assessment in Laboratory Animals." *Drug and Alcohol Dependence* 70 (2003): S55–S72.

Avital, E., y E. Jablonka. *Animal Traditions: Behavioural Inheritance in Evolution*. Cambridge: Cambridge University Press, 2000.

Ayllon, T., y N. H. Azrin. "Punishment as a Discriminative Stimulus and Conditioned Reinforcer with Humans." *Journal of the Experimental Analysis of Behavior* 9 (1966): 411–19.

Ayllon, T., D. Layman, y H. J. Kandel. "A Behavioral-Educational Alternative to Drug Control of Hyperactive Children." *Journal of Applied Behavior Analysis* 8 (1975): 137–46.

Ayres, I. *Carrots and Sticks: Unlock the Power of Incentives to Get Things Done*. New York, Bantam, 2010.

Azrin, N. H. "Effects of Punishment Intensity during Variable-Interval Reinforcement." *Journal of the Experimental Analysis of Behavior* 3 (1960): 123–42.

———. "Punishment of Elicited Aggression." *Journal of the Experimental Analysis of Behavior* 14 (1970): 7–10.

———. "Time-Out from Positive Reinforcement." *Science* 133 (1961): 382–83.

Azrin, N. H., y R. M. Foxx. *Toilet Training in Less Than a Day: A Tested Method for Teaching Your Child Quickly and Easily*. New York: Simon and Schuster, 1974.

Azrin, N. H., R. R. Hutchinson, y D. F. Hake. "Extinction-Induced Aggression." *Journal of the Experimental Analysis of Behavior* 9 (1966): 191–204.

Babyak, M., J. A. Blumenthal, S. Herman, P. Khatri, M. Doraiswamy, K. Moore, W. E. Craighead, T. T. Baldewicz, y K. R. Krishnan. "Exercise Treatment for Major Depression: Maintenance of Therapeutic Benefit at 10 Months." *Psychosomatic Medicine* 62 (2000): 633–38.

Bacon, W. E., y I. G. Wong. "Reinforcement Value of Electrical Brain Stimulation in Neonatal Dogs." *Developmental Psychobiology* 5 (1972): 195–200.

Balaban, P. M., y R. Chase. "Self-Stimulation in Snails." *Neuroscience Research Communications* 4 (1989): 139–47.

Balda, R. P. "Corvids in Combat: With a Weapon?" *Wilson Journal of Ornithology* 119 (2007): 100– 102.

Baldwin, J. D., y J. L. Baldwin. *Behavior Principles in Everyday Life*. 4th ed. Upper Saddle River, NJ: Prentice-Hall, 2001.

Bales, R. F. *Interaction Process Analysis: A Method for the Study of Small Groups*. Chicago: University of Chicago Press, 1950.

Balmford, A., A. Bruner, P. Cooper, R. Costanza, S. Farber, R. E. Green, M. Jenkins, et al. "Economic Reasons for Conserving Wild Nature." *Science* 297 (2002): 950–53.

Balmford, A., B. Fisher, R. E. Green, R. Naidoo, B. Strassburg, R. K. Turner, y A. S. L. Rodrigues. "Bringing Ecosystem Services into the Real World: An Operational Framework for Assessing the Economic Consequences of Losing Wild Nature." *Environmental and Resource Economics* 48 (2011): 161–75.

Bandura, A., y C. J. Kupers. "Transmission of Patterns of Self-Reinforcement through Modeling." *Journal of Abnormal and Social Psychology* 69 (1964): 1–9.

Bandura, A., y W. Mischel. "Modifications of Self-Imposed Delay of Reward through Exposure to Live and Symbolic Models." *Journal of Personality and Social Psychology* 2 (1965): 698–705.

Bandura, A., D. Ross, y S. A. Ross. "Transmission of Aggression through Imitation of Aggressive Models." *Journal of Abnormal and Social Psychology* 63 (1961): 575–82.

Banna, K. M., D. DeVries, y M. C. Newland "Choice in the Bluegill (*Lepomis macrochirus*)." *Behavioural Processes* 88 (2011): 33–43.

Bargh, J. A., y T. L. Chartrand. "The Unbearable Automaticity of Being." *American Psychologist* 54 (1999): 462–79.

Barnes, G. W., y A. Baron. "Stimulus Complexity and Sensory Reinforcement." *Journal of Comparative and Physiological Psychology* 54 (1961): 466–69.

Baron, A. "Avoidance and Punishment." In *Techniques in the Behavioral and Neural Sciences: Experimental Analysis of Behavior, Part 1*, edited by I. H. Iversen and K. A. Lattal, págs. 173–217. Amsterdam: Elsevier, 1991.

Bassett, L., y H. M. Buchanan-Smith. "Effects of Predictability on the Welfare of Captive Animals." *Applied Animal Behaviour Science* 102 (2007): 223–45.

Bateman, M. J., y T. D. Ludwig. "Managing Distribution Quality through an Adapted Incentive Program with Tiered Goals and Feedback." *Journal of Organizational Behavior Management* 24 (2003): 33–55.

Bates, E., y F. Dick. "Language, Gesture, y the Developing Brain." *Developmental Psychobiology* 40 (2002): 293–310.

Bates, E., y K. Roe. "Language Development in Children with Unilateral Brain Injury." In *Handbook of Developmental Cognitive Neuroscience*, edited by C. A. Nelson and M. Luciana, págs. 2–23. Cambridge, MA: MIT Press, 2001.

Bateson, P. "The Active Role of Behaviour in Evolution." In *Evolutionary Processes and Metaphors*, edited by M. W. Ho and S. W. Fox, págs. 191–207. Chichester, UK: Wiley, 1988.

Bateson, P., y E. P. Reese. "The Reinforcing Properties of Conspicuous Stimuli in the Imprinting Situation." *Animal Behaviour* 17 (1969): 692–99.

Batson, C. D., y L. L. Shaw. "Evidence for Altruism: Toward a Pluralism of Prosocial Motives." *Psychological Inquiry* 2 (1991): 107–22.

Baumeister, R. F., J. D. Campbell, J. I. Krueger, y K. D. Vohs. "Does High Self-Esteem Cause Better Performance, Interpersonal Success, Happiness, or Healthier Lifestyles?" *Psychological Science in the Public Interest* 4 (2003): 1–44.

Beaglehole, J. C. *The Life of Captain James Cook*. Stanford, CA: Stanford University Press, 1974.

Behrens, T. E. J., L. T. Hunt, M. W. Woolrich, y M. F. S. Rushworth. "Associative Learning of Social Value." *Nature* 456 (2008): 245–49.

Beisson, J., y T. M. Sonneborn. "Cytoplasmic Inheritance of the Organization of the Cell Cortex in *Paramecium aurelia*." *Proceedings of the National Academy of Sciences* 53 (1965): 275–82

Belguermi, A., D. Bovet, A. Pascal, A. Prévot-Julliard, M. Saint Jalme, L. Rat-Fischer, y G. Leboucher. "Pigeons Discriminate between Human Feeders." *Animal Cognition* 14 (2011): 909– 14.

Beninger, R. J., S. B. Kendall, y C. H. Vanderwolf. "The Ability of Rats to Discriminate Their Own Behaviours." *Canadian Journal of Psychology* 28 (1974): 79–91.

Berridge, K. C., y T. E. Robinson. "What Is the Role of Dopamine in Reward: Hedonic Impact, Reward Learning, or Incentive Salience?" *Brain Research Reviews* 28 (1998): 309–69.

Bertilson, H. S., y H. A. Dengerink. "The Effects of Active Choice, Shock Duration, Shock Experience, y Probability on the Choice between Immediate and Delayed Shock." *Journal of Research in Personality* 9 (1975): 97–112.

Bettencourt, B. A., M. B. Brewer, M. R. Croak, y N. Miller. "Cooperation and the Reduction of Intergroup Bias: The Role of Reward Structure and Social Orientation." *Journal of Experimental Social Psychology* 28 (1992): 301–19.

Bhatt, R. S., E. A. Wasserman, W. F. Reynolds, y K. S. Knauss. "Conceptual Behavior in Pigeons: Categorization of Both Familiar and Novel Examples from Four Classes of Natural and Artificial Stimuli." *Journal of Experimental Psychology: Animal Behavior Processes* 14 (1988): 219–34.

Bialystok, E. "The Structure of Age: In Search of Barriers to Second Language Acquisition." *Second Language Research* 13 (1997): 116–37.

Billington, E., y N. M. DiTommaso. "Demonstrations and Applications of the Matching Law in Education." *Journal of Behavioral Education* 12 (2003): 91–104.

Bird, D. Watching Bird Behavior, *Bird Watcher's Digest* 27, January 2004, pág. 118.

Bjornlund, V., y H. Bjornlund. "Sustainable Irrigation: A Historical Perspective." In *Incentives and Instruments for Sustainable Irrigation*, edited by H. Bjornlund, págs. 13–24. Boston: WIT Press, 2010.

Blackwell, L. S., K. H. Trzesniewski, y C. S. Dweck. "Implicit Theories of Intelligence Predict Achievement Across an Adolescent Transition: A Longitudinal Study and an Intervention." *Child Development* 78 (2007): 246–63.

Blair, R. J. R., L. Jones, F. Clark, y M. Smith. "The Psychopathic Individual: A Lack of Responsiveness to Distress Cues?" *Psychophysiology* 34 (1997): 192–98.

Blanchard, K., y S. Johnson. *One Minute Manager.* New York: Morrow, 1982.

Blass, T. "The Milgram Paradigm after 35 Years: Some Things We Now Know about Obedience to Authority." *Journal of Applied Social Psychology* 29 (1999): 955–78.

Blonigen, B., W. Harbaugh, L. Singell, R. Horner, K. Irvin, y K. Smokowski. "Application of Economic Analysis to School-Wide Positive Behavior Support Programs." *Journal of Positive Behavior Interventions* 10 (2008): 5–19.

Blood, A. J., y R. J. Zatorre. "Intensely Pleasurable Responses to Music Correlate with Activity in Brain Regions Implicated in Reward and Emotion." *Proceedings of the National Academy of Sciences* 98 (2001): 11818–23.

Bloom, B. *Developing Talent in Young People.* New York: Ballantine, 1985.

Bloomsmith, M. A., G. E. Laule, P. L. Alford, y R. H. Thurston. "Using Training to Moderate Chimpanzee Aggression during Feeding." *Zoo Biology* 13 (1994): 557–66.

Boehm, S., A. P. Thurnau, A. L. Whall, K. L. Cosgrove, J. D. Locke, y E. A. Schlenk. "Behavioral Analysis and Nursing Interventions for Reducing Disruptive Behaviors of Patients with Dementia." *Applied Nursing Research* 8 (1995): 118–22.

Borman, G. D., G. M. Hewes, L. T. Overman, y S. Brown. "Comprehensive School Reform and Achievement: A Meta-Analysis." *Review of Educational Research* 73 (2003): 125–230.

Borrero, J. C., S. S. Crisolo, Q. Tu, W. A. Rieland, N. A. Ross, M. T. Francisco, y K. Y. Yamamoto. "An Application of the Matching Law to Social Dynamics." *Journal of Applied Behavior Analysis* 40 (2007): 589–601.

Boswell, J. *Boswell on the Grand Tour, Germany and Switzerland, 1764.* Edited by F. A. Pottle. New York: McGraw-Hill, 1953.

Brackbill, Y. "Extinction of the Smiling Response in Infants as a Function of Reinforcement Schedule." *Child Development* 29 (1958): 115–24.

Brake, S. C. "Suckling Infant Rats Learn a Preference for a Novel Olfactory Stimulus Paired with Milk Delivery." *Science* 211 (1981): 506–508.

Branch, M. N. "Behavioral Pharmacology." In *Techniques in the Behavioral and Neural Sciences: Experimental Analysis of Behavior, Part 2*, edited by I. H. Iversen and K. A. Lattal, págs. 21–77. Amsterdam: Elsevier, 1991.

Breiter, H. C., A. Itzhak, D. Kahneman, A. Dale, y P. Shizgal, "Functional Imaging of Neural Responses to Expectancy and Experience of Monetary Gains and Losses." *Neuron* 30 (2001): 619–39.

Brembs, B., y M. Heisenberg. "The Operant and the Classical in Conditioned Orientation of *Drosophila melanogaster* at the Flight Simulator." *Learning and Memory* 7 (2000): 104–15.

Brembs, B., y W. Plend. "Double Dissociation of PKC and AC Manipulations on Operant and Classical Learning in Drosophila." *Current Biology* 18 (2008): 1168–71.

Brennan, W. M., E. W. Ames, y R. W. Moore. "Age Differences in Infants' Attention to Patterns of Different Complexities." *Science* 151 (1966): 354–56.

Brestan, E. V., y S. M. Eyberg. "Effective Psychosocial Treatments of Conduct Disordered Children and Adolescents: 29 Years, 82 Studies, y 5,272 Kids." *Journal of Clinical Child Psychology* 27 (1998): 180–89.

Brigham, T. A., y J. A. Sherman. "An Experimental Analysis of Verbal Imitation in Preschool Children." *Journal of Applied Behavior Analysis* 1 (1968): 151–58.

Bright, C. *Life Out of Bounds: Bioinvasion in a Borderless World*. New York: Norton, 1998.

Brinch, C. N., y T. A. Galloway. "Schooling in Adolescence Raises IQ Scores." *Proceedings of the National Academy of Sciences* 109 (2012): 425–30.

Brock, T. C., y J. L. Balloun. "Behavioral Receptivity to Dissonant Information." *Journal of Personality and Social Psychology* 6 (1967): 413–28.

Bron, A., C. E Sumpter, T. M. Foster, y W. Temple. "Contingency Discriminability, Matching, y Bias in the Concurrent-Schedule Responding of Possums (*Trichosurus vulpecula*)." *Journal of the Experimental Analysis of Behavior* 79 (2003): 289–306.

Brossard, L. M., y Decarrie, T. G. "Comparative Reinforcing Effect of Eight Stimulations on the Smiling Response of Infants." *Journal of Child Psychology and Psychiatry* 9 (1968): 51–59.

Brower, L. P. "Prey Coloration and Predator Behavior." In *Topics in Animal Behavior, Topics in the Study of Life: The BIO Source Book*, edited by V. Dethier. New York: Harper and Row, 1971. Quoted in E. Fantino and C. A. Logan, *The Experimental Analysis of Behavior: A Biological Perspective*. San Francisco: Freeman, 1979.

Brown, G. E., y K. Stroup. "Learned Helplessness in the Cockroach (*Periplaneta americana*)." *Behavioral and Neural Biology* 50 (1988): 246–50.

Brumberg, J. S., y F. H. Guenther. "Development of Speech Prostheses: Current Status and Recent Advances." *Expert Review of Medical Devices* 7 (2010): 667–79.

Bryson, B. *I'm a Stranger Here Myself: Notes on Returning to America after Twenty Years Away*. New York: Random House, 1999.

Bucklin, B. R., y A. M. Dickinson. "Individual Monetary Incentives: A Review of Different Types of Arrangements between Performance and Pay." *Journal of Organizational Behavior Management* 21 (2001): 45–137.

Butler, R. A. "Incentive Conditions which Influence Visual Exploration." *Journal of Experimental Psychology* 48 (1954): 19–23.

Bykov, K. M. *The Cerebral Cortex and the Internal Organs*. Translated by W. H. Gantt. New York: Chemical Publishing, 1957.

Byrd, R. E. *Alone*. New York: Putnam, 1938.

Cablk, M. E., y J. S. Heaton. "Accuracy and Reliability of Dogs in Surveying for Desert Tortoise (*Gopherus agassizii*)." *Ecological Applications* 16 (2006): 1926–35.

Calvo-Merino B., D. E. Glaser, J. Grèzes, R. E. Passingham, y P. Haggard. "Action Observation and Acquired Motor Skills: An fMRI Study with Expert Dancers." *Cerebral Cortex* 15 (2005): 1243–49.

Camden, M. C., V. A. Price, y T. D. Ludwig. "Reducing Absenteeism and Rescheduling among Grocery Store Employees with Point-Contingent Rewards." *Journal of Organizational Behavior Management* 31 (2011): 140–49.

Cameron, J., K. M. Banko, y W. D. Pierce. "Pervasive Negative Effects of Rewards on Intrinsic Motivation: The Myth Continues." *Behavior Analyst* 24 (2001): 1–44.

Cameron, J., y W. D. Pierce. *Rewards and Intrinsic Motivation: Resolving the Controversy*. Westport, CT: Bergin and Garvey, 2002.

Campbell, F. A., C. T. Ramey, E. Pungello, J. Sparling, y S. Miller-Johnson. "Early Childhood Education: Young Adult Outcomes from the Abecedarian Project." *Applied Developmental Science* 6 (2002): 42–57.

Canter, L. *Assertive Discipline: Positive Behavior Management for Today's Classroom*. 4th ed. Bloomington, IN: Solution Tree, 2010.

Carlstead, K. "Effects of Captivity on the Behavior of Wild Mammals." In *Wild Mammals in Captivity: Principles and Techniques*, edited by D. G. Kleiman, M. E. Allen, K. V. Thompson, y S. Lumpkin, págs. 317–33. Chicago: University of Chicago Press, 1996.

Carlstead, K., J. Seidensticker, y R. Baldwin. "Environmental Enrichment for Zoo Bears." *Zoo Biology* 10 (1991): 3–16.

Carmena J. M., M. A. Lebedev, R. E. Crist, J. E. O'Doherty, D. M. Santucci, F. D. Dragan, P. G. Patil, C. S. Henriquez, y M. A. L. Nicolelis. "Learning to Control a Brain-Machine Interface for Reaching and Grasping by Primates." *PLoS Biology* 1 (2003): e42.

Carpenter, K. J. *The History of Scurvy and Vitamin C*. Cambridge: Cambridge University Press, 1986.

Carroll, S. B. *Endless Forms Most Beautiful: The New Science of Evo Devo and the Making of the Animal Kingdom*. New York: W. W. Norton, 2005a.

Carroll, S. B. "Evolution at Two Levels: On Genes and Form." *PLoS Biology* 3 (2005b): e245.

Catania, A. C. *Learning*. 4th ed. Cornwall-on-Hudson, NY: Sloan, 2006.

Catania, A. C., y Sagvolden, T. "Preference for Free Choice over Forced Choice in Pigeons." *Journal of the Experimental Analysis of Behavior* 34 (1980): 77–86.

Cattaneo, L., C. Fausto, A. Jezzini, y G. Rizzolatti. "Representation of Goal and Movements without Overt Motor Behavior in the Human Motor Cortex: A Transcranial Magnetic Stimulation Study." *Journal of Neuroscience* 29 (2009): 11134–38.

Cavell, S. "The Good of Film." In *Cavell on Film*, edited by W. Rothman, págs. 333–48. Albany: State University of New York Press, 2005.

Cerutti, D., y A. C. Catania. "Pigeons' Preference for Free Choice: Number of Keys versus Key Area." *Journal of the Experimental Analysis of Behavior* 68 (1997): 349–56.

Chance, P. *Learning and Behavior*. 5th ed. Belmont, CA: Wadsworth, 2003.

———. *The Teacher's Craft: The 10 Essential Skills of Effective Teaching*. Long Grove, IL: Waveland Press, 2008.

Chapin, J. K., K. A. Moxon, R. S. Markowitz, y M. A. L. Nicolelis. "Real-Time Control of a Robot Arm Using Simultaneously Recorded Neurons in the Motor Cortex." *Nature Neuroscience* 2 (1999): 664–70.

Charman, T., J. Swettenham, S. Baron-Cohen, A. Cox, G. Baird, y A. Drew. "Infants with Autism: An Investigation of Empathy, Pretend Play, Joint Attention, y Imitation." *Developmental Psychology* 33 (1997): 781–89.

Chase, W. G., y H. A. Simon. "Perception in Chess." *Cognitive Psychology* 4 (1973): 55–81.

Chein, J. M., y W. Schneider. "Neuroimaging Studies of Practice-Related Change: fMRI and Meta-Analytic Evidence of a Domain-General Control Network for Learning." *Cognitive Brain Research* 25 (2005): 607–23.

Cherek, D. R., y R. Pickens. "Schedule-Induced Aggression as a Function of Fixed-Ratio Value." *Journal of the Experimental Analysis of Behavior* 14 (1970): 309–11.

Cierpial, M., y R. McCarty. "Hypertension in SHR Rats: Contribution of Maternal Environment." *American Journal of Physiology: Heart and Circulatory Physiology* 253 (1987): 980–84.

Cipani, E. *Punishment on Trial: A Resource Guide to Child Discipline*. Reno, NV: Context Press, 2004.

Clare, L., y R. S. P. Jones. "Errorless Learning in the Rehabilitation of Memory Impairment: A Critical Review." *Neuropsychology Review* 18 (2008): 1–23.

Cody, M. *Competition and the Structure of Bird Communities*. Princeton, NJ: Princeton University Press, 1974.

Cohen, N., J. A. Moynihan, y R. Ader. "Pavlovian Conditioning of the Immune System." *International Archives of Allergy and Immunology* 105 (1994): 101–106.

Colahan, H., y C. Breder. "Primate Training at Disney's Animal Kingdom." *Journal of Applied Animal Welfare Science* 6 (2003): 235–46.

Collias, E. C., y N. E. Collias. "The Development of Nest-Building Behavior in a Weaverbird." *Auk* 81 (1964): 42–52.

Conklin, C. A. "Environments as Cues to Smoke: Implications for Human Extinction-Based Research and Treatment." *Experimental and Clinical Psychopharmacology* 14 (2006): 12–19.

Connor, J. *The Complete Birder: A Guide to Better Birding.* New York: Houghton Mifflin, 1988.

Cook, L., y A. C. Catania. "Effects of Drugs on Avoidance and Escape Behavior." *Federation Proceedings* 23 (1964): 818–35.

Coppinger, R., y L. Coppinger. *Dogs: A Startling New Understanding of Canine Origin, Behavior, y Evolution.* New York: Scribner, 2001.

Cornwell, E. Y., y L. J. Waite. "Social Disconnectedness, Perceived Isolation, y Health among Older Adults." *Journal of Health and Social Behavior* 50 (2009): 31–48.

Cory-Slechta, D. A., M. J. Pokora, y R. A. Preston. "The Effects of Dopamine Agonists on Fixed Interval Schedule-Controlled Behavior Are Selectively Altered by Low-Level Lead Exposure." *Neurotoxicology and Teratology* 18 (1996): 565–75.

Cory-Slechta, D. A., M. B. Virgolini, A. Rossi-George, D. Weston, y M. Thiruchelvam. "Experimental Manipulations Blunt Time-Induced Changes in Brain Monoamine Levels and Completely Reverse Stress, but Not Pb+/− Stress-Related Modifications to These Trajectories." *Behavioural Brain Research* 205 (2009): 76–87.

Covington, H. E., y K. A. Miczek. "Repeated Social-Defeat Stress, Cocaine or Morphine: Effects on Behavioral Sensitization and Intravenous Cocaine Self-Administration 'Binges.'" *Psychopharmacology* 158 (2001): 388–98.

Cox, S. M. L., A. Andrade, y I. S. Johnsrude. "Learning to Like: A Role for Human Orbitofrontal Cortex in Conditioned Reward." *Journal of Neuroscience* 25 (2005): 2733–40.

Critchfield, T. S. "An Unexpected Effect of Recording Frequency in Reactive Self-Monitoring." *Journal of Applied Behavior Analysis* 32 (1999): 389–91.

Cross, H. A., C. G. Halcomb, y W. W. Matter. "Imprinting or Exposure Learning in Rats Given Early Auditory Stimulation." *Psychonomic Science* 7 (1967): 233–34.

Custance, D. M., A. Whiten, y K. A. Bard. "Can Young Chimpanzees (*Pan troglodytes*) Imitate Arbitrary Actions? Hayes and Hayes (1952) Revisited." *Behaviour* 132 (1995): 837–59.

Cuthbert, B. N., P. J. Lang, C. Strauss, D. Drobes, C. J. Patrick, y M. M. Bradley. "The Psychophysiology of Anxiety Disorder: Fear Memory Imagery." *Psychophysiology* 40 (2003): 407–22.

Daley, A. "Exercise and Depression: A Review of Reviews." *Journal of Clinical Psychology in Medical Settings* 15 (2008): 140–47.

Daley, T. C., S. E. Whaley, M. D. Sigman, M. P. Espinosa, y C. Neumann. "IQ on the Rise: The Flynn Effect in Rural Kenyan Children." *Psychological Science* 14 (2003): 215–19.

Dallery, J., S. Meredith, y I. M. Glenn. "A Deposit Contract Method to Deliver Abstinence Reinforcement for Cigarette Smoking." *Journal of Applied Behavior Analysis* 41 (2008): 609–15.

Daniels, A. C. *Bringing Out the Best in People: How to Apply the Astonishing Power of Positive Reinforcement.* Revised ed. New York: McGraw-Hill, 2000.

Darcheville, J. C., C. Boyer, y Y. Miossec. "Training Infant Reaching Using Mother's Voice as Reinforcer." *European Journal of Behavior Analysis* 5 (2004): 43–51.

Davis, D. H., L. D. Fredrick, y P. A. Alberto. "Functional Communication Training without Extinction Using Concurrent Schedules of Differing Magnitudes of Reinforcement in Classrooms." *Journal of Positive Behavior Interventions* 14 (2012): 162–72.

Davison, M., y D. McCarthy. *The Matching Law: A Research Review.* Hillsdale, NJ: Erlbaum, 1988.

Davison, M., y R. D. Tustin. "The Relation between the Generalized Matching Law and Signal-Detection Theory." *Journal of the Experimental Analysis of Behavior* 29 (1978): 331–36.

DeCasper, A. J., y M. J. Spence. "Prenatal Maternal Speech Influences Newborns' Perception of Speech." *Infant Behavior and Development* 9 (1986): 133–50.

Decker, S. H. "Collective and Normative Features of Gang Violence." *Justice Quarterly* 13 (1996): 243–64.

DeLange, R. J., D. M. Fambrough, E. L. Smith, y J. Bonner. "Calf and Pea Histone IV. II. The Complete Amino Acid Sequence of Calf Thymus Histone IV: Presence of {varepsilon}-N-Acetyllysine." *Journal of Biological Chemistry* 244 (1969): 319–34.

Delsaut, M. "Influence of Nonobvious Learning on the Development of the Approach Response in Chicks (*Gallus gallus*)." *International Journal of Comparative Psychology* 4 (1991): 239–51.

De Luca, R. V., y S. W. Holborn. "Effects of a Variable-Ratio Reinforcement Schedule with Changing Criteria on Exercise in Obese and Nonobese Boys." *Journal of Applied Behavior Analysis* 25 (1992): 671–79.

Department of Health and Human Services. *Mental Health: A Report of the Surgeon General.* Rockville, MD: Department of Health and Human Services, Substance Abuse and Mental Health Services Administration, Center for Mental Health Services, National Institutes of Health, National Institute of Mental Health, 1999.

DeSantis, A. D., E. M. Webb, y S. M. Noar. "Illicit Use of Prescription ADHD Medications on a College Campus: A Multimethodological Approach." *Journal of American College Health* 57 (2008): 315–23.

Desmond, T., y G. Laule. "Use of Positive Reinforcement Training in the Management of Species for Reproduction." *Zoo Biology* 13 (1994): 471–77.

Deutsch, J. A., y C. I. Howarth. "Some Tests of a Theory of Intracranial Self-Stimulation." *Psychological Review* 70 (1963): 444–60.

Devers, R., S. Bradley-Johnson, y C. M. Johnson. "The Effect of Token Reinforcement on WISC-R Performance for Fifth-through Ninth-Grade American Indians." *Psychological Record*, 44 (1994): 441–49.

Devine, P. G. "Stereotypes and Prejudice: Their Automatic and Controlled Components." *Journal of Personality and Social Psychology* 56 (1989): 5–18.

Dews, P. B. "Studies on Behavior. I. Differential Sensitivity to Pentobarbital of Pecking Performance in Pigeons Depending on the Schedule of Reward." *Journal of Pharmacology and Experimental Therapeutics* 113 (1955): 393–401.

Diamond, J. *Collapse: How Societies Choose to Fail or Succeed.* New York: Viking, 2005.

———. *The Third Chimpanzee: The Evolution and Future of the Human Animal.* New York: HarperCollins, 1992.

Diener, E., y R. Biswas-Diener. "Will Money Increase Subjective Well-Being?" *Social Indicators Research* 57 (2002): 119–69.

Diener, E., R. E. Lucas, y C. N. Scollon. "Beyond the Hedonic Treadmill: Revising the Adaptation Theory of Well-Being." *American Psychologist* 61 (2006): 305–14.

Diener, E., y M. E. P. Seligman. "Very Happy People." *Psychological Science* 13 (2002): 81–84.

Dingfelder, S. F. "Ditch the Delay Tactics: Setting Daily Goals while Keeping Broad Aims in Mind Helps Students Beat Dissertation Procrastination." *Monitor on Psychology* 37 (July 2006): 58, 60.

Dinsmoor, J. A. "Stimuli Inevitably Generated by Behavior That Avoids Electric Shock Are Inherently Reinforcing." *Journal of the Experimental Analysis of Behavior* 75 (2001): 311–33.

Dinsmoor, J. A., M. P. Browne, y C. E. Lawrence. "A Test of the Negative Discriminative Stimulus as a Reinforcer of Observing." *Journal of the Experimental Analysis of Behavior* 18 (1972): 79–85.

Dobbie, W., R. G. Fryer, y G. Fryer. "Are High-Quality Schools Enough to Increase Achievement among the Poor? Evidence from the Harlem Children's Zone." *American Economic Journal: Applied Economics* 3 (2011): 158–87.

Dobson, J. K., y J. D. A. Griffin. "Conservation Effect of Immediate Electricity Cost Feedback on Residential Consumption Behavior." *Proceedings of the 7th ACEEE Summer Study on Energy Efficiency in Buildings.* Washington, DC: American Council for an Energy-Efficient Economy, 1992.

Dodd, M. L., K. J. Klos, J. H. Bower, Y. E. Geda, K. A. Josephs, y J. E. Ahlskog. "Pathological Gambling Caused by Drugs Used to Treat Parkinson Disease." *Archives of Neurology* 62 (2005): 1377–81.

Doidge, N. *The Brain That Changes Itself: Stories of Personal Triumph from the Frontiers of Brain Science.* New York: Penguin, 2007.

Dorey, N. R., J. Rosales-Ruiz, R. Smith, y B. Lovelace. "Functional Analysis and Treatment of Self-Injury in a Captive Olive Baboon." *Journal of Applied Behavior Analysis* 42 (2009): 785–94.

Dorrance, B. R., y T. R. Zentall. "Imitative Learning in Japanese Quail (*Coturnix japonica*) Depends on the Motivational State of the Observer Quail at the Time of Observation." *Journal of Comparative Psychology* 115 (2001): 62–67.

Dowling, J. L., D. A. Luther, y P. P. Marra. "Comparative Effects of Urban Development and Anthropogenic Noise on Bird Songs." *Behavioral Ecology* 23 (2012): 201–209.

Dube, W. V., R. P. F. MacDonald, R. C. Mansfield, W. L. Holcomb, y W. H. Ahearn. "Toward a Behavioral Analysis of Joint Attention." *Behavior Analyst* 27 (2004): 197–207.

Duckworth, A. L., P. D. Quinn, D. R. Lynam, R. Loeber, y M. Stouthamer-Loeber. "Role of Test Motivation in Intelligence Testing." *Proceedings of the National Academy of Sciences* 108 (2011): 7716–20.

Dunlap, G., M. dePerczel, S. Clarke, D. Wilson, S. Wright, R. White, y A. Gomez. "Choice Making to Promote Adaptive Behavior for Students with Emotional and Behavioral Challenges." *Journal of Applied Behavior Analysis* 27 (1994): 505–18.

Dunne, P. *The Wind Masters: The Lives of North American Birds of Prey.* Boston: Houghton Mifflin, 1995.

Durrell, G. *My Family and Other Animals.* London: Penguin, 1956.

Dutra, L., G. Stathopoulou, S. L. Basden, T. M. Leyro, M. B. Powers, y M. W. Otto. "A Meta-Analytic Review of Psychosocial Interventions for Substance Use Disorders." *American Journal of Psychiatry* 165 (2008): 179–87.

Dweck, C. S., y N. D. Reppucci. "Learned Helplessness and Reinforcement Responsibility in Children." *Journal of Personality and Social Psychology* 25 (1973): 109–16.

Ehrman, R., J. Ternes, C. P. O'Brien, y A. T. McLellan. "Conditioned Tolerance in Human Opiate Addicts." *Psychopharmacology* 108 (1992): 218–24.

Eisenberger, N. I., M. D. Lieberman, y K. D. Williams. "Does Rejection Hurt? An fMRI Study of Social Exclusion." *Science* 302 (2003): 290–92.

Ekers, D., D. Richards, y S. Gilbody. "A Meta-Analysis of Randomized Trials of Behavioural Treatment of Depression." *Psychological Medicine* 38 (2008): 611–23.

Eliot, G. Vol. 3 of *The George Eliot Letters.* New Haven, CT: Yale University Press, 1954.

Embry, D. D. "The Good Behavior Game: A Best Practice Candidate as a Universal Behavioral Vaccine." *Clinical Child and Family Psychology Review* 5 (2002): 273–97.

Epstein, L. H., J. A. Smith, L. S. Vara, y J. S. Rodefer. "Behavioral Economic Analysis of Activity Choice in Obese Children." *Health Psychology* 10 (1991): 311–16.

Ericsson, K. A. "The Role of Deliberate Practice in the Acquisition of Expert Performance." *Psychological Review* 100 (1993): 363–406.

Erjavec, M., y P. J. Horne. "Determinants of Imitation of Hand-to-Body Gestures in 2-and 3-Year-Old Children." *Journal of the Experimental Analysis of Behavior* 89 (2008): 183–207.

Ernst, K., B. Puppe, P. C. Schön, y G. Manteuffel. "A Complex Automatic Feeding System for Pigs Aimed to Induce Successful Behavioural Coping by Cognitive Adaptation." *Applied Animal Behaviour Science* 91 (2005): 205–18.

Escalante, J., y J. Dirmann. "The Jaime Escalante Math Program." *Journal of Negro Education* 59 (1990): 407–23.

Esquith, R. *There Are No Shortcuts*. New York: Pantheon, 2003.

Ethier, N., y C. Balsamo. "Training Sea Turtles for Husbandry and Enrichment." In *Proceedings of the Seventh International Conference on Environmental Enrichment*, edited by N. Clum, S. Silver, y P. Thomas, págs. 106–11. New York: Shape of Enrichment, 2005.

Everett, G. E., S. D. A. Hupp, y D. J. Olmi. "Time-Out with Parents: A Descriptive Analysis of 30 Years of Research." *Education and Treatment of Children* 33 (2010): 235–59.

Exton, M. S., A. K. von Auer, A. Buske-Kirschbaum, U. Stockhorst, U. Gobel, y M. Schedlowski. "Pavlovian Conditioning of Immune Function: Animal Investigation and the Challenge of Human Application." *Behavioural Brain Research* 110 (2000): 129–41.

Faber, A., y E. Mazlish. *How to Talk So Kids Will Listen and Listen So Kids Will Talk*. New York: Harper, 1999.

Fabiano, G. A., W. E. Pelham, E. K. Coles, E. M. Gnagy, A. Chronis-Tuscano, y B. C. O'Connor. "A Meta-Analysis of Behavioral Treatments for Attention-Deficit/Hyperactivity Disorder." *Clinical Psychology Review* 29 (2009): 129–40.

Fantino, E. "Choice, Conditioned Reinforcement, y the Prius Effect." *Behavior Analyst* 31 (2008): 95–111.

Fantino, E., y D. A. Case. "Human Observing: Maintained by Stimuli Correlated with Reinforcement but Not Extinction." *Journal of the Experimental Analysis of Behavior* 40 (1983): 193–210.

Fantino, E., y A. Silberberg. "Revisiting the Role of Bad News in Maintaining Human Observing Behavior." *Journal of the Experimental Analysis of Behavior* 93 (2010): 157–70.

Feltovich, P. J., M. J. Prietula, y K. A. Ericsson. "Studies of Expertise from Psychological Perspectives." In *The Cambridge Handbook of Expertise and Expert Performance*, edited by K. A. Ericsson, N. Charness, P. J. Feltovich, y R. R. Hoffman, págs. 41–67. New York: Cambridge University Press, 2006.

Ferguson, D. L., y J. Rosales-Ruiz. "Loading the Problem Loader: The Effects of Target Training and Shaping on Trailer-Loading Behavior of Horses." *Journal of Applied Behavior Analysis* 34 (2001): 409–24.

Ferraro, P. J., J. J. Miranda, y M. K. Price. "The Persistence of Treatment Effects with Norm-Based Policy Instruments: Evidence from a Randomized Environmental Policy Experiment." *American Economic Review* 101 (2011): 318–22.

Ferster, C. B., y B. F. Skinner. *Schedules of Reinforcement*. Englewood Cliffs, NJ: Prentice-Hall, 1957.

Fest, J. *Speer: The Final Verdict*. Translated by E. Osers and A. Dring. New York: Harcourt, 1999.

Fetterman, J. G., P. R. Killeen, y S. Hall. "Watching the Clock." *Behavioural Processes* 44 (1998): 211–24.

Field, A. P., y A. C. Moore. "Dissociating the Effects of Attention and Contingency Awareness on the Evaluative Conditioning Effects in the Visual Paradigm." *Cognition and Emotion* 19 (2005): 217–43.

Findley, J. D., y J. V. Brady. "Facilitation of Large Ratio Performance by Use of Conditioned Reinforcement." *Journal of the Experimental Analysis of Behavior* 8 (1965): 125–29.

Fjellanger, R., E. K. Andersen, y I. G. A. McLean. "Training Program for Filter-Search Mine Detection Dogs." *International Journal of Comparative Psychology* 15 (2002): 278–87.

Flor, H., N. Birbaumer, C. Hermann, S. Ziegler, y C. J. Patrick. "Aversive Pavlovian Conditioning in Psychopaths: Peripheral and Central Correlates." *Psychophysiology* 39 (2002): 505–18.

Flynn, J. R. "Massive IQ Gains in 14 Nations: What IQ Tests Really Measure." *Psychological Bulletin* 101 (1987): 171–91.

Forestell, C. A., y J. A. Mennella. "Children's Hedonic Judgments of Cigarette Smoke Odor: Effects of Parental Smoking and Maternal Mood." *Psychology of Addictive Behaviors* 19 (2005): 423–32.

Foster, S. "Impaired Behavior Regulation under Conditions of Concurrent Variable Schedules of Reinforcement in Children with ADHD." *Journal of Attention Disorders* 13 (2010): 358–68.

Fox, D. K., B. L. Hopkins, y W. K. Anger. "The Long-Term Effects of a Token Economy on Safety Performance in Open-Pit Mining." *Journal of Applied Behavior Analysis* 20 (1987): 215–24.

Fraga, M. F., E. Ballestar, M. F. Paz, S. Ropero, F. Setien, M. L. Ballestar, D. Heine-Suñer et al. "Epigenetic Differences Arise during the Lifetime of Monozygotic Twins." *Proceedings of the National Academy of Sciences* 102 (2005): 10604–10609.

Francis, D. D., J. Diorio, P. M. Plotsky, y M. J. Meaney. "Enrichment and Environmental Enrichment Reverses the Effects of Maternal Separation on Stress Reactivity." *Journal of Neuroscience* 22 (2002): 7840–43.

Franzen, J. *The Discomfort Zone*. New York: Picador, 2007.

———. "Lost in the Mail." Reprinted in *How to Be Alone: Essays*. New York: Farrar, Straus, y Giroux, 2002.

Frederick, S., G. Loewenstein, y T. O'Donoghue. "Time Discounting and Time Preference: A Critical Review." *Journal of Economic Literature* 40 (2002): 351–401.

Fredrickson, B. L., y M. F. Losada. "Positive Affect and the Complex Dynamics of Human Flourishing." *American Psychologist* 60 (2005): 678–86.

Freedman, D. H. "How to Fix the Obesity Crisis." *Scientific American* 304 (February 2, 2011): 20–27.

French, S. A., y P. Gendreau. "Reducing Prison Misconducts: What Works!" *Criminal Justice and Behavior* 33 (2006): 185–218.

Friman, P. C., M. Jones, G. Smith, D. L. Daly, y R. Larzelere. "Decreasing Disruptive Behavior by Adolescent Boys in Residential Care by Increasing Their Positive to Negative Interactional Ratios." *Behavior Modification* 21 (1997): 470–86.

Fryer, R. G. "Financial Incentives and Student Achievement: Evidence from Randomized Trials." National Bureau of Economic Research Working Paper 15898, 2010.

Gailliot, M. T., R. F. Baumeister, C. N. DeWall, J. K. Maner, E. A. Plant, D. M. Tice, L. E. Brewer, y B. J. Schmeichel. "Self-Control Relies on Glucose as a Limited Energy Source: Willpower Is More Than a Metaphor." *Journal of Personality and Social Psychology* 92 (2007): 325–36.

Gao, Y., A. Raine, P. H. Venables, M. E. Dawson, y S. A. Mednick. "Association of Poor Childhood Fear Conditioning and Adult Crime." *American Journal of Psychiatry* 167 (2010): 56–60.

Gardner, P. M. "Respect and Nonviolence among Recently Sedentary Paliyan Foragers." *Journal of the Royal Anthropological Institute* 6 (2000): 215–36.

Gendreau, P., y C. Goggin. "Principles of Effective Correctional Programming." *Forum on Corrections Research* 8 (1996): 38–41.

Gentry, W. D. "Fixed-Ratio Schedule-Induced Aggression." *Journal of the Experimental Analysis of Behavior* 11 (1968): 813–17.

Gerrodette, T., y L. Rojas-Bracho. "Estimating the Success of Protected Areas for the Vaquita *Phocoena sinus*." *Marine Mammal Science* 27 (2011): E101–E125.

Gewirtz, J. L., y D. M. Baer. "Deprivation and Satiation of Social Reinforcers as Drive Conditions." *Journal of Abnormal and Social Psychology* 57 (1958): 165–72.

Gilbert, D. T., R. W. Tafarodi, y P. S. Malone. "You Can't Not Believe Everything You Read." *Journal of Personality and Social Psychology* 65 (1993): 221–33.

Gilbert, S. F., y E. M. Jorgensen. "Wormwholes: A Commentary on K. F. Schaffner's 'Genes, Behavior and Developmental Emergentism.'" *Philosophy of Science* 65 (1998): 259–66.

Gilbert-Norton, L. B., T. A. Shahan, y J. A. Shivik. "Coyotes (*Canis latrans*) and the Matching Law." *Behavioural Processes* 82 (2009): 178–83.

Ginsburg, S., y E. Jablonka. "The Evolution of Associative Learning: A Factor in the Cambrian Explosion." *Journal of Theoretical Biology* 266 (2010): 11–20.

Giurfa, M., S. Zhang, A. Jenett, R. Menzel, y M. V. Srinivasan. "The Concepts of 'Sameness' and 'Difference' in an Insect." *Nature* 410 (2001): 930–33.

Gladwell, M. *Outliers: The Story of Success*. New York: Little, Brown, 2008.

Glaser, R., W. P. Lafuse, R. H. Bonneau, C. Atkinson, y J. K. Kiecolt-Glaser. "Stress-Associated Modulation of Proto-Oncogene Expression in Human Peripheral Blood Leukocytes." *Behavioral Neuroscience* 107 (1993): 525–29.

Glynn, E. L., J. D. Thomas, y S. M. Shee. "Behavioral Self-Control of On-Task Behavior in an Elementary Classroom." *Journal of Applied Behavior Analysis* 6 (1973): 105–13.

Gneezy, U., y A. Rustichini. "A Fine Is a Price." *Journal of Legal Studies* 29 (2000): 1–17.

Godin, J. G. J., y M. H. A. Keenleyside. "Foraging on Patchily Distributed Prey by a Cichlid Fish (*Teleosti, Cichlidae*): A Test of the Ideal Free Distribution Theory." *Animal Behaviour* 32 (1984): 120–31.

Goebel, M. U., A. E. Trebst, J. Steiner, Y. F. Xie, M. S. Exton, S. Frede, A. Canbay, M. C. Michel, U. Heemann, y M. Schedlowski. "Behavioral Conditioning of Immunosuppression Is Possible in Humans." *FASEB Journal* 16 (2002):1869–73.

Goetz, E. M., y D. M. Baer. "Social Control of Form Diversity and the Emergence of New Forms in Children's Blockbuilding." *Journal of Applied Behavior Analysis* 6 (1973): 209–17.

Goldberg, A. E. "The Nature of Generalization in Language." *Cognitive Linguistics* 20 (2009): 93–127.

Goldiamond, I. "A Diary of Self-Modification." *Psychology Today* 7 (November 1973): 95–102.

Goldman, L., G. D. Coover, y S. Levine. "Bidirectional Effects of Reinforcement Shifts on Pituitary Adrenal Activity." *Physiology & Behavior* 10 (1973): 209–14.

Goldstein, M. H., A. P. King, y M. J. West. "Social Interaction Shapes Babbling: Testing Parallels between Birdsong and Speech." *Proceedings of the National Academy of Sciences* 100 (2003): 8030–35.

Goldstein, N. J., R. B. Cialdini, y V. Griskevicius, "A Room with a Viewpoint: Using Social Norms to Motivate Environmental Conservation in Hotels." *Journal of Consumer Research* 35 (2008): 472–82.

Gottlieb, G. "Normally Occurring Environmental and Behavioral Influences on Gene Activity: From Central Dogma to Probabilistic Epigenesis." *Psychological Review* 105 (1998): 792–802.

Gottlieb, G. *Synthesizing Nature-Nurture: Prenatal Roots of Instinctive Behavior*. Mahway, NJ: Lawrence Erlbaum, 1997.

Gottman, J. M. *What Predicts Divorce? The Relationship between Marital Processes and Marital Outcomes*. Hillsdale, NJ: Erlbaum, 1994.

Gould, E. "How Widespread Is Adult Neurogenesis in Mammals?" *Nature Reviews Neuroscience* 8 (2007): 481–88.

Gould, J. "Stop Feeling Like a Fake." *Monitor on Psychology* 39, no. 7 (July 2008): 78.

Gould, J. L. "How Bees Remember Flower Shapes." *Science* 227 (1985): 1492–94.

Graham, J. M., y C. Desjardins. "Classical Conditioning: Induction of Luteinizing Hormone and Testosterone Secretion in Anticipation of Sexual Activity." *Science* 210 (1980): 1039–41.

Granier-Deferre, C., S. Bassereau, A. Ribeiro, A. Y. Jacquet, y A. J. DeCasper. "A Melodic Contour Repeatedly Experienced by Human Near-Term Fetuses Elicits a Profound Cardiac Reaction One Month after Birth." *PLoS ONE* 6 (2011): e17304.

Grant, B. R., y P. R. Grant. "What Darwin's Finches Can Teach Us about the Evolutionary Origin and Regulation of Biodiversity." *Bioscience* 53 (2003): 965–75.

Grant, B. S. "Fine Tuning the Peppered Moth Paradigm." *Evolution* 53 (1999): 980–84.

Gray, R. D. "Sparrows, Matching and the Ideal Free Distribution: Can Biological and Psychological Approaches Be Synthesized?" *Animal Behaviour* 48 (1994): 411–23.

Green, D. M., y Swets, J. A. *Signal Detection Theory and Psychophysics*. New York: Wiley, 1966.

Green, L., y J. Myerson. "A Discounting Framework for Choice with Delayed and Probabilistic Rewards." *Psychological Bulletin* 130 (2004): 769–92.

Greene, L., D. Kamps, J. Wyble, y C. Ellis. "Home-Based Consultation for Parents of Young Children with Behavioral Problems." *Child and Family Behavior Therapy* 21 (1999): 19–45.

Grescoe, T. *Bottomfeeder: How to Eat Ethically in a World of Vanishing Seafood*. New York: Bloomsbury, 2008.

Griffin, A. K. *Aristotle's Psychology of Conduct*. London: Williams and Norgate, 1931.

Grosch, J., y A. Neuringer. "Self-Control in Pigeons under the Mischel Paradigm." *Journal of the Experimental Analysis of Behavior* 35 (1981): 3–21.

Gros-Louis, J., M. H. Goldstein, A. P. King, y M. J. West. "Mothers Provide Differential Feedback to Infants' Prelinguistic Sounds." *International Journal of Behavioral Development* 30 (2006): 112–19.

Grossmann, K. E. "Continuous, Fixed-Ratio, y Fixed-Interval Reinforcement in Honey Bees." *Journal of the Experimental Analysis of Behavior* 20 (1973): 105–109.

Gubernick, D. J., y J. R. Alberts. "Maternal Licking of Young: Resource Exchange and Proximate Controls." *Physiology & Behavior* 31 (1983): 593–601.

Guo, J., J. Wang, y F. Luo. "Dissection of Placebo Analgesia in Mice: The Conditions for Activation of Opioid and Non-Opioid Systems." *Journal of Psychopharmacology* 24 (2010): 1561–67.

Hackenberg, T. D., y V. R. Joker. "Instructional versus Schedule Control of Humans' Choices in Situations of Diminishing Returns." *Journal of the Experimental Analysis of Behavior* 62 (1994): 367–83.

Hager, T. *The Demon under the Microscope: From Battlefield Hospitals to Nazi Labs, One Doctor's Heroic Search for the World's First Miracle Drug*. New York: Harmony, 2006.

Halpin, G., y G. Halpin. "Experimental Investigation of the Effects of Study and Testing on Student Learning, Retention, y Ratings of Instruction." *Journal of Educational Psychology* 74 (1982): 32–38.

Hanson, J. D., M. E. Larson, y C. T. Snowdon. "The Effects of Control over High Intensity Noise on Plasma Cortisol Levels in Rhesus Monkeys." *Behavioral Biology* 16 (1976): 333–40.

Hare, R. D. *Without Conscience: The Disturbing World of the Psychopaths among Us*. New York: Pocket, 1999.

Harlow, H. F., M. K. Harlow, y D. R. Meyer. "Learning Motivated by a Manipulation Drive." *Journal of Experimental Psychology* 40 (1950): 228–34.

Harrell, R. F., E. Woodyard, y A. I. Gates. *The Effect of Mothers' Diets on the Intelligence of the Offspring*. New York: Teachers College, 1955.

Harris, M. J., y R. Rosenthal. "Mediation of Interpersonal Expectancy Effects: 31 Meta-Analyses." *Psychological Bulletin* 97 (1985): 363–86.

Harshaw, C., I. P. Tourgeman, y R. Lickliter. "Stimulus Contingency and the Malleability of Species-Typical Auditory Preferences in Northern Bobwhite (*Colinus virginianus*) Hatchlings." *Developmental Psychobiology* 50 (2008): 460–72.

Hart, B., N. J. Reynolds, D. M. Baer, E. R. Brawley, y F. R. Harris. "Effect of Contingent and Non-Contingent Social Reinforcement on the Cooperative Play of a Preschool Child." *Journal of Applied Behavior Analysis* 1 (1968): 73–76.

Hart, B., y T. R. Risley. *Meaningful Differences in the Everyday Experience of Young American Children*. Baltimore: Paul H. Brookes, 1995.

Harwood, M., y E. Porter. *Moments of Discovery: Adventures with American Birds*. New York: Arch Cape, 1977.

Hayes, S. C., A. J. Brownstein, J. R. Haas, y D. E. Greenway. "Instructions, Multiple Schedules, y Extinction: Distinguishing Rule-Governed from Schedule-Controlled Behavior." *Journal of the Experimental Analysis of Behavior* 46 (1986): 137–47.

Hebb, D. O. *The Organization of Behavior: A Neuropsychological Theory*. New York: Wiley, 1949.

Heckman, J. J. "The Economics, Technology, y Neuroscience of Human Capability Formation." *Proceedings of the National Academy of Sciences* 104 (2007): 13250–55.

Heckman, J. J., y D. V. Masterov. "The Productivity Argument for Investing in Young Children." *Applied Economic Perspectives and Policy* 29 (2007): 446–93.

Hefferline, R. F., y B. Keenan. "Amplitude-Induction Gradient of a Small-Scale (Covert) Operant." *Journal of the Experimental Analysis of Behavior* 6 (1963): 307–15.

Heijmans, B. T., E. W. Tobia, A. D. Stein, H. Putter, G. J. Blauw, E. S. Sussere, P. E. Slagboom, y L. H. Lumey. "Persistent Epigenetic Differences Associated with Prenatal Exposure to Famine in Humans." *Proceedings of the National Academy of Sciences* 105 (2008): 17046–49.

Heim, C., y C. B. Nemeroff. "The Role of Childhood Trauma in the Neurobiology of Mood and Anxiety Disorders: Preclinical and Clinical Studies." *Biological Psychiatry* 49 (2001): 1023–39.

Henig, J. R. *What Do We Know about the Outcomes of KIPP Schools?* East Lansing, MI: Great Lakes Center for Education Research and Practice, November 2008.

Herman, L. M., D. G. Richards, y J. P. Wolz. "Comprehension of Sentences by Bottlenosed Dolphins." *Cognition* 16 (1984): 129–219.

Herrnstein, R. J., y P. A. de Villiers. "Fish as a Natural Category for People and Pigeons." *Psychology of Learning and Motivation* 14 (1980): 59–95.

Herrnstein, R. J., D. H. Loveland, y C. Cable. "Natural Concepts in Pigeons." *Journal of Experimental Psychology: Animal Behavior Processes* 2 (1976): 285–302.

Higgins, S. T., D. D. Delaney, A. J. Budney, W. K. Bickel, J. R. Hughes, F. Foerg, y J. W. Fenwick. "A Behavioral Approach to Achieving Initial Cocaine Abstinence." *American Journal of Psychiatry* 148 (1991): 1218–24.

Higgins, S. T., E. K. Morris, y L. M. Johnson. "Social Transmission of Superstitious Behavior in Preschool Children." *Psychological Record* 39 (1989): 307–23.

Hilty, S. L. *Birds of Tropical America: A Watcher's Introduction to Behavior, Breeding, y Diversity.* Shelburne, VT: Chapters Publishing, 1994.

Hiroto, D. S. "Locus of Control and Learned Helplessness." *Journal of Experimental Psychology,* 102 (1974): 187–93.

Hoch, J., y F. J. Symons. "Matching Analysis of Socially Appropriate and Destructive Behavior in Developmental Disabilities." *Research in Developmental Disabilities* 28 (2007): 238–48.

Hochberg, L. R., M. D. Serruya, G. M. Friehs, J. A. Mukand, M. Saleh, A. H. Caplan, A. Branner, et al. "Neuronal Ensemble Control of Prosthetic Devices by a Human with Tetraplegia." *Nature* 442 (2006): 164–71.

Hockey, G. R. J., y F. Earle. "Control over the Scheduling of Simulated Office Work Reduces the Impact of Workload on Mental Fatigue and Task Performance." *Journal of Experimental Psychology: Applied* 12 (2006): 50–65.

Hoebel, B. G. "Neuroscience and Motivation: Pathways and Peptides That Define Motivational Systems." In *Stevens' Handbook of Experimental Psychology,* 2nd ed., edited by R. C. Atkinson, R. J. Herrnstein, G. Lindzey, y R. D. Luce, págs. 547–625. Oxford: John Wiley and Sons, 1988.

Hoffman, C. M., G. S. Flory, y J. R. Alberts. "Neonatal Thermotaxis Improves Reversal of a Thermally Reinforced Operant Response." *Developmental Psychobiology* 34 (1999): 87–99.

Hoffman, H. G., A. Garcia-Palacios, A. Carlin, T. A. Furness, y C. Botella-Arbona. "Interfaces That Heal: Coupling Real and Virtual Objects to Treat Spider Phobia." *International Journal of Human-Computer Interaction* 16 (2003): 283–300.

Hoffman, H. S. *Amorous Turkeys and Addicted Ducklings: The Science of Social Bonding and Imprinting.* Boston: Authors Cooperative, 1996.

Hogan, L. C., M. Bell, y R. Olson. "Preliminary Investigation of the Reinforcement Function of Signal Detections in Simulated Baggage Screening: Further Support for the Vigilance Reinforcement Hypothesis." *Journal of Organizational Behavior Management* 29 (2009): 6–18.

Hokanson, J. E., K. R. Willers, y E. Koropsak. "The Modification of Autonomic Responses during Aggressive Interchange." *Journal of Personality* 36 (1968): 386–404.

Hollard, V., y M. C. Davison. "Preference for Qualitatively Different Reinforcers." *Journal of the Experimental Analysis of Behavior* 16 (1971): 375–80.

Hollerman, J. R., y W. Schultz. "Dopamine Neurons Report an Error in the Temporal Prediction of Reward during Learning." *Nature Neuroscience* 1 (1998): 304–309.

Holz, W. C., y N. H. Azrin. "Discriminative Properties of Punishment." *Journal of the Experimental Analysis of Behavior* 4 (1961): 225–32.

———. "Interactions between the Discriminative and Aversive Properties of Punishment." *Journal of the Experimental Analysis of Behavior* 5 (1962): 229–34.

Holzhaider, J. C., G. R. Hunt, y R. D. Gray. "The Development of Pandanus Tool Manufacture in Wild New Caledonian Crows." *Behaviour* 147 (2010a): 553–86.

———. "Social Learning in New Caledonian Crows." *Learning & Behavior* 38 (2010b): 206–19.

Hopko, D. R., C. W. Lejuez, J. P. Lepage, S. D. Hopko, y D. W. McNeil. "A Brief Behavioral Activation Treatment for Depression: A Randomized Pilot Trial within an Inpatient Psychiatric Hospital." *Behavior Modification* 27 (2003): 458–69.

Horne, P. J., y C. F. Lowe. "Determinants of Human Performance on Concurrent Schedules." *Journal of the Experimental Analysis of Behavior* 59 (1993): 29–60.

House, J. S., K. R. Landis, y D. Umberson. "Social Relationships and Health." *Science* 241 (1988): 540–45.

Houston, A. "The Matching Law Applies to Wagtails' Foraging in the Wild." *Journal of the Experimental Analysis of Behavior* 45 (1986): 15–18.

Howard, K. I., S. M. Kopta, M. S. Krause, y D. E. Orlinsky. "The Dose-Effect Relationship in Psychotherapy." *American Psychologist* 41 (1986): 159–64.

Howard, M. L., y K. G. White. "Social Influence in Pigeons (*Columba livia*): The Role of Differential Reinforcement." *Journal of the Experimental Analysis of Behavior* 79 (2003): 175–91.

Hughes, B. O., y A. J. Black. "The Preference of Domestic Hens for Different Types of Battery Cage Floor." *British Poultry Science* 14 (1973): 615–19.

Hughes, R. *The Fatal Shore*. New York: Vintage Books, 1986.

Humphrey, C. R., y Krout, J. A. "Traffic and the Suburban Highway Neighbor." *Traffic Quarterly* 29 (1975): 593–613.

Isaksen, J., y P. Holth. "An Operant Approach to Teaching Joint Attention Skills to Children with Autism." *Behavioral Interventions* 24 (2009): 215–36.

Itard, J. *The Wild Boy of Aveyron*. Translated by G. Humphrey and M. Humphrey. New York: Appleton-Century-Crofts, 1962. Originally published in 1801 and in 1806.

Iversen, I. H., y J. Mogensen. "A Multipurpose Vertical Holeboard with Automated Recording of Spatial and Temporal Response Patterns for Rodents." *Journal of Neuroscience Methods* 25 (1988): 251–63.

Iwata, B. A., G. M. Pace, M. F. Dorsey, J. R. Zarcone, T. R. Vollmer, R. G. Smith, T. A. Rodgers, et al. "The Functions of Self-Injurious Behavior: An Experimental-Epidemiological Analysis." *Journal of Applied Behavior Analysis* 27 (1994): 215–40.

Iyengar, S. S., y M. R. Lepper. "When Choice Is Demotivating: Can One Desire Too Much of a Good Thing?" *Journal of Personality and Social Psychology* 79 (2000): 995–1006.

Jablonka, E., y M. J. Lamb. *Evolution in Four Dimensions: Genetic, Epigenetic, Behavioral, y Symbolic Variation in the History of Life*. Cambridge, MA: MIT Press, 2005.

Jablonka, E., y G. Raz. "Transgenerational Epigenetic Inheritance: Prevalence, Mechanisms, y Implications for the Study of Heredity and Evolution." *Quarterly Review of Biology* 84 (2009): 131–76.

Jackson, J. B. C., M. X. Kirby, W. H. Berger, K. A. Bjorndal, L. W. Botsford, B. J. Bourque, R. H. Bradbury, et al. "Historical Overfishing and the Recent Collapse of Coastal Ecosystems." *Science* 293 (2001): 629–37.

Jackson, K., y T. D. Hackenberg. "Token Reinforcement, Choice, y Self-Control in Pigeons." *Journal of the Experimental Analysis of Behavior* 66 (1996): 29–49.

Janata, P., B. Tillmann, y J. J. Bharucha. "Listening to Polyphonic Music Recruits Domain-General Attention and Working Memory Circuits." *Cognitive, Affective & Behavioral Neuroscience* 2 (2002): 121–40.

Jimura K., J. Myerson, J. Hilgard, T. S. Braver, y L. Green. "Are People Really More Patient Than Other Animals? Evidence from Human Discounting of Real Liquid Rewards." *Psychonomic Bulletin and Review* 16 (2009): 1071–75.

Johansen, E. B., P. R. Killeen, V. A. Russell, G. Tripp, J. R. Wickens, R. Tannock, J. Williams, y T. Sagvolden. "Origins of Altered Reinforcement Effects in ADHD." *Behavioral and Brain Functions* 5 (2009): 7.

Johansen-Berg, H., M. F. S. Rushworth, M. D. Bogdanovic, U. Kischka, S. Wimalaratna, y P. M. Matthews. "The Role of Ipsilateral Premotor Cortex in Hand Movement after Stroke." *Proceedings of the National Academy of Sciences* 99 (2002): 14518–23.

Johns, M., T. Schmader, y A. Martens. "Knowing Is Half the Battle: Teaching Stereotype Threat as a Means of Improving Women's Math Performance." *Psychological Science* 16 (2005): 175–79.

Johnson, D. A., y A. M. Dickinson. "Employee of the Month Programs: Do They Really Work?" *Journal of Organizational Behavior Management* 30 (2010): 308–24.

Johnson, N. A. *Darwinian Detectives: Revealing the Natural History of Genes and Genomes.* Oxford: Oxford University Press, 2007.

Jolly, A. *The Evolution of Primate Behavior.* 2nd ed. New York: Macmillan, 1985.

Jones, N. *The Plimsoll Sensation: The Great Campaign to Save Lives at Sea.* London: Little, Brown, 2006.

Jwaideh, A. R. "Responding under Chained and Tandem Fixed-Ratio Schedules." *Journal of the Experimental Analysis of Behavior* 19 (1973): 259–67.

Jwaideh, A. R., y D. E. Mulvaney. "Punishment of Observing by a Stimulus Associated with the Lower of Two Reinforcement Frequencies." *Learning and Motivation* 7 (1976): 211–22.

Kahng, S., B. A. Iwata, y A. B. Lewin. "Behavioral Treatment of Self-Injury, 1964 to 2000." *American Journal on Mental Retardation* 107 (2002): 212–21.

Karjalainen, S. "Consumer Preferences for Feedback on Household Electricity Consumption." *Energy and Buildings* 43 (2011): 458–67.

Karlsson, N., G. Loewenstein, y D. Seppi. "The Ostrich Effect: Selective Attention to Information." *Journal of Risk and Uncertainty* 38 (2009): 95–115.

Kast, B. "Decisions, Decisions." *Nature* 411 (2001): 126–28.

Kastelein, R. A., y P. R. Wiepkema. "The Significance of Training for the Behaviour of Steller Sea Lions (*Eumetopias jubatai*) in Human Care." *Aquatic Mammals* 14 (1988): 39–41.

Katz, J. S., A. A. Wright, y K. D. Bodily. "Issues in the Comparative Cognition of Abstract Concept Learning." *Comparative Cognition & Behavior Reviews* 1 (2007): 79–92.

Kavanau, J. L. "Compulsory Regime and Control of Environment in Animal Behavior: I. Wheel-Running." *Behaviour* 20 (1963): 251–81.

Kazdin, A. E. *The Kazdin Method for Parenting the Defiant Child.* Boston: Houghton Mifflin, 2008.

———. "Role of Instructions and Reinforcement in Behavior Changes in Token Reinforcement Programs." *Journal of Educational Psychology* 64 (1973): 63–71.

Kelley, A. E., y K. C. Berridge. "The Neuroscience of Natural Rewards: Relevance to Addictive Drugs." *Journal of Neuroscience* 22 (2002): 3306–11.

Kelly, J. F., y D. F. Hake. "An Extinction-Induced Increase in an Aggressive Response with Humans." *Journal of the Experimental Analysis of Behavior* 14 (1970): 153–64.

Kenison, K. Foreword to *Best American Short Stories 2003*, edited by W. Mosley, págs. v–x. Boston: Houghton Mifflin, 2003.

Kennedy, C. H., M. Caruso, y T. Thompson. "Experimental Analyses of Gene-Brain-Behavior Relations: Some Notes on Their Application." *Journal of Applied Behavior Analysis* 34 (2001): 539–49.

Kern, L., C. M. Vorndran, A. Hilt, J. E. Ringdahl, B. E. Adelman, y G. Dunlap. "Choice as an Intervention to Improve Behavior: A Review of the Literature." *Journal of Behavioral Education* 8 (1998): 151–69.

Kessel, E. L. "The Mating Activities of Balloon Flies." *Systematic Zoology* 4 (1955): 97–104.

Kessler, R. C. "The Effects of Stressful Life Events on Depression." *Annual Review of Psychology* 48 (1997): 191–214.

Kieran, J. *Footnotes on Nature.* Garden City, NY: Doubleday, 1947.

King, A. P., M. J. West, y M. H. Goldstein. "Non-Vocal Shaping of Avian Song Development: Parallels to Human Speech Development." *Ethology* 111 (2005): 101–17.

Kish, G. B., y G. W. Barnes. "Reinforcing Effects of Manipulation in Mice." *Journal of Comparative and Physiological Psychology* 54 (1961): 713–15.

Kitchen, Martin (2015). *Speer: Hitler's Architect*. Yale University Press.

Kivetz, R., O. Urminsky, y Y. Zheng. "The Goal-Gradient Hypothesis Resurrected: Purchase Acceleration, Illusionary Goal Progress, y Customer Retention." *Journal of Marketing Research* 43 (2006): 39–58.

Kjelle, M. M. *S. E. Hinton: Author of* The Outsiders. Berkeley Heights, NJ: Enslow, 2008.

Kleim, J. A., S. Barbay, N. R. Cooper, T. M. Hogg, C. N. Reidel, M. S. Remple, y R. J. Nudo. "Motor Learning-Dependent Synaptogenesis Is Localized to Functionally Reorganized Motor Cortex." *Neurobiology of Learning and Memory* 77 (2002): 63–77.

Kleim, J. A., E. Lussnig, E. R. Schwarz, T. A. Comery, y W. T. Greenough. "Synaptogenesis and FOS Expression in the Motor Cortex of the Adult Rat after Motor Skill Learning." *Journal of Neuroscience* 16 (1996): 4529–35.

Klein, J. L., R. F. P. MacDonald, G. Vaillancourt, W. H. Ahearn, y W. V. Dube. "Teaching Discrimination of Adult Gaze Direction to Children with Autism." *Research in Autism Spectrum Disorders* 3 (2009): 42–49.

Klein, K. J. K., y S. D. Hodges. "Gender Differences, Motivation, y Empathic Accuracy: When It Pays to Understand." *Personality and Social Psychology Bulletin* 27 (2001): 720–30.

Knutson, B., G. W. Fong, S. M. Bennett, C. M. Adams, y D. Hommer. "A Region of Mesial Prefrontal Cortex Tracks Monetarily Rewarding Outcomes: Characterization with Rapid Event-Related fMRI." *NeuroImage* 18 (2003): 263–72.

Koda, H., C. Oyakawa, A. Kato, y N. Masataka. "Experimental Evidence for the Volitional Control of Vocal Production in an Immature Gibbon." *Behaviour* 144 (2007): 681–92.

Kohlenberg, R., y T. Phillips. "Reinforcement and Rate of Litter Depositing." *Journal of Applied Behavior Analysis* 6 (1973): 391–96.

Kollins, S. H. "Delay Discounting Is Associated with Substance Use in College Students." *Addictive Behaviors* 28 (2003): 1167–73.

Kollins, S. H., M. C. Newland, y T. S. Critchfield. "Human Sensitivity to Reinforcement in Operant Choice: How Much Do Consequences Matter?" *Psychonomic Bulletin and Review* 4 (1997): 208–20.

Koo, M., y A. Fishbach. "Dynamics of Self-Regulation: How (Un)accomplished Goal Actions Affect Motivation." *Journal of Personality and Social Psychology* 94 (2008): 183–95.

Kortick, S. A., y R. M. O'Brien. "The World Series of Quality Control: A Case Study in the Package Delivery Industry." *Journal of Organizational Behavior Management* 16 (1996): 77–93.

Krause, T. R., K. J. Seymour, y K. C. M. Sloat. "Long-Term Evaluation of a Behavior-Based Method for Improving Safety Performance: A Meta-Analysis of 73 Interrupted Time-Series Replications." *Safety Science* 32 (1999): 1–18.

Krebs, D. "Empathy and Altruism." *Journal of Personality and Social Psychology* 32 (1975): 1134–46.

Krützen, M., J. Mann, M. R. Heithaus, R. C. Connor, L. Bejder, y W. B. Sherwin. "Cultural Transmission of Tool Use in Bottlenose Dolphins." *Proceedings of the National Academy of Sciences* 102 (2005): 8939–43.

Kuczaj, S. A. "Children's Judgments of Grammatical and Ungrammatical Irregular Past-Tense Verbs." *Child Development* 49 (1978): 319–26.

Kupfer, A. S., R. Allen, y E. F. Malagodi. "Induced Attack during Fixed-Ratio and Matched-Time Schedules of Food Presentation." *Journal of the Experimental Analysis of Behavior* 89 (2008): 31–48.

Kusayama, T., y S. Watanabe. "Reinforcing Effects of Methamphetamine in Planarians." *Neuroreport* 11 (2000): 2511–13.

LaBarbera, J. D., y R. M. Church. "Magnitude of Fear as a Function of Expected Time to an Aversive Event." *Animal Learning & Behavior* 2 (1974): 199–202.

Lamarre, J., y J. G. Holland. "The Functional Independence of Mands and Tacts." *Journal of the Experimental Analysis of Behavior* 43 (1985): 5–19.

Lamb, R. J., K. C. Kirby, A. R. Morral, G. Galbicka, y M. Y. Iguchi. "Shaping Smoking Cessation in Hard-to-Treat Smokers." *Journal of Consulting and Clinical Psychology* 78 (2010): 62–71.

Langer, E. J., y J. Rodin. "The Effects of Choice and Enhanced Personal Responsibility for the Aged: A Field Experiment in an Institutional Setting." *Journal of Personality and Social Psychology* 34 (1976): 191–98.

Lanphear, B. P., R. Hornung, J. Khoury, K. Yolton, P. Baghurst, D. C. Bellinger, R. L. Canfield, et al. "Low-Level Environmental Lead Exposure and Children's Intellectual Function: An International Pooled Analysis." *Environmental Health Perspectives* 113 (2005): 894–99.

Latané, B., y S. Nida. "Ten Years of Research on Group Size and Helping." *Psychological Bulletin* 89 (1981): 308–24.

Latham, G. I. "Interacting with At-Risk Children: The Positive Approach." *Principal* 72 (1992): 26– 30.

Lattal, K. A., y S. Gleeson. "Response Acquisition with Delayed Reinforcement." *Journal of Experimental Psychology: Animal Behavior Processes* 16 (1990): 27–39.

Lattal, K. A., y B. Metzger. "Response Acquisition by Siamese Fighting Fish (*Betta splendens*) with Delayed Visual Reinforcement." *Journal of the Experimental Analysis of Behavior* 61 (1994): 35–44.

Lazic, M., S. M. Schneider, y R. Lickliter. "Enriched Rearing Facilitates Spatial Exploration in Northern Bobwhite (*Colinus virginianus*) Neonates." *Developmental Psychobiology* 49 (2007): 548–51.

Learmonth, A. E., R. Lamberth, y C. Rovee-Collier. "Generalization of Deferred Imitation during the First Year of Life." *Journal of Experimental Child Psychology* 88 (2004): 297–318.

Least Heat Moon, W. *Blue Highways: A Journey into America*. New York: Fawcett Crest, 1982.

Lee, A., S. Clancy, y A. S. Fleming. "Mother Rats Bar-Press for Pups: Effects of Lesions of the MPOA and Limbic Sites on Maternal Behavior and Operant Responding for Pup-Reinforcement." *Behavioural Brain Research* 100 (1999): 15–31.

Leight, K. A., y H. C. Ellis. "Emotional Mood States, Strategies, y State-Dependency in Memory." *Journal of Verbal Learning and Verbal Behavior* 20 (1981): 251–66.

Lejeune, H., y J. H. Wearden. "Scalar Properties in Animal Timing: Conformity and Violations." *Quarterly Journal of Experimental Psychology* 59 (2006): 1875–1908.

Lejuez, C. W., G. H. Eifert, M. J. Zvolensky, y J. B. Richards. "Preference between Onset Predictable and Unpredictable Administrations of 20% Carbon-Dioxide-Enriched Air: Implications for Better Understanding the Etiology and Treatment of Panic Disorder." *Journal of Experimental Psychology: Applied* 6 (2000): 349–58.

Lekander, M., C. J. Fürst, S. Rotstein, H. Blomgren, y M. Fredrikson. "Anticipatory Immune Changes in Women Treated with Chemotherapy for Ovarian Cancer." *International Journal of Behavioral Medicine* 2 (1995): 1–12.

Leshan, L. L., y R. E. Worthington. "Personality as a Factor in the Pathogenesis of Cancer: A Review of the Literature." *British Journal of Medical Psychology* 29 (1956): 49–56.

Levenson, R. W., y J. M. Gottman. "Marital Interaction: Physiological Linkage and Affective Exchange." *Journal of Personality and Social Psychology* 45 (1983): 587–97.

Levey, D. J., G. A. Londoño, J. Ungvari-Martin, M. R. Hiersoux, J. E. Jankowski, J. R. Poulsen, C. M. Stracey, y S. K. Robinson. "Urban Mockingbirds Quickly Learn to Recognize Individual People." *Proceedings of the National Academy of Sciences* 106 (2009): 8959–62.

Levitt, S. D., y S. J. Dubner. *Freakonomics: A Rogue Economist Explores the Hidden Side of Everything*. New York: Morrow, 2005.

Lewontin, R. "The Units of Selection." *Annual Reviews of Ecology and Systematics* 1 (1970): 1–18.

Li, G., J. Wang, S. J. Rossiter, G. Jones, y S. Zhang. "Accelerated FoxP2 Evolution in Echolocating Bats." *PLoS ONE* 2 (2007): e900.

Li, J., J. Krauth, y J. P. Huston. "Operant Behavior of Rats under Fixed-Interval Reinforcement Schedules: A Dynamical Analysis via the Extended Return Map." *Nonlinear Dynamics, Psychology, y Life Sciences* 10 (2006): 215–40.

Lieberman, P. *Human Language and Our Reptilian Brain: The Subcortical Bases of Speech, Syntax, y Thought*. Cambridge, MA: Harvard University Press, 2002.

Lightdale, J. R., y D. A. Prentice. "Rethinking Sex Differences in Aggression: Aggressive Behavior in the Absence of Social Roles." *Personality and Social Psychology Bulletin* 20 (1994): 34–44.

Lilly, J. S., y A. M. Miller. "Operant Conditioning of the Bottlenose Dolphin with Electrical Stimulation of the Brain." *Journal of Comparative and Physiological Psychology* 55 (1962): 73–77.

List, J. A., y D. Lucking-Reiley. "The Effects of Seed Money and Refunds on Charitable Giving: Experimental Evidence from a University Capital Campaign." *Journal of Political Economy* 110 (2002): 215–33.

Livingston, G., K. Johnston, C. Katona, J. Paton, C. G. Lyketsos, y Old Age Task Force of the World Federation of Biological Psychiatry. "Systematic Review of Psychological Approaches to the Management of Neuropsychiatric Symptoms of Dementia." *American Journal of Psychiatry* 162 (2005): 1996–2021.

Lockhart, R. A. "Temporal Conditioning of GSR." *Journal of Experimental Psychology* 71 (1966): 438–46.

Loewenstein, G. "Anticipation and the Valuation of Delayed Consumption." *Economic Journal* 97 (1987): 666–84.

Logue, A. W. "Taste Aversion and the Generality of the Laws of Learning." *Psychological Bulletin* 86 (1979): 276–96.

Lohr, J. M., B. O. Olatunji, y C. N. Sawchuk. "A Functional Analysis of Danger and Safety Signals in Anxiety Disorders." *Clinical Psychology Review* 27 (2007): 114–26.

Lorenzetti, F. D., R. Mozzachiodi, D. A. Baxter, y J. H. Byrne. "Classical and Operant Conditioning Differentially Modify the Intrinsic Properties of an Identified Neuron." *Nature Neuroscience* 9 (2005): 17–19.

Losada, M., y E. Heaphy. "The Role of Positivity and Connectivity in the Performance of Business Teams: A Nonlinear Dynamics Model." *American Behavioral Scientist* 47 (2004): 740–65.

Louie, K., y P. W. Glimcher. "Separating Value from Choice: Delay Discounting Activity in the Lateral Intraparietal Area." *Journal of Neuroscience* 30 (2010): 5498–507.

Louie, T. A., R. L. Kulik, y R. Jacobson. "When Bad Things Happen to the Endorsers of Good Products." *Marketing Letters* 12 (2001): 13–23.

Lovaas, O. I. "Behavioral Treatment and Normal Educational and Intellectual Functioning in Young Autistic Children." *Journal of Consulting and Clinical Psychology* 55 (1987): 3–9.

Lowe, C. F., A. Beasty, y R. P. Bentall. "The Role of Verbal Behavior in Human Learning: Infant Performance on Fixed-Interval Schedules." *Journal of the Experimental Analysis of Behavior* 39 (1983): 157–64.

Lowe, C. F., P. J. Horne, K. Tapper, M. Bowdery and C. Egerton. "Effects of a Peer Modelling and Rewards-Based Intervention to Increase Fruit and Vegetable Consumption in Children." *European Journal of Clinical Nutrition* 58 (2004): 510–22.

Ludwig, T. D., y E. S. Geller. "Intervening to Improve the Safety of Delivery Drivers: A Systematic Behavioral Approach." *Journal of Organizational Behavior Management* 19 (2000): 1–124.

Lyko, F., S. Foret, R. Kucharski, S. Wolf, C. Falckenhayn, y R. Maleszka. "The Honey Bee Epigenomes: Differential Methylation of Brain DNA in Queens and Workers." *PLoS Biology* 8 (2010): e1000506.

Lyn, H., P. M. Greenfield, S. Savage-Rumbaugh, K. Gillespie-Lynch, y W. D. Hopkins. "Nonhuman Primates Do Declare! A Comparison of Declarative Symbol and Gesture Use in Two Children, Two Bonobos, y a Chimpanzee." *Language & Communication* 31 (2011): 63–74.

Lyon, C. "Doing a Rowling." In *Jeff Herman's Guide to Book Publishers, Editors, y Literary Agents 2008*, edited by J. Herman, págs. 861–64. Stockbridge, MA: Three Dog Press, 2008.

Macario, J. F. "Young Children's Use of Color in Classification: Foods and Canonically Colored Objects." *Cognitive Development* 6 (1991): 17–46.

Maccoby, E. E. *The Two Sexes: Growing Up Apart, Coming Together*. Cambridge, MA: Harvard University Press, 2003.

Mace, F. C., B. McCurdy, y E. A. Quigley. "A Collateral Effect of Reward Predicted by Matching Theory." *Journal of Applied Behavior Analysis* 23 (1990): 197–205.

Machado, A., R. Keen, y E. Macaux, "Making Analogies Work: A Selectionist Model of Choice Behavior." In *Reflections on Adaptive Behavior: Essays in Honor of J. E. R. Staddon*, edited by N. K. Innis, págs. 23–50. Cambridge, MA: MIT Press, 2009.

MacQueen G., J. Marshall, M. Perdue, S. Siegel, y J. Bienenstock. "Pavlovian Conditioning of Rat Mucosal Mast Cells to Secrete Rat Mast Cell Protease II." *Science* 243 (1989): 83–85.

Madden, G. J., y M. Perone. "Human Sensitivity to Concurrent Schedules of Reinforcement: Effects of Observing Schedule-Correlated Stimuli." *Journal of the Experimental Analysis of Behavior* 71 (1999): 303–18.

Madsen, C. H., W. C. Becker, y D. R. Thomas. "Rules, Praise, y Ignoring: Elements of Elementary Classroom Control." *Journal of Applied Behavior Analysis* 1 (1968): 139–50.

Madsen, C. H., C. K. Madsen, R. A. Saudargas, W. R. Hammond, J. B. Smith, y D. E. Edgar. "Classroom Raid (Rules, Approval, Ignore, Disapproval): A Cooperative Approach for Professionals and Volunteers." *Journal of School Psychology* 8 (1970): 180–85.

Magoon, M. A., y T. S. Critchfield. "Concurrent Schedules of Positive and Negative Reinforcement: Differential-Impact and Differential-Outcomes Hypotheses." *Journal of the Experimental Analysis of Behavior* 90 (2008): 1–22.

Maher, E. "Use of Food Items for Environmental Enrichment in a Large Aviary at the San Diego Zoo." *Proceedings of the Seventh International Conference on Environmental Enrichment*, págs. 329–31. New York: Shape of Enrichment, 2005.

Maier, S. F., C. Anderson, y D. A. Lieberman. "Influence of Control of Shock on Subsequent Shock-Elicited Aggression." *Journal of Comparative and Physiological Psychology* 81 (1972): 94–100.

Maloney, R. F., y I. G. McLean. "Historical and Experimental Learned Predator Recognition in Free-Living New Zealand Robins." *Animal Behaviour* 50 (1995): 1193–201.

Manabe, K., T. Kawashima, y J. E. Staddon. "Differential Vocalization in Budgerigars: Towards an Experimental Analysis of Naming." *Journal of the Experimental Analysis of Behavior* 63 (1995): 111–26.

Maple, T. L. "Toward a Science of Welfare for Animals in the Zoo." *Journal of Applied Animal Welfare Science* 10 (2007): 63–70.

Maratsos, M. "Some Current Issues in the Study of the Acquisition of Grammar." In *Handbook of Child Psychology*, vol. 3, edited by P. H. Mussen, págs. 707–86. New York: Wiley, 1983.

Mark, E. "Reducing Stress in Northern Bald Ibis through Training." *ABMA Wellspring* 8 (2007):10– 18.

Markarian, M. "Positive Parenting: How to Encourage Good Behavior." *Healthy Children Magazine* (Winter 2008): 22–23.

Markham, J. A., y W. T. Greenough. "Experience-Driven Brain Plasticity: Beyond the Synapse." *Neuron Glia Biology* 1 (2004): 351–63.

Markowitz, H. "Engineering Environments for Behavioral Opportunities in the Zoo." *Behavior Analyst* 1 (1978): 34–47.

Markowitz, H., y S. Line. "Primate Research Models and Environmental Enrichment." In *Housing, Care and Psychological Well-Being of Captive and Laboratory Primates*, edited by E. F. Segal, págs. 203–12. Park Ridge, NJ: Noyes, 1989.

Marley, E., y W. H. Morse. "Operant Conditioning in the Newly Hatched Chicken." *Journal of the Experimental Analysis of Behavior* 9 (1966): 95–103.

Marmot, M. G., G. Davey Smith, S. Stansfield, C. Patel, F. North, J. Head, I. White, E. Brunner, y A. Feeney. "Inequalities in Health 20 Years On: The Whitehall II Study of British Civil Servants." *Lancet* 337 (1991): 1387–93.

Marmot, M. G., G. Rose, M. Shipley, y P. J. Hamilton. "Employment Grade and Coronary Heart Disease in British Civil Servants." *Journal of Epidemiology and Community Health* 32 (1978): 244–49.

Marr, M. J. "Behavior Dynamics: One Perspective." *Journal of the Experimental Analysis of Behavior* 57 (1992): 249–66.

Marzluff, J. M., J. Walls, H. N. Cornell, J. C. Withey, y D. P. Craig. "Lasting Recognition of Threatening People by Wild American Crows." *Animal Behaviour* 79 (2010): 699–707.

Mataga, N., S. Fujishima, B. G. Condie, y T. K. Hensch. "Experience-Dependent Plasticity of Mouse Visual Cortex in the Absence of the Neuronal Activity-Dependent Marker egr1/zif268." *Journal of Neuroscience* 21 (2001): 9724–32.

Mattaini, M. *Peace Power for Adolescents: Strategies for a Culture of Nonviolence*. Washington, DC: NASW Press, 2001.

Matthews, L. R., y W. Temple. "Concurrent Schedule Assessment of Food Preference in Cows." *Journal of the Experimental Analysis of Behavior* 32 (1979): 245–54.

Maurice, C. *Let Me Hear Your Voice: A Family's Triumph over Autism*. New York: Knopf, 1993.

Mayer, G. R., L. K. Mitchell, T. Clementi, E. Clement-Robertson, R. Myatt, y D. Thomas Bullara. "A Dropout Prevention Program for At-Risk High School Students: Emphasizing Consulting to Promote Positive Classroom Climates." *Education & Treatment of Children* 16 (1993): 135–46.

Mazur, J. E. *Learning and Behavior*. 6th ed. Englewood Cliffs, NJ: Prentice-Hall, 2005.

———. "Procrastination by Pigeons: Preference for Larger, More Delayed Work Requirements." *Journal of the Experimental Analysis of Behavior* 65 (1996): 159–71.

Mazur, J. E., y D. R. Biondi. "Delay-Amount Tradeoffs in Choices by Pigeons and Rats: Hyperbolic versus Exponential Discounting." *Journal of the Experimental Analysis of Behavior* 91 (2009): 197–211.

Mazzucchelli, T., R. Kane, y C. Rees. "Behavioral Activation Treatments for Depression in Adults: A Meta-Analysis and Review." *Clinical Psychology: Science and Practice* 16 (2009): 383–411.

McAdie, T. M., T. M. Foster, y W. Temple. "Concurrent Schedules: Quantifying the Aversiveness of Noise." *Journal of the Experimental Analysis of Behavior* 65 (1996): 37–55.

McAdie, T. M., L. J. Keeling, H. J. Blokhuis, y R. B. Jones. "Reduction in Feather Pecking and Improvement of Feather Condition with the Presentation of a String Device to Chickens." *Applied Animal Behaviour Science* 93 (2005): 67–80.

McClellan, J. M. "Left Seat: The Psychology of Safety." *Flying* 137, June 6, 2010, págs. 8–10.

McDowell, J. J., R. Bass, y R. Kessel. "A New Understanding of the Foundation of Linear System Analysis and an Extension to Nonlinear Cases." *Psychological Review* 100 (1993): 407–19.

McDowell, J. J., M. L. Caron, S. Kulubekova, y J. P. Berg. "A Computational Theory of Selection by Consequences Applied to Concurrent Schedules." *Journal of the Experimental Analysis of Behavior* 90 (2008): 387–403.

McKenzie, B., y R. H. Day. "Orientation Discrimination in Infants: A Comparison of Visual Fixation and Operant Training Methods." *Journal of Experimental Child Psychology* 11 (1971): 366–75.

McMillan, D. E., H. Li, y C. C. Hardwick. "Schedule Control of Quantal and Graded Dose-Effect Curves in a Drug-Drug-Saline Discrimination." *Pharmacology Biochemistry and Behavior* 68 (2001): 395–402.

Medina, M., K. Jones, C. Vitale, y P. Reiser. "The Bronx Zoo's Tiger Mountain: An Exhibit as Enrichment." *Proceedings of the Seventh International Conference on Environmental Enrichment*, págs. 55–59. New York: Shape of Enrichment, 2005.

Mehrabian, A. *Silent Messages*. Oxford: Wadsworth, 1971.

Merabet, L. B., R. Hamilton, G. Schlaug, J. D. Swisher, E. T. Kiriakopoulos, N. B. Pitskel, T. Kauffman, y A. Pascual-Leone. "Rapid and Reversible Recruitment of Early Visual Cortex for Touch." *PLoS ONE* 3 (2008): e3046.

Merzenich, M. M., y R. C. deCharms, "Neural Representations, Experience, y Change." In *The Mind-Brain Continuum: Sensory Processes*, edited by R. R. Llinás and P. S. Churchland, págs. 61–82. Cambridge, MA: MIT Press, 1996.

Meyer, M. E. "Light Onset or Offset Contingencies within a Simple or Complex Environment." *Journal of Comparative and Physiological Psychology* 66 (1968): 542–44.

Michael, J. "Comments by the Discussant." *Psychological Record* 37 (1987): 37–42.

Midlarsky, E., y J. H. Bryan. "Training Charity in Children." *Journal of Personality and Social Psychology* 5 (1967): 408–15.

Milgram, S. *Obedience to Authority: An Experimental View*. New York: Harper and Row, 1974.

Miller, N. E. "Learning Resistance to Pain and Fear: Effects of Overlearning, Exposure, y Rewarded Exposure in Context." *Journal of Experimental Psychology* 60 (1960): 137–45.

Miller, R. L., P. Brickman, y D. Bolen. "Attribution versus Persuasion as a Means for Modifying Behavior." *Journal of Personality and Social Psychology* 31 (1975): 430–41.

Mineka, S., y R. Zinbarg. "A Contemporary Learning Theory Perspective on the Etiology of Anxiety Disorders: It's Not What You Thought It Was." *American Psychologist* 61 (2006): 10–26.

Minta, S. C., K. A. Minta, y D. F. L. Hunting. "Associations between Badgers (*Taxidea taxus*) and Coyotes (*Canis latrans*)." *Journal of Mammalogy* 73 (1992): 814–20.

Mischel, W., y E. B. Ebbesen. "Attention in Delay of Gratification." *Journal of Personality and Social Psychology* 16 (1970): 329–37.

Moerk, E. L. "Three-Term Contingency Patterns in Mother-Child Verbal Interactions during First-Language Acquisition." *Journal of the Experimental Analysis of Behavior* 54 (1990): 293–305.

Moffitt, T. E., L. Arseneault, D. Belsky, N. Dickson, R. J. Hancox, H. Harrington, R. Houts, et al. "A Gradient of Childhood Self-Control Predicts Health, Wealth, y Public Safety." *Proceedings of the National Academy of Sciences* 108 (2011): 2693–98.

Moir, J. *Return of the Condor*. Guilford, CT: Lyons Press, 2006.

Molina, B. S. G., S. P. Hinshaw, J. M. Swanson, L. E. Arnold, B. Vitiello, P. S. Jensen, J. N. Epstein, et al. "The MTA at 8 Years: Prospective Follow-Up of Children Treated for Combined Type ADHD in a Multisite Study." *Journal of the American Academy of Child and Adolescent Psychiatry* 48 (2009): 484–500.

Monaco, K. A., L. Olsson, y J. Hentges. "Hours of Sleep and Fatigue in Motor Carriage." *Contemporary Economic Policy* 23 (2005): 615–24.

Montaigne, Michel de. "On Vanity." In *The Essays of Montaigne*, vol. 17, edited by W. C. Hazilitt. Translated by C. Cotton. Original work published in 1580; Cotton translation published in 1877. Project Gutenberg EBook released on September 17, 2006. http://www.gutenberg.org/files/3597/3597.txt (URL comprobada, 14 de julio de 2023).

Monterosso, J., y G. Ainslie. "The Picoeconomic Approach to Addictions: Analyzing the Conflict of Successive Motivational States." *Addiction Research and Theory* 17 (2009): 115–34.

Moore, C. L. "The Role of Maternal Stimulation in the Development of Sexual Behavior and Its Neural Basis." *Annals of the New York Academy of Sciences* 662 (1992): 160–77.

Moore, D. S. *The Dependent Gene: The Fallacy of "Nature vs. Nurture."* New York: Freeman, 2001.

Moore, T. "Bloopers." *Washington Post*, January 9, 1977.

Moradi, F., G. T. Buracas, y R. B. Buxton. "Attention Strongly Increases Oxygen Metabolic Response to Stimulus in Primary Visual Cortex." *NeuroImage* 59 (2012): 601–607.

Morange, M. *The Misunderstood Gene*. Translated by M. Cobb. Cambridge, MA: Harvard University Press, 2001.

Morgan, H. D., H. G. E. Sutherland, D. I. K. Martin, y E. Whitelaw. "Epigenetic Inheritance at the Agouti Locus in the Mouse." *Nature Genetics* 23 (1999): 314–18.

Morgan, M. "Reward-Induced Decrements and Increments in Intrinsic Motivation." *Review of Educational Research* 54 (1984): 15–30.

Morin, P. A., F. I. Archer, A. D. Foote, J. Vilstrup, E. E. Allen, P. Wade, J. Durban, et al. "Complete Mitochondrial Genome Phylogeographic Analysis of Killer Whales (*Orcinus orca*) Indicates Multiple Species." *Genome Research* 20 (2010): 908–16.

Moskowitz, B. A. "The Acquisition of Language." *Scientific American* 239 (1978): 92–108.

Mueller, C. M., y C. S. Dweck. "Praise for Intelligence Can Undermine Children's Motivation and Performance." *Journal of Personality and Social Psychology* 75 (1998): 33–52.

Muir, J. *The Wilderness World of John Muir*. Edited by E. W. Teale. Boston: Houghton Mifflin, 1954.

Original work published in 1909.

Mundy, P., M. Sigman, J. Ungerer, y T. Sherman. "Defining the Social Deficits of Autism: The Contribution of Non-Verbal Communication Measures." *Journal of Child Psychology and Psychiatry* 27 (1986): 657–69.

Muraco, H. S., y Stamper M. A. "Training Spotted Eagle Rays (*Aetobatus narinari (Euphrasen)*) to Decrease Aggressive Behaviors towards Divers." *Journal of Aquariculture and Aquatic Science* 8 (2003): 88–98.

Murphy, M. S., y R. G. Cook. "Absolute and Relational Control of a Sequential Auditory Discrimination by Pigeons (*Columba livia*)." *Behavioural Processes* 77 (2008): 210–22.

Murphy, R. C. *Logbook for Grace: Whaling Brig Daisy, 1912–1913*. New York: Macmillan, 1947.

Myers, E. *When Parents Die*. Rev. ed. New York: Penguin, 1997.

Myers, S. M., y C. P. Johnson. "Management of Children with Autism Spectrum Disorders." *Pediatrics* 120 (2007): 1162–82.

Nakamichi, M., E. Kato, Y. Kojima, y N. Itoigawa. "Carrying and Washing of Grass Roots by Free-Ranging Japanese Macaques at Katsuyama." *Folia Primatologica* 69 (1998): 35–40.

Nargeot, R., y J. Simmers. "Neural Mechanisms of Operant Conditioning and Learning-Induced Behavioral Plasticity in *Aplysia*." *Cellular and Molecular Life Sciences* 68 (2011): 803–16.

Nation, J. R., y P. Massad. "Persistence Training: A Partial Reinforcement Procedure for Reversing Learned Helplessness and Depression." *Journal of Experimental Psychology: General* 107 (1978): 436–45.

Neef, N. A., F. C. Mace, M. C. Shea, y D. Shade. "Effects of Reinforcer Rate and Reinforcer Quality on Time Allocation: Extensions of Matching Theory to Educational Settings." *Journal of Applied Behavior Analysis* 25 (1992): 691–99.

Nelson, M. E. *Strong Women Stay Young*. New York: Bantam, 1997.

Nestle, M. *What to Eat*. New York: North Point Press, 2006.

Neumann, D. L. "The Effects of Physical Context Changes and Multiple Extinction Contexts on Two Forms of Renewal in a Conditioned Suppression Task with Humans." *Learning and Motivation* 37 (2006): 149–75.

Neuringer, A. "Can People Behave 'Randomly'?: The Role of Feedback." *Journal of Experimental Psychology: General* 115 (1986): 62–75.

———. "Reinforced Variability in Animals and People: Implications for Adaptive Action." *American Psychologist* 59 (2004): 891–906.

Neuringer, A., C. Deiss, y S. Imig. "Comparing Choices and Variations in People and Rats: Two Teaching Experiments." *Behavior Research Methods, Instruments & Computers* 32 (2000): 407–16.

Nishida, T. "Local Traditions and Cultural Transmission." In *Primate Societies*, edited by B. B. Smuts, D. L. Cheney, R. M. Seyfarth, R. W. Wrangham, y T. T. Struhsaker, págs. 462–74. Chicago: University of Chicago Press, 1987.

Niznikiewicz, M. A., y M. R. Delgado. "Two Sides of the Same Coin: Learning via Positive and Negative Reinforcers in the Human Striatum." *Developmental Cognitive Neuroscience* 1 (2011): 494–505.

Nuttin, J. M. "Affective Consequences of Mere Ownership: The Name Letter Effect in Twelve European Languages." *European Journal of Social Psychology* 17 (1987): 381–402.

O'Kane, G., E. A. Kensinger, y S. Corkin. "Evidence for Semantic Learning in Profound Amnesia: An Investigation with Patient H. M." *Hippocampus* 14 (2004): 417–25.

Okouchi, H. "Response Acquisition by Humans with Delayed Reinforcement." *Journal of the Experimental Analysis of Behavior* 91 (2009): 377–90.

Olds, J., y P. M. Milner. "Positive Reinforcement Produced by Electrical Stimulation of Septal Area and Other Regions of Rat Brain." *Journal of Comparative and Physiological Psychology* 47 (1954): 419–27.

O'Leary, K. D., K. F. Kaufman, R. E. Kass, y R. S. Drabman. "The Effects of Loud and Soft Reprimands on Behavior of Disruptive Students." *Exceptional Children* 37 (1970): 145–55.

Olson, M. A., y R. H. Fazio. "Implicit Attitude Formation through Classical Conditioning." *Psychological Science* 12 (2001): 413–17.

Olsson, A. S., y K. Dahlborn. "Improving Housing Conditions for Laboratory Mice: A Review of 'Environmental Enrichment.'" *Laboratory Animals* 36 (2002): 243–70.

Ono, K. "Superstitious Behavior in Humans." *Journal of the Experimental Analysis of Behavior* 47 (1987): 261–71.

Orlean, S. *The Orchid Thief*. New York: Random House, 1998.

Orwell, G. "How the Poor Die." In *Shooting an Elephant and Other Essays*. New York: Harcourt, Brace, 1950.

Ostaszewski, P., L. Green, y J. Myerson. "Effects of Inflation on the Subjective Value of Delayed and Probabilistic Rewards." *Psychonomic Bulletin and Review* 5 (1998): 324–33.

Ostlund, S. B., y B. W. Balleine. "Orbitofrontal Cortex Mediates Outcome Encoding in Pavlovian but Not Instrumental Conditioning." *Journal of Neuroscience* 27 (2007): 4819–25.

Ostrom, E. "A Diagnostic Approach for Going beyond Panaceas." *Proceedings of the National Academy of Sciences* 104 (2007): 15181–87.

———. "A General Framework for Analyzing Sustainability of Social-Ecological Systems." *Science* 325 (2009): 419–22.

Padilla, A. M., C. Padilla, T. Ketterer, y D. Giacolone. "Inescapable Shocks and Subsequent Avoidance Conditioning in Goldfish (*Carrasius auratus*)." *Psychonomic Science* 20 (1970): 295–96.

Page, S., y A. Neuringer. "Variability Is an Operant." *Journal of Experimental Psychology: Animal Behavior Processes* 11 (1985): 429–52.

Palameta, B., y L. Lefebvre. "The Social Transmission of a Food-Finding Technique in Pigeons: What Is Learned?" *Animal Behaviour* 33 (1985): 892–96.

Parsons, H. M. "What Caused the Hawthorne Effect?" *Administration and Society* 10 (1978): 259–83.

Passarelli, F., A. Merante, F. E. Pontieri, V. Margotta, G. Venturini, y G. Palladini. "Opioid-Dopamine Interaction in Planaria: A Behavioral Study." *Comparative Biochemistry and Physiology* 124 (1999): 51–55.

Patel, A. D., J. R. Iversen, M. R. Bregman, y I. Schulz, "Experimental Evidence for Synchronization to a Musical Beat in a Nonhuman Animal." *Current Biology* 19 (2009): 827–30.

Pedalino, E., y V. U. Gamboa. "Behavior Modification and Absenteeism: Intervention in One Industrial Setting." *Journal of Applied Psychology* 59 (1974): 694–98.

Pedersen, L. J., L. Holm, M. B. Jensen, y E. Jorgensen. "The Strength of Pigs' Preferences for Different Rooting Materials Measured Using Concurrent Schedules of Reinforcement." *Applied Animal Behaviour Science* 94 (2005): 31–48.

Pelham, W. E. "The NIMH Multimodal Treatment Study for Attention-Deficit Hyperactivity Disorder: Just Say Yes to Drugs Alone?" *Canadian Journal of Psychiatry* 44 (1999): 981–90.

Pennebaker, J. W. "Writing about Emotional Experiences as a Therapeutic Process." *Psychological Science* 8 (1997): 162–66.

Perone, M. "Negative Effects of Positive Reinforcement." *Behavior Analyst* 26 (2003): 1–14.

Perone, M., y K. Courtney. "Fixed-Ratio Pausing: Joint Effects of Past Reinforcer Magnitude and Stimuli Correlated with Upcoming Magnitude." *Journal of the Experimental Analysis of Behavior* 57 (1992): 33–46.

Perrin, N. *Giving Up the Gun: Japan's Reversion to the Sword, 1543–1879*. Boston: D. R. Godine, 1979.

Perry, J. L., E. B. Larson, J. P. German, G. J. Madden, y M. E. Carroll. "Impulsivity (Delay Discounting) as a Predictor of Acquisition of IV Cocaine Self-Administration in Female Rats." *Psychopharmacology* 178 (2005): 193–201.

Pessotti, I. "Discrimination with Light Stimuli and a Lever-Pressing Response in *Melipona rufiventris*." *Journal of Apicultural Research* 11 (1972): 89–93.

Peterson, J. *Splendid Soups*. New York: Wiley, 2001.

Peterson, N. "Control of Behavior by Presentation of an Imprinted Stimulus." *Science* 132 (1960): 1395–96.

Petry, N. M., S. M. Alessi, J. Marx, M. Austin, y M. Tardif. "Vouchers versus Prizes: Contingency Management Treatment of Substance Abusers in Community Settings." *Journal of Consulting and Clinical Psychology* 73 (2005): 1005–14.

Petursdottir, A. I., J. E. Carr, y J. Michael. "Emergence of Mands and Tacts of Novel Objects among Preschool Children." *Analysis of Verbal Behavior* 21 (2005): 59–74.

Pfungst, O. *Clever Hans (The Horse of Mr. von Osten): A Contribution to Experimental Animal and Human Psychology*. Translated by C. L. Rahn. New York: Henry Holt, 1911. Originally published in 1907.

Phelan, T. W. *1-2-3 Magic: Effective Discipline for Children 2–12*. 3rd ed. Glen Ellyn, IL: ParentMagic, 2003.

Piacentini, J., D. W. Woods, L. Scahill, S. Wilhelm, A. L. Peterson, S. Chang, G. S. Ginsburg, et al. "Behavior Therapy for Children with Tourette Disorder: A Randomized Controlled Trial." *Journal of the American Medical Association* 303 (2010): 1929–37.

Pilegaard, H., B. Saltin, y P. D. Neufer. "Exercise Induces Transient Transcriptional Activation of the PGC-1alpha Gene in Human Skeletal Muscle." *Journal of Physiology* 546 (2003): 851–58.

Pilley, J. E., y A. K. Reid. "Border Collie Comprehends Object Names as Verbal Referents." *Behavioural Processes* 86 (2011): 184–95.

Pinaud, R. "Experience-Dependent Immediate Early Gene Expression in the Adult Central Nervous System: Evidence from Enriched-Environment Studies." *International Journal of Neuroscience* 114 (2004): 321–33.

Platt, M. L., y P. W. Glimcher. "Neural Correlates of Decision Variables in the Parietal Cortex." *Nature* 400 (1999): 233–38.

Pogrebin, L. C. *Getting Over Getting Older*. Boston: Little, Brown, 1996.

Poling, A., B. Weetjens, C. Cox, N. W. Beyene, H. Bach, y A. Sully. "Using Trained Pouched Rats to Detect Land Mines: Another Victory for Operant Conditioning." *Journal of Applied Behavior Analysis* 44 (2011): 351–55.

Polivy, J., y C. P. Herman. "If at First You Don't Succeed: False Hopes of Self-Change." *American Psychologist* 57 (2002): 677–89.

Porter, D., y A. Neuringer. "Music Discriminations by Pigeons." *Journal of Experimental Psychology: Animal Behavior Processes* 10 (1984): 138–48.

Poulson, C. L. "Differential Reinforcement of Other Than Vocalization as a Control Procedure in the Conditioning of Infant Vocalization Rate." *Journal of Experimental Child Psychology* 36 (1983): 471–89.

Poulson, C. L., E. Kymissis, K. F. Reeve, M. Andreatos, y L. Reeve. "Generalized Vocal Imitation in Infants." *Journal of Experimental Child Psychology* 51 (1991): 267–79.

Poulson, C. L., N. Kyparissos, M. Andreatos, E. Kymissis, y M. Parnes. "Generalized Imitation within Three Response Classes in Typically Developing Infants." *Journal of Experimental Child Psychology* 81 (2002): 341–57.

Pouthas, V. "Adaptation to Duration in the 2 to 5 Year Old Child/Adaptation à la Durée chez L'enfant de 2 à 5 Ans." *L'année Psychologique* 81 (1981): 33–50.

Pratkanis, A., y E. Aronson. *Age of Propaganda: The Everyday Use and Abuse of Persuasion*. New York: Freeman, 1991.

Prelec, D., y D. Simester. "Always Leave Home without It: A Further Investigation of the Credit Card Effect on Willingness to Pay." *Marketing Letters* 12 (2001): 5–12.

Prendergast, M., D. Podus, J. Finney, L. Greenwell, y J. Roll. "Contingency Management for Treatment of Substance Use Disorders: A Meta-Analysis." *Addiction* 101 (2006): 1546–60.

Provost, G. *Make Your Words Work*. Cincinnati, OH: Writer's Digest, 1990.

Pruetz, J. D., y P. Bertolani. "Savanna Chimpanzees, *Pan troglodytes verus*, Hunt with Tools." *Current Biology* 17 (2007): 412–17.

Pryor, E. B. *Clara Barton: Professional Angel*. Philadelphia: University of Pennsylvania Press, 1987.

Pryor, K. "Behavior and Learning in Porpoises and Whales." *Naturwissenschaften* 60 (1973): 412–20.

———. *Don't Shoot the Dog! The New Art of Teaching and Training*. Rev. ed. New York: Bantam, 1999.

——— *No le matres... enséñale.* KNS ediciones, 2021.

———. *Reaching the Animal Mind: Clicker Training and What It Teaches Us about All Animals*. New York: Scribner, 2009.

———. "The Rhino Likes Violets." *Psychology Today*, April 1981, págs. 92–98.

Pryor, K., R. Haag, y J. O'Reilly. "The Creative Porpoise: Training for Novel Behavior." *Journal of the Experimental Analysis of Behavior* 12 (1969): 653–61.

Pryor, K., J. Lindbergh, S. Lindbergh, y R. A Milano. "A Dolphin-Human Fishing Cooperative in Brazil." *Marine Mammal Science* 6 (1990): 77–82.

Putnam, R. D. *Bowling Alone: The Collapse and Revival of American Community*. New York: Simon and Schuster, 2000.

Putnam, R. F., J. K. Luiselli, K. Sennett, y J. Malonson. "Cost-Efficacy Analysis of Out-of-District Special Education Placements: An Evaluative Measure of Behavior Support Intervention in Public Schools." *Journal of Special Education Leadership* 15 (2002): 17–24.

Quay, H. "The Effect of Verbal Reinforcement on the Recall of Early Memories." *Journal of Abnormal and Social Psychology* 59 (1959): 254–57.

Rachlin, H., y L. Green. "Commitment, Choice and Self-Control." *Journal of the Experimental Analysis of Behavior* 17 (1972): 15–22.

Raine, N. E., y L. Chittka. "The Correlation of Learning Speed and Natural Foraging Success in Bumble-bees." *Proceedings of the Royal Society B* 275 (2008): 803–808.

Rajala, A. K., y D. A. Hantula. "Towards a Behavioral Ecology of Consumption: Delay-Reduction Effects on Foraging in a Simulated Internet Mall." *Managerial and Decision Economics* 21 (2000): 145–58.

Rapanelli, M., S. E. Lew, L. R. Frick, y B. S. Zanutto. "Plasticity in the Rat Prefrontal Cortex: Linking Gene Expression and an Operant Learning with a Computational Theory." *PLoS ONE* 5 (2010): e8656.

Rasey, H. W., y I. H. Iversen. "An Experimental Acquisition of Maladaptive Behavior by Shaping." *Journal of Behavior Therapy and Experimental Psychiatry* 24 (1993): 37–43.

Rashotte, M. E., D. F. Foster, y T. Austin. "Two-Pan and Operant Lever-Press Tests of Dogs' Preference for Various Foods." *Neuroscience & Biobehavioral Reviews* 8 (1984): 231–37.

Rath, T., y D. Clifton. *How Full Is Your Bucket?* Omaha, NE: Gallup Press, 2004.

Razran, G. "A Direct Laboratory Comparison of Pavlovian Conditioning and Traditional Associative Learning." *Journal of Abnormal and Social Psychology* 51 (1955): 649–52.

Recanzone, G. H., M. M. Merzenich, W. M. Jenkins, K. A. Grajski, y H. R. Dinse. "Topographic Reorganization of the Hand Representation in Cortical Area 3b of Owl Monkeys Trained in a Frequency-Discrimination Task." *Journal of Neurophysiology* 67 (1992): 1031–56.

Recanzone, G. H., C. E. Schreiner, y M. M. Merzenich. "Plasticity in the Frequency Representation of Primary Auditory Cortex following Discrimination Training in Adult Owl Monkeys." *Journal of Neuroscience* 13 (1993): 87–103.

Reed, D. D., T. S. Critchfield, y B. K. Martens. "The Generalized Matching Law in Elite Sport Competition: Football Play Calling as Operant Choice." *Journal of Applied Behavior Analysis* 39 (2006): 281–97.

Reese, E. P. "The Role of Husbandry in Promoting the Welfare of Laboratory Animals." In *Animals in Biomedical Research*, edited by C. F. M. Hendriksen and H. B. W. M. Koeter, págs. 155–92. Amsterdam: Elsevier, 1991.

Reinhardt, V. "Working with Rather Than against Macaques during Blood Collection." *Journal of Applied Animal Welfare Science* 6 (2003): 189–97.

Reschly, D. J. "School Psychology Paradigm Shift and Beyond." In *Best Practices in School Psychology*, vol. 1, 5th ed., edited by A. Thomas and J. Grimes, págs. 3–15. Bethesda, MD: National Association of School Psychologists, 2008.

Reynolds, B. "A Review of Delay-Discounting Research with Humans: Relations to Drug Use and Gambling." *Behavioural Pharmacology* 17 (2006): 651–67.

Reynolds, G. S. "Attention in the Pigeon." *Journal of the Experimental Analysis of Behavior* 4 (1961): 203–208.

Richardson, D. S., y G. S. Hammock. "Social Context of Human Aggression: Are We Paying Too Much Attention to Gender?" *Aggression and Violent Behavior* 12 (2007): 417–26.

Richmond, V. P., y J. C. McCroskey. *Nonverbal Behavior in Interpersonal Relations*. Boston: Allyn and Bacon, 1995.

Riesch, R., L. G. Barrett-Lennard, G. M. Ellis, J. K. B. Ford, y V. B. Deecke. "Cultural Traditions and the Evolution of Reproductive Isolation: Ecological Speciation in Killer Whales?" *Biological Journal of the Linnean Society* 106 (2012): 1–17.

Rincover, A., y J. Devany. "The Application of Sensory Extinction Procedures to Self-Injury." *Analysis and Intervention in Developmental Disabilities* 2 (1982): 67–81.

Roberts, B. "Notes on the Birds of Central and South-east Iceland with Special Reference to Food Habits." *Ibis* 13 (1934): 239–64.

Roberts, C., M. T. Harvey, M. E. May, M. G. Valdovinos, T. G. Patterson, M. H. Couppis, y C. H. Kennedy. "Varied Effects of Conventional Antiepileptics on Responding Maintained by Negative versus Positive Reinforcement." *Physiology & Behavior* 93 (2008): 612–21.

Robinson, P. W., D. F. Foster, y C. V. Bridges. "Errorless Learning in Newborn Chicks." *Animal Learning & Behavior* 4 (1976): 266–68.

Roderick, C., M. Pitchford, y A. Miller. "Reducing Aggressive Playground Behaviour by Means of a School-Wide 'Raffle.'" *Educational Psychology in Practice* 13 (1997): 57–63.

Rodin, J., y E. J. Langer. "Long-Term Effects of a Control-Relevant Intervention with the Institutionalized Aged." *Journal of Personality and Social Psychology* 35 (1977): 897–902.

Rogers, S. J., y L. A. Vismara. "Evidence-Based Comprehensive Treatments for Early Autism." *Journal of Clinical Child and Adolescent Psychology* 37 (2008): 8–38.

Roll, J. M., S. T. Higgins, y G. J. Badger. "An Experimental Comparison of Three Different Schedules of Reinforcement of Drug Abstinence using Cigarette Smoking as an Exemplar." *Journal of Applied Behavior Analysis* 29 (1996): 495–504.

Rosenthal R., y L. Jacobson. *Pygmalion in the Classroom: Teacher Expectation and Pupils' Intellectual Development*. New York: Irvington, 1968. Expanded edition published in 1992.

Rossi, A. P., y C. Ades. "A Dog at the Keyboard: Using Arbitrary Signs to Communicate Requests." *Animal Cognition* 11 (2008): 329–38.

Roth, T. L., F. D. Lubin, A. J. Funk, y J. D. Sweatt. "Lasting Epigenetic Influence of Early-Life Adversity on the *BDNF* Gene." *Biological Psychiatry* 65 (2009): 760–69.

Rothstein, J. B., G. Jensen, y A. Neuringer. "Human Choice among Five Alternatives When Reinforcers Decay." *Behavioural Processes* 78 (2008): 231–39.

Rounding, V. *Catherine the Great*. New York: St. Martin's Press, 2006.

Routh, D. K. "Conditioning of Vocal Response Differentiation in Infants." *Developmental Psychology* 1 (1969): 219–26.

Russell, M., K. A. Dark, R. W. Cummins, G. Ellman, E. Callaway, y H. V. Peeke. "Learned Histamine Release." *Science* 225 (1984): 733–34.

Ruxton, G. D., y M. H. Hansell. "Fishing with a Bait or Lure: A Brief Review of the Cognitive Issues." *Ethology* 117 (2011): 1–9.

Safriel, U. N., B. J. Ens, y A. Kaiser. "Rearing to Independence." In *The Oystercatcher: Individuals to Populations*, edited by J. D. Goss-Custard, págs. 210–50. Oxford: Oxford University Press, 1996.

Sagan, C., y A. Druyan. *Shadows of Forgotten Ancestors: A Search for Who We Are*. New York: Random House, 1993.

Saigh, P. A., y A. M. Umar. "The Effects of a Good Behavior Game on the Disruptive Behavior of Sudanese Elementary School Students." *Journal of Applied Behavior Analysis* 16 (1983): 339–44.

Salzinger, K., S. J. Freimark, S. P. Fairhurst, y F. D. Wolkoff. "Conditioned Reinforcement in the Goldfish." *Science* 160 (1968): 1471–72.

Savage, T. "Shaping: A Multiple Contingencies Analysis and Its Relevance to Behaviour-Based Robotics." *Connection Science* 13 (2001): 199–234.

Savage-Rumbaugh, E. S. "Verbal Behavior at a Procedural Level in the Chimpanzee." *Journal of the Experimental Analysis of Behavior* 41 (1984): 223–50.

Savage-Rumbaugh, E. S., D. M. Rumbaugh, y S. Boysen. "Symbolic Communication between Two Chimpanzees (*Pan troglodytes*)." *Science* 201 (1978): 641–44.

Savastano, G., A. Hanson, y C. M. Savastano. "The Development of an Operant Conditioning Training Program for New World Primates at the Bronx Zoo." *Journal of Applied Animal Welfare Science* 6 (2003): 247–61.

Scalera, B., y M. Bavieri. "Role of Conditioned Taste Aversion on the Side Effects of Chemotherapy in Cancer Patients." In *Conditioned Taste Aversion: Behavioral and Neural Processes*, edited by S. Reilly and T. R. Schachtman, págs. 513–41. Oxford: Oxford University Press, 2009.

Schick, K. D., N. Toth, G. Garufi, E. S. Savage-Rumbaugh, D. Rumbaugh, y R. Sevcik. "Continuing Investigations into the Stone Tool-Making and Tool-Using Capabilities of a Bonobo (*Pan paniscus*)." *Journal of Archaeological Science* 26 (1999): 821–32.

Schiff, N. B., y I. M. Ventry. "Communication Problems in Hearing Children of Deaf Parents." *Journal of Speech and Hearing Disorders* 41 (1976): 348–58.

Schlinger, H., E. Blakeley, y T. Kaczor. "Pausing under Variable-Ratio Schedules: Interaction of Reinforcer Magnitude, Variable-Ratio Size, y Lowest Ratio." *Journal of the Experimental Analysis of Behavior* 53 (1990): 133–39.

Schlosser, E. *Fast Food Nation: The Dark Side of the All-American Meal*. Boston: Houghton Mifflin, 2001.

Schlund, M. W., S. Magee, y C. D. Hudgins. "Human Avoidance and Approach Learning: Evidence for Overlapping Neural Systems and Experiential Avoidance Modulation of Avoidance Neurocircuitry." *Behavioural Brain Research* 225 (2011): 437–48.

Schneider, S. M. "Rats' Behavior in Two Different Home Cages." *Humane Innovations and Alternatives* 2 (1988): 39–42.

———. "The Role of Contiguity in Free-Operant Unsignaled Delay of Positive Reinforcement: A Brief Review." *Psychological Record* 40 (1990): 239–57.

———. "A Two-Stage Model for Concurrent Sequences." *Behavioural Processes* 78 (2008): 429–41.

Schneider, S. M., y M. Davison. "Demarcated Response Sequences and Generalised Matching." *Behavioural Processes* 70 (2005): 51–61.

———. "Molecular Order in Concurrent Response Sequences." *Behavioural Processes* 73 (2006): 187–98.

Schneider, S. M., y R. Lickliter. "Choice in Quail Neonates: The Origins of Generalized Matching." *Journal of the Experimental Analysis of Behavior* 94 (2010a): 315–26.

Schneider, S. M. "Operant Generalization in Quail Neonates after Intradimensional Training: Distinguishing Positive and Negative Reinforcement." *Behavioural Processes* 83 (2010b): 1–7.

Schneider, S. M., y E. K. Morris. "Sequences of Spaced Responses: Behavioral Units and the Role of Contiguity." *Journal of the Experimental Analysis of Behavior* 58 (1992): 537–55.

Schroedel, J. R. *Alone in a Crowd: Women in the Trades Tell Their Stories*. Philadelphia: Temple University Press, 1985.

Schulz, L. O., P. H. Bennett, E. Ravussin, J. R. Kidd, K. K. Kidd, J. Esparza, y M. E. Valencia. "Effects of Traditional and Western Environments on Prevalence of Type 2 Diabetes in Pima Indians in Mexico and the U.S." *Diabetes Care* 29 (2006): 1866–71.

Schuster, J. C. "Acoustic Signals of Passalid Beetles: Complex Repertoires." *Florida Entomologist* 66 (1983): 486–96.

Schusterman, R. J. "Vocal Learning in Mammals with Special Emphasis on Pinnipeds." In *Evolution of Communicative Flexibility: Complexity, Creativity, y Adaptability in Human and Animal Communication*, edited by D. K. Oller and U. Griebel, págs. 41–70. Cambridge, MA: MIT Press, 2008.

Schweitzer, J. B., y B. Sulzer-Azaroff. "Self-Control: Teaching Tolerance for Delay in Impulsive Children." *Journal of the Experimental Analysis of Behavior* 50 (1988): 173–86.

———. "Self-Control in Boys with Attention Deficit Hyperactivity Disorder: Effects of Added Stimulation and Time." *Journal of Child Psychology and Psychiatry* 36 (1995): 671–86.

Scobie, S. R., y D. C. Gold. "Differential Reinforcement of Low Rates in Goldfish." *Learning & Behavior* 3 (1975): 143–46.

Seligman, M. E., y S. F. Maier. "Failure to Escape Traumatic Shock." Journal of Experimental Psychology 74 (1967): 1–9.

Serling, R. *Patterns*. New York: Simon and Schuster, 1957.

Sethi-Iyengar, S., G. Huberman, y W. Jiang. "How Much Choice Is Too Much? Contributions to 401(k) Retirement Plans." In *Pension Design and Structure: New Lessons from Behavioral Finance*, edited by O. S. Mitchell and S. P. Utkus, págs. 83–95. Oxford: Oxford University Press, 2004.

Seyfarth, R. M., y D. L. Cheney. "Vocal Development in Vervet Monkeys." *Animal Behaviour* 34 (1986): 1640–58.

Shapira, A., y M. C. Madsen. "Cooperative and Competitive Behavior of Kibbutz and Urban Children in Israel." *Child Development* 40 (1969): 609–17.

Sharma, J., A. Angelucci, y M. Sur. "Induction of Visual Orientation Modules in Auditory Cortex." *Nature* 404 (2000): 841–47.

Sharp, W. G., D. L. Jaquess, J. F. Morton, y C. V. Herzinger. "Pediatric Feeding Disorders: A Quantitative Synthesis of Treatment Outcomes." *Clinical Child and Family Psychology Review* 13 (2010): 348–65.

Shead, N. W., y D. C. Hodgins. "Probability Discounting of Gains and Losses: Implications for Risk Attitudes and Impulsivity." *Journal of the Experimental Analysis of Behavior* 92 (2009): 1– 16.

Shenk, D. *The Genius in All of Us: Why Everything You've Been Told about Genetics, Talent, y IQ Is Wrong*. New York: Doubleday, 2010.

Shepherdson, D. J., K. Carlstead, J. D. Mellen, y J. Seidensticker. "The Influence of Food Presentation on the Behavior of Small Cats in Confined Environments." *Zoo Biology* 12 (1993): 203–16.

Sherif, M., y C. W. Sherif. "Ingroup and Intergroup Relations." In Introduction to Psychology, edited by J. O. Whittaker, págs. 541–73. Philadelphia: Saunders, 1965.

Sherman, J. G. "Reminiscences: Excerpts from the Diary of a Behaviorist: The Search for a Science of Psychology, the Early Years." *Behavior and Social Issues* 5 (1995): 51–71.

Shigemitsu, Y. "Different Interpretations of Pauses in Natural Conversation—Japanese, Chinese and Americans." *Academic Reports of the Faculty of Engineering, Tokyo Polytechnic University* 28 (2005): 8–14.

Shizgal, P. "On the Neural Computation of Utility: Implications from Studies of Brain Stimulation Reward." In *Well-Being: The Foundations of Hedonic Psychology*, edited by D. Kahneman, E. Diener, y N. Schwarz, págs. 502–26. New York: Russell Sage, 1999.

Shoda, Y., W. Mischel, y P. K. Peake. "Predicting Adolescent Cognitive and Self-Regulatory Competencies from Preschool Delay of Gratification: Identifying Diagnostic Conditions." *Developmental Psychology* 26 (1990): 978–86.

Shyne A., y M. Block. "The Effects of Husbandry Training on Stereotypic Pacing in Captive African Wild Dogs (*Lycaon pictus*)." *Journal of Applied Animal Welfare Science* 13 (2010): 56–65.

Siegel, E., y H. Rachlin. "Soft Commitment: Self-Control Achieved by Response Persistence." *Journal of the Experimental Analysis of Behavior* 64 (1995): 117–28.

Siegel, S., y D. W. Ellsworth. "Pavlovian Conditioning and Death from Apparent Overdose of Medically Prescribed Morphine: A Case Report." *Bulletin of the Psychonomic Society* 24 (1986): 278–80.

Siegel, S., y B. M. C. Ramos. "Applying Laboratory Research: Drug Anticipation and the Treatment of Drug Addiction." *Experimental and Clinical Psychopharmacology* 10 (2002): 162–83.

Silberberg, A., J. R. Thomas, y N. Berendzen. "Human Choice on Concurrent Variable-Interval Variable-Ratio Schedules." *Journal of the Experimental Analysis of Behavior* 56 (1991): 575–84.

Silva, M. T. A., F. L. Gonçalves, y M. Garcia-Mijares. "Neural Events in the Reinforcement Contingency." *Behavior Analyst* 30 (2007): 17–30.

Simon, N. W., I. A. Mendez, y B. Setlow. "Cocaine Exposure Causes Long-Term Increases in Impulsive Choice." *Behavioral Neuroscience* 121 (2007): 543–49.

Simons, D. J., y C. F. Chabris. "Gorillas in Our Midst: Sustained Inattentional Blindness for Dynamic Events." *Perception* 28 (1999): 1059–74.

Singer, T., B. Seymour, J. O'Doherty, H. Kaube, R. J. Dolan, y C. D. Frith. "Empathy for Pain Involves the Affective but Not the Sensory Components of Pain." Science 303 (2004): 1157–62.

Singh, B. R. "Teaching Methods for Reducing Prejudice and Enhancing Academic Achievement for All Children." *Educational Studies* 17 (1991): 157–71.

Siqueland, E. R., y L. P. Lipsitt. "Conditioned Head-Turning in Human New-Borns." *Journal of Experimental Child Psychology* 3 (1966): 356–76.

Skinner, B. F. "Behaviorism at Fifty." *Science* 140 (1963): 951–58.

———. *The Behavior of Organisms*. Englewood Cliffs, NJ: Prentice-Hall, 1938.

———. "The Evolution of Verbal Behavior." *Journal of the Experimental Analysis of Behavior* 45 (1986): 115–22.

———. "How to Discover What You Have to Say—A Talk to Students." Behavior Analyst 4 (1981a): 1–7.

———. *A Matter of Consequences: Part Three of an Autobiography*. New York: Knopf, 1983.

———. *Notebooks*. Edited by R. Epstein. Englewood Cliffs, NJ: Prentice-Hall, 1980.

———. "Pigeons in a Pelican." *American Psychologist* 15 (1960): 28–37.

———. *Science and Human Behavior*. New York: Free Press, 1957a.

———. "Selection by Consequences." *Science* 213 (1981b): 501–504.

Skinner, B. F. *The Shaping of a Behaviorist*. New York: Knopf, 1979.

———. *The Technology of Teaching*. Englewood Cliffs, NJ: Prentice-Hall, 1968.

———. *Verbal Behavior*. New York: Prentice-Hall, 1957b.

———. *Walden Two*. New York: Macmillan, 1948.

Slotnick, B., L. Hanford, y W. Hodos. "Can Rats Acquire an Olfactory Learning Set?" *Journal of Experimental Psychology: Animal Behavior Processes* 26 (2000): 399–415.

Sloutsky, V. M., y A. V. Fisher. "Attentional Learning and Flexible Induction: How Mundane Mechanisms Give Rise to Smart Behaviors." *Child Development* 79 (2008): 639–51.

Small, D., G. Loewenstein, y P. Slovic. "Sympathy and Callousness: The Impact of Deliberative Thought on Donations to Identifiable and Statistical Victims." *Organizational Behavior and Human Decision Processes* 102 (2007): 143–53.

Snyder, J. J., y G. R. Patterson. "Individual Differences in Social Aggression: A Test of a Reinforcement Model of Socialization in the Natural Environment." *Behavior Therapy* 26 (1995): 371–91.

Sonoda, H., S. Kohnoe, T. Yamazato, Y. Satoh, G. Morizono, K. Shikata, M. Morita, et al. "Colorectal Cancer Screening with Odour Material by Canine Scent Detection." *Gut* 60 (2011): 814–19.

Spiga, R., S. Maxwell, R. A. Meisch, y J. Grabowski. "Human Methadone Self-Administration and the Generalized Matching Law." *Psychological Record* 55 (2005): 525–38.

Staats, A. W. *Learning, Language, y Cognition*. New York: Holt, Rinehart and Winston, 1968.

Staats, A. W., y C. K. Staats. "Attitudes Established by Classical Conditioning." *Journal of Abnormal and Social Psychology* 57 (1958): 37–40.

Stackhouse, K. "Interview with a Bug-Eater." *Sierra* 96 (March 2011): 36–37.

Stebbins, K. R. "Going Like Gangbusters: Transnational Tobacco Companies 'Making a Killing' in South America." *Medical Anthropology Quarterly* 15 (2001): 147–69.

Stein, L., B. G. Xue, y J. D. Belluzzi. "A Cellular Analogue of Operant Conditioning." *Journal of the Experimental Analysis of Behavior* 60 (1993): 41–53.

Steinbeck, J. *Travels with Charley: In Search of America*. New York: Penguin, 1962.

Steiner, S. S., B. Beer, y M. Shaffer. "Escape from Self-Produced Rates of Rewarding Brain Stimulation." *Science* 163 (1969): 90–91.

Stewart, T. L., J. R. Laduke, C. Bracht, B. A. M. Sweet, y K. E. Gamarel. "Do the 'Eyes' Have It? A Program Evaluation of Jane Elliott's 'Blue-Eyes/Brown-Eyes' Diversity Training Exercise." *Journal of Applied Social Psychology* 33 (2003): 1898–1921.

Stitzer, M. L., y R. Vandrey. "Contingency Management: Utility in the Treatment of Drug Abuse Disorders." *Clinical Pharmacology and Therapeutics* 83 (2008): 644–47.

Stroud, C. B., J. Davila, C. Hammen, y S. Vrshek-Schallhorn. "Severe and Nonsevere Events in First Onsets versus Recurrences of Depression: Evidence for Stress Sensitization." *Journal of Abnormal Psychology* 120 (2011): 142–54.

Sullivan, R. M., y M. Leon. "One-Trial Olfactory Learning Enhances Olfactory Bulb Responses to an Appetitive Conditioned Odor in 7-Day-Old Rats." Developmental Brain Research 35 (1987): 307–11.

Sulzer-Azaroff, B., y J. Austin. "Does BBS work? Behavior-Based Safety and Injury Reduction: A Survey of the Evidence." *Professional Safety* (2000): 19–24.

Sumpter, C. E., T. M. Foster, y W. Temple. "Assessing Animals' Preferences: Concurrent Schedules of Reinforcement." *International Journal of Comparative Psychology* 15 (2002): 107–26.

Sumpter, C. E., W. Temple, y T. M. Foster. "Response Form, Force, y Number: Effects on Concurrent-Schedule Performance." *Journal of the Experimental Analysis of Behavior* 70 (1998): 45–68.

Suomi, S. J. "How Gene-Environment Interactions Can Shape the Development of Socioemotional Regulation in Rhesus Monkeys." In *Emotional Regulation and Developmental Health: Infancy and Early Childhood*, edited by B. S. Zuckerman, A. F. Zuckerman, y N. A. Fox, págs. 5–26. New Brunswick, NJ: Johnson and Johnson Pediatric Institute, 2002.

Sutherland, A. *What Shamu Taught Me about Life, Love, y Marriage: Lessons for People from Animals and Their Trainers*. New York: Random House, 2008.

Svartdal, F. "Operant Modulation of Low-Level Attributes of Rule-Governed Behavior by Nonverbal Contingencies." *Learning and Motivation* 22 (1991): 406–20.

———. "Sensitivity to Nonverbal Operant Contingencies: Do Limited Processing Resources Affect Operant Conditioning in Humans?" *Learning and Motivation* 23 (1992): 383–405.

Swann, P. G. "Heterochromia: Signs and Symptoms." Optometry Today 39 (1999): 30–32.

Swengel, J. "Birds Watching People." *Bird Watcher's Digest* 24, March 2001, págs. 63–67.

Taglialatela, J. P., S. Savage-Rumbaugh, y L. A. Baker. "Vocal Production by a Language-Competent *Pan paniscus*." *International Journal of Primatology* 24 (2003): 1–17.

Tamashiro, K. L. K., T. Wakayama, H. Akutsu, Y. Yamazaki, J. L. Lachey, M. D. Wortman, R. J. Seeley, et al. "Cloned Mice Have an Obese Phenotype Not Transmitted to Their Offspring." *Nature: Medicine* 8 (2002): 262–67.

Tang, A. C. "Neonatal Exposure to Novel Environment Enhances Hippocampal-Dependent Memory Function during Infancy and Adulthood." *Learning and Memory* 8 (2001): 257–64.

Tanol, G., L. Johnson, J. McComas, y E. Cote. "Responding to Rule Violations or Rule Following: A Comparison of Two Versions of the Good Behavior Game with Kindergarten Students." *Journal of School Psychology* 48 (2010): 337–55.

Tarou, L. R., y M. J. Bashaw. "Maximizing the Effectiveness of Environmental Enrichment: Suggestions from the Experimental Analysis of Behavior." Applied Animal Behaviour Science 102 (2007): 189–204.

Tatham, T. A., y B. A. Wanchisen. "Behavioral History: A Definition and Some Common Findings from Two Areas of Research." *Behavior Analyst* 21 (1998): 241–51.

Taub, E., G. Uswatte, D. K. King, D. Morris, J. E. Crago, y A. Chatterjee. "A Placebo-Controlled Trial of Constraint-Induced Movement Therapy for Upper Extremity after Stroke." *Stroke* 37 (2006): 1045–49.

Tavris, C. *Anger: The Misunderstood Emotion*. Rev. ed. New York: Simon and Schuster, 1989.

———. "The Frozen World of the Familiar Stranger: An Interview with Stanley Milgram." *Psychology Today* 8 (1974): 71–73, 76–78, 80.

Tavris, C., y E. Aronson. *Mistakes Were Made (but Not by Me): Why We Justify Foolish Beliefs, Bad Decisions, y Hurtful Acts*. Orlando, FL: Harcourt, 2007.

Taylor, B. A., y H. Hoch. "Teaching Children with Autism to Respond to and Initiate Bids for Joint Attention." *Journal of Applied Behavior Analysis* 41 (2008): 377–91.

Taylor, T. K., y A. Biglan. "Behavioral Family Interventions for Improving Child-Rearing: A Review of the Literature for Clinicians and Policy Makers." Clinical Child and Family Psychology Review 1 (1998): 41–60.

Teale, E. W. *Days without Time: Adventures of a Naturalist*. New York: Dodd, Mead, 1948.

———. *A Walk through the Year*. New York: Dodd, Mead, 1978.

ten Cate, C. "Perceptual Mechanisms in Imprinting and Song Learning." In *Causal Mechanisms of Behavioural Development*, edited by J. A. Hogan and J. J. Bolhuis, págs. 116–46. Cambridge: Cambridge University Press, 1994.

Thaler, R. H., y S. Benartzi. "Save More Tomorrow: Using Behavioral Economics to Increase Employee Saving." *Journal of Political Economy* 112 (2004): 164–87.

Thaler, R. H., y C. R. Sunstein. *Nudge: Improving Decisions about Health, Wealth, y Happiness.* New Haven, CT: Yale University Press, 2008.

Thomas, D. R., W. C. Becker, y M. Armstrong. "Production and Elimination of Disruptive Classroom Behavior by Systematically Varying Teacher's Behavior." Journal of Applied Behavior Analysis 1 (1968): 35–45.

Thompson, R. H., y B. A. Iwata. "A Descriptive Analysis of Social Consequences Following Problem Behavior." *Journal of Applied Behavior Analysis* 34 (2001): 169–78.

Thornton, A., y K. McAuliffe. "Teaching in Wild Meerkats." *Science* 313 (2006): 227–29.

Till, B. D., S. M. Stanley, y R. Priluck. "Classical Conditioning and Celebrity Endorsers: An Examination of Belongingness and Resistance to Extinction." *Psychology and Marketing* 25 (2008): 179–96.

Tingstrom, D. H., H. E. Sterling-Turner, y S. M. Wilczynski. "The Good Behavior Game: 1969–2002." *Behavior Modification* 30 (2006): 225–53.

Tinker, J. E., y J. A. Tucker. "Motivations for Weight Loss and Behavior Change Strategies Associated with Natural Recovery from Obesity." *Psychology of Addictive Behaviors* 11 (1997): 98–106.

Tomasello, M. "Do Young Children Have Adult Syntactic Competence?" Cognition 74 (2000): 209– 53.

Tumer, E. C., y M. S. Brainard. "Performance Variability Enables Adaptive Plasticity of 'Crystallized' Adult Birdsong." *Nature* 450 (2007): 1240–44.

Turnbull, C. M. "The Politics of Non-Aggression." In *Learning Non-Aggression: The Experience of Non-Literate Societies,* edited by A. Montagu, págs. 161–221. New York: Oxford University Press, 1978.

Udell, M. A. R., N. R. Dorey, y C. D. L. Wynne. "Wolves Outperform Dogs in Following Human Social Cues." *Animal Behaviour* 76 (2008): 1767–73.

Ulrich, R. "Pain as a Cause of Aggression." *American Zoologist* 6 (1966): 643–62.

Valsecchi, A. M., D. Mainardi, y M. Mainardi. "Individual and Social Experiences in the Establishment of Food Preferences in Mice." In *Behavioral Aspects of Feeding,* edited by B. G. Galef, M. Mainardi, y A. Valsecchi, págs. 103–24. Boca Raton, FL: CRC Press, 1994.

Van Driesche, J., y R. Van Driesche. *Nature out of Place: Biological Invasions in the Global Age.* Washington, DC: Island Press, 2000.

Van Egeren, L. A., M. S. Barratt, y M. A. Roach. "Mother-Infant Responsiveness: Timing, Mutual Regulation, y Interactional Context." Developmental Psychology 37 (2001): 684–97.

Van Haaren, F., A. Van Hest, y N. E. Van De Poll. "Self-Control in Male and Female Rats." *Journal of the Experimental Analysis of Behavior* 49 (1988): 201–11.

Van Houten, R., y P. A. Nau. "A Comparison of the Effects of Fixed and Variable Ratio Schedules of Reinforcement on the Behavior of Deaf Children." Journal of Applied Behavior Analysis 13 (1980): 13–21.

Van Schaik, C. P., M. Ancrenaz, G. Borgen, B. Galdikas, C. D. Knott, I. Singleton, A. Suzuki, S. S. Utami, y M. Merrill. "Orangutan Cultures and the Evolution of Material Culture." *Science* 299 (2003): 102–105.

Vargha-Khadem, F., L. Carr, E. Isaacs, E. Brett, C. Adams, y M. Mishkin. "Onset of Speech after Left Hemispherectomy in a Nine-Year-Old Boy." *Brain* 120 (1997): 159–82.

Vasconcelos, M. "Transitive Inference in Non-Human Animals: An Empirical and Theoretical Analysis." *Behavioural Processes* 78 (2008): 313–34.

Vaughan, W. "Formation of Equivalence Sets in Pigeons." *Journal of Experimental Psychology: Animal Behavior Processes* 14 (1988): 36–42.

Veblen, T. *The Theory of the Leisure Class*. Mineola, NY: Dover, 1994. Originally published in 1899.

Vollaro, D. R. "Lincoln, Stowe, y the 'Little Woman/Great War' Story: The Making, y Breaking, of a Great American Anecdote." *Journal of the Abraham Lincoln Association* 30 (2009): 18–34.

Vollmer, T. R., y B. A. Iwata. "Establishing Operations and Reinforcement Effects." *Journal of Applied Behavior Analysis* 24 (1991): 279–91.

Volpp, K. G., A. B. Troxel, M. V. Pauly, H. A. Glick, A. Puig, D. A. Asch, R. Galvin, et al. "A Randomized, Controlled Trial of Financial Incentives for Smoking Cessation." *New England Journal of Medicine* 360 (2009): 699–709.

Vyse, S. A. *Believing in Magic: The Psychology of Superstition*. Oxford: Oxford University Press, 1997.

Wager, T. D., J. K. Rilling, E. E. Smith, A. Sokolik, K. L. Casey, R. J. Davidson, S. M. Kosslyn, R. M. Rose, y J. D. Cohen. "Placebo-Induced Changes in fMRI in the Anticipation and Experience of Pain." *Science* 303 (2004): 1162–67.

Wagner, G. A., y E. K. Morris. "'Superstitious' Behavior in Children." *Psychological Record* 37 (1987): 471–88.

Walker, H. M. *The Acting-Out Child: Coping with Classroom Disruption*. Boston: Allyn and Bacon, 1979.

Walker, H. M., R. H. Mattson, y N. K. Buckley. "The Functional Analysis of Behavior within an Experimental Class Setting." In *An Empirical Basis for Change in Education: Selections on Behavioral Psychology for Teachers*, edited by W. C. Becker, págs. 236–63. Chicago: Science Research Associates, 1971.

Wallace, I. "Self-Control Techniques of Famous Novelists." Journal of Applied Behavior Analysis 10 (1977): 515–25.

Wallace, M. D., B. A. Iwata, y G. P. Hanley. "Establishment of Mands Following Tact Training as a Function of Reinforcer Strength." *Journal of Applied Behavior Analysis* 39 (2006): 17–24.

Walpole, C. W., E. M. Roscoe, y W. V. Dube. "Use of a Differential Observing Response to Expand Restricted Stimulus Control." *Journal of Applied Behavior Analysis* 40 (2007): 707–12.

Walsh, K., D. Glaser, y D. D. Wilcox. *What Education Schools Aren't Teaching—And What Elementary Teachers Aren't Learning*. Washington, DC: National Council on Teacher Quality, May 2006.

Wanchisen, B. A., T. A. Tatham, y S. E. Mooney. "Variable-Ratio Conditioning History Produces High- and Low-Rate Fixed-Interval Performance in Rats." *Journal of the Experimental Analysis of Behavior* 52 (1989): 167–79.

Ward, J. "Variation of Reinforcement in Performance of a Motor Skill." Perceptual and Motor Skills 43 (1976): 149–50.

Watanabe, H., y M. Mizunami. "Pavlov's Cockroach: Classical Conditioning of Salivation in an Insect." *PLoS ONE* 2 (2007): e529.

Watanabe, S., y M. Nemoto. "Reinforcing Property of Music in Java Sparrows (*Padda oryzivora*)." *Behavioural Processes* 43 (1998): 211–18.

Watanabe, S., J. Sakamoto, y M. Wakita. "Pigeons' Discrimination of Paintings by Monet and Picasso." *Journal of the Experimental Analysis of Behavior* 63 (1995): 165–74.

Waterland, R. A., y R. L. Jirtle. "Transposable Elements: Targets for Early Nutritional Effects on Epigenetic Gene Regulation." *Molecular and Cellular Biology* 23 (2003): 5293–300.

Watkins, C. L. *Project Follow Through: A Case Study of Contingencies Influencing Instructional Practices of the Educational Establishment*. Cambridge, MA: Cambridge Center for Behavioral Studies, 1997.

Watson, T. S., y H. E. Sterling. "Brief Functional Analysis and Treatment of a Vocal Tic." *Journal of Applied Behavior Analysis* 31 (1998): 471–74.

Weaver, I. C. G., N. Cervoni, F. A. Champagne, A. C. D'Alessio, S. Sharma, J. R. Seck, S. Dymov,M. Szyf, y M. J. Meaney. "Epigenetic Programming by Maternal Behavior." *Nature Neuroscience* 7 (2004): 847–54.

Webster-Stratton, C., M. J. Reid, y M. Hammond. "Treating Children with Early-Onset Conduct Problems: Intervention Outcomes for Parent, Child, y Teacher Training." *Journal of Clinical Child and Adolescent Psychology* 33 (2004): 105–24.

Weiner, H. "Conditioning History and Human Fixed-Interval Performance." Journal of the Experimental Analysis of Behavior 7 (1964): 383–85.

Weiss, M. R. "Innate Colour Preferences and Flexible Colour Learning in the Pipevine Swallowtail." *Animal Behaviour* 53 (1997): 1043–52.

Weiss, M. R., E. E. Wilson, y I. Castellanos. "Predatory Wasps Learn to Overcome the Shelter Defences of Their Larval Prey." *Animal Behaviour* 68 (2004): 45–54.

Wells, P. H. "Training Flatworms in a Van Oye Maze." In *Chemistry of Learning*, edited by W. Corning and S. Ratner, págs. 251–54. New York: Plenum, 1967.

Werner, T. K., y T. W. Sherry. "Behavioral Feeding Specialization in Pinaroloxias inornata, the Darwin's Finch of Cocos Island, Costa Rica." *Proceedings of the National Academy of Sciences* 84 (1987): 5506–10.

Whalen, C., y L. Schreibman. "Joint Attention Training for Children with Autism Using Behavior Modification Procedures." *Journal of Child Psychology and Psychiatry* 44 (2003): 456–68.

White, K. D. "Salivation: The Significance of Imagery in Its Voluntary Control." *Psychophysiology* 15 (1978): 196–203.

Whitehurst G. J., y M. C. Valdez-Menchaca. "What Is the Role of Reinforcement in Early Language Acquisition?" *Child Development* 59 (1988): 430–40.

Wich, S. A., K. B. Swartz, M. E. Hardus, A. R. Lameira, E. Stromberg, y R. W. Shumaker. "A Case of Spontaneous Acquisition of a Human Sound by an Orangutan." Primates 50 (2009): 56– 64.

Wilder, D. A. "Some Determinants of the Persuasive Power of In-Groups and Out-Groups: Organization of Information and Attribution of Independence." Journal of Personality and Social Psychology 59 (1990): 1202–13.

Wilkinson, R., y K. Pickett. *The Spirit Level: Why Greater Equality Makes Societies Stronger.* New York: Bloomsbury, 2009.

Williams, W. M. "Are We Raising Smarter Children Today? School- and Home-Related Influences on IQ." In *The Rising Curve: Long-Term Gains in IQ and Related Measures*, edited by U. Neisser, págs. 125–54. Washington, DC: American Psychological Association, 1998.

Wilsoncroft, W. E. "Babies by Bar-Press: Maternal Behavior in the Rat." Behavior Research Methods 1 (1969): 229–30.

Winter, A., y J. E. Hillerton. "Behaviour Associated with Feeding and Milking of Early Lactation Cows Housed in an Experimental Automatic Milking System." *Applied Animal Behaviour Science* 46 (1995): 1–15.

Wise, R. A. "Dopamine, Learning and Motivation." *Nature Reviews Neuroscience* 5 (2004): 1–12.

Wodehouse, P. G. *A Few Quick Ones.* New York: Simon and Schuster, 1959.

Wolf, M. M., T. R. Risley, y H. Mees. "Application of Operant Conditioning Procedures to the Behaviour Problems of an Autistic Child." *Behaviour Research and Therapy* 1 (1964): 305–12.

Wolf, S. L., P. A. Thompson, C. J. Winstein, J. P. Miller, S. R. Blanton, D. S. Nichols-Larsen, D. M. Morris, et al. "The EXCITE Stroke Trial: Comparing Early and Delayed Constraint-Induced Movement Therapy." *Stroke* 41 (2010): 2309–15.

Wolf, S. L., C. J. Winstein, J. P. Miller, P. A. Thompson, E. Taub, G. Uswatte, D. Morris, S. Blanton, D. Nichols-Larsen, y P. C. Clark. "Retention of Upper Limb Function in Stroke Survivors Who Have Received Constraint-Induced Movement Therapy: The EXCITE Randomised Trial." *Lancet Neurology* 7 (2008): 33–40.

Wolitzky-Taylor, K. B., J. D. Horowitz, M. B. Powers, y M. J. Telch. "Psychological Approaches in the Treatment of Specific Phobias: A Meta-Analysis." Clinical Psychological Review 28 (2008): 1021–37.

Woods, S. C., y D. S. Ramsay. "Pavlovian Influences over Food and Drug Intake." *Behavioral Brain Research* 110 (2000): 175–82.

Woods, S. C., J. R. Vasselli, E. Kaestner, G. A. Szakmary, P. Milburn, y M. V. Vitiello. "Conditioned Insulin Secretion and Meal Feeding in Rats." Journal of Comparative and Physiological Psychology 91 (1977): 128–33.

Woolfolk, M. E., W. Castellan, y C. I. Brooks. "Pepsi versus Coke: Labels, Not Tastes, Prevail." *Psychological Reports* 52 (1983): 185–86.

Wright, A. A., R. G. Cook, y D. F. Kendrick. "Relational and Absolute Stimulus Learning by Monkeys in a Memory Task." *Journal of the Experimental Analysis of Behavior* 52 (1989): 237–48.

Wunderle, J. M. "Age-Specific Foraging Proficiency in Birds." Current Ornithology 8 (1991): 273–324.

Wynne, C. D. L. "Pigeon Transitive Inference: Tests of Simple Accounts of a Complex Performance." *Behavioural Processes* 39 (1997): 95–112.

Xi, Z.-X., y E. A. Stein. "Baclofen Inhibits Heroin Self-Administration Behavior and Mesolimbic Dopamine Release." *Journal of Pharmacology and Experimental Therapeutics* 290 (1999): 1369–74.

Yin, J. C. P., J. S. Wallach, M. Del Vecchio, E. L. Wilder, H. Zhou, W. G. Quinn, y T. Tully. "Induction of a Dominant Negative CREB Transgene Specifically Blocks Long-Term Memory Formation in Drosophila." *Cell* 79 (1994): 49–58.

Young, J. M., P. J. Krantz, L. E. McClannahan, y C. L. Poulson. "Generalized Imitation and Response-Class Formation in Children with Autism." Journal of Applied Behavior Analysis 27 (1994): 685–97.

Youngentob, S. L., y J. I. Glendinning. "Fetal Ethanol Exposure Increases Ethanol Intake by Making It Smell and Taste Better." *Proceedings of the National Academy of Sciences* 106 (2009): 5359–64.

Youngentob, S. L., J. C. Molina, N. E. Spear, y L. M. Youngentob. "The Effect of Gestational Ethanol Exposure on Voluntary Ethanol Intake in Early Postnatal and Adult Rats." *Behavioral Neuroscience* 121 (2007): 1306–15.

Zaloga, S. *The Red Army of the Great Patriotic War, 1941–5*. Oxford: Osprey, 1989.

Zeilberger, J., S. E. Sampen, y H. N. Sloane. "Modification of a Child's Problem Behaviors in the Home with the Mother as Therapist." *Journal of Applied Behavior Analysis* 1 (1968): 47–53.

Zentall, T. R., E. A. Wasserman, O. F. Lazareva, R. K. R. Thompson, y M. J. Rattermann. "Concept Learning in Animals." *Comparative Cognition & Behavior Reviews* 3 (2008): 13–45.

Zickefoose, J. "After the Spark." *Bird Watcher's Digest* 23, September 2000, págs. 18–23.

Zimmer, C. *Microcosm: E. coli and the New Science of Life*. New York: Pantheon, 2008.

Zimmerman, D. W. "Durable Secondary Reinforcement: Method and Theory." *Psychological Review* 64 (1957): 373–83.

ÍNDICE ANALÍTICO

www.ingramcontent.com/pod-product-compliance
Lightning Source LLC
LaVergne TN
LVHW040004070726
842759LV00026B/330